KB046459

HISTORICAL ATLAS SERIES — 05
아틀라스
중앙유라시아사

HISTORICAL ATLAS SERIES — 05

아틀라스 중앙유라시아사

김호동 지음

사계절

— 저자 서문 —

처음 고민한 시점에서 무려 8년의 시간이 흐르고서야 『아틀라스 중앙유라시아사』를 내놓는다. 진작 끝냈어야 할 작업인데 이제야 겨우 마치니 짐을 벗었다는 홀가분한 기분이 든다. 돌이켜보면 이렇게 지연된 배경에는 이 책을 어떤 포맷으로 쓸까 하는 문제를 둘러싸고 적지 않은 망설임이 있었다.

사실 2007년 『주간조선』에 「중앙유라시아 역사기행」이라는 제목으로 모두 26회에 걸쳐 연재를 한 적이 있었는데, 사계절출판사 측이 그것을 보충해서 '아틀라스 역사 시리즈'의 '중앙유라시아사' 편을 만들면 어떻겠느냐고 제안했다. 필자도 처음에는 그럴까 하는 생각을 했지만 곧 포기하고 말았다. 가장 큰 이유는 연재에 실었던 글은 지면의 특성상 내용과 문체라는 면에서 '아틀라스 역사 시리즈'의 다른 책들과 상당한 차이가 났기 때문이다. 필자가 그 글을 아무리 새롭게 고친다 해도 다른 책들과는 글의 성격이 많이 다를 수밖에 없을 것이 자명했다. 그래서 아쉽기는 했지만 처음부터 다시 쓰기로 마음먹었던 것이다.

가장 먼저 책 전체의 구성을 짠 뒤에 텍스트를 한 챕터씩 쓰기 시작하였다. 그러나 생각만큼 쉬운 일은 아니었다. 이 책에 개설서로서의 성격을 부여하기 위해서는 고대부터 현대까지 그리고 중앙유라시아 여러 지역을 골고루 다루어야 하는데, 그러기에는 필자의 지식과 능력에 한계가 있을 수밖에 없었기 때문이다. 그래서 여러 사람이 나누어 집필하는 것도 생각해보았지만, 어떤 방식을 선택하건 각기 장단점은 있었다. 결국 내 나름대로 체계를 갖추고 전체를 완성해 보기로 결심했다.

그러다 보니 필자가 잘 아는 부분은 강조되고 그렇지 못한 부분은 소홀히 되지 않았나 하는 염려도 든다. 예를 들어 이 책의 전체적인 구성을 보면 상고사 부분과 1950년 이후 현대사 부분이 비교적 소략된 반면, 몽골 제국사 부분이 상당히 비중 있게 묘사되고 있음을 알 수 있을 것이다. 이러한 차이는 필자가 지닌 지식의 밀도와 결코 무관하지 않다. 그러나 중앙유라시아라는 지역이 세계사에서 가졌던 의미와 역할이라는 관점에서 생각해볼 때, 역사상 최대의 세계제국을 건설하고 경영하던 시대와 러시아 및 중국의 일부가 되어 주체적인 역할을 상실한 시대에 대해 서술상의 차이를 두는 것도 어느 정도는 납득할 수 있지 않을까 싶다.

챕터별로 텍스트가 한정된 공간 안에 배치될 수 있도록 분량을 맞추는 것도 그리 용이한 일이 아니었다. 그야말로 프로크루스테스의 침대에 맞추는 꼴이었다. 또한 정확하고 적절한 지도를 그리는 일에도 상당한 공력이 들었다. 기왕의 지도를 복사해서 활용하는 방법을 취하지 않고, 아크맵이라는 프로그램을 배워서 경도와 위도가 정확하게 입력된 지점들에 지명을 입력한 뒤, 그것을 기초로 100여 장의 지도를 새로 그려냈다. 물론 이 책에 실린 지도들은 전문 일러스트레이터가 다시 가공하여 만든 것이다.

이런 과정을 거쳐 우여곡절 끝에 『아틀라스 중앙유라시아사』가 출간되었다. 그러나 워낙 광범위한 지역과 시대를 대상으로 한 것이며 나아가 적지 않은 수의 지도와 도판이 들어가 있기 때문에, 여기저기에 잘못된 부분이 남아 있지 않을까 하는 걱정을 지울 수 없다. 동학 및 대학원생들이 텍스트를 읽고 더러 잘못된 부분을 지적해주기도 했지만 아직 눈에 띄지 않은 오류가 많으리라고 생각한다. 독자분들의 질정을 받아서 오류를 수정할 수 있다면 큰 행운일 것이다.

이 책이 출간될 수 있도록 도움을 주신 분들께 감사를 드리고 싶다. 무엇보다도 처음부터 관심을 갖고 끈질기게 참으며 기다려주신 강맑실 사장님께 고마움을 전하고 싶다. 그리고 텍스트는 물론이고 지도를 꼼꼼히 검토하고 직접 연표까지 준비해준 강창훈 선생에게는 무어라고 감사를 표해야 할지 모르겠다. 아울러 이 책의 근황에 대해 궁금해하면서 관심과 애정을 표시해준 동학들에게도 뒤늦게나마 인사를 드리고 싶다. 마지막으로 여러모로 부족함이 많은 책이긴 하지만 보다 많은 사람들이 '중앙유라시아'라는 지역의 역사에 입문하는 계기가 되기를 바라면서 서문을 대신하고자 한다.

2016년 1월

김호동

차례

01 고대 유목국가

02 투르크 민족의 활동

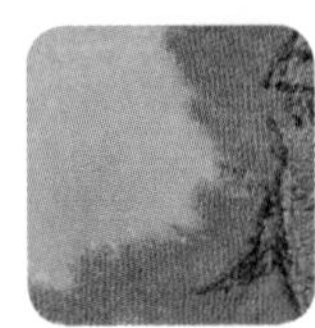
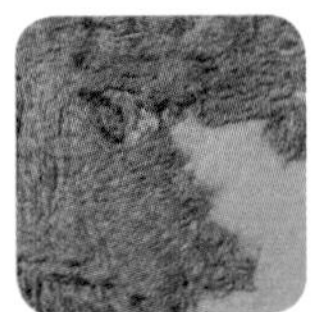

03 정복왕조와 몽골 제국

04 계승국가의 시대

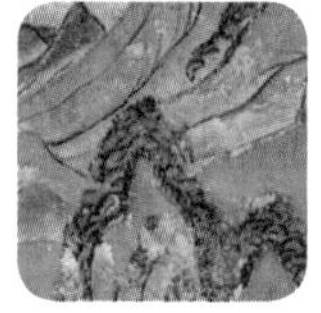

05 유목국가의 쇠퇴

지도 차례

프롤로그

01 고대 유목국가

02 투르크 민족의 활동

03 정복왕조와 몽골 제국

04 계승국가의 시대

05 유목국가의 쇠퇴

에필로그

계보도

일러두기

1. 중앙유라시아의 고유명사(인명, 지명, 족명, 용어 등)는 각 언어별로 기본 원칙을 정하여 표기했다. 아랍·페르시아어의 kh는 'ㅎ'(예: 후라산Khurasan)으로, q는 'ㅋ'(예: 카즈빈Qazvin)으로 옮겼고, 투르크어의 모음 ö와 ü는 각각 'ㅚ'와 'ㅟ'로 옮겼다. 몽골어의 모음 o는 'ㅗ'로 하되 ö·ü·u는 모두 'ㅜ'(예: 우구데이Ögödei)로 하였고, 자음 q는 'ㅋ'(예: 칸qan, 쿠빌라이Qubilai)으로 하였다.
2. 중국의 고유명사는 모두 한자음으로 표기했다.(단, 강, 바다, 호수, 고원, 초원 등은 중국 한어병음대로 표기)
3. 유럽을 비롯한 기타 지역의 고유명사와 산, 강, 바다, 호수, 고원, 초원 등의 고유명사 표기는 국립국어원의 표기법을 따랐다.
4. 독자의 편의를 위해 고유명사의 원어는 '찾아보기'의 각 항목에 병기했다.

프롤로그

중앙유라시아 : 용어와 개념

이 책에서 말하는 '중앙유라시아Central Eurasia'가 구체적으로 어떤 지역을 포함하고 있는지에 대해서 먼저 분명히 해둘 필요가 있다. 지리적으로 서쪽으로는 흑해 북방의 초원에서 동쪽으로 싱안링 산맥에 이르고, 북쪽으로는 시베리아 남부의 삼림지대에서 남쪽으로 힌두쿠시 산맥과 티베트 고원에 이르는 지역을 포괄한다. 현재 러시아, 우크라이나, 카자흐스탄, 우즈베키스탄, 키르기즈스탄, 투르크메니스탄, 타지키스탄, 이란, 아프가니스탄, 파키스탄, 중국, 몽골과 같은 국가들의 전부 혹은 일부가 이에 속한다.

물론 이제까지 위의 지역들을 총칭하는 다양한 용어들이 사용되어왔다. 먼저 '중앙아시아Central Asia'라는 말이 있다. 문자 그대로 '아시아의 중앙'을 뜻하지만 그 범위는 학자에 따라 상당한 차이가 있다. 보통은 파미르 고원의 양쪽, 즉 동·서투르키스탄을 지칭하는 것으로 이해되지만, 우리나라에서는 특히 그 서쪽, 즉 '고려인'이 다수 거주하고 있는 우즈베키스탄 등지를 가리키는 용어로 주로 쓰이고 있다. 학계에서는 '내륙아시아Inner Asia'라는 용어도 즐겨 사용하는데, 보통 동·서투르키스탄 이외에 티베트와 몽골 초원도 포괄하는 좀 더 넓은 지역을 가리킨다. 그러나 이 책에서 다루는 지역은 앞에서 열거한 지명들을 보면 알 수 있듯이 아시아뿐 아니라 유럽 일부 지역도 포함하기 때문에 유라시아의 중앙부라는 의미에서 '중앙유라시아'라고 하는 것

몽골 초원의 유목민

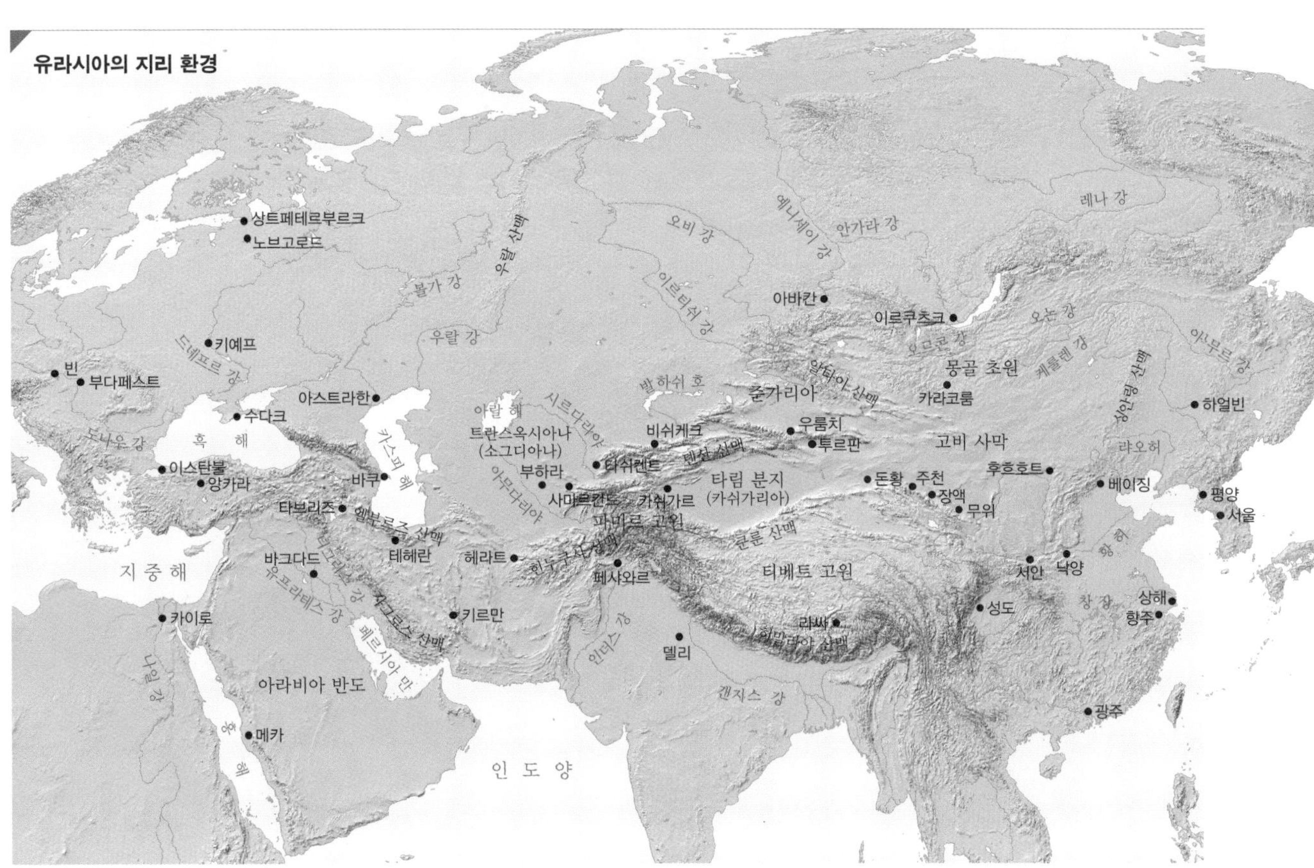

유라시아의 지리 환경

이 더 적절하다.

'중앙유라시아'는 이처럼 일차적으로 지리적 개념이지만 동시에 역사적·문화적인 개념이기도 하다. 다시 말해 동아시아와 서아시아가 지리적인 개념이면서 동시에 하나는 한자·유교 문화권, 다른 하나는 이슬람 문화권으로서 각기 독자성을 갖고 있는 것처럼, 중앙유라시아에 속하는 지역들도 지난 수천 년 동안 많은 역사적 경험을 공유하는 과정에서 유사한 문화적 특징을 지니게 되었다. 즉 외적으로는 다른 문화권과 구별되는 독자성을 지니면서, 내적으로는 유사한 문화적 요소들을 공유하는 공통성을 갖는 문화권이라고 할 수 있다.

역사적으로 중앙유라시아의 특징을 한마디로 정의한다면 '유목-오아시스 문화권'이라고 하겠다. 이 지역에는 생태적으로 초원과 사막이라는 두 가지 상이한 지역이 존재하고, 초원에는 유목민이, 사막의 오아시스에는 정주민이 살았다. 초원은 역사적으로 거대하고 강력한 유목제국의 고향이었다. 반면 오아시스들은 서로 멀리 떨어져 존재했기 때문에 분산적이었고, 주민들의 숫자도 제한되어 있었으며, 그들이 건설한 국가는 지역적으로 협소하거나 미약하였다. 그렇기에 이들은 유목민들의 지배를 받을 수밖에 없었고 거대한 유목제국 안에 편입되기 일쑤였다. 한편 실크로드가 이 오아시스들을 통과했기 때문에 그 주민들은 원거리 교역을 주도하는 상인으로서 눈부신 활약을 보였다. 그들은 유목민들의 제국 건설을 도왔고 정주지역의 발달한 문화와 기술을 유목민들에게 전해주기도 했다. 물론 실크로드 교역도 유목민들의 보호와 협력이 없다면 원활하게 이루어질 수 없었다.

그런 점에서 이 지역은 초원과 오아시스라는 상이한 생태 환경에서 살았던 유목민과 정주민이 정치적으로는 지배와 종속을 통해, 그러나 경제·문화적으로는 교류와 호혜를 통해 역사적으로 긴밀한 관계를 맺으며 살아온 곳이다. 중앙유라시아는 실크로드가 지나가는 가장 중심적인 지역이면서 동시에 거대한 유목제국의 고향으로서 주변 문명들에게 강력한 영향을 끼친, 세계사에서 결코 소홀히 할 수 없는 중요한 문화권이다.

초원과 사막

중앙유라시아의 생태 환경은 타이가, 스텝, 사막으로 구분된다. 이 세 지역에 차이가 생긴 가장 중요한 원인은 동식물의 생육에 결정적 역할을 하는 강우량, 정확히 말하면 강우량과 증발량의 상대적 관계이다. 강우량의 많고 적음은 인도양의 몬순 바람, 내륙지역에 분포한 거대한 산맥들의 구조, 북빙양의 존재 등에 의해 결정된다. 즉 인도양에서 많은 습기를 갖고 올라오는 바람이 티베트 고원, 쿤룬 산맥, 히말라야 산맥, 파미르 고원, 힌두쿠시 산맥, 자그로스 산맥 등에 가로막혀 비를 모두 쏟아버리기 때문에 그 북방에는 건조한 기후대가 형성될 수밖에 없다. 반면에 대륙의 북방으로 더 올라가면 날씨가 추워져 증발량은 적은 대신에 북빙양에서 내려오는 습기는 오히려 더 많아지기 때문에 타이가

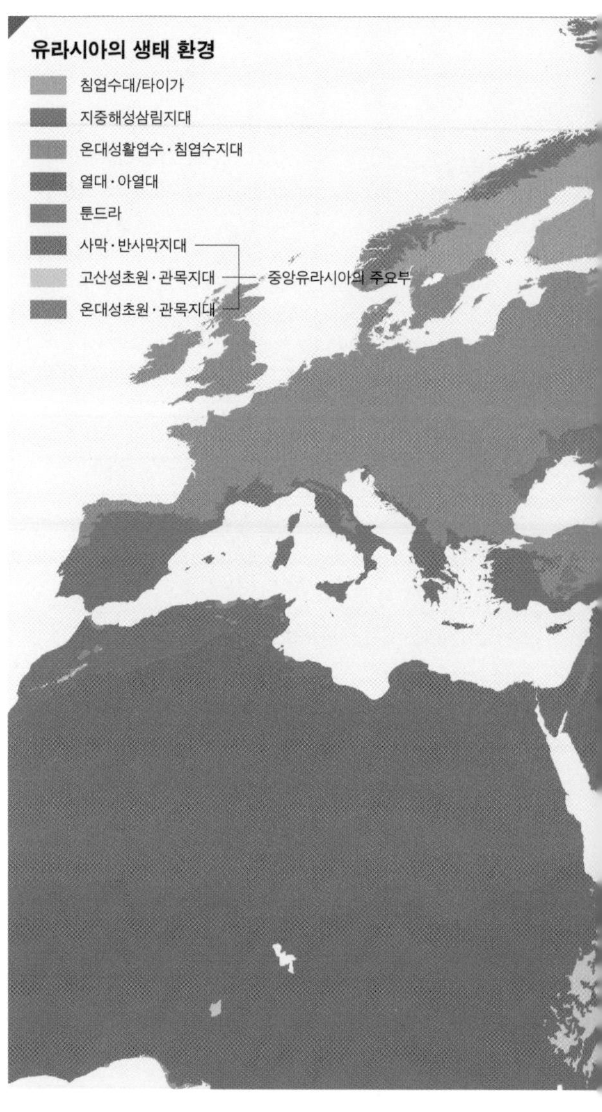

의 삼림지대가 생겨난다. 그리고 이 사막과 타이가 사이에 초원, 즉 스텝이 형성된다.

스텝은 유라시아 대륙의 동서로 길게 띠를 이루며 펼쳐져 있다. 동쪽의 싱안링 산맥 동록에서 시작하여 몽골 초원, 카자흐스탄, 흑해 북안을 거쳐 헝가리까지 이르는 스텝은 역사상 수많은 유목민족들의 고향이었다. 동서 7000킬로미터에 달하는 긴 거리이지만 거의 끊임없이 초원이 이어지며, 유목민의 이동을 저해할 만한 심각한 자연적 장벽은

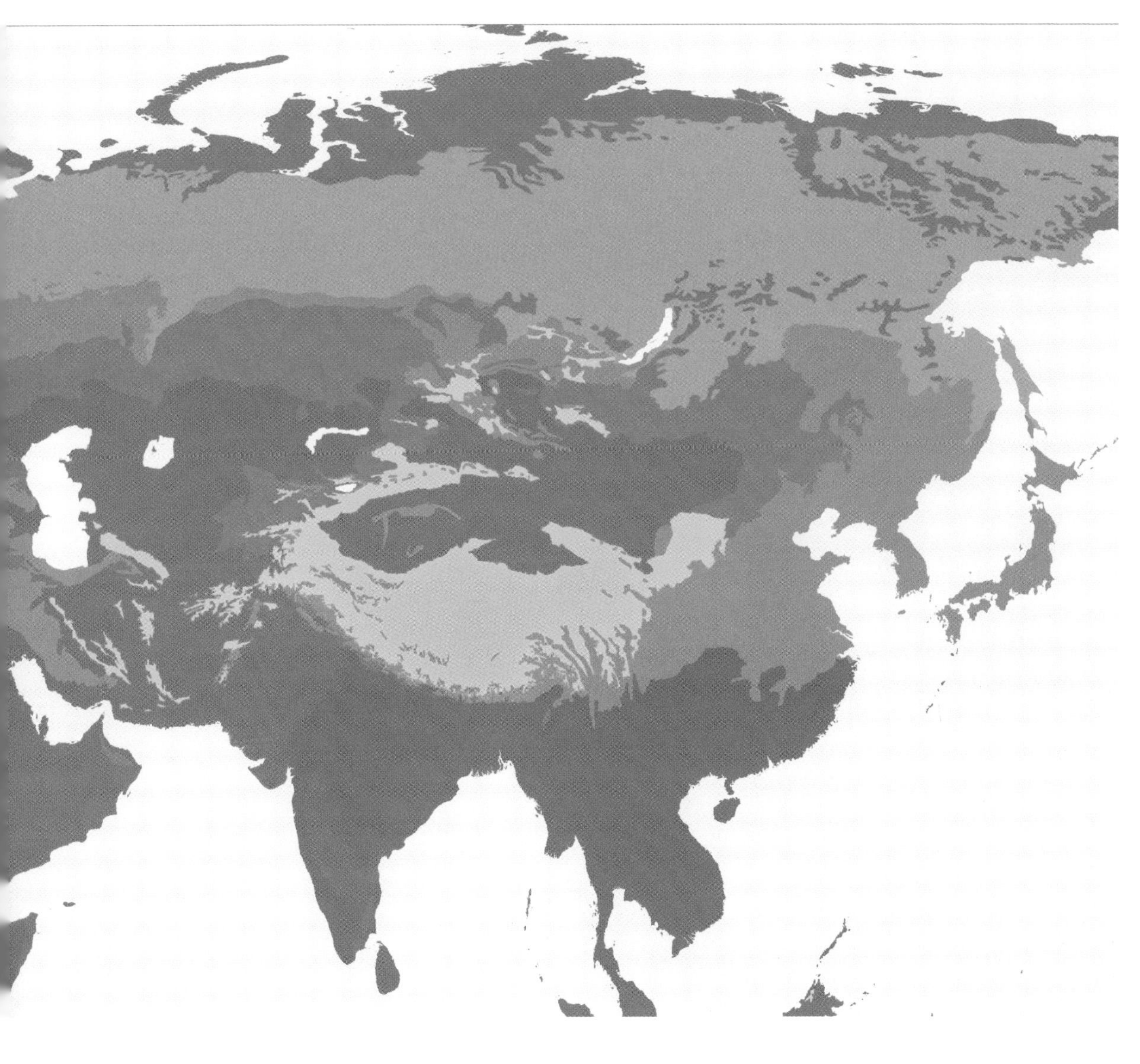

존재하지 않는다. 이러한 스텝의 연속성 덕분에 고대의 월지와 흉노, 그리고 훗날의 투르크와 몽골계 민족들은 동서로 자유롭게 이동할 수 있었다. 유목제국의 영토가 남북으로는 짧고 동서로는 길게 뻗은 모습인 까닭도, 생태 환경이 다른 지역으로 팽창하기보다는 동일한 환경을 갖는 지역을 병합하는 것이 훨씬 용이했기 때문이다.

그러나 유목민들이 스텝에만 거주했던 것은 아니다. 내몽골, 준가리아, 서투르키스탄, 아프가니스탄, 이란 등지에 있는 반사막 지역도 초원들이 산재하여 유목민들의 활동 무대가 되었다. 다만 같은 초원이라 하더라도 스텝과 반사막의 초원은 구별될 필요가 있다. 즉 몽골 초원은 농경지역에서 멀리 떨어진 하나의 독자적인 공간이지만, 투르키스탄이나 이란, 아프가니스탄의 초원은 도시나 촌락 주변에 산재해 있기 때문에 농경지역과 독립된 공간이 아니다. 전자를 격절형 초원, 후자를 교착형 초원이라고 부를 수 있으며, 이는 두 지역 유목민 사회의 정치·경제적 구조에 결정적인 영향을 미쳤다.

사막을 지나는 카라반

한편 사막지대는 동쪽의 고비 사막에서 시작해서 타클라마칸 사막, 키질 쿰 사막을 거쳐 이란의 다쉬테 카비르에 이르는데, 초원과는 달리 연평균 강우량이 150밀리미터도 되지 않는 극도의 건조지대일 뿐 아니라 그 중앙부에 파미르 고원이 자리 잡고 있어서 동서 간의 교통이 용이하지 않았다. 다만 과거 수많은 사신, 상인, 승려들이 주어진 목표와 임무를 수행하기 위하여 사막지대를 통과하는 어려움을 마다하지 않았을 뿐이다. 특히 실크로드의 무대로서 중요한 지역은 파미르 고원을 중심으로 양쪽에 자리하며 주민 대다수가 투르크인으로 이루어진 투르키스탄이다. 동투르키스탄은 현재 중국 신장위구르자치구의 남부, 즉 타림 분지로 다시 서쪽의 카쉬가리아와 동쪽의 위구리스탄으로 구분된다. 서투르키스탄은 아랄 해로 유입되는 아무다리야(옥수스)와 시르다리야(약사르테스) 두 강 사이에 위치한 지역을 가리킨다. 옥수스 강 너머의 지역이라는 의미로 '트란스옥시아나Transoxiana'라고 부르기도 하며, 아랍어로 두 강 사이의 지역이라는 뜻으로 '마와란나흐르Mawara an-Nahr'라고도 일컫는다.

유목과 가축

유목은 목축의 특수한 형태이다. 목축은 가축을 사육하여

게르를 조립하는 사람들

필요한 식량을 획득하는 경제 행위이며 그런 점에서 농경과 마찬가지로 '식량생산경제'에 속한다. 다만 농경은 식물을 순화시키고 목축은 동물을 순화시켜 이용한다는 점에서 차이가 있을 뿐이다. 따라서 인류의 경제생활이 수렵 → 목축 → 농경이라는 3단계로 발전해왔다는 주장은 이제 더는 받아들여지지 않는다. 유목을 한마디로 정의하면 '고정된 거주지나 축사 없이, 그 사회의 성원 대다수가 광역적·계절적 이동을 통해 가축을 사육하고, 목축 생산물을 통해 생존의 기본 욕구를 충족시키는 식량생산경제의 한 형태'라고 할 수 있다. 이러한 유목의 특징은 이미 역사상 최초의 유목민에 대한 기록을 남긴 그리스의 헤로도토스나 중국의 사마천이 간파한 바 있다. 그들은 유목민이 "농사를 짓지 않고 도시나 성채를 갖지 않고", "가축과 함께 수초水草를 따라 이동하며", "모두 말 위에서 활을 쏠 줄 알았다"고 하였다. 이는 유목민이 농경민과 구별되는 가장 중요한 특징, 즉 이동생활, 목축경제, 기마술을 지적한 것이다.

식량의 원천인 가축들이 필요로 하는 물과 풀을 찾아다니기 위해 유목민은 이동생활을 할 수밖에 없었지만, 그렇다고 해서 그들이 집시처럼 정처 없이 떠돌아다닌 것은 아니다. 그들의 이동은 하영지(yaylaq)와 동영지(qishlaq)를 두 꼭지점으로 하여 계절별로 대체로 정해진 경로를 따라 이루어졌다. 물론 춘영지와 추영지도 있었지만 머무는 기간이 비교적 짧기 때문에 하영지와 동영지에 비하면 중요성이 떨어진다. 이동거리는 지역별 초원의 특성에 따라 다른데, 예를 들어 내몽골의 경우에는 150킬로미터 이하였지만 외몽골과 고비 지대는 600킬로미터, 카자흐스탄은 1000~1500킬로미터에 이르기도 하였다. 반면 산지에서 수직이동을 하는 키르기즈인은 이동거리가 수십 킬로미터에 불과하기도 했다.

유목민은 이동생활을 해야 했기 때문에 정착식 주택이 아니라 이동식 가옥, 즉 천막을 사용했다. 나뭇가지를 이용하여 반구형 골조를 만들고 그 위에 모포, 즉 펠트를 덮어 씌운 형태로 몽골어로는 '게르', 투르크어로는 '유르트'라 불린다. 고대에는 수레 위에 올려놓는 고정식 천막이었다가, 그 뒤에는 숙박할 때 땅에 내려놓는 착탈식으로, 그리고 다시 이동할 때마다 해체하고 조립하는 조립식으로 변화되어 왔으며 시대에 따라 다양한 형식들이 혼용되기도 했다.

유목민이 기르는 가축으로는 흔히 '오축五畜'이라고 부르는 양, 산양(혹은 염소), 소, 말, 낙타를 들 수 있다. 유목민이 보유하는 가축 수는 집단에 따라 차이를 보인다. 20세기 초 내·외몽골에 대한 조사에 따르면, 1인당 평균 10~15두 정도였다. 가축의 종 구성 및 비율은 지역에 따라 다르겠지만 몽골 초원의 경우 양이 60퍼센트, 산양 20퍼센트, 소 10퍼센트, 말 8퍼센트, 낙타 2퍼센트 정도였다. 양과 산양은 고기, 젖, 피 등으로 식량의 주요 보급원이 되며 그 털과 가죽은 초원 생활에 필수적인 의복과 펠트의 재료가 된다. 소와 낙타는 식용보다는 짐을 싣거나 수레를 끄는 운송용으로 사용되었다. 낙타는 쌍봉과 단봉 두 종류가 있는데 중앙유라시아 초원에는 쌍봉낙타가 서식했다. 말은 다른 가축을 칠 때나 전투를 할 때 반드시 필요한 기승용 동물이지만, 때로는 식용으로도 사용되며 특히 젖을 발효하여 만든 마유주 '쿠미스'는 유목민들이 대단히 애호하는 음료이다. 이처럼 가축은 유목민에게 의식주 모든 방면에서 필수적인 물자들을 제공하였다. 심지어 초원에 널린 가축의 마른 똥조차 연료로 사용되었다.

유목민의 사회와 국가

유목민의 가장 기본적인 사회조직은 단독가족으로, 천막과 그 안에 거주하는 부모와 자식으로 구성된다. 그러나 유목민은 이동과 방목 등에서 협력해야 하기 때문에 가장 가까운 친족들이 모여서 또 다른 사회단위를 구성했다. 몽골인들은 이를 '아일ayil'이라 부르고 카자흐인들은 '아울aul'이라 부르는데, 1930년대 몽골에서는 5~6가구 규모의 아일이 가장 보편적이었다. 그리고 이것은 다시 유사한 규모의 다른 집단들과 결합하여 이차적 공동체를 구성하며, 이 공동체는 상호부조 형식으로 맺어져 연중 특정 시기에 목지나 수자원을 공동으로 이용했다. 물론 유목민들은 이보다 더 큰 규모의 사회조직을 구성하며 그러한 집단은 단순히 목축 생산에 필요한 상호부조의 단계를 넘어서, 적대세력에 대한 공동의 방위와 공격 등 군사 행동을 조직하기도 했다.

이처럼 개별 가호에서 거대한 공수동맹체에 이르기까지 유목민의 다양한 사회조직은 대체로 친족적 원리에 기초해 결합되는 것으로 이해되어왔다. 그래서 직계가족에서 종족으로, 거기서 다시 씨족과 부족으로 확대되는 것으로 여겨졌다. 그러나 집단의 규모가 확대될수록 친족이 아닌 이족異族이 포함될 가능성이 많아지고, 결국 우리가 부족이라고 부르는 단계가 되면 그것이 과연 순수한 친족집단인지 의심스러울 수밖에 없다. 최근 일부 인류학자들은 유목사회를 분석할 때 '부족'이나 '친족조직'과 같은 개념을 버려야 한다고까지 주장하고 있다.

사실 흉노, 선비, 거란, 몽골과 같이 역사에 이름을 남긴 유목민들을 하나의 부족·민족으로 생각하는 경향이 있는데 이는 오해이다. 물론 이들이 원래 조그만 씨족이나 부족의 이름에서 시작된 것은 사실이지만, 초원의 유목민들을 통합하여 거대한 국가를 세운 뒤에는 거기에 편입된 모든 사람들이 스스로 그 이름을 칭했다. 즉 정치적 명칭으로 바뀌게 된 것이다. 흉노가 선비에 의해 멸망한 뒤 고토에 남아 있던 대부분의 흉노인들이 스스로를 '선비'라고 부르기 시작한 것이 좋은 예이다. 따라서 '흉노족'이나 '선비족'이 지금 어디 있느냐고 묻는 것은 '신라족'이 어디에 있느냐고 묻는 것과 마찬가지인 셈이다.

그렇다면 유목국가는 어떤 과정을 통해서 건설되었을까? 여러 학설들이 있지만 간략하게 정리하면 외부적 대응설과 내재적 발생설로 나뉜다.

유목민의 일상생활 <샤라브의 <몽골의 하루> 중에서>

프리처드는 일찍이 유목사회가 외부세력의 강한 압력에 효과적으로 대응하기 위해 종래 분산적이던 사회구조를 극복하고 좀 더 집권적인 정치체제를 형성한다고 보았다. 바필드 역시 유목경제는 기본적으로 자급자족적이지 못하기 때문에 주변 농경사회로부터 물자를 확보해야만 하는데, 정주지대에 강력한 국가가 존재하면 유목민도 그에 대응하는 강력한 국가를 만들 수밖에 없었다고 주장했다.

반면 라들로프나 바르톨드와 같은 학자들은 유목집단들 사이에 일어난 분쟁을 조정할 때 혹은 다른 집단의 약탈에 대응하기 위한 군사적 수단을 강구하는 과정에서 권력을 탈취하는 지도자가 출현했다고 주장했다. 또한 마르크스주의의 영향을 받은 학자들은 계급관계를 토대로 국가의 형성을 설명하기도 하였다.

최근 디 코스모는 흉노 국가의 출현을 설명하면서, 진 제국이 오르도스로 세력을 넓힘에 따라 흉노 사회에 위기 상황이 발생했고, 뒤이어 유목민의 군사화 및 중앙집권화 과정을 거치면서 국가가 탄생했다고 주장했는데, 이는 외인론과 내인론을 절충한 입장이다.

오아시스와 정주민

'오아시스'란 무엇인가. 대부분의 사전들은 '사막 가운데 샘이나 우물이 있어 풀과 나무가 자라는 곳'이라고 정의하고 있다. 이것은 마치 사막 한가운데에 샘이 있고 거기에 야자수 몇 그루가 자라는 영화의 한 장면을 연상케 한다. 사전적 의미로 보자면 그것도 맞는 말이지만, 여기서 말하는 오아시스는 '건조한 사막지대에서 자연적인 강우가 아니라 지하수나 하천으로 인하여 형성된 촌락과 도시'라고 이해하는 것이 더 정확하다. 따라서 인구 수백만 명이 거주하는 타쉬켄트나 카쉬가르 같은 대도시도 오아시스인 셈이다.

중앙유라시아의 사막지대를 흐르는 하천은 대부분 바다로 흘러나가지 않는 내륙 하천이다. 이들은 천연 강우가 아니라 파미르, 쿤룬, 톈산, 알타이와 같은 산맥의 만년설이 녹아서 흘러내린 물로 이루어져 있다. 중앙아시아 현지에서는 이러한 하천을 '다리야darya'라고 부르고, 거기서 만든 큰 수로를 '외스탱östäng(간거幹渠)', 작은 수로를 '아릭ariq(지거枝渠)'이라고 부른다. 이러한 지상 수로 이외에 강렬한 태양광에 의해 물이 증발되는 것을 막기 위해 고안한 지하 수로인 '카레즈karez'도 있다. 서아시아에서는 이미 기원전 1000년경 혹은 그 이전부터 '카나트qanat'라 불리는 지하 수로가 나타났다. 중국의 투르판 지역에 보이는 카레즈의 출현 시기에 대해서는 논란이 있어, 한대에 중원의 영향으로 생긴 것이라는 주장도 있고, 18세기 중후반 청대에 생겨났다고 보는 학자도 있다.

오아시스 주민들의 주된 생산 활동은 농경이었다. 밀, 옥수수, 기장, 보리 등의 농작물을 재배하고, 사과, 배, 수박, 참외, 포도와 같은 과일을 가꾸기도 했다. 동시에 목축을 하기도 했지만 염소, 양, 말 등을 가까운 풀밭으로 데리고 가서 방목을 하고 돌아오는 형태이지 계절적 이동을 하는 유목은 아니었다. 주민들은 피혁, 야철, 금속, 목공예, 직물, 카펫, 옥 등을 다루는 수공업에도 능했다. 더구나 실크로드가 거쳐가는 지역에 위치한 도시의 주민들은 교역에도 남다른 재능을 보여 역사적으로 카라반 국제무역에서 중요한 역할을 했다. 6~9세기 중국에서 '호상胡商'으로 알려진 소그드 상인, 10~14세기 위구르 상인, 18~19세기 부하라 상인 등은 모두 국제상인으로 명성이 높았다. 중앙아시아의 오아시

오아시스 시장의 향신료 상인

스 도시들은 이러한 국제교역에 힘입어 상당한 재화를 집적할 수 있었고, 그것은 물질적 풍요와 문화적 발전을 낳았다. 소그드 상인들이 활동하던 도시의 풍요롭고 화려한 모습은 고고 발굴 결과를 통해 잘 알려져 있다.

오아시스는 규모에 따라 촌락(village, 小莊), 읍(town, 大莊), 도시(city, 城市)로 구분할 수 있다. 도시는 보통 성벽으로 둘러싸여 있는데, 그 내부는 '샤흐리스탄shahristan(市內)', 외부는 '라바트rabat(郊外)'라 부른다. 시내는 거주지구, 상업지구, 관청지구로 나뉜다.

거주지구는 '마할라mahalla'라는 구역으로 나뉘는데 말하자면 동洞·리里와 같은 것이다. 마할라에는 각기 고유한 이름이 붙어 있으며 별도의 사원인 마스지드masjid(모스크)가 있는 경우가 많다. 평민들의 가옥은 대체로 볕에 말린 흙벽돌로 지어졌다. 상업지구에는 시장(bazar), 대상숙隊商宿(caravansaray), 공방工房(khana) 등이 있다. 시장은 도시의 상인·수공업자와 촌락·읍의 생산자들이 만나 물자를 교환하며, 동시에 초원의 유목민들이 가축을 데리고 와서 팔기도 하는 장소이기 때문에 정주세계와 유목세계가 만나는 연결점이기도 하다. 관청지구에는 영주나 군주가 거주하는 성채(ark)를 비롯하여 여러 관아들이 위치해 있을 뿐 아니라, 대모스크(masjid-i jami)와 대학교(madrasa)가 도열한 중앙광장(registan)이 형성되기도 한다.

스키타이의 황금 빗

01

고대 유목국가

기원전 1000년경

- 기원전 1000년
  유목민의 출현, 기마 문화 형성
- 기원전 753년
  로마 건국
- 기원전 514년
  아케메네스 왕조의 다리우스, 스키타이 원정 개시
- 기원전 492년
  페르시아 전쟁

기원전 500년경

- 기원전 334년
  알렉산드로스, 동방 원정 시작
- 기원전 200년
  흉노, 백등산 전투에서 한에 승리
- 기원전 108년
  고조선 멸망
- 기원전 2세기경
  스키타이 소멸
- 기원전 33년
  왕소군, 흉노의 호한야에게 시집을 감

0

- 31년
  옥타비아누스, 악티움 해전에서 안토니우스 격파
- 48년
  남흉노와 북흉노로 분열

100

- 97년
  반초, 감영을 로마 제국에 사자로 보냄
- 156년
  선비의 단석괴, 북흉노 공격하여 몽골 지역 통일
- 2세기 중반
  북흉노, 흑해 연안으로 이주

200

- 207년
  오환, 조조의 정벌로 쇠퇴하기 시작
- 226년
  사산 왕조 성립

300

- 316년
  오호십육국 시대 시작
- 330년
  비잔티움 제국 성립

400

- 402년
  유연의 사륜, '카간'을 칭함
- 449년
  유연, 북위에 패해 쇠퇴

500

기원전 7세기부터 기원후 5세기경까지의 시대를 다룬다. 유라시아 초원의 서쪽과 동쪽에서 스키타이와 흉노가 역사상 최초의 유목국가를 건설하여 주변의 정주 농경민들과 정치·경제적 관계를 맺고, 동시에 실크로드를 통한 동서 문명의 교류에 적극적인 역할을 하는 시대이다. 이들 유목국가가 어떤 방식으로 구성되고 운영되었는가, 그리고 남쪽의 농경국가와는 어떠한 관계를 맺었는가 하는 점들에 대해서도 설명한다. 흥미로운 사실은 중앙유라시아사 전반에 나타나는 중요하고 전형적인 특징들이 이 시기에 거의 다 나타나고 있다는 점이다. 따라서 고대 유목국가의 활동에 대해 정확히 파악하는 것은 그 후 중앙유라시아의 역사적 전개를 이해하는 데 초석이 된다고 할 수 있다. 흉노와 같은 유목국가와 한나라와 같은 정주국가가 남북으로 정립하며 서로 관계했던 패턴이 무너질 때 정치적 혼란과 함께 대규모 민족 이동이 발생하는 현상도 주목할 만하다. 중국사에서 오호십육국과 남북조 시대로 불리는 분열의 시대는 사실상 중앙유라시아 전체를 포괄하는 광범위한 민족 이동을 일컫는 하나의 표현에 불과한 것이었다.

인구어족의 이동

3~4만 년 전
테식 타시 동굴의 네안데르탈인 유적

1~4만 년 전
말타-부레츠의 여성 나체 조각상

기원전 4000~2000년경
인구어족 이동 시작

기원전 3000년경
인더스 강 유역과 메소포타미아, 청동기 시대가 시작됨

기원전 2000년 전후
중앙유라시아, 신석기 시대에서 청동기 시대로 이행

기원전 1600년경
인구어족계의 히타이트 왕국 성립

기원전 1500년경
인구어족의 인도 북서부 이주

기원전 1200~1000년경
중앙유라시아에서 철기 제작 시작

선사 시대 이래 중앙유라시아의 초원과 사막 지대에서 인류가 꾸준히 활동하고 있었던 사실은 고고학적 발굴로 충분히 밝혀졌다. 2차 세계대전 이전에 테르메즈 동남쪽 테식 타시 동굴에서 3~4만 년 전에 살았던 것으로 추정되는 네안데르탈인 소년의 두개골과 석기, 동물 뼈 등이 발견되었다. 또한 2차 세계대전 이후에는 톈산 산맥의 나린 강 부근에서 찍개가 나오고 몽골의 사인 샨드에서도 석편이 발견되어 구석기 전기 이래 인류가 활동하고 있었음이 입증되었다. 바이칼 호 부근의 말타-부레츠에서는 지금부터 1~4만 년 전에 속하는 여성 나체 조각상이 발견되었는데, 소위 '구석기 시대의 비너스상'이라 불리는 이 여인상의 여러 변형들이 서방의 피레네 산맥에서부터 유라시아 전역에 걸쳐 분포하고 있어 선사 시대 인류의 광범위한 문화적 접촉을 잘 보여준다.

중앙유라시아 주민들이 신석기 시대에서 청동기 시대로 넘어가는 것은 대체로 기원전 2000년 전후로 추정된다. 남시베리아의 미누신스크 문화, 알타이 지방의 아파나시에보 문화, 뒤이어 나타난 안드로노보 문화가 대표적인 예이며, 이들은 기원전 1200년경의 카라수크 문화에서 보이듯이 철기 시대로 이행하게 된다.

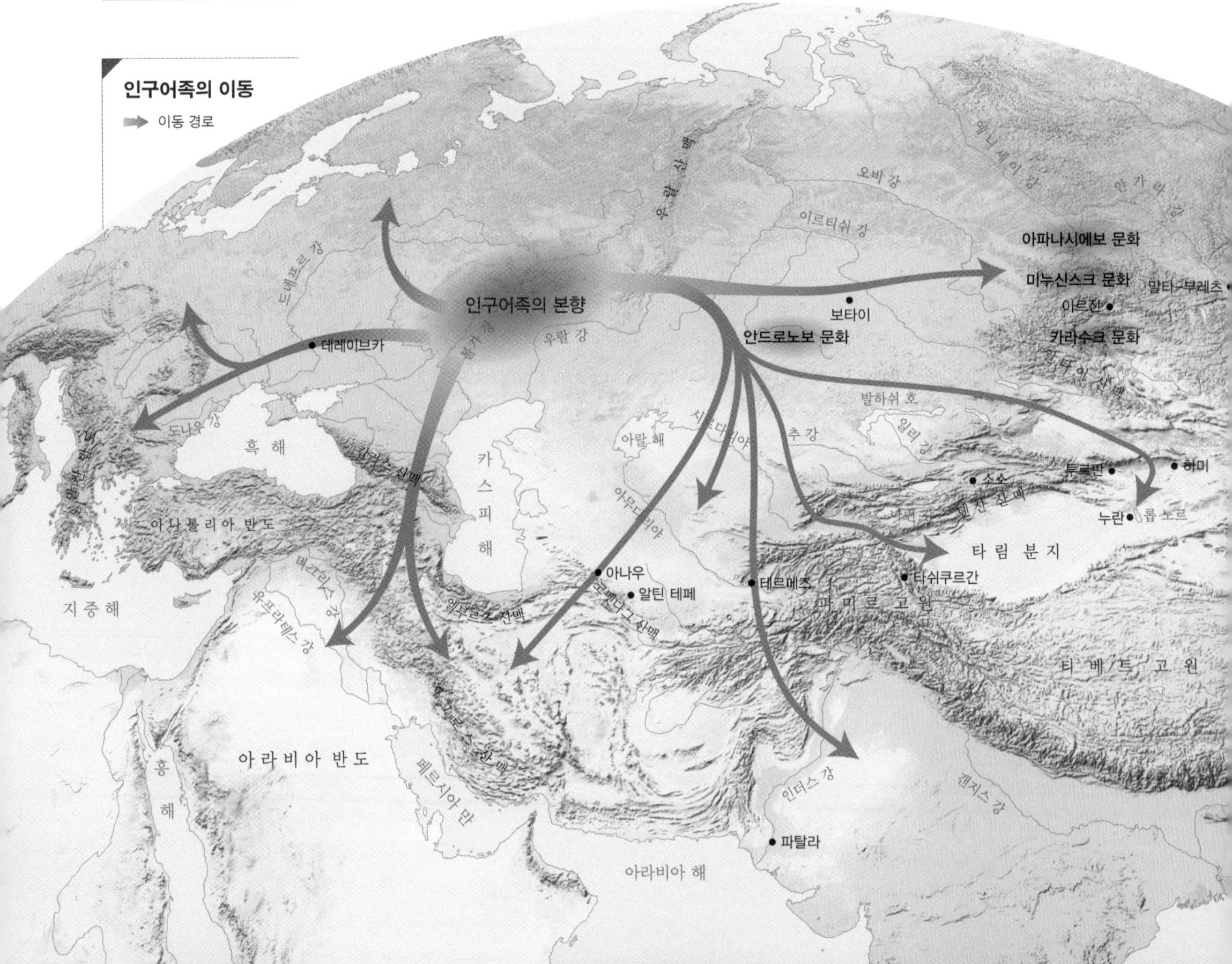

한편 투르키스탄에서 발견된 알틴 테페 유적은 기원전 2000년경에 나타난 대표적인 청동기 문화였으며, 기원전 1000년경이 되면 아나우를 비롯하여 여러 곳에서 철기가 제작되기 시작했다.

청동기 문화가 시작될 무렵 중앙유라시아를 무대로 거대한 민족 이동이 포착되었는데, 바로 인구어족(Indo-European)의 이동이었다. 그렇다면 이들은 언제부터 이동을 시작했으며 어디로 이주한 것일까. 이 문제에 관해서는 다양한 논의가 있지만, 인류학자 김부타스의 주장에 따르면 인구어족은 흑해와 카스피 해 북방 초원이 본향으로 소위 '쿠르간 문화'를 남긴 사람들이었다. 사육화된 말과 수레를 사용하면서 호전적인 목축민 집단으로 변모한 이들은 빠르게는 기원전 4000년기부터 이동을 시작했고 기원전 2000년기가 되면 유라시아에 광범위하게 분포했다. 아파나시에보 문화도 바로 이들이 이동한 결과 생겨난 것이었고, 안드로노보 문화의 주체 역시 인구어족임이 분명하다.

인구어족의 이동 범위는 중앙유라시아 북방에서 남쪽으로 확장되어 동·서투르키스탄 지방은 물론 인도와 이란에까지 이르렀다.

1979년 롭 노르에서 약 70킬로미터 떨어진 고묘구에서 발견된 두개골 18개에서는 유럽형 코카서스 인종의 특징들이 확인되었다. 최근 구미 학자들은 고대 중앙유라시아의 인구어족의 존재에 주목하여 DNA 조사를 실시했는데, 학계는 물론 일반에까지 큰 반향을 불러일으켰다. '누란의 미녀'라는 별명이 붙은 미라는 세계 각지를 돌며 전시되기도 했다. 그렇지만 투르키스탄의 고대 주민이 오늘날과 같은 투르크계가 아니라 인구어족에 속했다는 것은 이미 19세기 말과 20세기 초 타림 분지의 사막에서 발견된 문서들에서 확인된 사실이다. 학자들이 토하라어Tocharian라는 이름을 붙인 그들의 언어는 인구어 가운데에서도 인도-이란어가 속하는 사템satem계가 아니라 서유럽 언어가 속하는 켄텀centum계였다.

코카서스형 특징을 보이는 두개골들은 톈산 산맥 중간에 있는 소소의 토돈묘, 타쉬쿠르간의 향보보 고묘, 하미의 얀불락 고묘, 투르판의 알라쿠 고묘 등지에서도 공히 발견되어, 인구어족의 분포가 현재 신강新疆 전역에 미쳤음을 확인시켜준다. 중국 고대 사서에 등장하는 색, 월지, 오손 등의 유목민은 물론, 타림 분지 '서역'의 오아시스 주민들도 모두 인구어를 사용하던 코카서스 인종이었다.

● 사인 샨드

누란의 미녀
누란 부근 고묘구에서 발견된 기원전 1800년경 여성의 시신. 극도로 건조한 지역이기 때문에 보존 상태가 양호하여 생전의 모습을 잘 보여주고 있어서 '누란의 미녀'라는 별명을 얻었다.

구석기 시대의 비너스상
후기 구석기 시대(2만 년 전)에 상아로 만들어진 여인 나체 조각상. 유방과 둔부가 특히 강조되어 풍요와 출산을 기원하는 의미를 담고 있다. 바이칼 호 부근 안가라 강 유역 말타-부레츠에서 약 30개가 발견되었다. 높이 약 7.9cm.

유목민의 출현

기원전 3500년경
수레의 발명

기원전 3500~3000년경
말의 순화가 이루어짐

기원전 3000년경
인더스 강 유역과 메소포타미아, 청동기 시대가 시작됨

기원전 2000년 전후
중앙유라시아, 신석기 시대에서 청동기 시대로 이행

기원전 2000년 전후
바퀴살 등장

기원전 1400년경
히타이트, 철기 문화 발전시킴

기원전 1200~1000년경
중앙유라시아에서 철기 제작 시작

기원전 1000년 전후
유목민의 출현
기마 문화 형성

가축을 데리고 수초를 따라 이동생활을 하는 유목민이 출현하기 위해서는 말의 순화가 전제되어야 하는데, 대체로 기원전 3500~3000년경까지는 이루어진 것으로 보인다. 오늘날 우크라이나의 드네프르 강 중하류 지역에 위치한 데레이브카에서 동석기 시대에 속하는 유적지가 발견되었다. 이곳에서 집락지와 함께 다수의 동물뼈가 나왔고 그중 약 52퍼센트가 말뼈로 판명되었다. 그 후 우랄 산맥 동쪽 카자흐스탄 북부의 보타이에서도 10톤에 이르는 동물뼈가 나왔는데 그중 99.9퍼센트가 말뼈임이 확인되었다. 매장된 말들의 두개골에 남은 치아를 조사해본 결과 앞니에서 재갈로 인하여 마모된 흔적이 발견되었다. 이는 이 말들이 식용으로 포획한 야생마가 아니라 순화된 것임을 말해준다. 동물의 순화에 긴요한 기술이었던 재갈은 유라시아 북부 초원지대에서 가장 먼저 사용되었고, 기원전 14세기 후반 선진적인 농경지대인 서아시아와 지중해 연안으로 전파되어 그곳에서 양, 염소, 소, 돼지 등이 순화되는 데 영향을 끼쳤다.

그러나 말의 사육과 재갈의 사용이 곧 기마술의 발달을 의미하는 것은 아니다. 처음에는 안장이 고안되지 않아서 말의 허리에 고통을 주지 않기 위해 엉덩이 부분에 걸터앉을 수밖에 없었다. 순화된 말은 처음에는 기마보다는 마차에 더 적극적으로 활용되었다. 수레가 처음 만들어진 곳은 기원전 3500년경 서아시아 지방이었지만 바퀴가 원반 형태라서 무거웠기 때문에 소가 아니면 끌기 힘들었다. 그런데 바퀴살이 발명되면서 수레의 활용에 혁신적인 변화가 일어나, 바퀴 두 개가 달린 가벼운 수레를 말에 매달아 달리는 이륜마차가 탄생했다. 바퀴살은 늦어도 기원전 2000년경이 되면 서아시아와 유라시아 초원 지역에서 광범위하게 사용되었고, 그로 인한 기동성 증대와 전투력 향상은 인구어족의 대규모 이동과 정복을 가능케 하는 결정적 요인이 되었다.

이처럼 일찍부터 말이 순화되고 재갈이 발명되었으며 이륜마차의 등장으로 기동성이 놀라울 정도로 향상되는 등 유목민의 출현을 위한 여러 조건들이 갖추어졌지만, 본격적인 유목민은 기원전 1000년 전후가 되어서야 출현한다. 과연 그때 무슨 일이 벌어졌고 어떤 결정적인 요인이 작용했는지에 대해서는 여러 가지 가설이 존재한다. 먼저 기후변화설을 들 수 있다. 즉

우르 전차
고대 수메르 문명을 대표하는 이라크 남부의 우르Ur에서 발견된 목판 장식. 기원전 2500년경의 것으로 추정된다. 전쟁 장면을 묘사한 것으로 맨 아래쪽에 전차가 보인다.

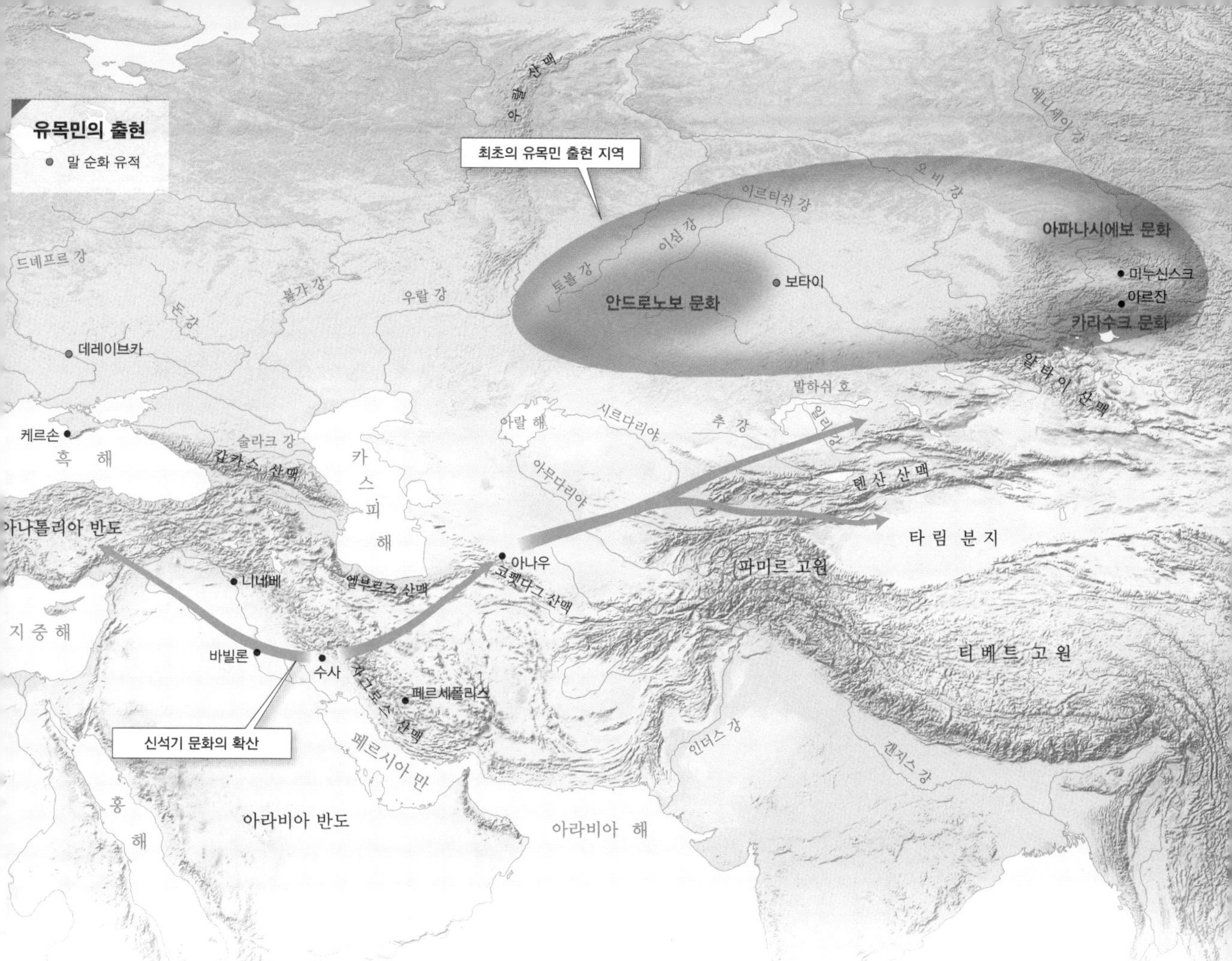

그 시기에 유라시아 전반에 걸쳐 건조화가 진행되면서 종래 농경과 목축을 동시에 행하던 변경지대의 주민들이 농경을 포기하고 광역적인 이동목축에 전념하기 위해 초원 깊숙이 들어갔다는 주장이다. 한편 자연환경적 요인보다는 정치·사회적 요인을 강조하는 입장도 있다. 인구 증가로 변경지대의 한정된 자원을 둘러싼 경쟁이 격화되고, 강력한 국가의 출현으로 농목 복합경제의 포기와 유목민으로의 전환이 강요되는 상황이 생겨났다는 것이다. 그러나 많은 학자들은 기후적 요인과 사회적 요인이 복합적으로 작용하여 유목민이 출현한 것으로 보고 있다.

기원전 9~8세기가 되면 유라시아 초원 곳곳에서 기마 관련 자료들이 눈에 띄게 늘기 시작한다. 재갈·재갈멈치와 같은 마구, 활(복합궁)과 화살촉, 아키나케스 검, 청동 가마솥(동복銅鍑), 사슴돌, 동물문양 장식물 등 후일 스키타이식 문화를 연상케 하는 유목적 문화 요소들이 광범위하게 발견되었다. 기원전 7세기 전반에 출현한 스키타이보다 시기적으로 앞섰다고 해서 '선先스키타이' 문화라고 부르기도 하며, 스키타이와의 문화적 유사성에 주목하여 '스키타이식' 문화라고도 부른다. 이러한 문화의 광범위한 분포는 역사상 처음으로 출현한 유목민들이 이동목축과 기마술이 부여한 기동성에 힘입어 신속한 문화적 접촉과 전파를 이룩했음을 잘 보여준다.

고대 유목민의 은제 마구

11세기 남러시아 초원에 살던 유목민 페체네그Pecheneg인들이 사용하던 은제 마구 장식. 우크라이나 케르손Kherson의 한 고분에서 발견되었다.

스키타이의 등장과 기원

기원전 9세기경
아르잔의 대형 목곽분

기원전 850년경
호메로스,『일리아스』에서 '말젖을 짜는 사람들'에 대해 언급

기원전 750~700년경
스키타이, 남러시아에서 킴메르인을 쫓아냄

기원전 717년경
아시리아, 히타이트 멸망시킴

기원전 678년경
스키타이 왕 이슈파카이, 아시리아 공격했으나 실패

기원전 668년
아시리아, 오리엔트 통일

기원전 638년경
스키타이 왕 파르타투아, 아시리아와 동맹 맺고 킴메르인 격파

기원전 628년경
스키타이, 메디아 잠시 정복

스키타이Scythai는 역사상 처음으로 이름이 알려진 유목민 집단으로 인도-이란계에 속하는 민족이었다. 스키타이에 관한 최초의 기록은 서아시아의 강국이었던 아시리아의 설형문자 점토판에서 발견된다. 여기에는 이슈파카이 왕이 이끄는 아슈쿠자이라는 집단이 아시리아 왕 에사르핫돈(재위 기원전 680~69년)과의 전투에서 패했다고 기록되어 있다. 대부분 학자들은 여기서 아슈쿠자이가 스키타이를 지칭한다고 본다. 당시는 아시리아, 메디아, 우라르투 등 여러 세력들이 각축을 벌이던 혼란스러운 상황이었다. 갑작스럽게 무대에 출현한 스키타이는 이들 국가와 때로는 연맹하고 때로는 적대하면서 중요한 변수로 작용하기 시작했다. 이슈파카이의 아들 파르타투아는 과거의 적이었던 아시리아와 혼인동맹을 맺었다. 후일 아시리아의 수도 니네베가 메디아 군대에 포위되자 파르타투아의 아들이 스키타이 왕이 되어 원군을 이끌고 와서 메디아를 격파했다는 기록도 있다. 서아시아를 무대로 활약하던 스키타이는 이집트 원정에도 나서서 시리아와 팔레스타인을 거쳐 남진했고, 겁먹은 이집트의 파라오는 스키타이 왕 마디에스에게 직접 선물을 바치고 화평을 청했다. 헤로도토스에 따르면 스키타이는 이처럼 28년 동안 중근동 각지를 호령하면서 여러 민족에게서 조공을 받기도 하고 약탈을 자행하기도 했지만, 메디아 왕국의 공격을 받아 패한 뒤 캅카스 산맥을 넘어서 다시 흑해 북안의 초원으로 돌아갔다.

스키타이의 기원과 역사에 관해 가장 상세한 기록을 남긴 인물은 기원전 5세기 그리스의 역사가인 헤로도토스였다. 그는 흑해 북안의 그리스 식민도시 올비아에 살면서 스키타이 설화들을 수집하여『역사』라는 책에 기록했다. 먼저 그리스인들 사이에 퍼져 있던 설화를 소개했는데, 이에 따르면 스키타이의 조상은 헤라클레스와 하반신이 뱀인 마녀 사이에서 태어난 세 쌍둥이였다. 이 설화는 기마민족 스키타이인들이 보여준 놀라운 힘과 파괴력의 근원을 그리스의 한 영웅과 결부시켜 이해하는 한편, 마녀라는 존재를 설정함으로써 그들의 야만성을 설명하려는 의미도 내포하고 있다. 한편 헤로도토스는 스키타이 자신들이 믿던 설화도

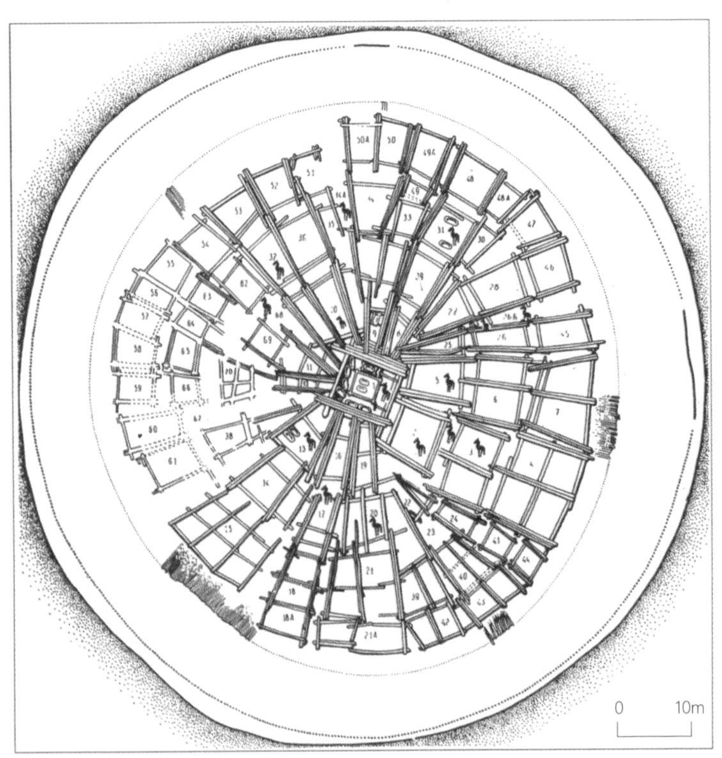

아르잔 고분 평면도
남시베리아의 투바 공화국(러시아 연방 내) 아르잔에서 지름 120m, 높이 4m의 적석목곽분이 발견되었다. 기원전 9~8세기 전반의 고분으로 다량의 말뼈와 함께 장신구, 단검, 도끼, 화살촉, 재갈멈치, 재갈 등이 나왔는데, 특히 표범이 몸을 둥그렇게 구부린 모양의 장식판은 흑해 북방에서 이보다 늦은 시기에 제작된 유사한 동물양식 유물들의 선구적 의의를 지닌다.

소개했다. 하늘의 신과 드녜프르 하신河神의 딸 사이에서 타르기타우스Targitaus라는 인물이 태어났으며 그에게서 다시 세 아들이 탄생했다고 한다. 이들 가운데 막내아들이 하늘에서 떨어진 네 개의 황금 성물을 손에 넣었고, 그의 후손이 '왕족 스키타이'가 되었다는 것이다. 이들 성물은 제사에 사용하는 잔, 전투에 사용하는 도끼, 그리고 농경용 쟁기와 멍에로서 각각 사제층, 전사층, 생산자층을 상징하는 것으로 해석되고 있다.

헤로도토스는 이 두 설화를 소개한 뒤 마지막으로 역사적인 설명을 덧붙였다. 스키타이는 원래 아락세스 강 동쪽에 살던 민족이었는데, 맛사게태의 공격을 받아 서쪽으로 이주해서 흑해 북안의 원주민 킴메르인들을 공격하기 시작했다. 킴메르인들이 캅카스 산맥을 넘어 남쪽으로 도망치자 스키타이는 그들을 추격하면서 중동 지방까지 내려오게 되었다. 이러한 주장은 현대의 고고학적 발굴에 의해 그 타당성이 입증되었다. 1970년대 전반 남시베리아의 아르잔에서 기원전 9~8세기의 것으로 추정되는 대형 적석목곽분이 발견되었는데, 희생물로 매장된 말이 대량으로 나왔다. 또한 함께 발견된 청동제 마구와 무기, 장식품들은 모두 흑해 북안에서 출토된 후대의 유물들과 놀라울 정도로 유사했다. 따라서 오늘날 많은 학자들은 헤로도토스가 말한 아락세스 강은 볼가 강에 해당하고, 그의 주장처럼 스키타이인들은 중앙아시아와 남시베리아 지방에서 서쪽으로 이주해왔다는 사실을 받아들이고 있다.

스키타이의 황금 항아리
기원전 4세기 후반경의 스키타이 황금 항아리. 표면에는 스키타이인 두 사람이 대화하는 모습, 활끈을 묶는 모습, 입안의 상처를 치료해주는 모습 등이 묘사되어 있다. 사진은 다리에 붕대를 감아주는 모습이다. 높이 13cm, 러시아 에르미타주 박물관 소장.

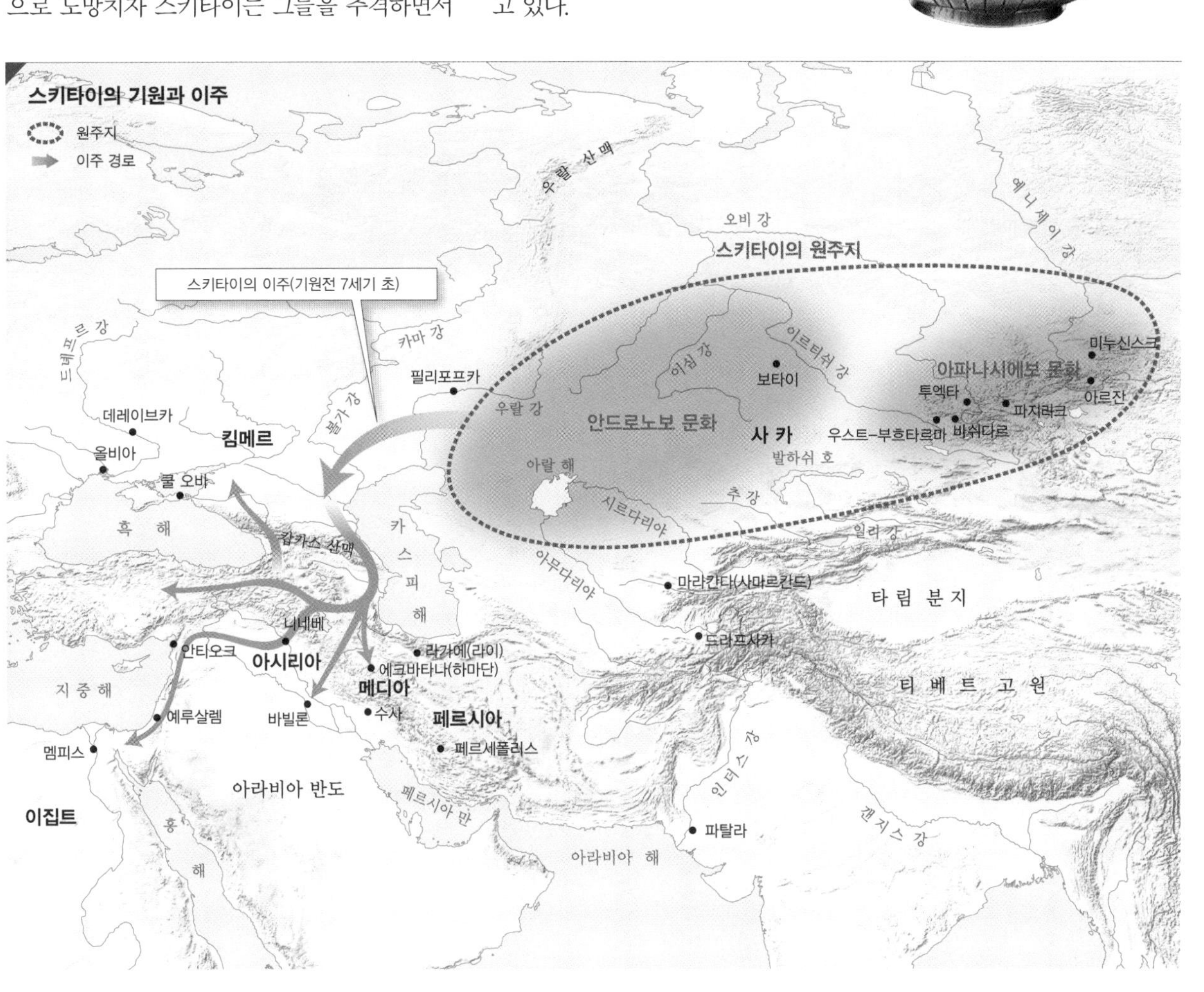

다리우스의 스키타이 원정

기원전 554년
퀴로스, 아케메네스 왕조 수립

기원전 521년
다리우스 즉위

기원전 519년
다리우스, 반란 진압하고 비스툰 비문을 새김

기원전 514년
다리우스, 스키타이 원정 개시

기원전 512년
스키타이 원정 실패로 끝남

기원전 509년
로마 공화정 시작

기원전 492년
1차 페르시아 전쟁 시작

기원전 486년
다리우스 사망

기원전 6세기 중반 퀴로스가 세운 아케메네스 왕조는 그가 사망한 지 10년도 채 못 되어 반란이 일어나며 붕괴 위기에 빠졌다. 이때 제국을 부흥시켜 확고한 기반 위에 올려놓은 인물이 퀴로스의 일족인 다리우스이다. '다리우스 대제'라는 이름으로 잘 알려진 그는 기원전 519년 반란을 평정하고 제국을 재건한 것을 기념하기 위해 비스툰에 있는 높이 500미터 바위산의 벽면을 깎아 비문을 새겼다. 현재 이란 서부 키르만샤에서 동쪽 약 35킬로미터 지점에 위치한 마애 비문의 하단에는 좌우 18미터에 걸쳐 페르시아어, 엘람어, 바빌로니아어로 된 설형문자가 새겨져 있다. 거기에는 다리우스 자신의 계보, 정복한 23개국의 이름과 함께 아후라 마즈다 신의 도움으로 반란을 평정하게 된 경위가 적혀 있다. 비문 상단에는 반란을 일으킨 수령 9인이 사슬에 묶여 다리우스 앞에 끌려나오는 모습이 부조되어 있고, 맨 뒤 아홉 번째로 보이는 인물이 바로 사카Saka라는 집단의 수령 스쿤카다.

중앙유라시아의 초원에 거주하던 고대 유목민들은 그리스 자료에 '스키타이'라고 기록되었지만, 페르시아에서는 '사카'라 불렸고 중국에서는 '색塞'이라고 표기되었다. 이들이 모두 동일한 어원을 지닌 말임은 의심의 여지가 없다. 특히 비스툰 비문에 언급된 사카는 중앙아시아 지방에 거주하던 유목집단이었는데, 부조에 표현된 형태로 볼 때 고대 페르시아 자료에 언급된 '사카 티그라하우다'로 추정된다. '티그라'는 화살을, '하우다'는 모자를 뜻하므로 이는 '끝이 뾰족한 모자를 쓴 사카'라는 말이다. 이들은 헤로도토스의 글에서 다리우스가 원정을 했던 스키타이인들과는 다른 집단인 것으로 보인다. 1969~70년 카자흐스탄의 알마티에서 멀지 않은 이식쿨 호 부근에서 기원전 5~4세기에 속하는 다수의 고분이 발견되었고, 거기서 신장 165센티미터로 추정되는 한 청년의 유해가 출토되었다. 그는 황금으로 된 옷을 입고 있었고 머리에는 4개의 화살로 장식된 모자를 쓰고 있었으니 그가 바로 '사카 티그라하우다'였다.

한편 헤로도토스가 언급한 스키타이인들은 흑해 북안에 거주하고 있었다. 그의 기록에 따르면, 다리우스는 기원전 514~12년경 대군을 이끌고 스키타이 원정에 나섰다. 헤로도토스

비스툰 비문
이란 서북방 키르만샤 지방의 석벽에 새겨진 다리우스 대제의 기공비. 비문은 고대 페르시아어, 엘람어, 바빌로니아어 등 세 가지 언어로 되어 있으며 모두 설형문자로 새겨져 있다. 자신이 어떻게 반란을 진압하고 제국을 다시 통합하였는지를 기술하였다. 반란을 일으킨 수령 9명이 사슬에 묶여 다리우스 앞에 끌려오는 장면이 부조되어 있다.

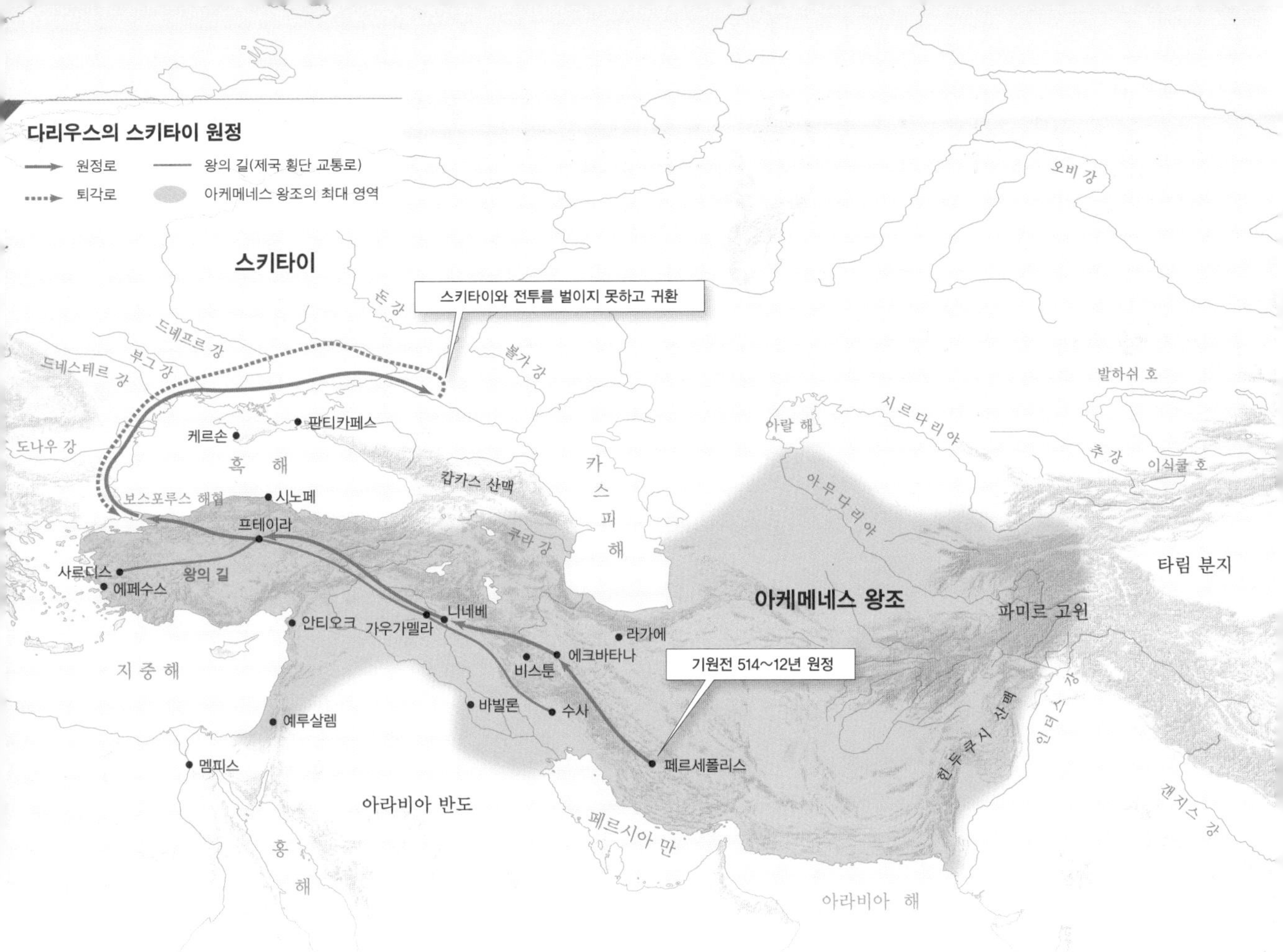

다리우스의 스키타이 원정

원정로 / 퇴각로 / 왕의 길(제국 횡단 교통로) / 아케메네스 왕조의 최대 영역

스키타이
스키타이와 전투를 벌이지 못하고 귀환
돈 강
드네프르 강
부그 강
드네스테르 강
볼가 강
도나우 강
케르손
판티카페스
흑 해
보스포루스 해협
시노페
칼카스 산맥
카스피 해
쿠라 강
프테이라
사르디스
에페수스
왕의 길
안티오크
가우가멜라
니네베
라가에
에크바타나
비스툰
바빌론
수사
페르세폴리스
기원전 514~12년 원정
예루살렘
멤피스
지중해
아라비아 반도
홍 해
페르시아 만
아라비아 해
아케메네스 왕조
아랄 해
시르다리아
아무다리아
오비 강
발하쉬 호
추 강
이식쿨 호
타림 분지
파미르 고원
힌두쿠시 산맥
인더스 강
갠지스 강

는 70만 명, 크테시아스는 80만 명이었다고 하는데, 사실 여부는 검증하기 어렵다 하더라도 엄청난 숫자였음에는 틀림없다. 이 대군은 보스포루스 해협을 건너 스키타이의 본거지인 트라키아로 들어갔다. 그러나 스키타이인들은 페르시아 군과 직접 대결을 피하고 계속 초원 깊숙이 들어갔고, 다리우스는 그들의 종적을 좇아 초원을 헤매야만 했다. 그러는 동안 수많은 군사를 잃은 그는 스키타이인들에게 비겁하게 도망만 다니지 말고 정정당당하게 나와 싸우자는 전갈을 보냈다. 그러나 돌아온 것은 "우리는 도망 다니는 것이 아니라 살아가는 방식이 원래 그렇다"는 조롱 섞인 대답뿐이었다. 곧 상황은 역전되어 스키타이가 추격하고 다리우스는 쫓기는 입장이 되었으나, 그는 운 좋게 추격을 피해 무사히 귀환할 수 있었다.

이렇게 해서 스키타이는 대제국 페르시아의 침공을 무사히 넘길 수 있었다. 이를 스키타이의 승리라고 할 수 있을지는 모르겠지만, 다리우스의 대군을 물리친 사건이 스키타이의 명성을 크게 높여주었음은 부인할 수 없다. 이제 스키타이는 외적의 위협이 사라진 뒤 정치적 안정을 바탕으로 그리스의 여러 도시와 활발한 교역을 통해 경제적인 번영까지 누릴 수 있게 되었다.

소그드인 조공단
아케메네스 제국의 수도 페르세폴리스에 건설된 궁전 접견실인 아파다나Apadana의 북쪽 계단 벽면에 여러 나라에서 온 사절단들이 묘사되어 있다. 그 가운데 소그드인들이 아키나케스 검과 한 쌍의 전투용 도끼를 들고, 준마를 끌고 오는 장면이 보인다.

스키타이 국가의 발전

기원전 638년경
스키타이 왕 파르타투아, 아시리아와 동맹

기원전 628년경
스키타이, 메디아 잠시 정복

기원전 609년
아시리아 멸망

기원전 554년
아케메네스 왕조 성립

기원전 514~512년
스키타이, 아케메네스 왕조 다리우스의 침입을 물리침

기원전 4세기
스키타이, 아테아스 왕의 치세에 전성기를 맞이함

기원전 339년
아테아스, 마케도니아의 필리포스 2세와의 전투에서 패하여 사망

기원전 331년
아케메네스 왕조, 마케도니아의 알렉산드로스에게 패해 멸망

기원전 3세기 후반
스키타이, 켈트족과 사르마트인의 이동으로 쇠퇴하기 시작

기원전 2세기
스키타이 소멸

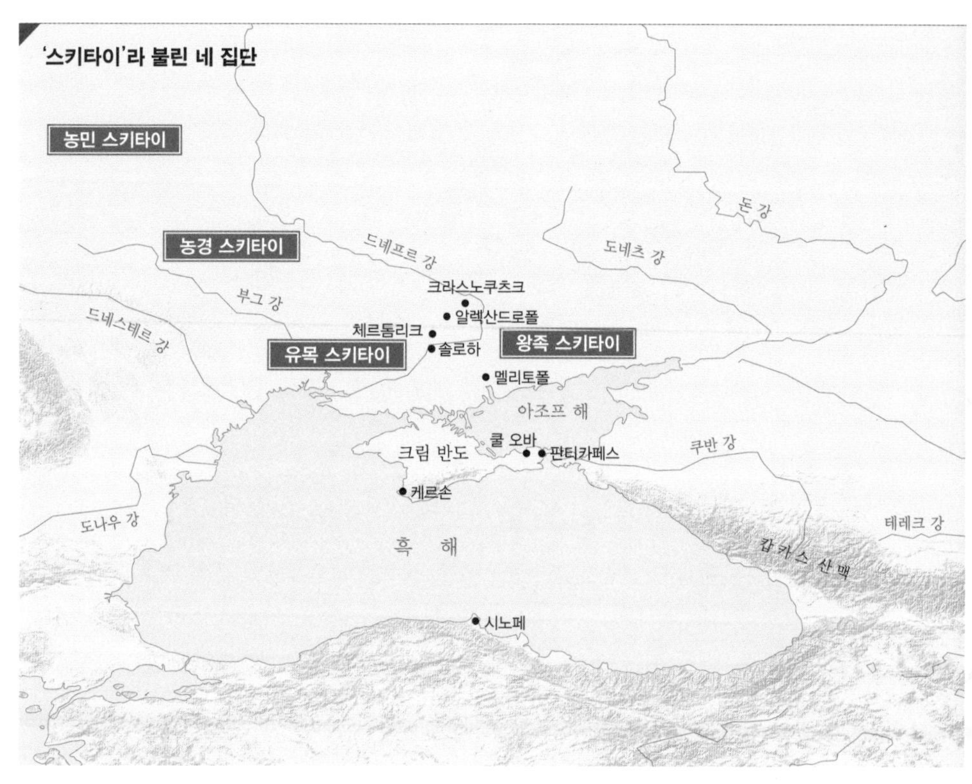

스키타이 유목민이 흑해 북안에 건설한 국가가 어떠한 구조와 특징을 갖고 있었는지에 대해서는 알려진 바가 많지 않다. 그들이 남긴 고분에서 출토된 풍부하고 화려한 부장품들은 스키타이 국가의 지배층이 누렸던 권력과 재화가 어느 정도였는지 가늠케 해주지만, 그 이상 자세한 내용을 말해주지는 않는다. 우리는 헤로도토스가 전해주는 단편적인 기록을 통해 스키타이와 관련한 중요한 몇 가지 사건과 왕의 이름, 그리고 스키타이 국가에 속한 여러 종족 집단의 명칭과 위치, 그리스인들과의 교역관계, 정치·경제적 번영과 쇠퇴 등에 관해 어렴풋한 스케치를 할 수 있을 뿐이다.

헤로도토스에 따르면, 스키타이 국가의 영역은 동서와 남북으로 각각 20일 거리의 정사각형 모양으로 되어 있었다. 서쪽의 도나우 강에서부터 동쪽의 아조프 해에 이르기까지, 그리고 남쪽의 흑해 북안에서부터 북방 삼림지대에 이르기까지의 초원지대였다. 이 지역 안에 '스키타이'라는 이름으로 불린 네 종류의 집단이 있었으며, 그 가운데 가장 핵심적인 집단은 '왕족 스키타이'였다고 한다. 이들은 드네프르 강 부근과 돈 강 사이의 지역, 즉 크림 반도와 아조프 해 북방의 초원에서 유목생활을 했다. 멜리토폴, 솔로하, 체르톰리크, 알렉산드로폴, 크라스노쿠츠크, 쿨 오바 등에서 발견된 고분들에서 나온 풍부한 부장품은 바로 이 왕족 스키타이의 것으로 추정된다. 여기에서 더 서쪽 지역, 분명한 경계를 긋기는 어려우나 부그 강까지의 지역에 '유목 스키타이'가 있었으며, 이들 역시 그 명칭이 말해주듯이 유목생활을 했던 것으로 보인다.

나머지 두 집단인 '농민(Agricultural) 스키타이'와 '농경(Ploughing) 스키타이'의 실체에 관해서는 이론이 분분하다. 위치상으로 '농경 스키타이'는 부그 강에서 드네프르 강 사이의 삼림-초원 지대에 살았던 것으로 보이며, 종족적으로도 유목 스키타이와 달리 슬라브 계통이었을 가능성이 크다. 한편 헤로도토스가 '스키타이 게오르기Scythe Georgi'라 불렀으며 학자들이 흔히 '농민 스키타이'라고 번역하고 있는 집단은 그보다 서쪽에 거주한 것으로 추정된다. 이렇게 볼 때 스키타이 국가의 지배층은 '왕족 스키타이'라 불리는 유목민이었지만 그 아래에는 종족적으로나 경제생활의 측면에서 서로 이질적인 집단들이 포함되어 있었다고 할 수 있다.

스키타이 국가는 기원전 4세기 아테아스 왕의 치세에 전성기를 맞이했다. 장기간에 걸친 그의 치세에 스키타이는 경제적 번영을 구가했다. 특히 그리스에 다량의 곡물을 수출함으로써 막대한 수입을 챙겼으며, 획득된 재화는 일부 계층에 집중되어 스키타이 사회의 내적 분화를 촉진했다. 이 시기에 속하는 분묘들을 보면 금은으로 된 장식품이 풍부하게 나오는 왕족 무덤과 그렇지 않은 평민들의 무덤이 현저한 대조를 이룬다. 이러한 경제적 번영에 힘입어 아테아스는 도나우 강을 건너 서쪽으로 영역을 확대하고자 했다. 그러나 90세의 고령이었던 그는 기원전 339년 마케도니아의 필리포스 2세와의 전투에서 패해 사망하고 말았다. 물론 이로써 스키타이가 갑자기 쇠망의 길로 들어선 것은 아니었으나, 기원전 3세기 후반 서쪽에서는 켈트족이, 동쪽에서는 사르마트인이 흑해 북방의 초원지대로 밀려옴에 따라 스키타이는 본격적으로 쇠퇴하기 시작했다. 스키타이는 기원전 2세기 도나우 강 서쪽의 도브루자 지방과 크림 반도에 세워진 두 개의 소왕국을 마지막으로 역사의 무대에서 사라지고 말았다.

쿠르간 스케치

알레산드로폴 쿠르간이 1851~55년에 발굴되기 전의 모습이다. 드네프르 강 유역에서 발견된 스키타이 고분들 가운데 최대 규모로서 높이가 20m에 이른다.

스키타이의 황금 빗

기원전 4세기 초에 속하는 솔로하 고분에서 발견된 스키타이의 황금 빗. 그리스 장인들이 제작한 것으로 추정된다. 상단에 전사 세 사람이 전투하는 장면이 묘사되어 있고, 그 아래에 사자 다섯 마리가 웅크린 모습이 보인다. 높이 12.6cm, 너비 10.2cm. 에르미타주 박물관 소장.

동물양식의 특징과 분포

기원전 822~791년경
아르잔 고분 유물

기원전 7세기 후반경
코스트롬스카야 고분 유물
(사슴 모양 장식판)

기원전 6~4세기경
파지리크 고분 유물

기원전 4세기
스키타이, 아테아스 왕의 치세에
전성기를 맞이함

기원전 4세기경
쿨 오바 고분 유물

기원전 4세기 初
솔로하 유물(그리스 장인이
제작한 스키타이의 황금 빗)

기원전 2세기
스키타이 소멸

기원전 7~3세기경 흑해 북방의 초원을 지배한 스키타이인의 문화는 그들이 남긴 분묘의 부장품을 통해 어느 정도 짐작할 수 있다. 지하에 시신을 매장한 뒤 흙을 높이 쌓아올려 작은 언덕처럼 만든 스키타이의 고분들을 '쿠르간'이라 부르며, 알렉산드로폴 쿠르간은 거의 20미터 높이에 이른다. 지리적으로 쿠르간들은 캅카스 산맥 북방 쿠반 강 유역에서 크림 반도 부근의 흑해 북안에 걸쳐 집중 분포되어 있다. 전자는 마이코프, 켈레르메스, 코스트롬스카야 등으로 대표되며 초기 스키타이 시대에 속하는 것들로 페르시아의 영향을 보인다. 반면 후자는 드네프르 강 하류에 위치한 알렉산드로폴, 톨스타야 모길라, 솔로하, 체르톰리크, 그리고 크림 반도 동단의 케르치 해협 양쪽에 있는 쿨 오바와 칠형제묘로 대표되며, 후기 스키타이 시대에 속하는 것들로 페르시아보다는 그리스의 영향이 더 강하게 나타난다. 상당수 유물들은 스키타이 귀족들이 그리스 장인에게 자신들의 기호에 맞는 물품을 주문하여 제작시킨 것으로 보인다.

고분에서 나온 많은 유물들을 통해 스키타이 문화의 3대 요소를 추출할 수 있다. 첫 번째는 무기로, 양면에 날이 있는 직선형의 아키나케스 검, 첨단부가 양익兩翼 혹은 삼익三翼으로 된 벼이삭 모양 화살촉, 전투용 도끼가 있다. 두 번째는 마구로, 등자처럼 생긴 재갈과 구멍이 두세 개씩 나 있는 재갈멈치가 있다. 그리고 세 번째는 스키타이 문화의 특징을 가장 잘 보여주는 '동물양식'으로 장식된 유물들이다. 주로 금이나 은으로 만든 각종 장신구, 무기, 생활용기 등에 사슴, 표범, 호랑이, 돼지, 염소, 말, 새와 같이 초원에서 접할 수 있는 동물들이 묘사되어 있는데, 때로는 사자와 독수리가 한 몸을 이루고 있는 그리핀griffin과 같은 상상의 동물이 등장하기도 한다.

스키타이 유적의 분포

● 주요 유적

스키타이 유물에는 동물들이 독특한 방식으로 표현되어 있다. 동물들은 단독으로 혹은 맹수가 초식동물을 공격하는 모습으로 등장하지만 배경은 묘사되지 않는다. 초식동물은 보통 사지를 구부린 채 엎드린 형태이며 머리는 뒤로 젖힌 경우가 많다. 동물의 신체부위가 보이는 굴곡은 뾰족한 능선을 만들어 표현하는 면각面角 기법으로 처리하고, 특정 부위를 강조하기 위해 과장하거나 추가하는 변형 기법이 사용되었다. 동물양식의 기원 문제를 두고 그동안은 서아시아나 그리스의 영향을 강조하는 학설이 유력하였다. 그런데 흑해에서 동쪽으로 5000킬로미터나 떨어진 아르잔에서 기원전 9세기에서 8세기 전반으로 추정되는 분묘가 발굴되었다. 그 결과 스키타이 문화의 기본 특징들은 이미 시베리아 남부 미누신스크 지방에서 형성되었고, 그들이 서방으로 이동하여 서아시아와 흑해 북안에서 활동하는 동안 서아시아와 그리스의 영향이 더해졌다는 사실이 분명해졌다.

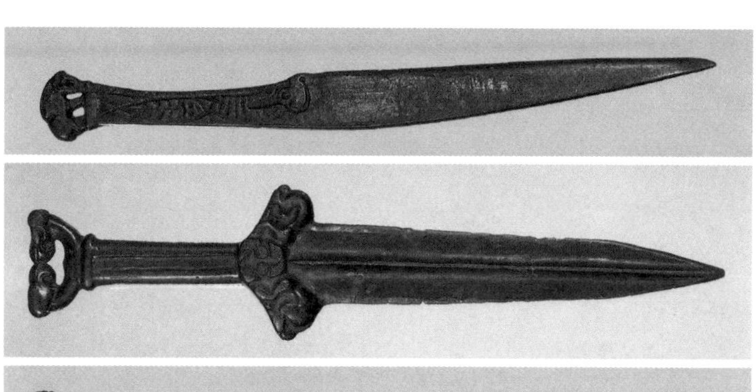

아키나케스 검
크라스노야르스크, 미누신스크 등지에서 발굴된 검. 기원전 7~5세기에 속하며, 손잡이 끝에 동물들이 새겨져 있다. 위에서 아래로 각각 길이 18.8cm, 26cm, 19.4cm.

스키타이 문화 요소들은 흑해 연안에만 국한되지 않고 중앙유라시아의 초원지역에서 광범위하게 발견되었다. 이미 1940년대에 알타이 지방에서 발굴한 파지리크 고분의 유물들은 두말할 것도 없지만, 그 후 1969년 카자흐스탄의 이식쿨에서 발견된 '황금인간', 1986~90년 우랄 산맥 지방의 필리포프카에서 발견된 '황금사슴', 그리고 멀리 중국 북방에서 발견된 '오르도스 청동기'에 이르기까지 그 범위는 유라시아 전체에 미치고 있다. 이는 한반도로 유입되어 고대 신라에까지 영향을 끼쳤다.

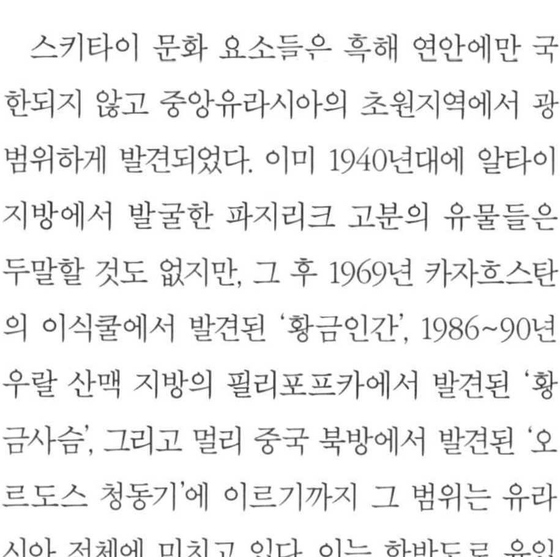

파지리크의 말 가면
러시아령 알타이 산지에 위치한 파지리크에서 발견된 말 가면. 파지리크 고분은 1947~49년에 루덴코의 발굴로 세상에 드러났다. 특히 5호분에서 보존 상태가 매우 양호한 남녀 두 구의 시신이 발견되었는데, 남자의 팔다리 등에는 동물양식 문신이 새겨져 있었다. 또한 직물, 장식, 일상용품 등과 화려하게 장식된 말들이 부장되었다.

사슴 모양 방패 장식판
기원전 7세기 말에서 6세기 초에 속하는 코스트롬스카야 고분에서 발견된 동물양식의 황금 사슴. 길이 31.7cm, 높이 19cm. 예르미타주 박물관 소장.

흉노의 기원

기원전 453년
중국 전국 시대 시작

기원전 4세기 말
조 무령왕, 호복기사 채택

기원전 331년
알렉산드로스, 아케메네스 왕조를 멸망시킴

기원전 318년
흉노, 한·조·위·연·제와 함께 진을 공격했으나 패배

기원전 3세기 초
연, 동호를 북방으로 쫓아내고 장성을 쌓음

기원전 265년
조의 장군 이목, 흉노 10만 기병 격파

기원전 264년
1차 포에니 전쟁 시작

기원전 221년
진의 전국 통일

스키타이가 역사상 최초로 유목국가를 건설한 집단이라면, 흉노는 유라시아 동부 초원에서 처음으로 유목국가를 세운 이들이다. '흉노'라는 이름은 기원전 318년 전국 시대의 5개국과 연합하여 진秦을 공격했다는 『사기』의 기록에 처음 등장하는데, 그렇다면 스키타이에 비해 3세기 반 정도 늦은 셈이다. 동부 초원에서 유목민의 출현이 왜 지체되었는지는 정확히 알 수 없다. 다만 흉노가 등장하기 전에 고비 사막 남북의 초원지역에 흉노와 종족적·문화적 연관성을 지닌 집단들이 있었다는 사실은 알고 있다. 중국 측 기록에 따르면 은주 시대 이래 흉노와 비슷한 이름을 지닌 '훈죽', '험윤', '혼유'와 같은 집단이 중국 북방에 살고 있었다. 일찍이 지리적 위치나 명칭의 유사성을 근거로 이들이 흉노의 직접 조상이라거나 동일한 계열의 집단에 속했다는 주장이 제기되기도 했지만, 아직 명확히 입증된 것은 아니다.

따라서 흉노의 시조를 하 왕조가 멸망할 때 북방으로 도망친 왕족의 후예 '순유' 혹은 '훈죽'이라고 한 고대 역사서의 주장을 그대로 받아들여, 흉노의 기원을 전국 시대 중국과 정치·문화적으로 밀접한 관계를 맺고 있던 중국 북방의 집단들에서 찾는 견해 역시 받아들이기 어렵다. 사마천의 『사기』 등에 기록된 흉노 조상 설화는 그들을 야만적인 존재로 규정하고 중화中華와 구별되는 이적夷狄으로 낙인찍으려는 정치적 주장을 표현한 것이기 때문이다. 한편 흉노의 기원을 고비 사막 북방의 몽골 고원 중앙부 혹은 바이칼 호 서쪽의 미누신스크 지방에서 찾으려는 주장도 제기되었다. 우선 고고학적으로 그곳의 판석묘 문화나 쿠르간 문화와의 유사성이 지적되기도 했고, 언어학적으로는 흉노어가 미누신스크의 오스티악어와 연관이 있다는 주장도 나왔다.

은주에서 춘추 시대에 이르기까지 중국 북방에 살았던 것으로 기록된 여러 집단, 즉 위에서 언급한 집단들은 물론 융戎, 적狄 등도 모두

진의 장성
만리장성은 전국 시대에 북방 유목민들의 약탈을 막기 위해 조, 연, 진 등에서 세웠던 성벽들을 진시황이 통일 이후에 연결하여 완성한 것이다. 당시의 장성은 대부분 흙으로 되어 있었기 때문에 시간이 지나면서 상당수가 허물어지거나 사라졌다. 사진은 전국 시대 진이 건설한 장성이다.

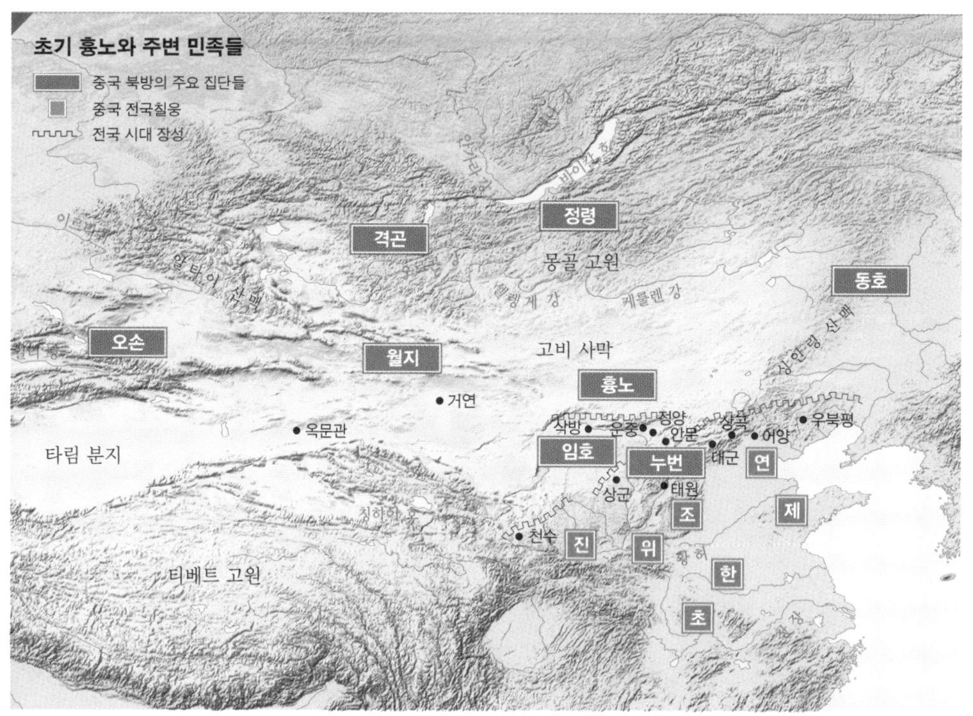

기본적으로는 정주생활을 하며 보병 위주의 전투를 하던 사람들이었다. 그런 의미에서 중국 측 기록에 처음으로 등장하는 진정한 의미의 유목민, 즉 계절적 이동을 하며 기마전을 수행하는 본격적인 유목민은 '호胡'라고 불린 사람들이었다. 기원전 4세기에서 3세기로 넘어갈 무렵 전국 시대에 들어와 비로소 나타나는 이 '호'라는 명칭은 특별한 종족이나 국가를 가리키는 이름이 아니라, 농경생활을 하며 '화하華夏' 혹은 '제하諸夏'를 자처했던 중원 사람들이 자기들과는 다른 방식의 생활과 관습을 가진 사람들을 지칭하는 일반적인 명칭이었다. 동호, 임호, 누번, 흉노 등은 모두 '호'의 범주에 속하는 집단이었다.

'호'의 출현은 장성의 축조라는 현상과 연관되어 있다. 기원전 4세기 말에서 3세기 초가 되면 동쪽의 연燕에서부터 서쪽으로 조趙, 진秦 등 전국 시대의 몇몇 나라들이 북방에 성벽을 쌓기 시작하는데, 이는 당시 새로 출현한 유목민들을 막기 위함이었다. 조의 무령왕 때에 벌어진 호복기사胡服騎射 논쟁은 당시 중원 사람들과는 전혀 다른 새로운 집단이 출현했음을 잘 말해주고 있다. 전국 시대의 장성들은 진시황의 통일 뒤 '만리장성'으로 완성되었다.

이제까지 만리장성은 북방 유목민들의 침입을 막아내기 위해 만들어진 것으로 여겨져왔다. 그러나 최근에는 중국 왕조가 유목민들을 공격하여 몰아낸 뒤 새로운 정복지를 유지하기 위해 세운 것이라는 주장이 제기되었다. 만리장성은 고대 중국인들의 '방어'가 아니라 '팽창'의 결과로 생겨났다는 것이다. 대립하는 쌍방 간에 벌어지는 공세와 수세는 시간의 흐름에 따라 변화하는 것이므로 만리장성의 의미를 어느 한쪽의 약탈과 공격의 결과라고만 말하기는 어렵다. 그러나 만리장성이 이후 2000년에 걸쳐 지속된 농경민과 유목민의 치열한 군사적 대결의 상징물인 것은 분명하다.

흉노인의 모습
흉노인들이 종족적으로 어떤 계통에 속하는지에 대해서는 논란이 많다. 대부분 학자들은 몽골로이드일 것으로 추정하지만, 붉은 수염과 푸른 눈동자를 가졌다는 고대 역사서의 기록에 의거하여 이를 반대하는 주장도 있다. 언어적으로도 몽골계인지 투르크계인지 아니면 또 다른 언어를 사용했는지에 대해서도 의견이 분분하다.
노용 울 13호분에서 발견된 직물에 보이는 아래 인물들의 모습이 흉노인을 묘사한 것이라고 단언하기는 어려우나, 몽골로이드라기보다는 이란계의 특징이 보인다.

흉노 제국의 건설

기원전 318년
흉노, 한·조·위·연·제와 함께 진을 공격했으나 패배

기원전 221년
진의 전국 통일

기원전 215년
진의 몽염, 흉노 정벌하고 오르도스 점령

기원전 210년
진시황과 몽염 사망

기원전 209년
묵특 선우 등극
동호 정복

기원전 202년
전한 건국

기원전 201년
흉노, 한왕 신을 포위 마읍과 태원 획득

기원전 200년
한 고조, 흉노 공격
평성 백등산에서 패배

기원전 195년
한 고조 사망

기원전 192년
묵특, 여후에게 서한 보냄 ('농서' 사건)

기원전 174년
묵특 선우 사망

'흉노'라는 이름이 문헌에 처음 등장한 것은 기원전 318년이지만, 이들이 북방의 강력한 세력으로 성장한 것은 진시황이 중원을 통일할 무렵이다. 진시황은 기원전 215년 몽염에게 10만 명(혹은 30만 명)의 병사를 주어 흉노를 공격하게 하고, '하남의 땅'(황허 이남의 오르도스 지방)을 점거했다. 진나라의 공격을 받고 근거지를 상실한 흉노는 큰 타격을 받았지만, 이러한 위기 상황은 오히려 묵특이라는 인물의 등장과 그에 의한 흉노 제국의 탄생이라는 역사적 결과를 낳게 되었다. 최근 묵특의 집권 과정을 분석하여 유목사회 안에서 ① 위기 상황의 발생 → ② 사회의 군사화 → ③ 정치적 중앙집권화라는 과정을 통해 유목국가가 탄생한다는 주장이 제기되기도 했다.

사마천에 따르면, 두만 선우의 아들인 묵특은 적국 월지에 인질로 보내졌다가 '천리마'를 타고 탈출에 성공했다. 귀국한 그는 휘파람 소리를 내는 화살촉인 명적鳴鏑을 만들어 심복들을 훈련시킨 뒤 아버지를 살해하고 권력을 장악했다. 진시황이 사망한 이듬해인 기원전 209년의 일이었다. 묵특이 정권을 장악했을 무렵 흉노 주변에는 이미 크고 작은 유목집단들이 살고 있었는데, 그는 먼저 동쪽 싱안링 산맥 방면에 있던 동호를 급습하여 복속시켰다. 이어서 서쪽 감숙 방면에 있던 월지를 밀어내고, 남쪽 오르도스 지방으로는 누번과 백양을 병합하여 '하남의 땅'을 수복하였으며, 북쪽 바이

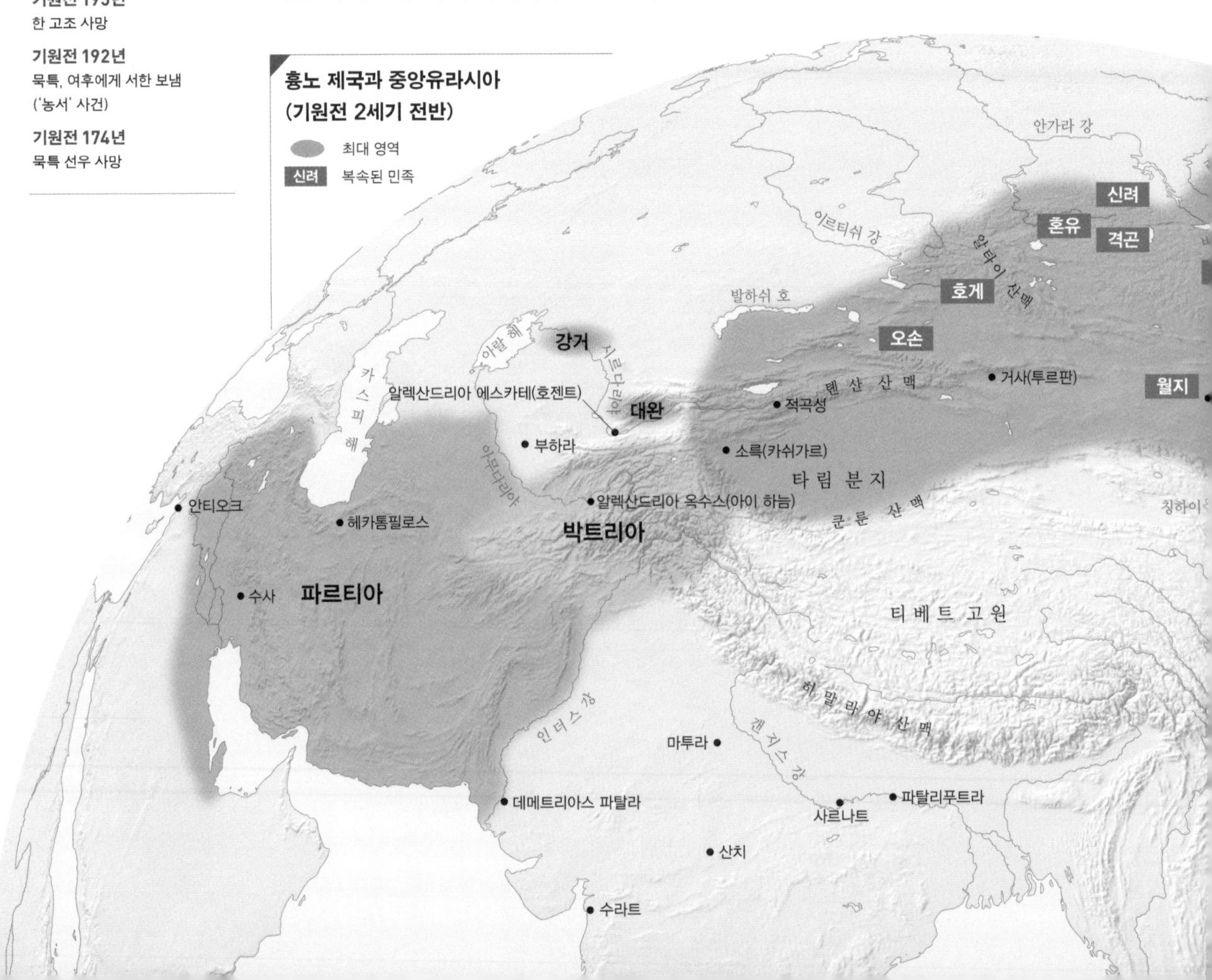

칼 호 방면으로는 혼유, 굴사, 정령, 격곤, 신려 등을 복속시켰다.

이렇게 해서 진나라가 망한 뒤 혼란을 수습하고 이제 막 등장한 중원의 통일제국 한나라와, 북방 유목민을 모두 통합하고 동아시아 역사상 최초의 유목국가로 탄생한 흉노의 대결은 불가피해졌다. 한 고조 유방은 통일의 기세를 몰아 기원전 200년 직접 군대를 이끌고 흉노를 치러 나섰다. 그러나 '30만 명'이 넘는 본대와 떨어져 평성의 백등산에서 적에게 완전히 포위되고 말았다. 고조는 한겨울 일주일을 꼬박 갇혀 있다가, 한나라 측으로부터 고급 모피를 뇌물로 받은 부인의 설득에 묵특이 포위망의 한쪽 귀퉁이를 열어주어 겨우 목숨을 건져 귀환할 수 있었다.

'평성의 수치' 직후 한 고조는 사신을 보내 흉노와 '화친'이라는 이름으로 평화조약을 맺었다. ① 만리장성을 양국의 경계로 삼는다 ② 상호 형제관계를 맺는다 ③ 한나라 공주를 흉노왕에게 시집보낸다 ④ 매년 흉노에게 옷감과 음식을 보낸다는 내용이었다. 여기에 덧붙여 후일 ⑤ 국경에 관시關市라는 교역시장을 설치하기로 했다. '화친'이라고 해서 마치 양측이 대등한 관계를 맺은 듯한 인상을 주지만, 실은 한나라가 흉노에게 일방적으로 공주와 물자를 바치는 조건이었기 때문에 불평등조약이나 다름없었다. 이러한 사정은 고조가 사망한 뒤 묵특이 미망인이 된 여후呂后에게 '희롱'하는 편지를 보낸 '농서弄書' 사건에서도 잘 드러난다.

이제 흉노는 장성 이북의 유목민들을 모두 통합했을 뿐만 아니라, 초원 세계에서는 부족한 식량, 비단, 의복, 금은, 각종 사치품을 전쟁이나 약탈이라는 방법을 쓰지 않고도 안정적으로 입수할 수 있게 되었다. 흉노의 군주는 이처럼 한나라와의 외교·교역 관계를 독점하고, 자신의 수중에 들어온 막대한 물자를 휘하 수령들에게 분배함으로써 지배권을 확립하였다. 흉노는 서로는 알타이에서 동으로는 싱안링, 북으로는 바이칼에서 남으로는 장성 지대에 이르는 광대한 영토를 지배하며, 한나라와의 화친조약을 통해서 안정적인 재정기반을 확보함으로써 제국의 기틀을 확고히 다지게 되었다.

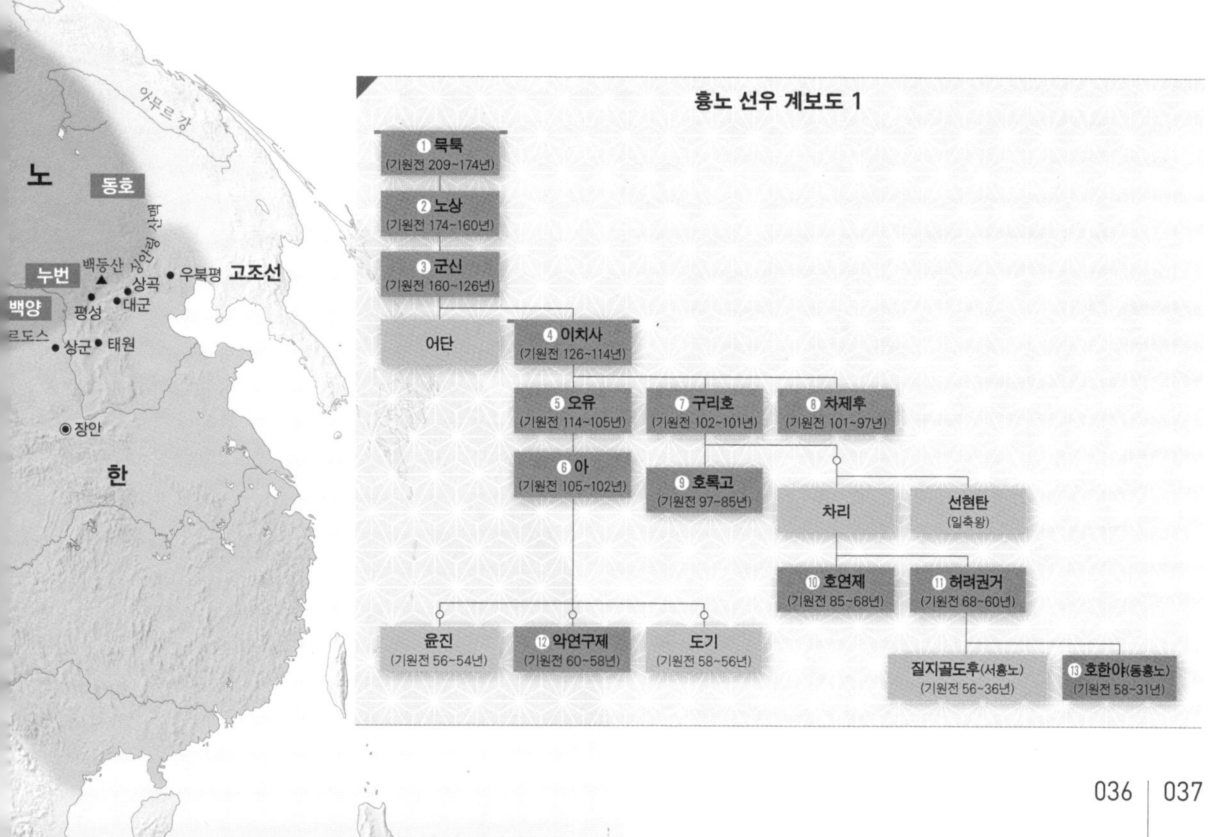

흉노 제국의 국가 구조

기원전 221년
진의 전국 통일

기원전 209년
묵특 선우 등극

기원전 206년
진 멸망

기원전 202년
전한 건국

기원전 200년
한 고조, 흉노 공격
평성 백등산에서 패배

기원전 195년
한 고조 사망

기원전 174년
묵특 선우 사망

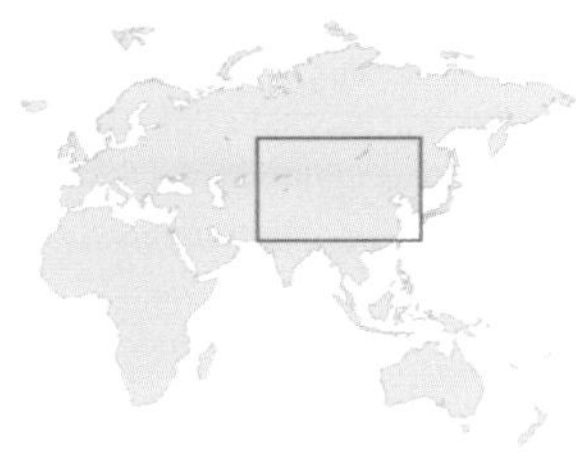

흉노 제국의 최고 군주는 '선우單于'라고 불렸다. 이 말의 기원은 분명치 않으나 '광대한 모양'을 뜻한다. 또한 흉노인들은 선우를 칭할 때 '탱리고도선우撑犂孤塗單于'라고 했는데, 탱리와 고도는 각각 '하늘'과 '아들'을 의미했다고 하니, 그 권위가 하늘에 의해 부여된 것이라는 주장이 담겨 있다. 이와 같은 칭호가 황제 혹은 천자를 칭한 중국의 군주를 겨냥한 것인지는 확실치 않다. 다만 '호胡'는 '하늘이 총애하는 아들(天之驕子)'이라고 한 흉노인들의 주장이 보여주듯이, '텡그리tengri=하늘'에 신성한 의미를 부여했던 그들이 군주권의 원천을 하늘의 명령이나 축복에서 찾았던 것은 분명하다.

선우는 연제라는 이름의 씨족집단에서 배출되었다. 그들과 혼인을 맺던 인척씨족으로는 호연, 란, 수복 등이 있었으며, 후한대에 가면 여기에 구림씨가 추가되었다. 선우의 부인은 '연지(閼氏)'라고 불렸으며 황후에 해당되는 셈이다. 이렇게 혼인으로 결합된 군주씨족과 인척씨족은 흉노의 핵심 지배층을 이루었다. 인척씨족의 수령들은 골도후라는 직책을 부여받아 대내적으로는 선우를 보좌하면서 휘하 유목집단들에 대한 감찰과 재판을 행하고, 대외적으로는 한나라와의 교섭을 담당했다고 한다. 이들 인척씨족 중에서도 특히 호연씨의 영향력이 가장 강했다.

흉노 제국의 영역은 중앙과 좌방, 우방으로 크게 구분된다. 선우가 중앙을 직접 통치하고 좌방에는 좌방왕장들이, 우방에는 우방왕장들이 배치되었다. 이러한 삼분 체제는 후일 다

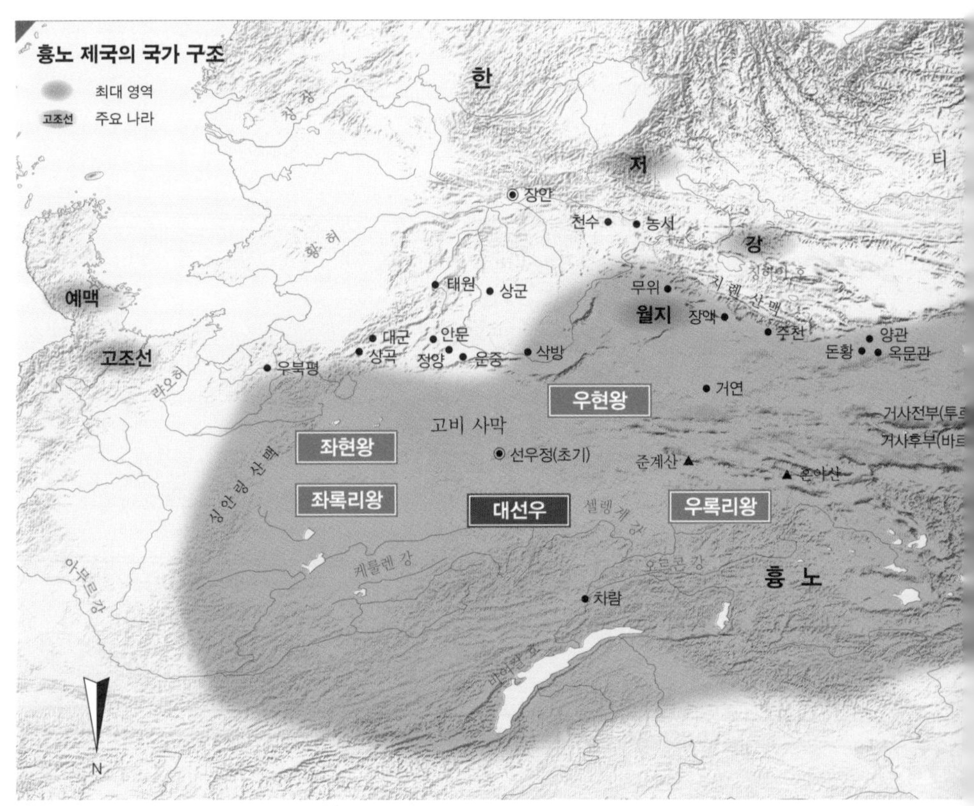

른 유목국가에서도 공통적으로 보이는 현상이다. 선우의 근거지라고 할 수 있는 선우정은 운중과 대군을 마주하는 곳에 두어졌고, 좌방왕장들은 동방에 위치하여 상곡을 마주하며 예맥과 고조선에 접했으며, 우방왕장들은 서방에 위치하여 상군을 마주하며 월지, 저, 강 등과 접했다. 흉노의 영역은 고비 사막 남북의 초원을 모두 포괄하였지만, 한 무제와의 전쟁이 터지기 전까지는 그 중심지가 내몽골 지방에 있었음을 알 수 있다.

『사기』에 따르면, 선우를 도와 흉노의 최고 지배층을 이루는 왕장들로는 좌·우현왕, 좌·우록리왕, 좌·우대장, 좌·우대도위, 좌·우대당호, 좌·우골도후 등 '24장長'이 있었다. '만기萬騎'라고도 불린 이들 24장은 각각 '분지分地'를 갖고 있었으며 휘하에 천장, 백장, 십장, 비소왕, 상봉, 도위, 당호, 저거 등의 속료를 두었다. 여기서 '분지'는 이들 24장에게 속하는 유목민들이 계절이동을 하며 거주하는 영역을 가리킨다.

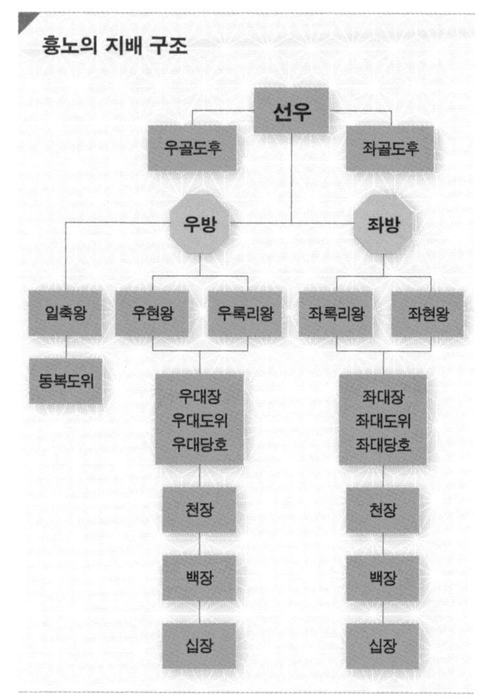

만약 '만기'라고 불렸던 24장이 문자 그대로 각각 1만 명의 기병을 동원할 수 있었다면 흉노 제국 전체의 병력은 24만 명이 되겠지만, 그것을 액면 그대로 받아들이기는 힘들다. 후일 몽골 고원을 통일한 칭기스 칸 휘하에 95개의 천호가 조직되었을 때에도 그 기마전사의 총수가 10만 명을 넘지 못했다. 흉노의 전체 인구가 한나라의 큰 현 하나에도 미치지 못한다거나 하나의 군보다도 적다는 당시의 기록이 있으며, 한 문제의 문신 가의는 흉노의 궁사가 6만 명이라고 말한 바 있다. 이에 의거한다면 흉노의 인구는 30만 명에서 많아야 50~60만 명을 넘지 못했을 것이며, 선우가 동원할 수 있었던 흉노의 기마병력도 10만 명을 넘기는 어려웠을 것이다. 따라서 묵특이 한 고조를 포위할 때 30만 명의 군사를 동원했다는 것은 심한 과장으로 볼 수밖에 없다.

흉노의 금관
내몽골 오르도스 지방 항금기杭錦旗의 전국 시대 흉노 고분에서 출토된 금관. 몸체에는 호랑이, 산양, 말 등이 웅크린 모습이 부조되어 있고, 관 꼭대기에는 매가 앉아 있는 모습이 장식되어 있다. 높이 7.1cm, 무게는 1.2kg.

흉노의 사회와 문화

기원전 221년
진의 전국 통일

기원전 209년
묵특 선우 등극

기원전 206년
진 멸망

기원전 202년
전한 건국

기원전 200년
한 고조, 흉노 공격
평성 백등산에서 패배

기원전 195년
한 고조 사망

기원전 174년
묵특 선우 사망

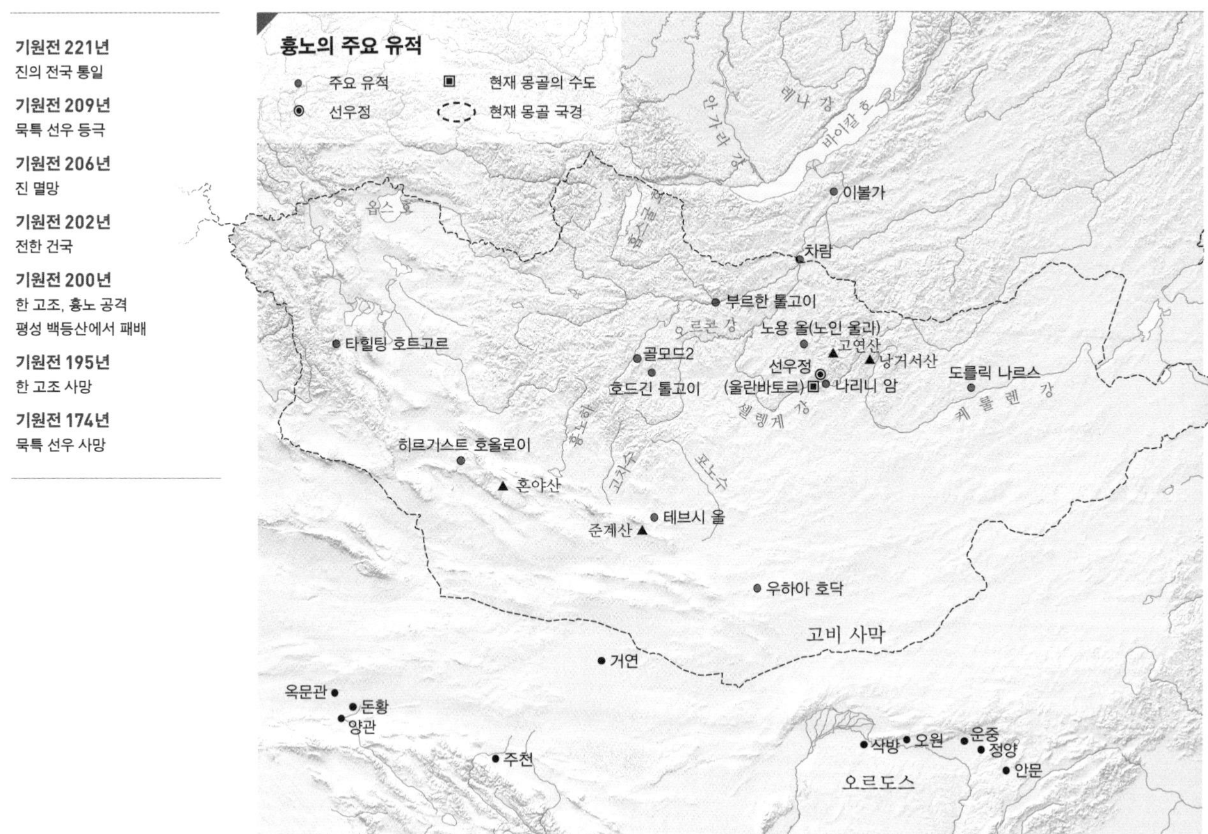

흉노인들이 언어·인종적으로 어떤 계통에 속했는지에 대해서는 아직 학계에 일치된 견해가 없다. 우선 투르크계와 몽골계 언어 가운데 어느 쪽에 속했는지 분명치 않고, 외모상의 특징으로 볼 때에도 몽골로이드인지 아니면 더 서쪽의 파미르 페르가나 계통인지 단언하기 어렵다. 이러한 혼선은 기본적으로 현존하는 문헌과 고고자료의 부족에 기인한다. 그러나 '흉노'라는 것이 다양한 집단을 포괄하는 제국을 가리키는 정치적 명칭이라는 점을 생각한다면, 그 구성원들의 언어와 외모가 모두 같았다고 단언하기도 어려울 것이다.

흉노 제국은 유목국가였지만 다양한 경로를 통해 들어온 농경민도 다수 포함하고 있었다. 전쟁 포로로 끌려온 사람들, 외교적 협정에 의해 보내진 인질들, 시집오는 공주를 따라온 이들 등 여러 무리들이 흉노 안에서 정주농경의 근거지를 형성하며 흉노 유목사회에 정치·경제·문화적으로 적지 않은 영향력을 행사했다. 몽골 고원 북부에서 이볼가 유적지 등 약 20곳의 흉노 시대 집락지가 발굴되었는데, 온돌과 같은 난방시설이 갖추어진 주거지와 농기구들이 나왔다.

그러나 스스로를 '흉노'라고 불렀던 사람들은 물론 대부분 유목민이었다. 『사기』의 묘사에 따르면 그들은 "물과 풀을 따라 옮겨 다니며 산다. 성곽이나 일정한 거처가 없고 농사를 짓지 않는다." 이들이 주로 기르던 가축은 말,

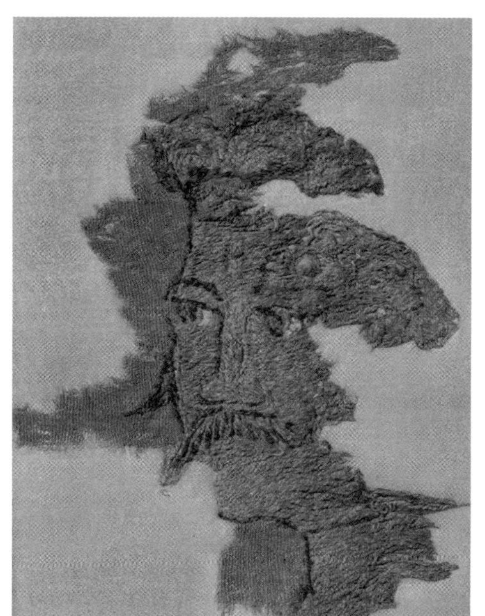

카펫에 새겨진 얼굴
노용 올 25호분에서 발견된 모직물에 새겨진 인물의 모습. 기원전 1세기~기원후 1세기의 것으로 추정된다. 직물의 크기 가로 10cm, 세로 19cm. 에르미타주 박물관 소장.

소, 양이었고 낙타, 나귀, 노새 등도 있었다. 1인당 평균 보유 가축 수는 보통 20마리 내외로 추정된다. 이들의 의식주 역시 기본적으로는 목축 생산물에 의존했다. 음식은 육류뿐만 아니라 락酪이라 불린 응유凝乳, 수酥라 불린 고유固乳 등 유제품도 있었다.

흉노인들은 친족관계에 기초한 소규모 유목 집단에서 출발하여 정치적 주종관계를 근간으로 형성된 대규모 집단에 이르기까지 다양한 사회적 결합체에 속해 있었다. 한문 자료에는 가家, 장帳, 락落, 읍邑, 씨氏, 부部 등 다양한 명칭들이 보인다. 흉노인들은 오늘날 '게르'와 같은 이동식 천막이 아니라 소가 끄는 수레 위에 싣고 다니는 고착식 천막을 사용했던 것으로 보인다. 최근 한 연구에 따르면 조립식 천막은 8세기경 투르크인들이 처음 사용했다고 한다.

흉노의 문화는 1924~27년 러시아의 코즐로프가 노용 올(노인 울라)을 발굴한 이래 오늘에 이르기까지 발견된 많은 유적·유물들을 통해서 확인된다. 1997년부터 러시아와 몽골 접경 캬흐타 부근의 차람 계곡에서 발굴된 고분군이 주목할 만한데, 특히 7호분은 흉노 선우의 무덤으로 추정된다. 여기에서는 중국제 비단, 중국제 마차, 칠기, 직물, 펠트, 옥, 금, 은, 청동 및 철제 유물, 장례용 인형과 '동물무덤' 등이 발견되었다. 1990년대 후반부터는 우리나라도 몽골 학자들과 공동으로 동몽골 지역을 중심으로 발굴 작업을 진행하여 성과를 올리고 있다. 노용 올 고분은 스키타이의 쿠르간과 유사한 방식으로 축조된 분묘로 그 안에서 동물양식이 표현된 카펫, 한자가 새겨진 견직물 등 여러 유물이 나왔다. 그런가 하면 내몽골 오르도스 지방에서도 동물양식으로 장식된 청동제품들이 다수 출토되어 소위 '오르도스 청동기'라는 이름으로 널리 알려지기도 하였다. 이렇게 볼 때 흉노는 몽골 고원에서 오로지 유목생활만을 고집하며 기마전투에 의존하던 국가가 아니라, 적지 않은 수의 농경민과 정주 집락지를 포함하고 있었고, 문화적으로도 중국을 비롯한 유라시아 서부 지역과 다양한 문화적 접촉을 유지했음을 알 수 있다.

유니콘 은 장식
아르항가이 하이르한 솜 골모드 흉노 고분에서 출토된 은제 마구 장식(드리개 장식 및 가슴걸이)에는 상상의 동물인 유니콘(또는 기린)이 포함되어 있다. 이마에 난 뿔과 발 밑에 있는 구름 문양은 하늘의 동물임을 상징한다. 머리가 오른쪽과 왼쪽을 향한 것이 각 한 세트를 이룬다. 높이 왼쪽 14.3cm, 오른쪽 14.2cm.

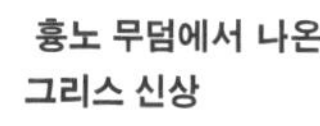

흉노 무덤에서 나온 그리스 신상
노용 올 20호분에서 발견된 은제 장식(직경 15cm). 그리스 신들의 모습이 새겨져 있어 흉노와 지중해 지역 간에 문화 교류가 있었음을 알 수 있다.

기원전 209년 — 기원후 60년경

월지의 서천

기원전 209년
흉노, 묵특 선우 즉위

기원전 202년
전한 건국

기원전 177년경
오손, 흉노의 압박으로 동부 텐산에서 서부 텐산으로 이동

기원전 176년
월지, 묵특 선우의 공격에 패배

기원전 174년
흉노, 노상 선우 즉위

기원전 160년대
월지, 노상 선우의 공격을 받아 서쪽으로 이주

기원전 139년
한 무제, 장건을 대월지에 파견(기원전 129년 도착)

기원전 130년대
대월지, 대하 정복

60년경
쿠샨 왕조 성립

묵특은 기원전 176년 한나라 효문제에게 보낸 서한에서 "하늘의 축복, 관리와 군사들의 훌륭함, 말의 강건함에 힘입어 월지를 섬멸하고 그들을 모두 참살하여 항복시켰다"고 호언장담했다. 그 후로도 월지는 흉노의 거듭된 공격을 받아 서쪽으로 이주할 수밖에 없었다. 그러나 앞에서도 언급했듯이 묵특은 일찍이 월지에 인질로 보내진 바 있었고, 본래 월지는 흉노보다 더 강력한 세력이었다. 그들은 도대체 어떤 사람들이었고 원래 어디에서 살다가 어떤 경위로 서쪽으로 옮겨가게 된 것일까.

『사기』에 따르면 월지는 흉노와 마찬가지로 유목생활을 했으며 원래 거주지는 돈황과 치롄산맥 사이의 지역이었다고 한다. 그렇다면 대체로 지금의 감숙 서부지역에 해당되며 하서회랑 부근이 될 것이다. 그러나 하서회랑은 강력한 유목집단의 근거지가 되기에는 너무 협소해 보인다. 그래서 어떤 학자는 월지가 사실은 광대한 몽골 초원을 지배하고 있었고 그곳을 근거지로 삼아 하서회랑을 포함하는 실크로드를 장악하고 있었다고 주장했다. 중국 고대 문헌에 '우씨의 옥(禹氏之玉)'이라는 말이 나오는데, 우씨禹氏와 월지月氏는 사실 동일한 음을 옮긴 것이고, 월지인들이 호탄에서 나오는 옥을 중국으로 중계했기 때문에 생긴 말이라는 설명이 있다. 또한 '월지'가 즈구차zgudscha를 옮긴 말이고, 이는 고대 아시리아 자료의 스쿠자Skuja와 상통하니 곧 스키타이를 지칭한다는 설도 있다. 이러한 주장들이 맞는지 단언하기는 어려우나 월지와 오손 등은 모두 알타이계가 아니라 인구어계 종족이었던 것으로 보인다.

월지의 서천에 대해 이견이 없는 것은 아니지만 대체로 몇 단계에 걸쳐 일어났던 것으로 이해된다. 먼저 기원전 176년 묵특의 공격을 받은 월지인들은 본거지인 하서회랑을 떠나 텐산 북방의 일리 강 유역으로 이주하여 '대월지'로 알려지게 되었고, 잔류한 집단은 '소월지'로 불렸다. 기원전 160년대에 들어서자 월지는 묵특의 후계자 노상 선우의 공격을 받게 되는데, 이번에는 월지 왕이 붙잡혀 그의 두개골이 '술잔'으로 바뀌는 참화를 당했다. 그런데 기원전 139년 한 무제가 흉노와의 전쟁에 앞서 월지와 동맹을 맺기 위해 장건을 서방으로 파견했을 때, 장건이 흉노에서 포로 생활을 하는 동안 흉노인들이 "월지는 우리의 북방에 있다"고 한 말을 들은 것으로 보아, 그때까지 월지는 여전히 일리 강 유역에 머물렀던 것으로 추정된다. 그러나 장건이 기원전 129년 흉노를 탈출하여 월지를 찾아갔을 때 그들은 이미 거기에 없었다. 장건이 흉노에 잡혀 있을 때 월지는 흉노와 오손의 공격을 받아 일리 강 유역에서 더 서

옥문관
현재 감숙성 돈황시 서북 90km 지점에 있다. 서역의 특산품인 옥이 들어오는 관문이라는 뜻에서 '옥문관'이라 명명되었으며 한 무제 때 설치되었다. 현재 그 관문은 찾아볼 수 없고, 다만 그 부근에 있던 봉수대의 기단 부분이 남아 있을 뿐이다.

월지의 이주

흉노의 공격

월지의 이주 경로

흉노의 공격으로
월지의 왕이 피살되고
두개골이 술잔으로 만들어짐

월지의 1차 이주지
(일리 계곡)

월지의 2차 이동

월지의 1차 이동

흉노의 공격

월지의 본거지
(하서회랑)

월지의 2차
이주지

흉노

고 비 사 막

소 월 지

월 지

한

타 림 분 지

티 베 트 고 원

자이산 호

알타이 산맥

발하쉬 호

일리 강

금만성(짐사)

교하성(투르판)

거연

황허

오 르 도 스

마라칸다
(사마르칸드)

귀산성

적곡성(나린)

톈산 산맥

남성(우쉬)

소륵(카쉬가르)

이순성(누란)

롭 노르

돈황

치롄 산맥

주천

장액

무위

장안

호탄

페샤와르

탁실라

곤륜 산맥

인더스 강

히말라야 산맥

쪽으로 옮겨 아무다리야 북방으로 갔다는 것이다.

그러나 학계의 통설인 이러한 '단계적 서천론'에 대해 『한서』의 저자 반고가 후일 잘못된 정보에 의존해 첨가한 결과라고 비판하면서, 월지의 이동은 사실상 노상 선우 때에 한 차례 이루어졌다는 주장하는 학자도 생겨났다.

아무튼 월지는 아무다리야 북방에 '왕정王庭'을 세우고 강 남쪽의 대하(박트리아)를 지배했다. 고대 그리스의 지리·역사학자 스트라본도 스키타이계 집단인 아시오이, 파시아노이, 토하로이, 사카라울로이 등이 북방에서 내려와 박트리아 왕국을 붕괴시켰다고 했다. 학자들은 이들이 월지, 오손, 색 등이 아닐까 추정하기도 한다. 대월지는 대하를 점령하고 그곳에 휴밀, 쌍미, 귀상, 힐돈, 고부라는 다섯 제후국을 세웠다. 이 가운데 귀상, 즉 '쿠샨'이라는 이름의 집단이 다른 네 흡후를 병합하고 국가를 건설했으니 그것이 바로 쿠샨 제국이었다.

하늘에서 내려다본 오아시스 도시 호탄의 모습

흉노와 한의 전쟁

기원전 139년
한 무제, 장건을 서역으로 파견

기원전 133년
마읍사건으로 한과 흉노 관계 악화

기원전 129년
한 무제, 흉노와 전면전 개시

기원전 127년
위청, 누번왕과 백양왕 격파하고 황허 이남 점거

기원전 123년
위청, 흉노 공격
조신, 흉노에 투항

기원전 121년
위청과 곽거병, 흉노 공격

기원전 104년
이광리, 1차 대완 원정

기원전 102년
이광리, 2차 대완 원정

기원전 89년
'윤대의 조'로 한·흉노 전쟁 종식

기원전 87년
한 무제 사망

한나라가 흉노에 대한 전쟁을 개시한 것은 기원전 133년이었다. 그해 한 무제는 마읍이라는 변경마을에 '30만' 대군을 배치하고 흉노의 선우를 유인하여 잡으려 했으나, 정보가 누설되어 계획은 실패로 돌아가고 말았다. 그러나 이로써 흉노와 한나라 간의 전쟁은 불가피해졌다. 한의 음모에 분노한 흉노가 상곡을 약탈하자, 무제는 기원전 129년 전면전을 개시하여 위청, 이광 등을 일제히 출격시켰다. 기원전 128년 흉노는 대군, 정양, 상군에 각각 3만 명의 기병을 동원하여 침공했다. 기원전 127년 위청은 다시 군대를 이끌고 운중에서 서진하여 농서에 이르러 흉노 우현왕 휘하의 누번왕과 백양왕을 격파한 뒤 그곳에 삭방군을 설치했다. 삭방성의 축성에 분노한 흉노 우현왕의 침략이 격해지자 한나라에서는 기원전 124년 위청이 10만 대군을 이끌고 우현왕을 급습하여 큰 전과를 올렸다. 위청은 기원전 123년 다시 출정했으나 이번에는 상황이 불리하게 돌아가 흉노의 항장이던 조신이 다시 적에 투항하는 사태가 벌어졌다.

흉노의 선우는 조신의 조언을 받아들여 근거지를 고비 사막 이북으로 옮기기로 결정했다. 한나라 군대가 고비 사막 이북의 초원까지 진출하여 작전을 전개하기는 어려울 것이라고 판단했기 때문이다. 그러나 기원전 121년 위청과 곽거병은 각각 5만 명의 기병을 이끌고 정양과 대군을 나서서 막북으로 출정했다. 위청은 항가이 산맥 남쪽에 있던 조신성까지 진출하여 그곳에 쌓여 있던 곡식을 불태우고 돌아왔

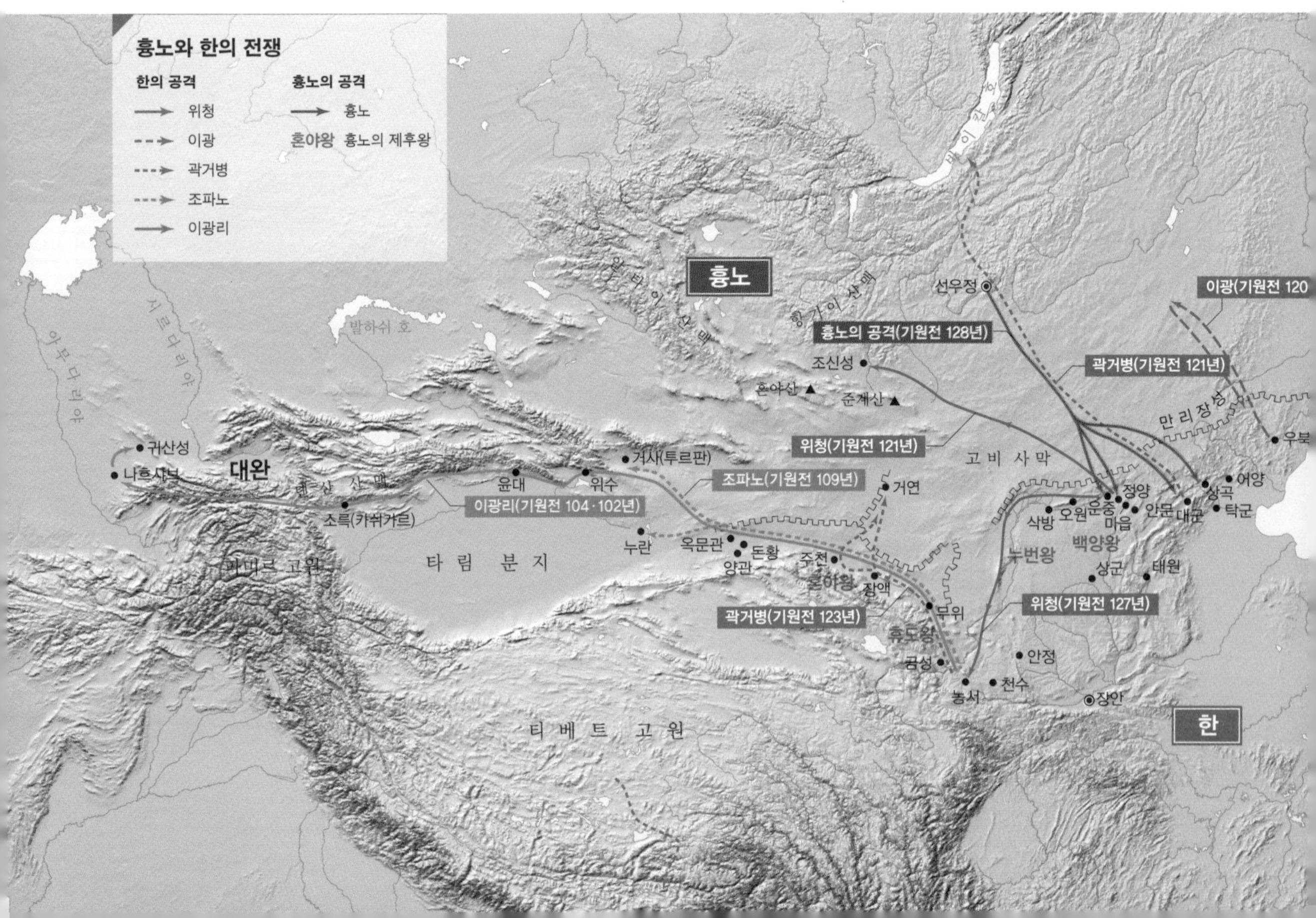

으며, 곽거병 역시 변경에서 '2000여 리'를 진출하여 흉노 좌현왕을 패주시켰다. 이렇게 무제는 대군을 막북까지 진출시켜 군사적 위협을 가했지만 흉노의 세력을 완전히 봉쇄하지는 못했다.

기원전 123년 이후 한나라는 하서 지역에 대해서도 적극적인 공세를 전개했다. 그해에 곽거병은 농서, 연지산을 차례로 지나 1000여 리를 진격하여 흉노의 왕들을 참하고 휴도왕의 제천금인祭天金人(제천의식을 행할 때 사용한 것으로 보이는 일종의 신상神像)을 노획했다. 기원전 119년 무제는 흉노의 우익을 끊기 위해 서역에서 돌아온 장건을 오손으로 보내 동맹을 맺으려 했으나 성공하지 못했다. 그러자 무제는 무위, 주천, 장액, 돈황 등 하서사군을 설치하여 하서회랑을 장악한 뒤, 기원전 109년 조파노를 보내 누란과 거사 등 도시국가를 점령하였다.

무제는 기원전 104년 이광리를 이사장군에 임명하여 대완(오늘날 우즈베키스탄 동북부의 페르가나 지방) 원정을 감행케 했다. 무제가 갖고자 했던 것은 그곳에서 나는 '한혈마汗血馬'라는 준마였다. 하루에 천리를 달리며 피처럼 붉은색 땀을 흘린다고 하여 붙은 이름이었다. 그러나 이광리가 소기의 목적을 달성하지 못하고 돌아오자 분노한 무제는 옥문관을 닫아 입성을 막고 기원전 102년 2차 원정을 감행케 했다. 이광리는 대완의 수도 귀산성을 포위하여 마침내 '선마善馬' 수십 필을 얻어 돌아왔다. 이렇게 천신만고 끝에 한혈마 몇 필을 얻은 무제는 감격하여 천마가를 지었다고 한다. 한 무제가 이처럼 한혈마에 집착한 까닭은 우수한 군마를 구하려는 것보다는 '천마'를 타고 곤륜산에 올라 서왕모를 만나서 장생불사의 영약을 얻고자 하는 욕망 때문이었다.

흉노와 한의 전쟁은 무제가 기원전 89년 윤대에 둔전을 설치하자는 상홍양의 제안을 거부하고, 외정을 멈추고 내치에 힘쓰겠다는 '윤대의 조'를 내림으로써 종식을 고했다. 이리하여 화이 질서를 바로잡으려던 무제의 노력은 수포로 돌아갔다. 물론 흉노도 고비 사막 이북으로 밀려났고 하서회랑도 상실했지만, "천하가 소모되어 버리고 호구는 반감했다"는 지적처럼 한나라의 재정적 파탄은 치명적이었다. 그런 점에서 한 무제의 전쟁은 실패한 전쟁이라고 말할 수밖에 없다.

청동분마상
감숙성 무위의 뇌대에 있는 한의 묘지에서 발굴된 청동분마상. 말이 제비를 발로 차며 하늘을 날고 있다고 해서 '마답비연馬踏飛燕'이라는 이름이 붙었으며 현재 감숙성 박물관에 소장되어 있다. 높이 34.5cm, 길이 45cm.

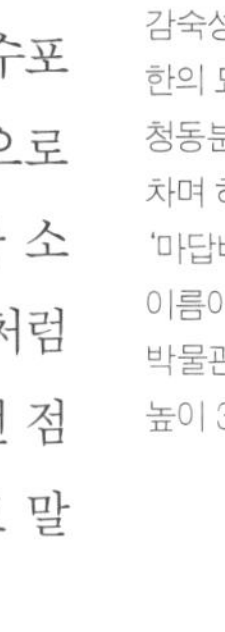

마답흉노 석상
중국 서안에 있는 곽거병의 묘 앞에 세워진 석각이다. 말이 발로 흉노인을 밟고 있는 모습이 새겨져 있어 '마답흉노馬踏匈奴'라는 이름이 붙었다. 흉노인의 눈이 부리부리하고 긴 수염이 있어 전형적인 몽골로이드의 모습이 아닌 점에 주목할 만하다.

장건과 실크로드

기원전 141년
한 무제 즉위

기원전 139년
장건, 서역의 대월지로 파견됨
얼마 후 흉노에 억류

기원전 129년
장건, 흉노에서 탈출하여 대완, 강거를 거쳐 대월지 도착

기원전 126년
장건, 장안으로 귀환

기원전 124년
장건, 곤명으로 파견됨

기원전 119~15년
장건, 오손에 사신으로 다녀옴

흉노에 대한 전쟁을 결심한 한 무제는 마침 그때 포로가 된 한 흉노인을 심문한 결과, 흉노의 서쪽에 사는 월지가 흉노의 공격으로 크게 패했다는 소식을 들었다. 월지 왕의 머리는 술잔으로 만들어졌으며, 그들은 도망쳐서 흉노를 원수처럼 여기고 있다는 것이었다. 그래서 무제는 월지와 동맹을 맺기 위해 파견할 사신을 모집했다. 워낙 전인미답의 먼 곳이었기 때문에 선뜻 가려는 사람이 없었는데, 그때 나선 사람이 바로 장건이다.

기원전 139년 장건은 길안내자 감보와 종자 100여 명을 데리고 장안을 출발했다. 일행은 농서 지역을 통과하다가 흉노에게 붙잡혀 선우에게 보내졌는데, 이때 선우가 "월지는 우리 북쪽에 있는데 한은 어찌해서 사신을 보내는가. 내가 월越나라로 사신을 보낸다면 한이 들어주겠는가?"라면서 그를 억류했다. 장건은 10년간 포로생활을 하면서 아내를 얻고 자식까지 낳았으나, 기원전 129년경 마침내 탈출에 성공하여 총령(파미르 고원)을 넘어 대완에 도착하였다. 그는 대완과 강거 사람들의 길안내와 통역으로 대월지를 찾아갔으나, 그들은 이미 대하를 복속시키고 거기서 안락한 생활을 누리고 있었으므로 한 무제의 제안을 받아들일 이유가 없었다. 장건은 소기의 목적을 이루지 못한 채 발길을 돌렸는데, 흉노를 피해 타림 분지 남변의 남산南山과 강족이 사는 지역을 거쳐 귀환하다가 다시 흉노의 포로가 되었다. 그리고 1년쯤 지나 선우가 죽고 흉노의 내분이 일어난 틈을 타서 기원전 126년 흉노인 아내와 감보를 데리고 장안으로 귀환했다.

장건은 여행을 하는 동안 보고 들은 바를 무제에게 보고했고 그 내용은 사마천의 『사기』「대완열전」에 상세하게 기록되어 있다. 장

장건의 서역사행도
돈황의 막고굴 가운데 당대唐代 초기에 조영된 제323굴의 북쪽 벽에 그려진 벽화로, 장건이 서역으로 파견되기에 앞서 한 무제에게 하직하는 장면을 묘사하고 있다.

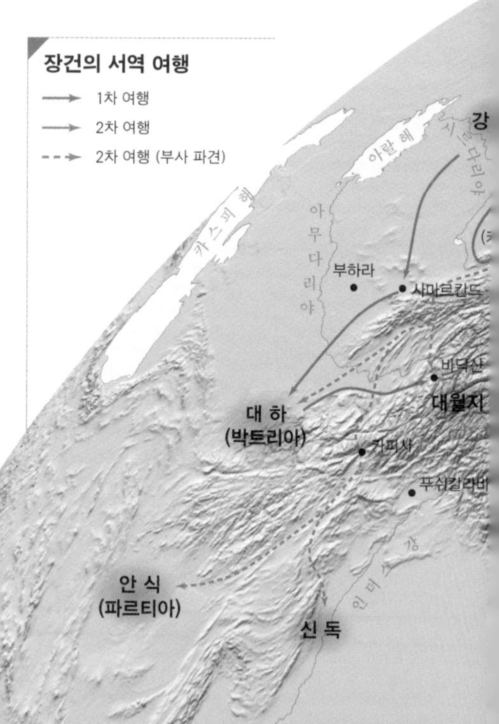

건이 전한 '서역'의 진기한 물산과 그 주민들에 관한 사정은 고대 중국인들의 상상과 호기심을 자극했다. 그러나 서방과의 교통이 가능한 농서로와 청해로는 흉노에게 가로막혀 가기가 어려웠다. 장건은 대하에 머무는 동안 사천의 공邛 지방에서 나는 죽장竹杖과 촉포蜀布를 보고 그 연유를 물었는데, 신독(인도)에서 구해온 것이라는 대답을 들었다. 그래서 그는 서방과의 교통을 위해 사천 지방을 경유하는 촉도蜀道의 개발을 제안했고, 기원전 124년 몸소 곤명까지 갔으나 울창한 삼림, 풍토병, 부락민의 방해 등으로 뜻을 이루지 못한 채 돌아오고 말았다.

기원전 119년 장건은 무제에게 흉노의 공격으로 어려움을 겪고 있는 톈산 북방의 오손과 연맹을 맺어 협공을 한다면 '흉노의 오른팔을 자를' 수 있을 것이라고 제안했다. 이에 무제는 그를 중랑장에 임명하여 300명으로 구성된 사절단과 함께 오손으로 파견하였다. 그러나 오손은 내부의 반대로 한나라의 제안을 받아들이지 못했다. 장건은 본래의 목적을 달성하는 데는 실패했지만, 오손에 머무는 동안 대완, 강거, 대월지, 대하, 안식(파르티아), 신독 등지에 부사들을 파견했다. 이로써 중국은 중앙아시아뿐만 아니라 서아시아의 여러 나라와 외교적으로 소통하게 되었다.

사마천은 장건이 전인미답의 경지를 개통했다며 '착공鑿空'이라는 표현을 사용했다. 또한 장건이 '황허의 근원에 도달했다〔窮河源〕'고도 했는데, 이는 물론 사실과는 다르지만 인간의 발길이 닿을 수 있는 극한의 지점까지 갔다는 의미였다. 그렇기 때문에 장건이 포도와 목숙苜蓿 등 서방의 온갖 진기한 물산을 들여온 장본인으로 묘사되고, 뗏목을 타고 황허의 근원이 있는 천상에까지 다녀왔다는 등 다양한 설화의 주인공이 된 것도 수긍할 만한 일이다.

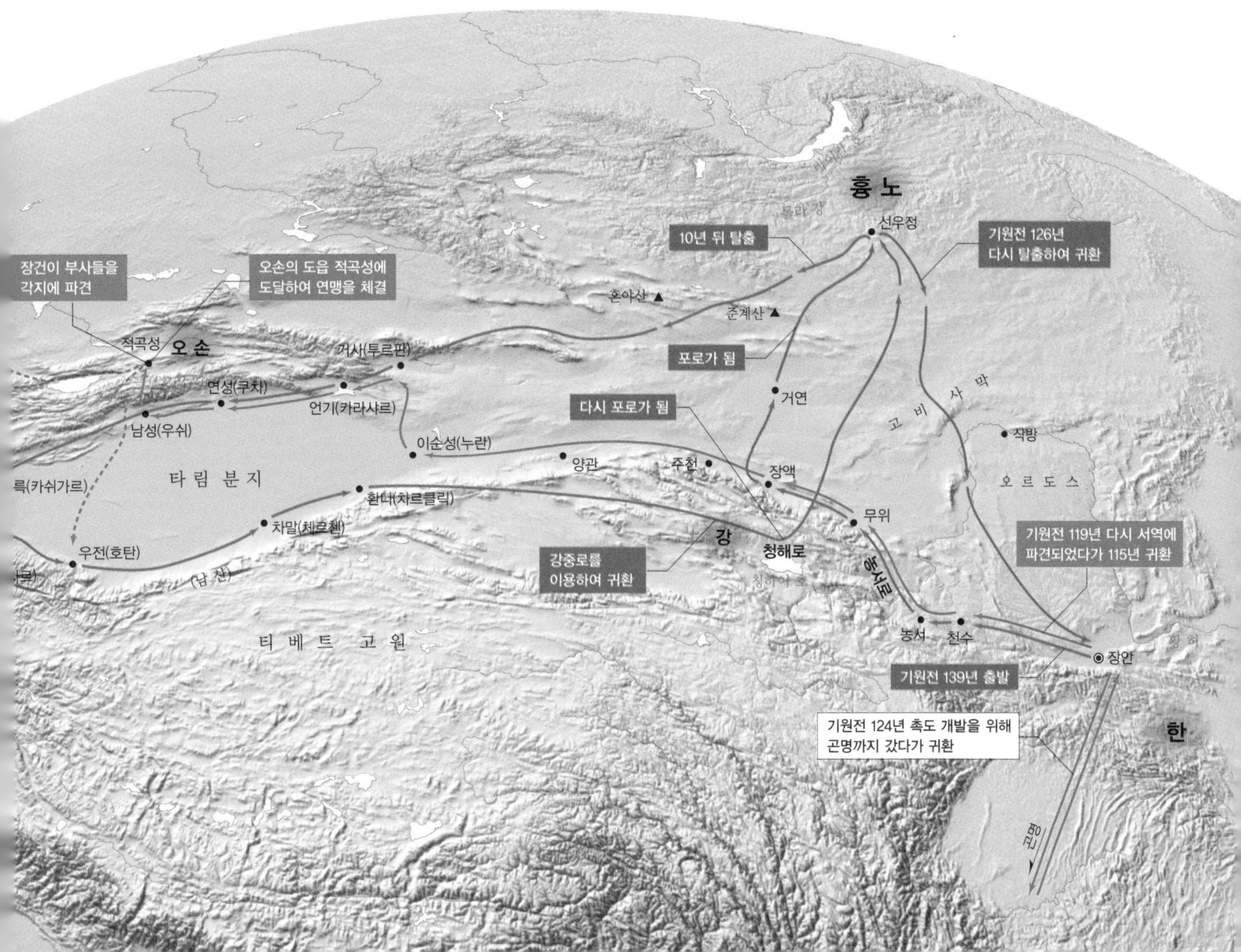

흉노 제국과 중앙아시아

기원전 209년
묵특 선우 즉위
묵특, 동호를 정복하고
월지를 서쪽으로 쫓아냄

기원전 170년대
흉노, 서역 국가들을 지배
(동복도위 설치)

기원전 139~26년
장건이 1차 서역 여행

기원전 99년
한, 흉노에서 투항한 개화왕과
누란의 병사들을 파견, 거사 공격
흉노의 파병으로 한군 퇴각

기원전 74년경
흉노, 오손을 공격
거사에 4000기를 둔전
거사는 흉노와 동맹을 맺음

기원전 68~67년경
서역 나라들이 한과 공동으로
거사를 공격하자 거사 항복

기원전 60년
한, 서역도호부 설치

중앙아시아의 서부인 서투르키스탄 지방은 일찍부터 서아시아는 물론 지중해 문명과 밀접하게 접촉했으며, 이미 기원전 6세기 후반부터 문헌기록에 나타나기 시작했다. 이에 비해 동투르키스탄의 여러 도시들에 대한 사정은 서방은 물론 중국 측 기록에도 비교적 늦게야 나타난다. 전국 시대에 쓰인 것으로 추정되는 『목천자전』에는 주의 목왕이 서역을 순행하여 곤륜산에 도달하고 서왕모를 만나고 돌아왔다는 내용이 있지만 다분히 설화적인 수준에서 벗어나지 못하고 있고, '우씨의 옥'과 같은 표현도 중앙아시아의 특산물에 대한 막연한 언급에 불과하다.

중앙아시아의 여러 도시와 그 주민들의 정황에 대해 비교적 자세한 기록이 중국 측 문헌에 나오기 시작하는 것은 흉노가 발흥하여 몽골 초원과 서역을 장악하고 한 제국이 이에 대응하여 외교·군사적인 작전을 전개할 때였다. 기원전 176년 흉노의 묵특 선우는 한나라에 보낸 편지에서 "누란, 오손, 오걸 및 그 주변 26개국을 모두 흉노(의 속국으)로 삼았다"고 하였다. 여기서 누란은 타림 분지의 동단인 염택(현재 롭 노르) 부근에 있던 도시이고, 오손은 톈산 북방의 일리 강 유역에서 유목하던 집단이었다. 오걸은 현재 보로탈라 산맥 북방의 초원에 있던 유목집단으로 추정된다. '그 주변 26개국'이 어디를 지칭하는지는 분명치 않으나, 한대의 다른 자료들은 모두 '서역 36국'이라는 표현을 사용하고 있는 것으로 보아 위에서 인용한 『사기』「흉노열전」의 '26'은 '36'의 잘못일 가능성이 높다. 당시 '서역 36국'은 타림 분지 주변의 크고 작은 오아시스 도시들을 총칭하는

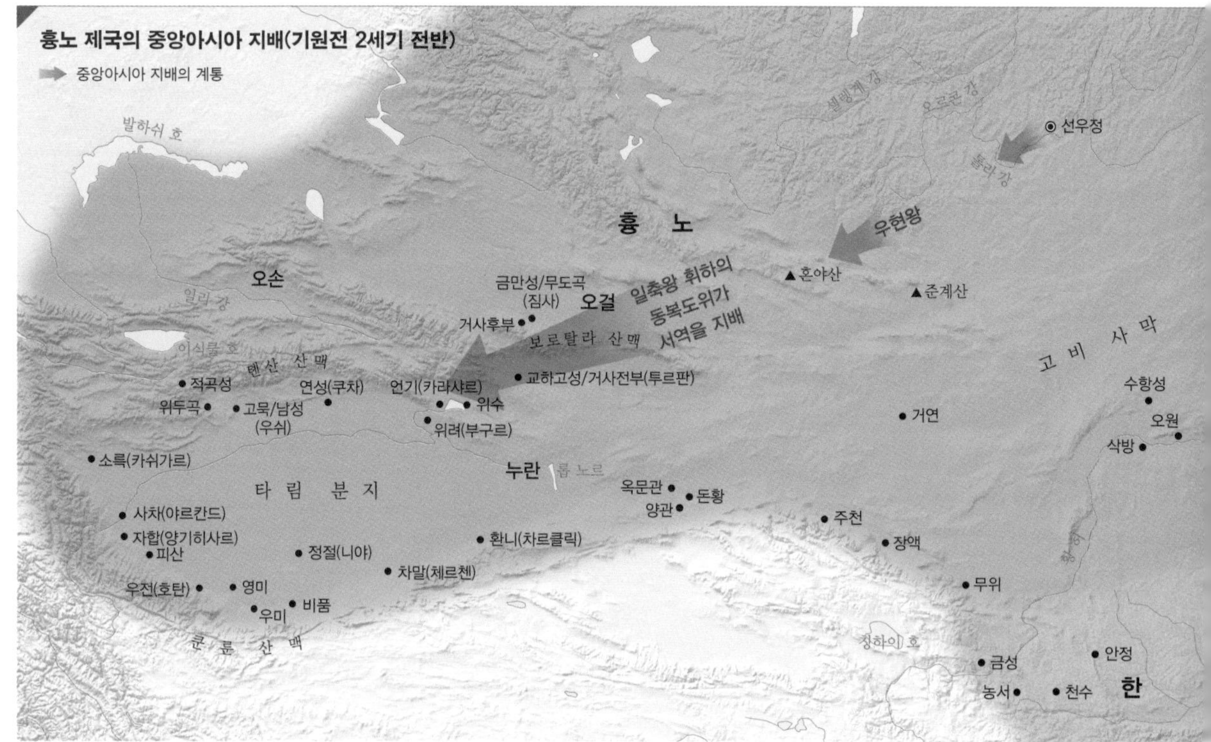

표현으로 자주 사용되었다. 이렇게 볼 때 흉노는 기원전 170년대에 서부로 세력을 확장하여 하서회랑을 지나 톈산 산맥 남부와 북부에까지 미쳤던 사실을 알 수 있다.

흉노의 서역 지배에 대해서는 알려진 바가 적다. 그러나 우선 정치적 복속의 표시로 군주의 아들들을 인질로 보내게 했던 사실은 여러 사례를 통해 확인된다. 누란은 한과 흉노 양측에 모두 아들을 하나씩 질자質子로 보낸 적이 있고, 흉노가 거사(투르판)에 대한 지배권을 두고 한나라와 경합을 벌이면서 거사 측에 질자를 요구했던 예가 있다. 이처럼 질자를 보내는 것은 당시 정치적 복속을 나타내는 보편적인 외교 관행이었다. 흉노나 한은 이러한 질자들을 교육시키고 우대함으로써 자기편으로 만든 뒤 본국의 군주가 사망하면 이들을 옹립하여 자기 세력을 부식시키려 했다.

흉노에게 복속된 중앙아시아의 도시들은 경제적으로 일종의 세금을 수취당한 것으로 보인다. 『한서』 「서역전」에는 "흉노의 서쪽 변경에 있는 일축왕은 동복도위를 두어 서역을 통령토록 했는데, 항상 언기, 위수, 위려 사이의 지역에 거주했으며, 여러 나라에 세금을 부과하여 재화를 취하고 물자를 확보했다"는 기록이 보인다. '동복'이란 노예를 뜻하는데, 서역 주민을 노예처럼 부렸기 때문이거나 노예를 징발했기 때문에 그런 이름이 붙었다는 추측이 있다. 동복도위는 현재 카라샤르 부근에 근거지를 두고 타림 분지 연변의 도시들에게서 '부세'를 거두었다. 이러한 '부세'는 각 도시가 갖고 있던 경제력, 즉 호구의 규모에 비례했을 것이다. 한나라도 서역을 장악하고 서역도호부를 설치한 뒤 수행했던 중요한 일이 바로 호구 조사였다. 기원후 47년 흉노의 일축왕 비가 한나라에 투항할 때 흉노의 '지도'를 바치려 했다는 기록이 있는데, 이 역시 흉노가 중앙아시아 지역에 대해 어느 정도 체계적인 지리 정보를 보유하고 있었음을 보여준다.

누란 왕국의 비밀

누란樓蘭 왕국은 아직도 풀리지 않은 비밀이 많은 실크로드의 고대 왕국이다. 흉노를 건국한 묵특 선우가 한 조정에 보낸 편지에서 처음 한자로 알려지게 된 이 왕국의 원래 이름은 '크로라이나Kroraina'였다. 그러나 왕국의 정확한 영역과 수도, 정치적 흥망성쇠의 구체적인 내용에 관해서는 논쟁이 그치지 않고 있다. 『사기』나 『한서』의 기록에 따르면 누란 왕국은 한 제국과 흉노라는 두 강대국 사이에 끼여 줄타기 외교를 했지만, 기원전 77년 누란의 왕이 부개자에게 참살된 뒤 한 제국의 지배를 받기 시작했고 국명도 선선으로 바뀌었다.

누란 왕국은 원래 한대에 '포창해'라 불리던 롭 노르 부근에 위치하여 번영을 누렸으며, 하서회랑의 서쪽 끝인 돈황을 나서면 그 다음에 이르게 되는 실크로드의 요충이었다. 누란은 서북쪽으로는 카라샤르, 서남쪽으로는 체르첸으로 연결되는, 소위 서역남도와 서역북도의 연결점이기도 했다. 그러나 롭 노르로 유입되는 강물의 흐름이 다른 곳으로 옮겨가면서 호수도 이동하게 되었고, 그에 따라 누란 왕국도 더는 존속할 수 없게 되었다. 서역장사로 그곳에 주재하던 이백李柏이 쓴 편지의 초고에 누란을 '해두海頭'라고 표현한 것으로 보아, 그 편지가 쓰인 328년 이후 언제인가 호수가 사라지고 왕국의 주요 도시들은 모래에 파묻혀버렸음을 알 수 있다.

모래 아래에 묻혀 있던 이 왕국이 다시 모습을 드러낸 것은 1901년 헤딘이 누란 유적지를 발견한 뒤의 일이다. 이어서 스타인은 네 차례에 걸친 탐사를 통해 누란, 니야, 엔데레, 미란 등지에서 많은 유물과 문서들을 발견했다. 특히 당시 주민들이 사용하던 카로슈티 문서가 다수 발견되었는데, 이 문자는 서북 인도의 쿠샨 제국에서 사용하던 것으로 두 지역의 정치·문화적 관계에 관한 중요한 증거가 되었다. 또한 7명의 왕 이름이 확인되었는데 그 정확한 연대에 대해서는 다소 논란이 있지만 대체로 3세기 중반~4세기 중반에 해당된다는 점에는 이견이 없다.

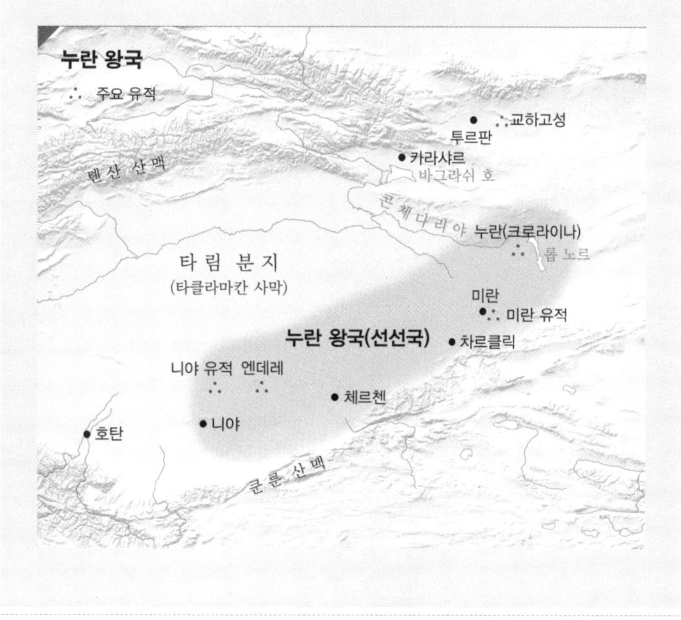

한 제국과 중앙아시아

기원전 170년대
흉노, 서역 국가들을 지배
(동복도위 설치)

기원전 77년
한, 누란을 공격하여 국왕을 살해하고 국명을 선선으로 고침

기원전 68~67년경
서역 국가들이 한과 공동으로 거사를 공격하자 거사 항복

기원전 60년
한, 서역도호부 설치

기원전 50년경
흉노, 동서로 분열(1차 분열)

13년
서역도호 피살
한의 서역 지배 파탄

48년
흉노, 남북으로 분열(2차 분열)

73년
서역도호부 다시 설치

75년
서역도호 진목 피살

91년
반초, 서역도호부를 부활시킴

94년
반초, 서역 55개국을 지배하에 둠

130년대 이후
한의 서역 지배 유명무실화

중국은 장건이 서역을 다녀온 뒤 비로소 중앙아시아에 대해 비교적 자세한 사정을 알게 되었다. 한 제국은 흉노와 대결하는 과정에서 고비 사막 이남의 초원과 하서회랑을 장악한 뒤, 이를 거점으로 중앙아시아에 대한 장악력을 강화하려고 노력했다. 그러나 흉노의 적극적인 견제와 흉노를 두려워한 타림 분지 주변 도시들의 미온적인 대응으로 그 목적을 쉽게 관철시키지 못했다.

한의 서역 진출은 기원전 1세기 전반에 결정적인 전기를 맞는다. 기원전 85년 선우가 사망한 뒤 벌어진 계승분쟁으로 흉노가 서역에 대한 통제력을 잃었기 때문이다. 기원전 77년 한나라는 서역으로 들어가는 전략적 요충인 누란을 공격하여 국왕을 살해하고 국명을 선선으로 고쳤다. 기원전 60년에는 흉노의 서역 지배를 책임지던 일축왕이 휘하 부민들을 이끌고 한에 투항하는 사태가 벌어졌고, 한나라는 오루성(현재 카라샤르와 쿠차 중간의 차디르)에 서역도호부를 설치하고 정길을 최초의 도호로 파견했다. 이로써 한의 본격적인 서역 지배가 시작되었다. 기원전 48년 원제 때에는 거사전부, 즉 오늘날 투르판의 교하고성交河故城(高昌壁, Yar Khoto) 부근에 무기교위를 주둔시켰다. 무기교위는 서역도호의 지휘를 받으며 둔전을 감독하고 식량을 확보하는 임무를 수행했다. 『한서』「서역전」에 따르면 50개에 이르는 도시들에서 한나라의 인수印綬를 받는 관리의 숫자가 376명에 이르렀다.

전한의 서역 경영은 왕망의 찬탈로 갑작스럽게 중단되었다. 현실적이지 못하고 중화 이념만을 고집한 그의 외교정책은 주변 세력들과 마찰을 야기했다. 기원후 10년 무기교위를 비롯한 관리와 사졸 2000여 명이 흉노에 투항하고, 13년에는 서역도호마저 피살되면서 중국의 서역 지배는 파탄을 맞고 말았다. 후한 왕조가 들어선 뒤에는 날로 강화되는 흉노의 압력에 대항하기 위해 73년 이오(하미)에 군대와 함께 의화도위를 설치하고, 이듬해에는 서역도호를 다시 두었다. 그리고 거사후부의 금만성(현재 짐사)에 무교위를, 거사전부의 유중(현재 룩춘)에 기교위를 주둔시켰다.

당시 후한의 서역 경영에 결정적인 역할을 한 인물은 반초였다. 73년 장군 두고의 휘하로

교하고성
한대 거사전국車師前國의 도읍으로, 현재 신강의 투르판 시에서 서쪽으로 10km쯤 떨어진 곳에 있다. 강물이 두 갈래로 나뉘어 흐르는 사이에 도시가 세워졌으므로 '교하'라는 이름이 붙었다. 남북을 가로지르는 대로가 있고, 북쪽에는 사원이 세워졌으며, 동북부에 주민 거주구, 서쪽과 남쪽에는 수공업 지구가 있었다.

현재의 하미와 바르쿨 지역에서 서역으로 진출한 그는 74년 휘하 36명을 거느리고 '호랑이 굴에 들어가지 않으면 호랑이 새끼를 잡을 수 없다〔不入虎穴, 不得虎子〕'는 유명한 말을 남기고 흉노 사신단을 습살하고 선선을 굴복시켰다. 그러나 새로 즉위한 장제가 76년 서역 경영을 포기하자 그는 80년 상서를 올려 서역의 중요성을 강조했다. 이에 80년 서역장사에 임명되어 소륵, 사차, 우전 등을 차례로 공략하고 마침내 91년에는 서역도호가 되어 102년 귀국할 때까지 연성(쿠차) 부근에 주둔하였다.

반초는 파미르 고원 이서 지역의 정황에도 관심을 가져 97년 부하 감영을 대진(로마 제국)으로 파견했다. 그러나 감영은 조지(시리아)까지 갔다가 지중해의 풍랑이 험하다는 현지인들의 말을 듣고 발길을 돌렸다. 반초가 약 30년에 걸친 서역 활동을 마감하고 귀국하자 한나라의 서역 지배는 다시 크게 동요했고, 그 대신 흉노가 서역은 물론 돈황까지 압박을 가하기 시작했다. 123년 반초의 아들 반용이 서역장사에 임명되어 유중에 주둔하면서 한의 지배도 다소나마 과거의 위세를 회복했다. 그러나 이 또한 오래가지는 못하여 130년대 이후 후한의 서역 지배는 거의 유명무실한 상태가 되고 말았다.

이처럼 흉노와 후한이 모두 약화되자 타림 분지의 도시국가들 사이에서는 주도권 쟁탈전이 격화되었다. 처음에는 사차(야르칸드)가 강성해져 주변 국가들을 병탐했으나, 그 왕이 죽은 뒤 도시국가들은 몇 개의 세력권으로 나뉘었다. 소완, 정절(니야), 융로, 차말(체르첸) 등 남도 동부의 도시들은 선선국에, 남도 서부의 소륵, 피산 등은 우전국(호탄)에, 그리고 톈산 동북부의 여러 지역은 거사국(투르판)에 병합되었다.

중앙아시아의 도시국가들

기원전 170년대
흉노, 서역국가들을 지배

기원전 139년
장건, 서역에 사신으로 출발

기원전 126년
장건, 서역에서 귀환

기원전 104~102년
이광리, 대완 1·2차 원정

기원전 60년
한, 서역도호부 설치

73년
반초, 서역에서 활동 개시

94년
반초, 서역 55개국을 지배하에 둠

97~99년
감영, 지중해까지 갔다가 귀환

130년대 이후
한의 서역 지배 유명무실화

한과 흉노가 동부 유라시아의 패권을 두고 다투던 시기 동투르키스탄의 도시들에 관한 가장 자세한 정보는 『한서』 「서역전」에 실려 있다. 한나라는 기원전 60년경 흉노의 내분을 틈타 그 지역에 대한 지배권을 장악하고, 그곳에 서역도호를 주둔시킨 뒤 여러 도시들을 대상으로 조사를 시행했다. 「서역전」은 크게 두 부분으로 나뉘는데, 전반부에는 서역남도 연변의 도시들이, 후반부에는 서역북도 연변의 도시들이 기재되어 있다. 각 도시들에 대해서는 왕성王城의 이름, 호구와 병사 수, 각 도시에서부터 서역도호부가 위치한 오루성과 돈황 근처의 양관과 제국의 수도 장안까지의 거리, 그리고 각 도시의 주요한 특징과 산업 등이 차례로 기재되어 있다.

이렇게 기록된 도시들의 위치는 현재 대부분 확인되지만, 남도 연변의 도시들 가운데 상당수는 사막 속에 묻혀 있다. 당시 남도에서는 우미국의 인구가 가장 많아서 2만 3580명이고 소완국이 가장 적어 1250명이었다. 북도에서는 구자국(쿠차)이 10만 2393명으로 가장 많고 위수국이 6900명으로 가장 적었다. 남도의 10개 도시 인구 9만 7152명과 북도의 8개 도시 인구 22만 6455명을 모두 합해보면 32만 3607명이 되며, 이로써 당시 타림 분지에 거주하던 정주민의 숫자가 32만 명 남짓이었음을 확인할 수 있다. 이처럼 인구가 적었던 가장 큰 이유는 물이 부족했기 때문이었다. 연평균 강우량이 대부분 100밀리미터 이하이므로 주변의 높은 산에 쌓인 만년설의 융수融水로 인해 형성된 하천의 관개를 통해 경작을 할 수밖에 없었다. 이러한 상황은 19세기 말까지도 크게 변하지 않았다. 따라서 이렇게 사막 한가운데 고립되어 있는 오아시스 도시들은 흉노와 같은 주변 유목민들의 군사적 위협에 굴복하여 그 지배를 받는 경우가 많았다.

파미르의 서쪽인 서투르키스탄의 사정도 크게 다르지 않았다. 이 지역은 흉노에게 쫓겨 이주해온 월지에게 정복되어 그들이 건설한 쿠샨 제국의 지배를 받게 되었다. 쿠샨 시대의 서투르키스탄 도시들의 상황에 대한 자세한 문헌자료는 없지만, 고고 발굴을 통해 도시생활의 면모를 엿볼 수 있다. 현재 우즈베키스탄 남부의 칼차얀, 호레즘 지방의 토프라크 칼라, 소그디아나 지방의 탈리 바르주 등이 대표적이다.

그 결과 호레즘, 자라프샨 계곡, 타지키스탄, 바흐쉬 계곡 등 광범위한 지역에서 관개농경이 이루어진 것이 확인된다. 농경기술은 비교적 초보 단계였으나 탈리 바르주에서 발견된 유물에

서 철제 쟁기 사용이 확인되며, 기원전 1세기경에 이미 맷돌을 사용했음도 확인된다. 당시의 건물이나 유물들을 볼 때 수공업이나 공구 제작 기술도 상당히 발전된 수준이었다. 쿠샨 시대의 정치적 안정과 기술의 발전은 교역 발달과 화폐경제 보급을 촉진했다. 로마로 유입되는 동방의 많은 상품들이 쿠샨 왕조의 영내를 통과했고, 중앙아시아의 상인들이 로마 제국의 영내를 왕래했다. 로마 화폐들이 중앙아시아에서 다수 발견되는 것도 당시 실크로드 무역의 활발함을 잘 보여주고 있다. 이와 함께 문화 수준도 상당히 높아졌으며 특히 문자 사용이 활발하였다. 서투르키스탄에서는 이미 기원전 4세기경부터 아람 문자를 개조한 소그드 문자가 사용이 되기 시작했다. 돈황의 한 봉수대에서 4세기 초의 것으로 추정되는 소위 '고대 서한들(Ancient Letters)'이 발견되었는데 소그드 문자로 쓰여 있었다. 이것은 당시 중국과 중앙아시아를 무대로 활동하던 소그드 상인들이 고국으로 보낸 편지로, 이를 통해 그들의 교역 활동은 물론 개인적인 사연들도 알려지게 되었다.

오아시스 도시, 아이 하늠

박트리아 왕국 시대에 번영을 구가했던 도시로서 현재 아프가니스탄 최북단에 위치한다. 아무다리야와 콕차다리야 두 강이 만나는 지점에 삼각형의 높은 대지에 세워진 도시로, 헬레니즘 문화의 특징을 보이는 유적과 유물들이 다수 발견되었다. '아이 하늠Ay Khanim'이라는 말은 '달의 여인'이라는 투르크어로 이 지역의 주민들이 투르크계로 바뀐 뒤에 지어진 이름이다.

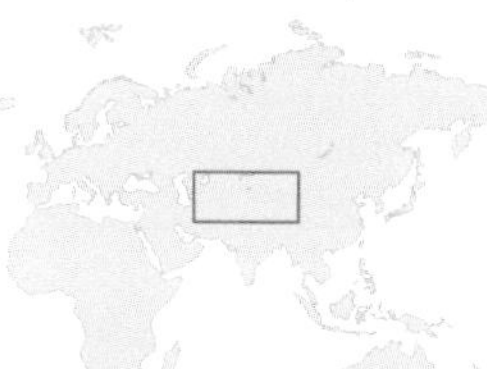

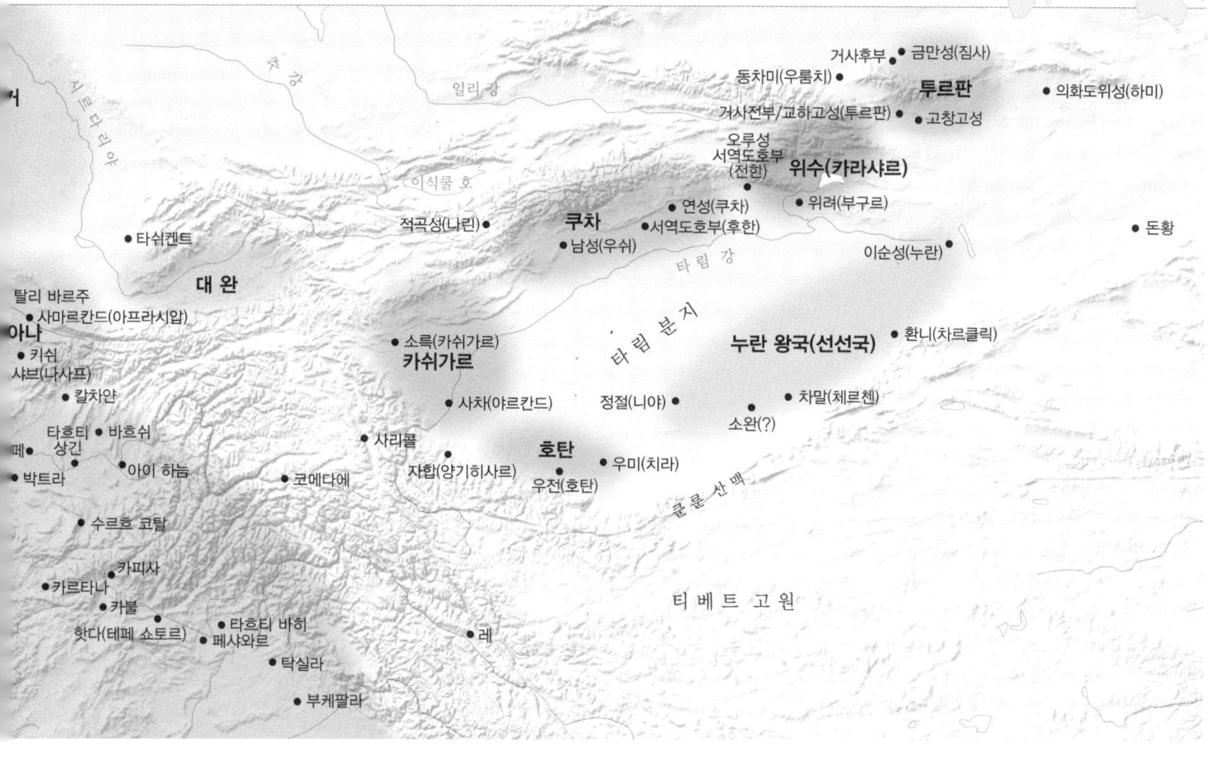

흉노·한 조공관계의 성립

기원전 60년
허려권거 선우 사망
흉노의 분열 시작

기원전 52~51년
호한야, 한 황제에게 칭신

기원전 50년경
흉노, 동서로 분열(1차 분열)

기원전 43년
호한야, 북방으로 돌아감

기원전 36년
질지골도후, 감연수에 패해 죽음

기원전 33년
호한야, 한에 재입조
왕소군, 호한야에게 시집을 감

기원전 3년
호한야의 아들 오주류약제 선우, 재입조 청했지만 거절당함

8년
전한 멸망
왕망의 신 건국

9년
왕망, 선우를 격하하기 위해 '신흉노선우장' 인장을 줌
이에 오주류약제 선우 반발

23년
왕망의 신 멸망

흉노는 기원전 60년 허려권거 선우가 사망한 뒤 격렬한 내분에 휩싸였다. 우현왕이었던 악연구제가 선우위를 계승한 직후 자신의 즉위에 반대한 좌익 귀족들을 탄압하자, 좌익 귀족들은 호한야라는 인물을 선우로 옹립하여 대항했다. 이렇게 해서 시작된 흉노의 내분은 호한야의 승리로 끝나는 듯했으나, 그의 형인 질지가 그를 축출함으로써 상황은 다시 급변했다. 몽골 초원에 남아 있을 수 없게 된 호한야는 기원전 52년 추종자들을 이끌고 고비 사막을 건너 한의 황제에게 스스로 신하를 칭했다.

흉노 군주의 친조親朝라는 전대미문의 상황을 맞은 한 조정은 그를 어떻게 맞이할 것이냐를 두고 한바탕 논쟁을 벌였다. 결국 그의 지위를 황제의 아래에 그러나 다른 제후왕들보다는 위에 두고, 황제를 배알할 때에도 그의 이름을 직접 부르지 않음으로써 최고의 예우를 해주기로 결정했다. 아울러 그에게 준 도장에도 황제에 버금가는 '흉노선우새匈奴單于璽'라는 글을 새겨주었다. 호한야는 입조와 칭신을 행하는 것은 물론이고 질자를 들이고 공물을 헌납함으로써 중국의 황제와 군신관계를 맺게 되었으니, 한과 흉노의 관계도 '화친관계'가 아니라 '조공관계'로 바뀌었다.

호한야는 기원전 51년에도 입조하여 선제를 배알했고, 황제는 그에게 각종 의전용 고급품 이외에 황금 20근(약 5킬로그램), 현금 20만 전, 비단 8000필, 명주솜 6000근을 하사했다. '조공'이 후한 경제적 보상을 약속한다는 사실을 알게 된 호한야는 기원전 50년, 기원전 49년에 다시 입조했고, 한 조정은 전과 같은 의전적 예우와 사여에 의복 110벌, 비단 9000필, 명주솜 8000근을 더 보태주었다. 호한야는 한의 이러한 물질적 지원에 힘입어 기원전 43년에는 고비 사막을 건너 북방으로 돌아갔다. 질지골도후는 그를 피해 서쪽으로 이주했으나, 기원전 36년 원정에 나선 서역도호 감연수에 패하여 죽음을 당했다. 경쟁자가 사라진 몽골 초원에서 호한야는 유일한 군주가 되었다. 그러나 그는 기원전 33년 또다시 입조했고, 이번에는 지난번의 두 배를 받아갔다. 기원전 3년에는 호한야의 아들 오주류약제가 다시 입조를 청했

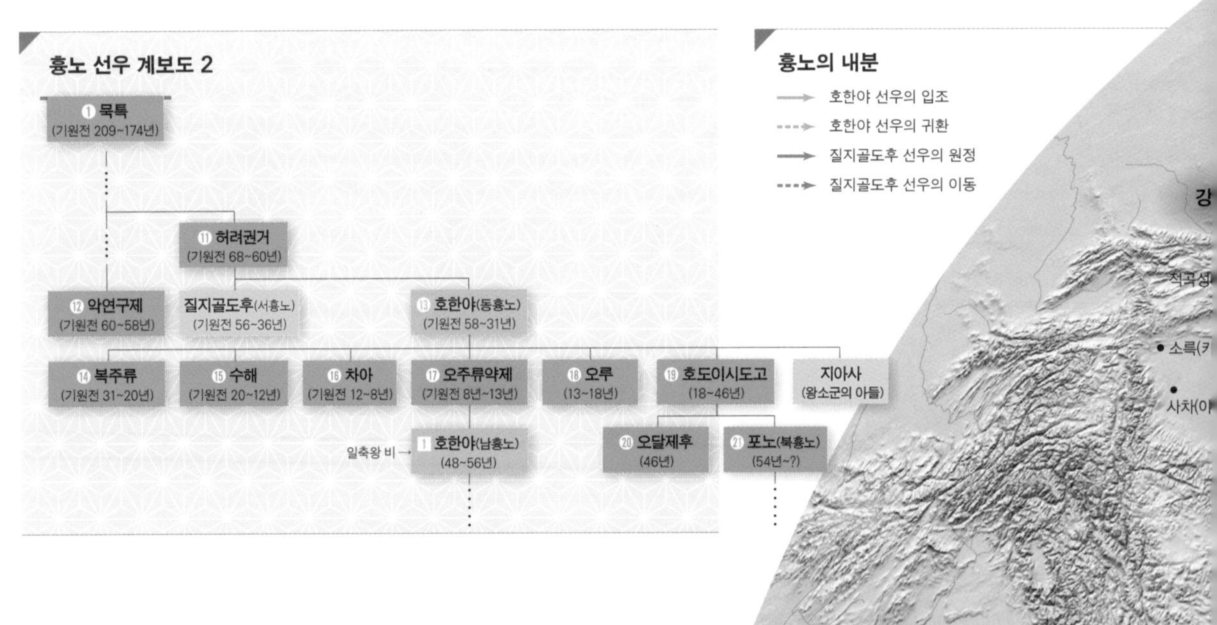

지만, 이때는 조정 대신들의 격렬한 반대로 거절당했으니, '조공체제'라는 것의 허실을 잘 보여준다. 즉 흉노는 한에 대해 명분에 불과한 정치적 복속을 표방하는 대신 막대한 물질적 보상을 받아냈고, 이는 하나의 전략이었다는 것이다. 바필드는 이를 '내부변경정책'이라고 명명하여, 흉노가 한나라 변경을 약탈하여 군사적 위협을 가하고 그 대가로 물자를 받아내는 '외부변경정책'과 대비시켰다.

이에 적절히 대응하기 위해 중국은 막대한 재정을 쓸 수밖에 없었다. 그래도 약탈 → 위기 → 물자 지급이라는 종래의 방식보다는 정치·사회적 안정과 국가적 비용이라는 면에서 훨씬 나았다. 무엇보다도 흉노가 군신관계를 받아들이자 황제를 정점으로 하는 정치적 질서, 즉 '중화질서'를 표방할 수 있게 되었다. 호한야에게 시집보내진 왕소군도 한나라가 평화를 '구매'하는 데 쓰인 희생물이긴 하지만, 중국의 허다한 문인들이 노래했듯이 비운의 여인으로만 치부하기는 어렵다. 그녀는 선우의 자녀들을 낳았고 흉노 내정에도 강력한 영향력을 행사했다.

시집가는 왕소군
한의 도움으로 막북으로 돌아가 흉노를 통합한 호한야 선우가 기원전 33년 다시 입조하자, 한의 원제는 궁녀 왕소군(본명 왕장王嬙)을 그에게 시집보냈다. 그녀는 초원에서 생활하며 자식을 낳고 후일 흉노 정치에도 많은 영향력을 행사하였다. 그러나 그녀가 흉노에게 시집간 것을 두고 후일 많은 시인과 문인들이 상상력을 발휘하여 기막힌 스토리를 만들어냈다. 화가들도 이에 근거하여 '소군출새昭君出塞' 혹은 '명비출새名妃出塞' 등의 제목으로 많은 그림을 그렸다.

그러나 왕망이 제위를 찬탈하고 신新을 건국한 뒤 흉노에 대한 기존 정책을 폐기함으로써 이러한 조공관계는 파탄을 맞이했다. 그는 호한야에게 주었던 선우새를 회수하고 '신흉노선우장新匈奴單于章'이라 새겨진 인장을 주었으며 선우의 칭호도 '항노복우降奴服于'로 바꾸어버렸다. 이처럼 주례적 질서를 현실 속에 관철시키려던 왕망의 정책은 흉노의 반발을 초래하여 변경에 대한 약탈과 침입이 재개되었다.

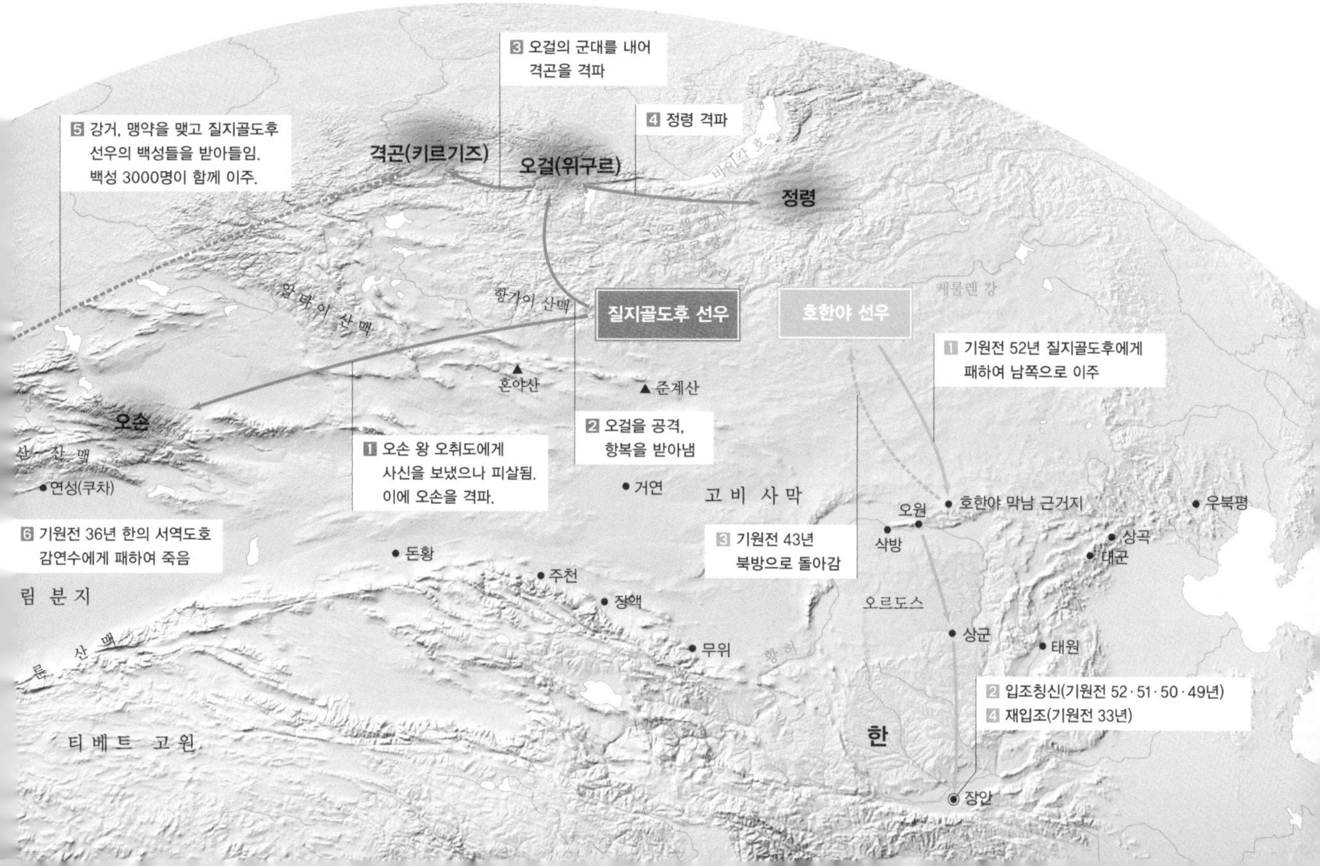

3 오걸의 군대를 내어 격곤을 격파
4 정령 격파
5 강거, 맹약을 맺고 질지골도후 선우의 백성들을 받아들임. 백성 3000명이 함께 이주.
격곤(키르기즈)
오걸(위구르)
정령
바이칼 호
알타이 산맥
항가이 산맥
질지골도후 선우
호한야 선우
케룰렌 강
1 기원전 52년 질지골도후에게 패하여 남쪽으로 이주
혼야산
준계산
오손
2 오걸을 공격, 항복을 받아냄
1 오손 왕 오취도에게 사신을 보냈으나 피살됨. 이에 오손을 격파.
천산 산맥
연성(쿠차)
거연
고비 사막
오원
호한야 막남 근거지
우북평
6 기원전 36년 한의 서역도호 감연수에게 패하여 죽음
3 기원전 43년 북방으로 돌아감
삭방
상곡
대군
돈황
주천
장액
타림 분지
오르도스
상군
태원
무위
황하
2 입조칭신(기원전 52·51·50·49년)
4 재입조(기원전 33년)
티베트 고원
한
장안

흉노의 분열과 남흉노의 성립

18년
호도이시도고, 흉노 선우 즉위

19년
왕망, 흉노 선우의 사절을 구금

23년
왕망의 신 멸망

25년
후한 건국

46년
포노, 흉노 선우 즉위

48년
일축왕 비, 한에 내부하여
남흉노의 호한야 선우로 즉위
흉노, 남북으로 분열(2차 분열)

49년
호한야, 북흉노 공격
북흉노는 패하여 북쪽으로 이동

50년
호한야, 한에 매년 조공을 보냄

왕망 정권이 무너지고 후한이 들어서는 혼란기에 흉노는 중국의 변경을 공격하고 군사적 압력을 가중시켰다. 후한은 가능하면 화친을 통해 그들에게 물자를 보내주어 달래려고 노력하되 흉노가 약탈을 해오면 군사적으로 대응하는, 일종의 소극적인 방어책을 쓰는 형편이었다. 그런데 기원후 48년 흉노는 또다시 내부의 격변을 겪으며 남북으로 분열되었으니, 이를 기원전 50년 전후의 분열과 구별하여 흉노의 2차 분열이라고 부른다.

2차 분열의 원인은 1차 분열과 마찬가지로 선우위를 놓고 벌어진 계승분쟁이었다. 기원전 31년 호한야가 사망한 뒤 그의 두 부인에게서 출생한 자식들이 차례로 계승하다가 마침내 '여'라는 아들이 호도이시도고 선우가 되어 기원후 18년부터 46년까지 무려 28년간 통치했다. 이렇게 70년 이상 형제계승이 이어졌기 때문에 그는 자기 동생이자 왕소군의 아들이었던 지아사에게 선우위를 물려주어야 마땅했지만, 오히려 그를 살해하고 자신의 아들을 후계자로 지명했다. 이렇게 되자 그 다음 세대에서 가장 연장자였던 일축왕 비가 이러한 조치에 반발하여, 48년 휘하 8부의 병사 4~5만 명을 이끌고 중국에 내부內附하여 흉노의 '지도'를 바쳤다.

그는 자신의 "조부가 일찍이 한에 의존하여 안정을 얻었으니 따라서 그 칭호를 잇고자 한다"고 하면서 스스로 호한야 선우를 칭했고, 이렇게 해서 남흉노가 성립되었다. 남흉노 선우의 근거지는 처음에 오원 서부의 변경 밖 80리 되는 지점에 위치했으나, 북흉노의 위협을 받자 서하 미직(현재 내몽골 준거얼치)으로 선우정을 옮겼고, 부민들은 서로는 삭방에서 동으로는 대군까지 동서 1000여 리에 걸쳐 분포하게 되었다.

이렇게 해서 남흉노와 후한 양국은 과거 화친이나 조공과는 질적으로 다른 새로운 정치적 관계를 맺게 된다. 그 중요한 특징은 ① 흉노인들이 한나라 국경 안으로 들어와 생활하게 되었다는 점, ② 칭신하고 공물과 질자를 보내는 것은 같으나 한 조정으로부터 사흉노중랑장이라는 관리가 파견되어 그의 감호를 받게 되었다는 점이다. 사흉노중랑장은 황제와 선우 사이의 연락, 증여품의 접수와 전달, 사신 파견의 관리 등의 임무를 수행했고 그 휘하의 관원도 후일 12명으로 늘었지만, 흉노 내부의 행정에 직접 간여하지는 않았다.

뿐만 아니라 남흉노는 여전히 부락 단위로 구성된 부족연맹체의 성격을 유지하면서 유목생활을 계속했으며, 흉노 고유의 관제도 보존하고 있었다. 『후한서』 「남흉노전」은 당시 흉노 관제의 내용을 자세히 전하고 있다. 선우 아래에 '사각四角'과 '육각六角'이라는 수령들이 있었는데, 전자는 좌·우현왕과 좌·우록리왕, 후자는 좌·우일축왕, 좌·우온우제왕, 좌·우참장왕으로 모두 선우의 자제들로 충원되었다. 이성대신으로는 좌·우골도후와 좌·우시축골도후가 있었다. 제사는 삼룡사라 하여 1월, 5월, 9월에 지

한 조정이 흉노의 수령에게 준 인장
'한흉노귀의친한장인漢匈奴歸義親漢長印'이라는 9자가 새겨지고 낙타가 조각되어 있는 후한대의 동인銅印. 1979년 청해성 대통현에서 출토되었다. 높이 2.9cm, 각 변의 길이 2.3cm.

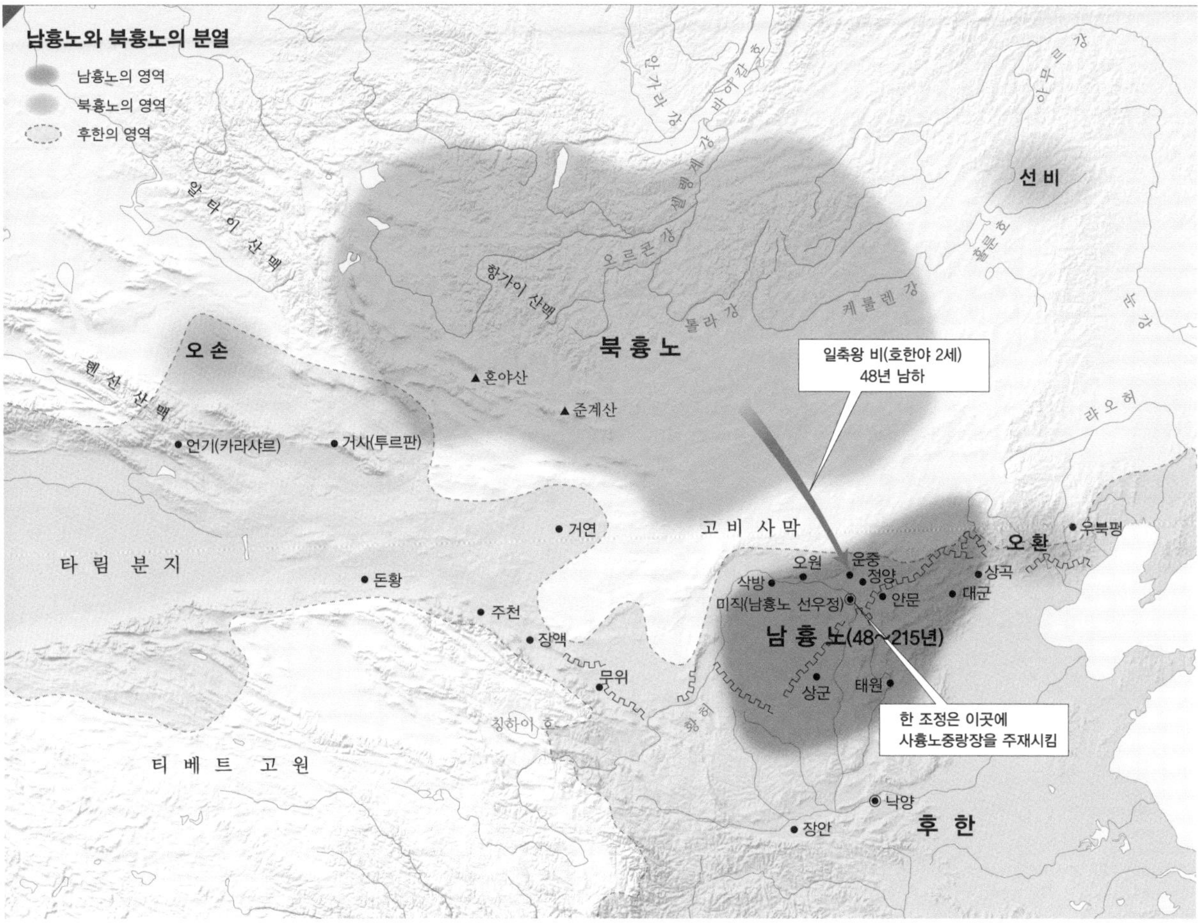

남흉노와 북흉노의 분열

냈다.

과거 몽골 초원에 있던 흉노와 후한대의 남흉노 사이에 차이가 있다면, ① 주민과 영역이 축소되어 관제가 전보다 간단해졌고, ② 이성대신들의 권력이 현격히 증대되었으며, ③ 제사할 때 한의 황제에 대한 제사도 추가되었다는 점 등을 들 수 있다. 그렇지만 남흉노는 국가의 주권을 완전히 상실하고 한 제국 내의 행정구역으로 편입되었다기보다는, 그 보호 아래 하나의 국가조직을 유지하고 있었다고 보아야 한다. 다시 말해 "각자 본국의 습속을 유지하며 한나라에 복속하던" 후한의 '속국'이라 할 수 있다.

남흉노는 후한 말기의 정치적 혼란 속에서 점차 세력을 키워갔고 현재 하남성의 황허 이북 지역과 산서성 동부 지역을 중심으로 활동을 강화했다. 3세기 초 조조는 남흉노를 통제하기 위해 5부로 나누어 섬서·산서·하북 일대에 분치했지만, 이는 오히려 흉노 세력이 북중국에 자리 잡고 강력한 정치세력으로 성장하는 계기가 되었다. 오호십육국五胡十六國 가운데 비한족계 왕조를 처음으로 세운 것도 바로 좌부 수령인 유연劉淵이었다.

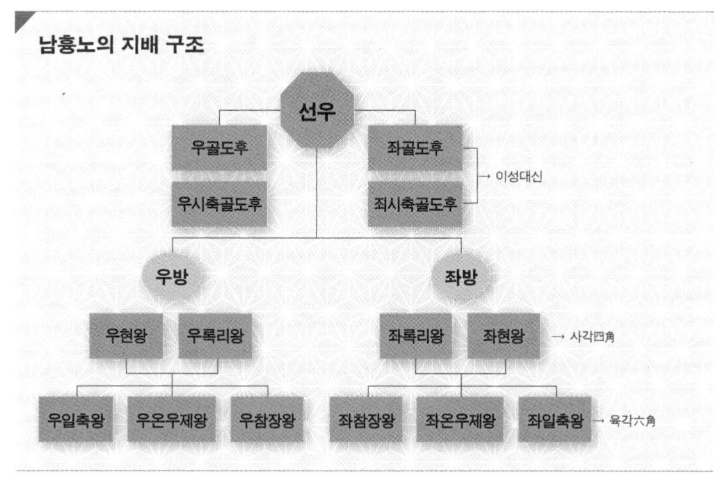

북흉노의 서천과 훈족

기원후 1세기 중반에 중국 영내로 들어온 남흉노의 호한야 선우는 고비 사막 북방의 포노 선우와 대립하게 되었다. 호한야는 1세기 전 조부가 했던 것처럼 한나라의 지원을 받아 권토중래하려 했으나 사태는 그의 의도대로 진행되지 않았다. 북흉노는 남흉노의 분리에도 위축되지 않고 한과 계속 대립했으며, 타림 분지의 여러 도시들을 군사적으로 압박하여 직간접적인 지배하에 두었다. 특히 쿠차를 앞세워 야르칸드를 정벌했고, 그 뒤 15개 도시국가에서 병력 3만 명을 징발하여 호탄을 공격, 투항케 함으로써 서역북도는 물론 서역남도 일대까지 패권을 장악했다. 북흉노는 그 여세를 몰아 하미를 지나 하서회랑까지 진출하여 공격을 감행했다.

그러자 한나라는 73년 장군 두고를 파견하여 북흉노의 압력에 적극적으로 대처하기 시작했다. 두고는 톈산 산맥 동단의 바르쿨 방면에서 북흉노의 호연왕을 격파하고, 74년에는 투르판 일대의 거사전부와 거사후부를 장악하는데 성공했다. 89년에는 대장군 두헌이 이끄는 군대가 몽골 초원 서남부 항가이 산지 부근의 계락산에서 북흉노의 군대를 대파했다. 이때 제후왕 등 3000명이 참살되고 일축왕을 비롯하여 21만여 명이 한나라에 투항했다. 선우정을 버리고 서쪽으로 향한 북흉노의 선우는 91년 또다시 경기가 이끄는 한나라 군에게 금미산에서 패배하고 선우의 모친을 포함해 5000명이 살해되는 참화를 당했다. 이로써 북흉노는 일대 타격을 받게 되었고 선우는 서쪽으로 더 가서 오손의 땅인 일리 강 계곡으로 이주했다. 몽골 초원 동북방에 있던 선비가 북흉노의 고지故地로 대거 들어오고, 그곳에 남아 있던 북흉노의 잔중 10여만 락落이 스스로 선비를

48년
일축왕 비, 한에 내부
흉노, 남북으로 분열(2차 분열)

49년
북흉노, 남흉노에 패하여
북쪽으로 이동

59~60년
북흉노, 서역 진출

73년
후한의 두고, 북흉노 호연왕 격파

87년
선비, 동방에서 북흉노를
공격하여 우류 선우 살해
북흉노 58부 20만 명이 남흉노로
넘어옴

89년
두헌, 북흉노 격파

91년
반초, 서역도호 되어 쿠차에 주둔
북흉노, 후한에 패하여 일리 강
계곡으로 이주

107년
북흉노, 다시 서역 국가들을
지배하여 후한과 서역 관계
단절시킴

2세기 중반
북흉노, 일리 유역을 떠나 흑해
연안으로 이주

375년
훈족의 침공과 유럽의 민족
대이동 시작

450년
카탈라우눔 전투

453년
앗틸라 사망

크즐아드르 출토 동복
우랄 강 유역의
오렌부르그 부근에 위치한
크즐아드르에서 발견된 동복.

칭하게 된 것도 바로 이때였다. 이로써 묵특의 건국 이후 300년 동안 지속된 몽골 초원에 대한 흉노의 패권은 무너지고 말았다.

그러나 톈산 북방으로 이주한 북흉노의 세력은 상당히 오랫동안 그곳에서 여세를 발휘했던 듯하다. 2세기 전반 서역을 둘러싸고 북흉노가 한 조정과 빈번히 접촉한 사실이 확인되고 있고, 『후한서』 「서역전」에도 123년경 "북흉노의 호연왕은 항상 포류蒲類(바르쿨)와 진해秦海(흑해) 사이를 전전하며 서역 여러 나라들을 제압하고 약탈했다"는 기록이 있다. 따라서 2세기 전반에 북흉노 세력은 톈산 북방에서부터 카자흐스탄 초원에 걸쳐 넓게 분포하였던 것으로 보인다.

북흉노가 최종적으로 일리 강 계곡을 떠나 흑해 방면으로 이주한 것은 2세기 중반 이후로 추정된다. 이때가 되면 중국 측 기록에서는 이들에 관한 소식이 차츰 사라지는 반면, 170년대에 쓰인 프톨레마이오스의 『지리학』에는 돈 강과 볼가 강 부근에 '훈Hunnoi'이라는 집단이 있었다고 언급되어 있다. 이들은 과거 스키타이인들이 거주하던 카스피 해와 흑해 북방의 초원에서 유목생활을 계속하다가, 마침내 유럽 역사에서 민족 대이동을 촉발시킨 주인공으로 유명한 '훈Hun'이라는 이름으로 세계사의 전면에 다시 등장하게 된다.

훈족이 과연 흉노와 동일한 민족인가 아닌가, 즉 '훈-흉노 동족론'은 오래전부터 논란거리였다. 이미 18세기 후반 드기네라는 학자가 양자의 명칭과 외모의 유사성을 근거로 동족이라는 주장을 제기한 바 있다. 훈족을 묘사한 동로마 측의 기록을 보면 이들의 외모에 몽골로이드의 특징이 강하게 나타났음을 알 수 있다. 또한 이들이 사용했던 가마솥(동복)도 흉노와 매우 유사했음이 확인된다. 훈족은 375년경부터 알란족과 고트족을 밀어내기 시작했고, 5세기에 들어서자 아틸라의 지휘 아래 동로마는 물론 서로마 제국까지 크게 위협했다. 450년 카탈라우눔 전투에 이어 452년에는 수도 로마를 포위할 정도였다. 그러나 453년 '신의 채찍(Flagellum Dei)'이라 불리던 아틸라의 갑작스러운 사망으로 훈 제국은 급속히 붕괴하고 말았다.

몽골 출토 동복
동복은 이동이 잦은 유목민들이 공동으로 취사하고 식사를 할 때 유용하게 쓰는 커다란 솥의 일종이다. 몸통과 손잡이가 다양한 모습으로 제작된 동복들이 유라시아 초원 각지에서 발견되었다. 몽골국 중부 부르한 톨고이 65호분에서 출토.

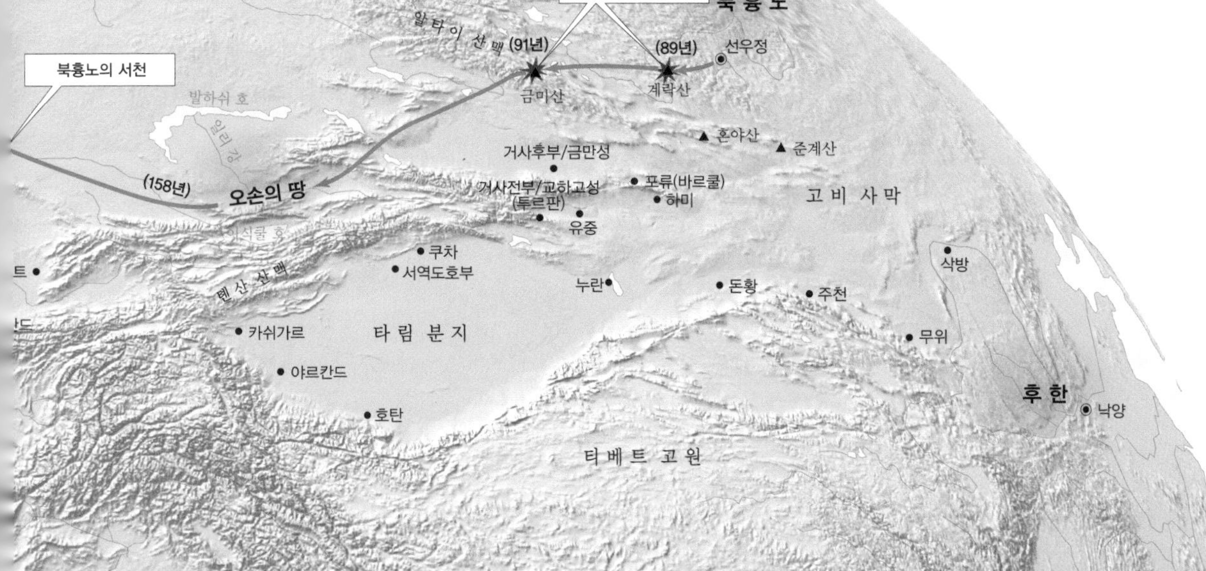

선비의 등장과 활약

25년
광무제, 후한 건국

1세기 중반
오환, 광무제의 건의 받아들여 새내로 이주

57년
광무제 사망

87년
선비, 북흉노 선우 등 10여만 명 참살

93년
북흉노 멸망
선비 세력 확장

156년
선비의 단석괴, 운중으로 침입

187년
오환, 장순의 반란에 동조

207년
오환, 조조의 정벌로 쇠퇴하기 시작

220년
후한 멸망

229년
선비, 가비능 사망

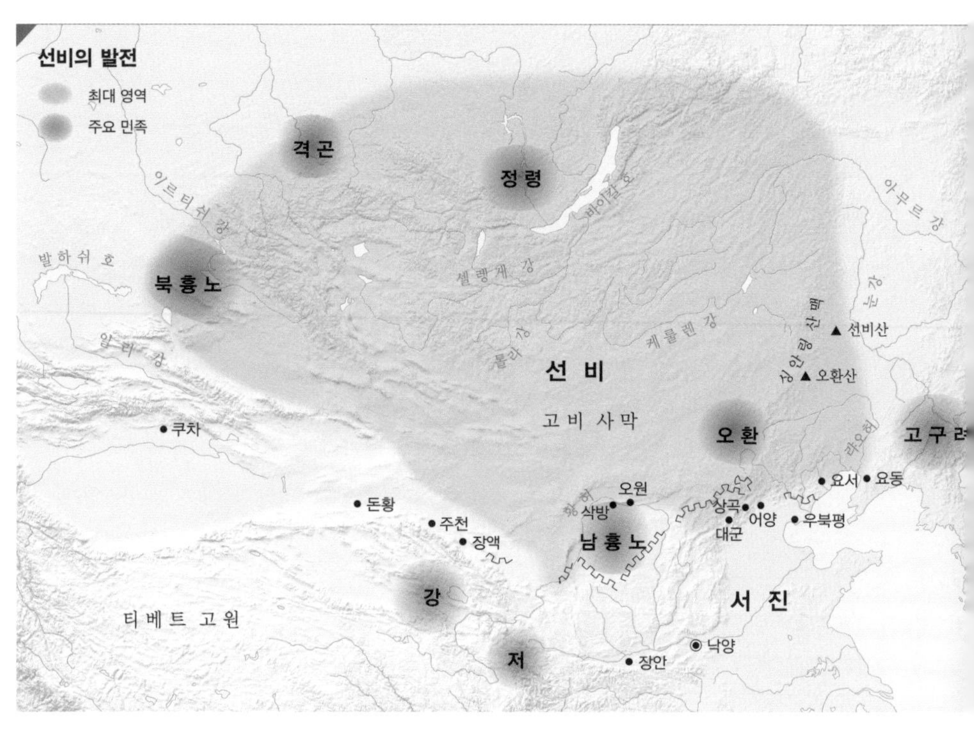

중국 측 기록에 따르면 동호가 흉노 묵특의 공격을 받고 쫓겨나 오환산과 선비산에서 살게 됨으로써 오환과 선비가 생겨났다고 한다. 그렇다면 기원전 3세기 말 몽골 초원 동남부에 거주하던 유목집단이 동북쪽으로 이주하여 싱안링 산맥 중부로 간 오환과, 눈 강 상류의 산악 지역으로 들어간 선비로 나누어진 셈이 된다. '선비'라는 말은 '세르비Servi'라는 음을 옮긴 것으로 추정되며 당대 기록에 보이는 '실위'와 어원이 같다. '오환'이라는 말은 '아바르Avar'라는 음과 유관하다고 보는 견해가 있으나 확실치 않다.

한 무제는 흉노의 좌지를 공격하여 대파한 뒤 당시 랴오허 유역까지 남하해 있던 오환을 상곡, 어양, 우북평, 요동, 요서 등 5군의 새외로 초치·거주시켰다. 나아가 호오환교위를 임명하여 이들을 감호케 하고 오환의 '대인大人(유목 부족의 수령)'들에게 연 1회 입조를 허락했다. 그러나 오환이 한나라에게만 일방적으로 종속했던 것은 아니었다. 흉노의 군사적 압력을 받아 매년 '피포세皮包稅'를 바쳤다는 기록을 보면 당시 서역의 도시들이 그러했듯이 오환도 한·흉노에 모두 복속하는 소위 '양속적兩屬的' 지위에 있었던 것으로 보인다.

1세기 중반 흉노의 2차 분열이 일어나자 오환은 새내로 이주하여, 열하의 남변에서 하북 장성지대 및 오르도스 서부에 이르는 지역에 걸쳐 거주하게 되었다. 이들은 후한에게서 의복과 식량을 지급받는 대신 북방의 흉노와 선비에 대한 정찰과 방어 임무를 수행했으니, 이는 마치 게르만족이 로마 제국을 도와 변경을 방위하여 '동맹자(federati)'라 불렸던 것과 흡사하다. 오환은 1세기 후반 한나라 군대와 함께 출병하여 북흉노를 공격하여 전과를 올리기도 했다. 그러나 후한 말기에 선비의 약탈이 심해지고 한의 원정도 빈번해지자 잦은 군사적 징발에 대한 불만이 높아졌다. 187년 장순의 반란에 이들이 동조한 것도 그 때문이었다. 오환은 후한 말 군웅 가운데 원소를 지지했지만, 207년 조조의 정벌로 궤멸적인 타격을 받은 뒤, 일부는 중국 내지로 사민되고 또 다른 일부는 선비에 흡수됨으로써 역사의 무대에서 사라졌다.

한편 1세기 중반 오환이 새내로 이주한 뒤에는 선비가 그 자리를 채우기 시작하여, 동으로는 내몽골에서부터 서로는 주천과 돈황에 이르기까지 중국 북변에 넓게 분포했다. 이들은 후한·오환과 협력하여 북흉노를 공격했는데, 대표적인 예가 87년 북흉노 선우를 비롯하여 10여만 명을 참살한 사건이었다. 그 결과 선비는 흉노를 대신하여 몽골 초원의 새로운 패자가 되었다. 이후 선비는 공격의 방향을 남쪽으로 돌렸고 후한은 흉노보다 더 혹심한 약탈에 직면했으니, 110~130년대에 걸쳐 약탈의 지역적 범위는 내몽골 동부의 요동·요서뿐만 아니라 서쪽의 대군, 오원, 삭방 등 산서성 북부까지 미치게 되었다.

선비 유목사회에서 약탈의 중요성이 커짐에

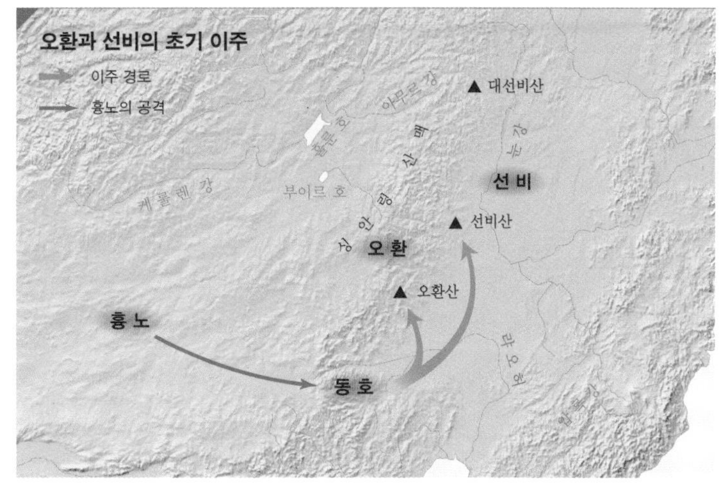

따라 '대인'이라 불리던 수령들 가운데 탁월한 군사지도자가 출현했다. 150~180년대에 활약한 단석괴라는 인물이 좋은 예이다. 그는 선비 전체를 동부·중부·서부로 나누어 자신의 권력을 강화하고 약탈전을 효율적으로 수행하고자 했다. 단석괴 사후에는 가비능이 약탈 지도자로서 명성을 떨쳤다. 그러나 그들은 개인적인 능력과 카리스마를 통해 일시적인 통합을 이루었을 뿐, 과거 흉노의 경우처럼 중앙집권적인 국가체제를 만들어내는 데에는 실패했다. 결국 여러 부족으로 나뉘어 할거하던 선비인들은 후한이 붕괴하고 삼국이 정립하는 혼란한 상황 속에서 중국 북부로 이주하게 되었다.

진오환귀의후 금인
서진 시대(265~316년) 오환의 수령에게 주어진 타뉴 금인. '진오환귀의후晉烏丸歸義侯'라고 새겨져 있다. 높이 2.8cm, 각 변의 길이 2.3cm이며 내몽골에서 발견되었다. 이와 함께 '진선비귀의후晉鮮卑歸義侯'라는 명문이 새겨진 금인도 발견되어 현재 내몽골박물관에 소장되어 있다.

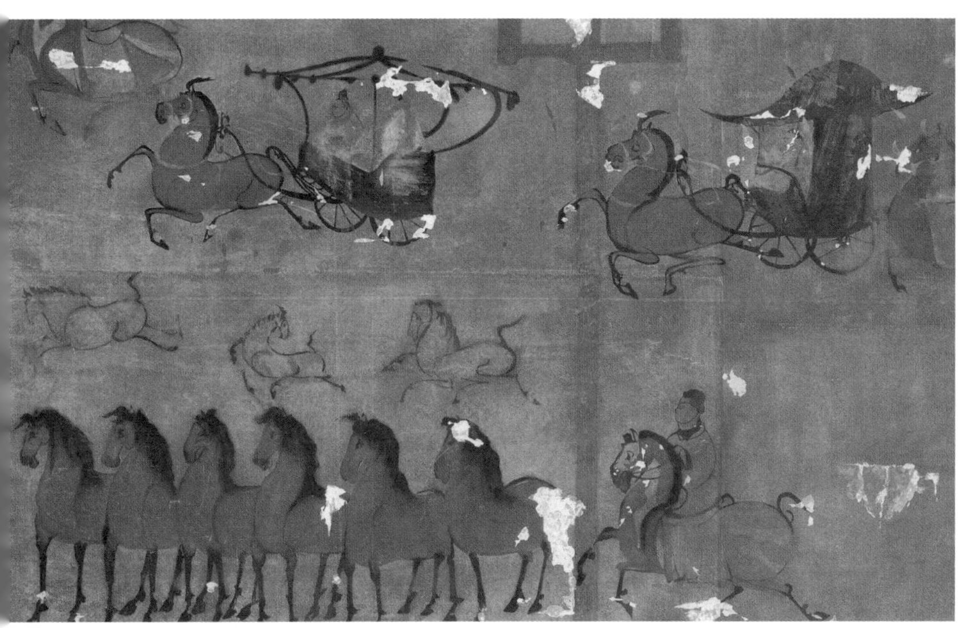

칙륵천 수렵도 벽화(일부)
1971년 내몽골 호린게르에서 발견된 후한대 묘지의 벽화들 가운데 〈한사지절호오환교위출행도 漢使持節護烏桓校尉出行圖〉의 일부이다. 기마병 수백 명과 마차 수십 대, 그리고 말 백여 필이 묘사되어 있다.

민족 대이동의 시대

265년
서진 건국

299년
강통, 사융론 발표

311년
영가의 난 발생

316년
서진 멸망

386년
북위 도무제, 국호를 위로 바꿈

439년
북위 태무제, 화북 통일

493년
북위 효문제, 낙양 천도

581년
수 건국

4~6세기에 유라시아의 서쪽 끝인 유럽에서는 로마 제국의 분열과 약화, 훈족의 침입과 게르만 민족의 대이동, 프랑크 왕국의 탄생 등 일련의 역사적 대변동이 일어났다. 그리고 이와 매우 비슷한 일들이 유라시아 동부에서도 벌어졌다. 한과 흉노라는 두 제국이 분열·약화되면서 민족들의 대이동이 시작되었다. 북흉노는 서쪽으로 이주하여 유럽의 민족 대이동을 촉발했으나, 남흉노와 선비·오환은 한 제국 붕괴 이후 중국 북방으로 이주하여 독자적인 국가들을 건설했다.

중국사에서는 한인 왕조인 서진이 수도 낙양을 잃고 남쪽으로 쫓겨간 316년부터 수나라가 통일을 이룩한 581년까지 3세기 동안 남북 분열의 시대가 지속된 것으로 본다. 그러나 입장을 바꾸어 생각해보면 흉노나 선비 같은 이민족이 중국사 속으로 들어온 것이 아니라 그들의 활동무대가 확대된 것이라고 볼 수도 있다. 즉 한족의 영역은 화이수이 이남으로 축소된 반면, 중앙유라시아 유목민들의 무대가 북중국으로까지 넓어진 시대였던 것이다.

북중국으로 이동하여 거주한 이민족의 숫자도 실로 엄청났다. 1세기 중반 남하한 남흉노 5부의 인구가 약 100만 명으로 추산되는데, 후한이 망한 뒤 3세기 후반이 되면 200만 명에 달하는 흉노·선비인들이 주로 산서 지역에 분

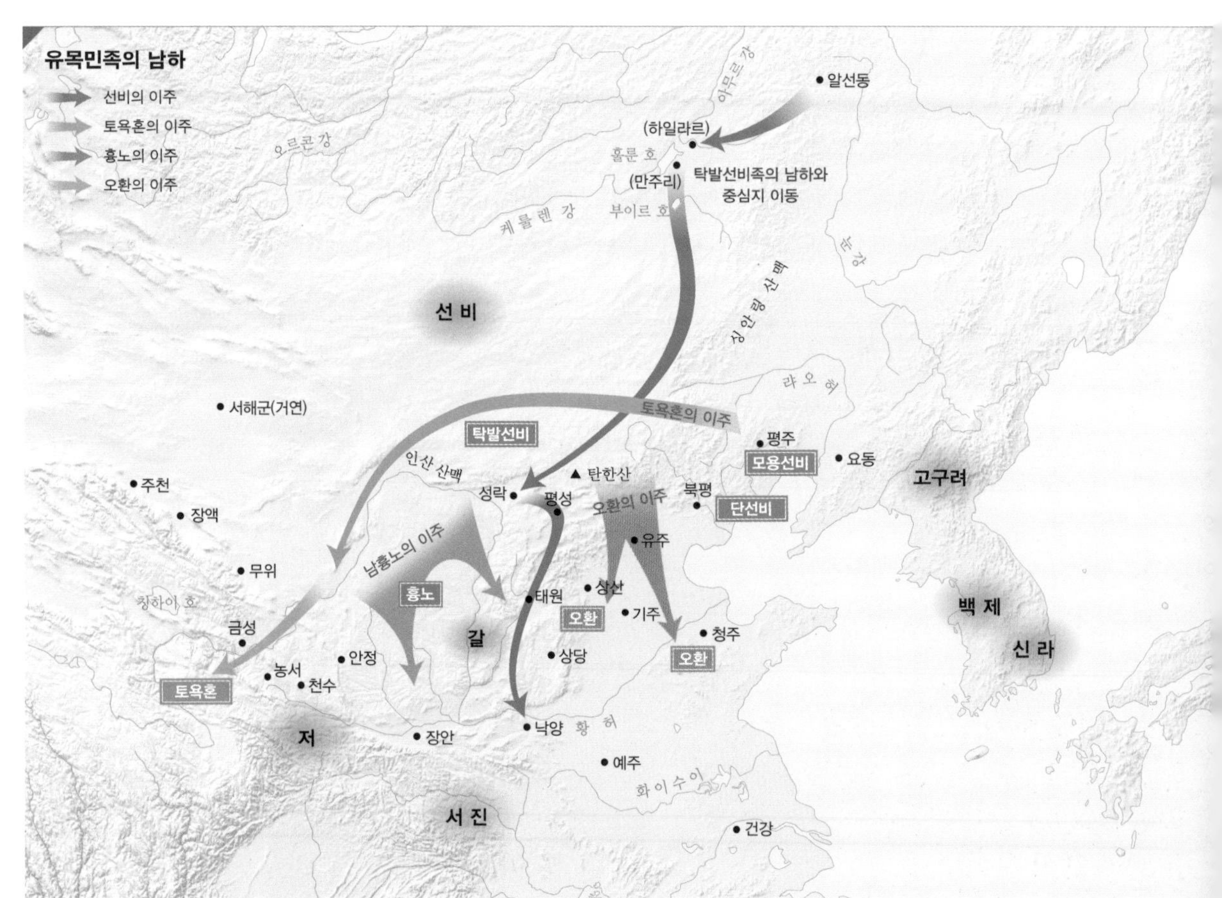

포하게 되었다. 곽흠이나 강통과 같은 진나라 관리들의 입에서 이민족을 강제로라도 내보내야 한다는 '사융론徙戎論'이 나온 것도 바로 이 때였다. 한족 왕조가 무너지고 호족胡族들의 천하가 된 뒤 민족 이동의 물결은 더욱 거세어졌다. 4세기 초에 이미 600~700만에 달한 이민족 인구는 후조가 되면 900만 가까이로 증가했고, 부견이 통치하는 전진의 시대에는 약 1000만에 이르렀다. 이처럼 정치, 사회, 문화, 경제 등 모든 방면에서 북방의 유목적 요소와 중국의 농경적 문화가 서로 융합되어 새로운 체제가 형성되게 되었으니 이른바 '호한체제胡漢體制'이다.

서진의 멸망(316년)부터 수의 건국(581년)까지의 시기는 북위 태무제가 화북을 통일한 439년을 분기점으로 전후반으로 나뉜다. 약 130년에 걸친 전기는 흉노·선비·갈·강·저와 같은 '오호'들이 세운 16개의 크고 작은 왕조들이 할거했다고 하여 오호십육국五胡十六國 시대라 일컫는다. 이 복잡한 왕조들 가운데 주요 왕조를 종족별로 정리하면 다음 세 그룹으로 나뉜다.

① 흉노 출신 유씨의 한, 석씨의 조, 혁련씨의 하, 저거씨의 북량
② 선비의 일파인 모용부의 연
③ 티베트 계통인 저족 부씨의 전진, 강족 요씨의 후진

이 밖에 현재 요녕성 지역에 살던 모용부 계통의 토욕혼吐谷渾이 있었는데, 이들은 내몽골의 인산 산맥을 거쳐서 감숙의 농서 지역에 들어와 자리 잡았다.

이처럼 '오호'들이 난립하던 시대를 정리하고 화북을 통일한 북위는 선비 계통의 탁발부(타브가치Tabghach)가 건설한 왕조였다. 원래 알선동 석실이 발견된 싱안링 북부의 산지에 살던 이들은 1세기 말경 훌룬 부이르 지방에 이주했다가, 2세기 후반경 2차 이주가 이루어져 내몽골 인산 산맥 부근으로 남하했다. 처음에는 오늘날 후흐호트 방면의 성락 지방에 근거를 두었다가, 4세기 초 산서성 대동의 평성으로 중심을 옮겼다. 도무제(재위 385~409년)가 즉위한 뒤 국호를 위魏(북위)로 바꿈으로써 대국代國 시대가 끝났고, 태무제(재위 423~52년)는 마침내 하·북연·북량 등을 멸망시켰다. 탁발부의 북위 왕조는 남으로는 한인들의 남조 정권과 대치하면서, 북으로는 선비에 이어 초원을 장악한 새로운 유목국가 유연과 치열한 대결을 벌여야 했다. 1세기에 걸쳐 북중국을 지배한 북위는 그동안 다양한 한화정책을 추진하여 중국적 왕조로 변모해간 것으로 묘사되어 왔으나, 그들이 지녔던 유목적 측면이 계속 작동했다는 점을 간과해서는 안 된다.

알선동(위)
1980년 여름 내몽골자치구 오로춘 자치기의 한 동굴에서 북위 시대 석각 축문이 발견되었다. 이를 통해 북위 황실에서 사람을 이곳으로 보내 조상들에게 제사를 드렸다는 사실이 확인되었고, 이곳이 북위를 세운 탁발인들의 발원지라는 추정이 가능해졌다.

알선동 석각 축문(아래)
이 축문에서는 황실 조상들에 대해 황조선가한皇祖先可汗과 황비선가돈皇妣先可敦이라는 표현을 사용하고 있다. 이를 통해서 탁발인들이 북위 건국 이전에 이미 유목군주의 칭호인 카간과 그 부인의 칭호인 카툰을 사용했음을 알 수 있다.

미완의 유목제국 유연

4세기 전반
유연의 출현

391년
북위 도무제, 유연 원정

402년
유연의 사륜, '카간'을 칭함

439년
북위 태무제, 화북 통일

449년
북위, 유연 격파
이후 유연 약화됨

487년
칙륵, 유연에 반란

516년
유연, 고차의 반란을 평정

520년
아나괴, 카간으로 즉위

546년
고차의 반란
유연, 돌궐의 도움으로 진압

552년
아나괴, 돌궐의 공격을 받아 자살

유연은 4세기 중후반부터 6세기 중반까지 몽골 초원에 국가를 건설하고 그곳을 지배했던 유목집단의 명칭이다. 유연의 시대는 몽골 초원의 패권이 몽골어 계통 민족에서 투르크어 계통 민족으로 넘어가는 과도기라고 할 수 있다. 3세기 전반 선비 연합체가 붕괴되면서 탁발·우문 등 선비 계통 집단들이 고비 사막 이남으로 이동하자, 칙륵 혹은 철륵이라는 이름으로 알려진 투르크 계통 유목민이 몽골 초원을 채우기 시작했다. 이러한 흐름은 6세기 중반 돌궐 제국의 건설로 완결된다.

유연이라는 명칭은 4세기 전반 거록회라는 인물이 몽골 초원에 잔류하던 선비계 유목민들을 규합한 뒤 처음 일컫기 시작한 것이라고 한다. 이들은 여여茹茹·예예芮芮라는 이름으로도 알려졌는데, 그것이 어떤 음가와 의미를 갖는지는 분명치 않다. 탁발 북위 왕조는 유연을 '연연蠕蠕'이라 일컫기도 했는데, 이는 '벌레가 꿈틀거리는 모양'이라는 뜻으로 그들과 오랫동안 전쟁을 하면서 생겨난 반감과 편견에서 비롯된 것이다. 유연의 선조가 북위에서 도주한 노예였다는 『위서魏書』의 기록도 마찬가지이다.

유연에 속하는 유목민의 숫자는 꾸준히 늘어나다가 4세기 중후반 동부와 서부로 나뉘었다. 이들은 말이나 담비 털 등으로 북위와 교역하면서 '겨울이 되면 막남(고비 사막 이남)으로 오고, 여름에는 막북(고비 사막 이북)으로 돌아가는' 생활을 했다. 이들은 당시 북중국을 제패한 북위에 복속하지 않았기 때문에, 4세기 말 도무제는 전격적인 원정을 감행하여 타격을 가하기도 했다.

유연이라는 유목국가는 이러한 군사적 압력과 위기 상황 속에서 탄생했다. 402년 사륜이라는 인물이 스스로 '구두벌 가한丘豆伐可汗'을 칭하고 "처음으로 군법을 세웠는데, 1000명을 군軍으로 삼아 군마다 장將 1명을 두고, 100명을 당幢으로 삼아 당마다 수帥 1명을 두었다"고 한다. 후일 중국 사가들은 이때 처음으로 '카간可汗'이라는 칭호가 등장했다고 보았지만, 그 전에 생겨났을 가능성도 충분하다. 다만 카간이 유목국가의 군주 칭호로 공식 사용된 것은 구두벌 가한이 처음이다.

다른 유목국가들이 그러하듯이 유연도 목축경제에만 의존할 수 없었고 남쪽의 농경지대에서 필요한 물자를 확보해야만 했다. 그러나 당시 북중국에는 같은 유목민 출신의 탁발인이 세운 북위가 버틴 채 유연에 대해 강경책을 고수하고 있었기 때문에, 과거 흉노가 그랬듯이 군사적 약탈과 외교적 협상을 동시에 구사하는 소위 '외부변경정책'이 통하지 않았다. 유연은 이를 타개하기 위해 후진·북연과 화친을 맺거나 남조 정권에 사신을 보냈으며, 중앙아시아의 도시들과도 관계를 맺었다. 그러나 북위는 거듭된 원정을 통해 인축을 대대적으로 약탈·

탁발인 무사
내몽골 후흐호트에서 발굴된 북위의 묘에서 출토된 탁발인 무사 도용. 높이 43.5cm(왼쪽), 39.5cm(오른쪽).

흑
지중해
비잔티움 제
아라반

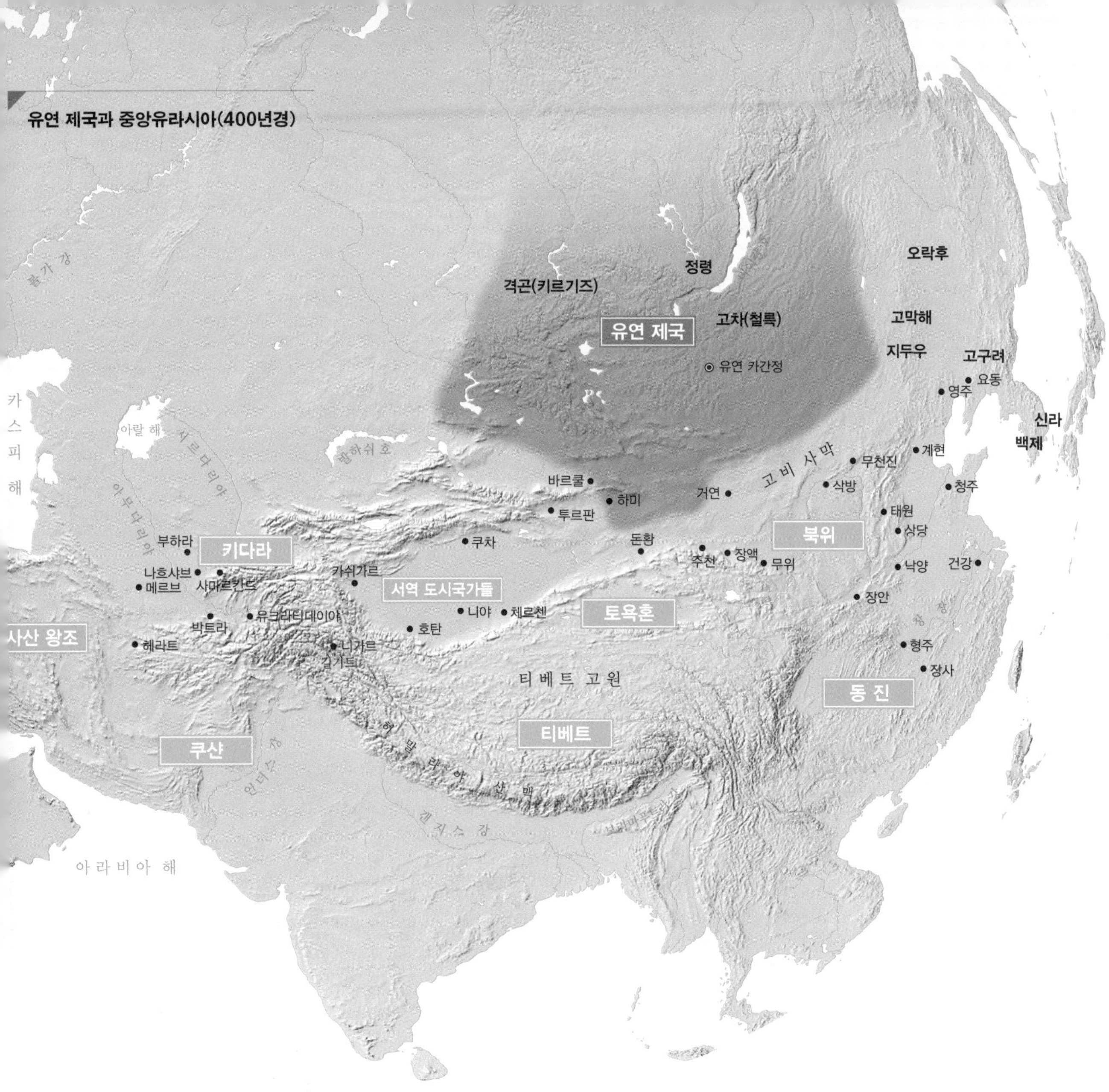

유연 제국과 중앙유라시아(400년경)

살육·사민하는 정책을 실시함으로써 유연을 경제적으로 봉쇄하고 정치·사회적으로도 곤경에 빠뜨렸다.

이로 인해 유연의 지배를 받던 투르크계 유목민들의 이반이 빈번해졌다. 487년에는 칙륵 10여만 락이 떨어져 나가는 바람에 30년 가까이 전쟁이 벌어졌고, 508년과 520년에는 유연의 카간이 전투에서 패사하는 일까지 발생했다. 546년 칙륵(철륵)에 속하는 고차 부족이 반란을 일으키자, 돌궐이 유연을 도와 이를 진압한 뒤 그 보상으로 카간의 딸과의 혼인을 요구했다. 그러나 유연의 아나괴 카간은 '단노鍛奴'인 주제에 어떻게 그런 요구를 하느냐며 거절했고, 이에 돌궐은 유연 대신 서위와 혼인동맹을 맺었다. 552년 돌궐의 수령 투멘(土門)이 공격을 해오자 아나괴는 자살하고 말았다. 이렇게 유연은 외적으로 북위와의 대결로 물자 획득에 어려움을 겪고, 내적으로는 투르크계 유목민들의 반발에 직면하여 흉노와 같은 강력하고 안정된 제국 체제를 만들지 못한 채 종언을 고하고 말았다.

쿠샨·키다라·헤프탈

60년경
쿠줄라 카드피세스, 쿠샨 제국 건설

2세기 전반
카니쉬카 왕 때 쿠샨 제국 전성기

220년
후한 멸망

226년
아르다시르, 사산 왕조 건국

240~270년
사산 왕조, 샤푸르 1세의 치세

5세기 전반
키다라 출현

558~561년
헤프탈, 돌궐과 사산 왕조의 협공으로 멸망

인도 서북부에 건설된 쿠샨 제국은 기원전 2세기 후반 흉노의 공격을 받은 월지의 서천과 연관된다. 중국 측 기록에 의하면 아무다리야를 건너 박트리아를 정복한 월지인들은 그곳에 5개의 제후국을 세웠는데 그 가운데 '귀상貴霜'이라는 집단이 있었다고 한다. 이것이 후일 그곳에 제국을 건설한 쿠샨Kushan의 기원이 되었음은 분명하다. 쿠줄라 카드피세스가 건국한 쿠샨 제국은 카니쉬카 대왕 때 절정에 이르렀다. 카니쉬카 대왕의 재위 연대에 대해서는 학계에서 수많은 논란이 있으나 2세기 전반으로 보는 견해가 많다. 전성기 때 제국의 영토는 수도 푸르샤푸르(페샤와르)를 중심으로 북쪽으로는 서투르키스탄 대부분을, 남쪽으로는 간다라와 인도 서북부를 포함했다. 특히 1세기 말에서 2세기 초에 걸쳐 카쉬가르, 호탄, 투르판 등 타림 분지의 도시국가들을 둘러싸고 후한과 각축을 벌이기도 했다.

중국 측 사료는 쿠샨을 '대월지'라고 불렀다. 그러나 이를 근거로 쿠샨인들이 월지의 후예였다고 단언하기는 어렵다. 1993년 라바타크에서 발견된 비문에는 아프간 북부 토착민들이 사용하던 박트리아어가 쓰여 있기 때문이다. 쿠샨 문화 역시 복합적인 양상을 보인다. 중앙아시아의 문화적 요소, 박트리아 왕국의 헬레니즘 문화, 여기에 인도 현지의 문화까지 혼재되어 있다. 화폐에 새겨진 신상神像들이 이를 단적으로 보여주는데, 예를 들어 카니쉬카와 그 후계자인 후비쉬카 시대의 화폐에는 그리스, 인도, 이란에서 유래한 신들의 이름이 새겨져 있다. 그중에는 부처의 입상과 함께 '봇도Boddo'라는 명문이 새겨진 것도 있다. 쿠샨 왕조는 3세기에 이란에서 흥기한 사산 왕조의 압력으로 점차 약화되어 영토를 대부분 상실했

바미얀 대불
아프가니스탄 중부의 바미얀에는 6세기에 조영된 두 개의 대불이 있었다. 암벽을 깎아내어 거대한 감실을 만들고 그 안에 불입상을 조각한 것으로, 각각 58m, 38m 높이였다. 이 지역이 이슬람 세력의 수중에 들어간 이래 여러 차례 이 거대한 '우상'을 파괴하려는 시도가 있었지만 완전히 성공을 거두지 못했다. 그러나 2001년 탈레반 세력이 지뢰와 다이너마이트를 이용해서 완전히 파괴해버렸고 지금은 흔적조차 찾을 수 없게 되었다. 오른쪽이 파괴 이후의 모습이다.

다. 그러나 완전히 사라진 것은 아니어서 타림 분지 동쪽에 위치한 선선에서 그 세력의 존재가 확인된다. 그곳에서 당시 쿠샨 왕조에서 사용되던 카로슈티 문자로 북인도 방언인 프라크리트어가 쓰인 목간이 다수 발견되었는데, 이를 통해 3세기~4세기 초 쿠샨이 그곳을 지배했던 사실과 그 왕들의 이름이 확인되었다.

5세기 전반이 되면 키다라Kidara라는 새로운 집단이 출현하여 박트리아와 간다라 지방을 지배하는데, 이 집단의 정확한 연원을 알 수는 없으나 스스로 쿠샨과 동일한 집단이라고 주장했다. 중국 측 자료에 따르면 바닥샨 부근에 거주하던 월지인들이 유연의 거듭된 공격을 받아 서쪽으로 이주한 것이 기다라寄多羅이며, 그들이 페샤와르를 수도로 삼고 현재의 아프가니스탄과 서북 인도를 지배하게 되었다고 한다. 이들은 북위 태무제의 치세(424~52년)에 낙양에 와서 '오색 유리'로 100명이 들어갈 수 있을 만큼 커다란 행전行殿을 지었다는 유명한 일화를 남겼다. 그러나 5세기 중엽 헤프탈이라는 또 다른 집단에게 멸망하고 말았다.

헤프탈Hephtal은 중국 사서에서는 엽달·읍달·활, 인도에서는 스베타 훈Sveta Hun(즉 White Hun)이라 불렸고 히온이라는 이름으로도 알려졌다. 그 영역은 동쪽으로는 타림 분지 남쪽의 호탄까지 미쳤고, 북쪽으로는 철륵 계통 유목민들을 압박했으며, 서쪽으로는 사산 왕조와 대치하며 후라산까지 진출하기도 했다. 이들의 종족적 귀속에 대해서는 논란이 있지만 그 기원은 힌두쿠시 북방의 토하리스탄 지방에 거주하던 이란계 유목민으로 추정된다. 이들은 중국과 페르시아, 비잔티움과 인도를 연결하는 교역의 요충지를 장악하고 거기서 얻은 중개 이익으로 경제적인 번영을 누렸다. 그러나 헤프탈은 558~61년 북방의 신흥세력 돌궐과 서쪽 이란에 있던 숙적 사산 왕조의 협공을 받아 멸망하고 말았다.

2~5세기 중앙아시아 도시국가들

73~102년
반초의 서역 정벌

97~99년
감영의 출사

220년
후한 멸망
북위, 누란에 둔전 설치(~4세기)

435년
유연, 투르판에 도착한 북위 사신을 구류

437년
서역 여러 도시에서 북위에 조공을 바침

5세기 전반
북위의 동완과 고명, 타림 분지 등 방문

5세기 중반
북위의 장군 만도귀, 선선·카라샤르·쿠차 등 공략

501년
국가, 고창 왕국 건국

흉노와 대결하면서 적극적인 서역 진출을 모색했던 전한과 달리, 후한은 '삼통삼절三通三絶'이라는 표현이 말해주듯이 중앙아시아와의 관계가 지속적이지 못했다. 2세기 전반 반초·반용 부자의 활동을 마지막으로 타림 분지 일대에 대한 중국의 정치적 지배력은 급격히 약화되었다. 그러나 이 지역에 대한 중국의 영향력이 완전히 사라진 것은 아니었다. 롭 노르 부근의 누란 유적지에서 발견된 목간들은 3세기 후반 진晉의 세력이 이곳까지 미쳤음을 보여준다. 4세기 전반 누란에 주재하던 전량의 서역장사 이백이 서역의 여러 도시국가에 보낸 편지(이백 문서)도 발견되었다. 4세기 후반에는 전진 왕 부견의 명령을 받은 여광이 카라샤르를 거쳐 쿠차까지 진입하여 불승 쿠마라지바를 데려간 일이 있다. 5세기 전반 북위 태무제 때는 동완과 고명이 사신으로 파견되어 타림 분지의 여러 도시를 거쳐 오손, 페르가나, 타쉬켄트 등을 방문하고 돌아왔다. 5세기 중반에는 태무제의 명을 받은 만도귀가 크로라이나, 카라샤르, 쿠차 등을 공략하기도 했다. 투르판은 중국과 가까워 일찍부터 한인들이 진출했는데 501년에는 국가麴嘉라는 인물이 고창 왕국을 세웠다.

한편 북방 초원도 흉노 제국의 붕괴 및 민족들의 대이동으로 혼란에 빠졌다. 5세기 초에 건국된 유연은 서역에 대해 영향력을 행사하면서, 서방으로 통하는 교역로상에서 전략적으로 중요한 투르판과 하미를 둘러싸고 북위와 여러 차례 충돌을 벌였다. 435년에는 투르판에 도착

중앙아시아의 도시국가들(2~5세기)

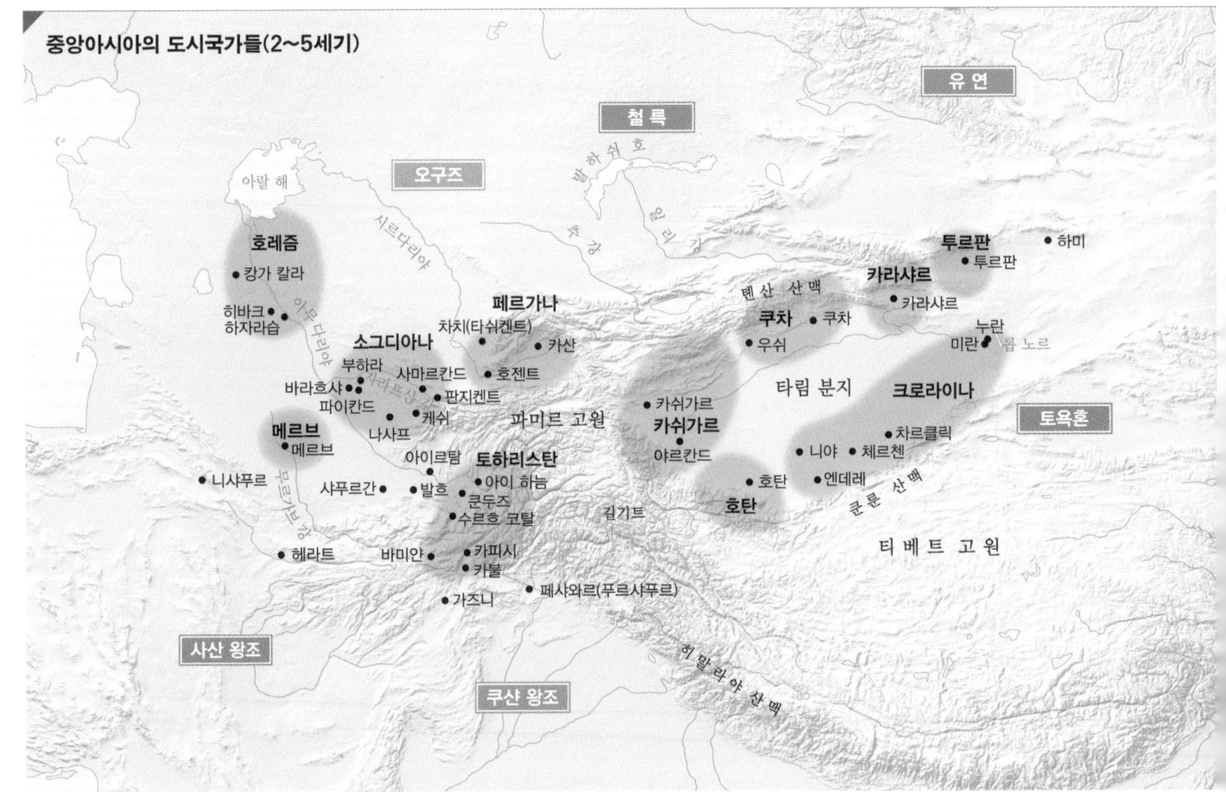

쿠차의 봉수대

쿠차 부근의 크즐카하에 남아 있는 봉수대 유적. 필자가 1995년 이곳을 방문했을 때 촬영한 사진. 항토夯土 방식으로 축조되었으며 높이 15m, 동서의 폭이 6m, 남북의 두께가 4.5m에 이른다.

한 북위의 사신들을 구류했다가 돌려보낸 적이 있고, 439년에는 여러 도시에 사신을 보내어 "이제 천하에서는 오직 우리만이 강력하니, 이후로 북위의 사신이 오더라도 공손하게 받아들이지 말라"고 통고하기도 했다. 그러나 유연은 북위와의 대결에서 대체로 수세에 몰렸기 때문에 과거 흉노처럼 서역을 적극적으로 경영하지 못했다.

아프간과 인도 서북방에 근거를 둔 쿠샨 왕조 역시 중앙아시아 각 지역에 광범위한 영향력을 행사했지만 3세기 전반 사산 왕조의 공격을 받아 붕괴되었다. 이렇게 해서 2~5세기 중앙아시아에서는 일종의 힘의 공백이 생겨났고, 그 결과 그곳의 대형 오아시스 도시들이 주변의 소도시를 합병하여 패권적 영역국가를 형성했다. 예를 들어 선선(크로라이나)의 경우 누란·미란·차르클릭을 중심으로 서쪽으로 체르첸·니야·엔데레 등까지 포괄하는 넓은 지역을 지배했고, 소륵(카쉬가르)은 주변의 '대성大城' 12개와 '소성小城' 수십 개를 거느린 국가로 성장했다. 이런 식으로 타림 분지 일대에 포진한 나라들을 보면 톈산 산맥 남록을 따라 고창(투르판), 언기(카라샤르), 구자(쿠차), 소륵 등이 포진해 있었고, 쿤룬 산맥 북록을 따라서는 선선(크로라이나)과 우전(호탄)이 있었다.

파미르 이서의 서투르키스탄도 상황은 크게 다르지 않았다. 시르다리야 상류의 페르가나, 자라프샨 강 유역의 소그디아나, 아무다리야 상류의 토하리스탄, 아무다리야 하류의 호레즘, 무르가브 하류의 메르브 등이 중요한 세력권을 형성하고 있었다. 그곳의 주민들은 모두 인구어를 사용하는 사람들이었다. 이는 19세기 말 이래 그곳에서 발견된 다수의 자료들을 통해 확인된다. 투르판에서 서쪽으로 쿠차에 이르기까지, 그리고 남쪽의 크로라이나에서는 토하라어를 사용했다. 타림 분지 서남쪽의 호탄에서도 사카어 혹은 호탄어라고 불리는 인구어가 사용되었다. 파미르 이서 지역에서도 사정은 마찬가지이나 방언적 차이에 따라 소그드어, 박트리아어, 간다라어 등으로 불렸다.

호탄어로 쓴 문서

20세기 초 영국의 학자 스타인이 타림 분지 여러 곳에서 브라흐미 문자 혹은 카로슈티 문자로 된 문서들을 발견하였다. 이 언어는 동부 이란계 방언의 일종으로, 학자들은 호탄어Khotanese 혹은 사카어Saka라고 부른다. 스타인이 수집해간 문서는 현재 대영박물관에 소장되어 있다.

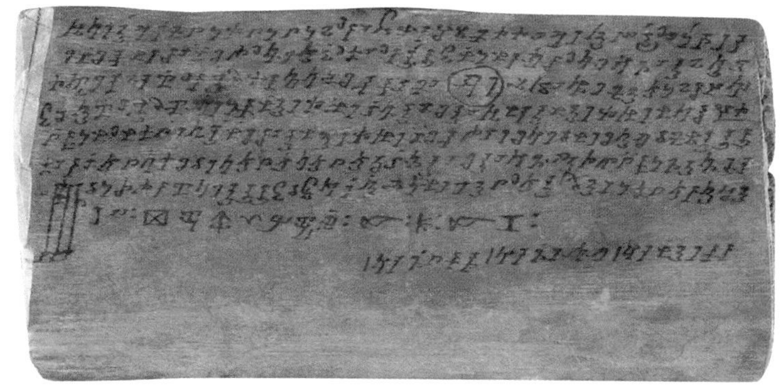

원거리 국제상인의 출현

311년
영가의 난

501년
고창국 건설

579년
양주 살보 소그드인 사군 사망(사군묘)

679년
오르도스 지방에 육호주 설치

682년
돌궐 제2제국 건설

721년
육호주에서 반란이 일어나 주민들을 이주시킴

744년
위구르의 쿠틀룩 보일라가 카간을 칭하고 건국

2~5세기는 정치적 분열과 민족 이동으로 인한 혼란의 시대였지만 원거리 경제 교류와 문화 전파는 결코 위축되지 않았다. 후한 말에서 위진 시대로 넘어가는 시기가 되면 한문 자료에 '호상胡商' 혹은 '상호商胡'로 알려진 중앙아시아의 상인들이 나타나기 시작하는데, 그들은 본격적인 의미에서 중앙유라시아를 무대로 활동했던 최초의 국제상인이었다. 『후한서』에는 "상호와 판객販客이 매일같이 변경의 관새를 찾아온다"는 기록이 보인다. 또한 진수의 『삼국지』에도 3세기 전반 돈황 태수였던 창자의 치적이 소개되어 있는데, 당시 서역에서 온 상인들의 교역 활동을 돈황의 호족豪族들이 방해하자, 그는 낙양으로 가기를 원하는 사람들에게는 과소過所라는 통행증을 발급해주고, 돈황 현지에서 교역을 원하는 사람은 관리의 입회하에 장사를 할 수 있도록 해주었다고 한다. 그런가 하면 북위 태무제의 치세에 수도를 찾아온 대월지의 상인들이 인근 산에서 광석을 채취하여 오색 유리를 만들어 그것으로 100명이 들어갈 만한 거대한 행전을 지었다는 기록도 보인다.

무엇보다도 흥미로운 자료는 1907년 돈황 부근의 한 봉수대에서 스타인이 발견한 소그드인의 편지들이다. '고대 서한들'로 알려진 이 편지들 가운데 하나(제2서한)는 나나이 반닥이라는 현지 무역책임자가 사마르칸드에 있는 고용주에게 보고한 내용이다. 거기에는 하서회랑의 돈황·주천·무위는 물론 중국 내지 여러 곳에도 대리인이 파견되어 있었던 사실, 사향麝香 0.8킬로그램을 구입하여 보내면서 그 이익의 일부는 자기 자식의 양육에 써달라는 부탁 등이 적혀 있다. 뿐만 아니라 '훈'족의 침입으로 중국의 도읍이 불타고 황제는 피신했다는 소식을 전하고 있어, 국제 교역에 필요한

유라시아의 주요 교역로(2~5세기)

소그드인 서한(왼쪽)
스타인이 1907년 돈황 근처의 봉수대에서 발견한 8통의 소그드어 서한 가운데 제3서한.

소그드 상인들(오른쪽)
당대의 무덤에서는 많은 수의 토용들이 발견되는데 그 가운데 중앙아시아 출신의 소그드인들을 형상화한 것들이 다수 포함되어 있다. 상인, 무사, 낙타몰이꾼, 무희 등 다양한 직종에 종사하는 소그드인들이 보이며, 복식이나 발식 등을 연구하는 데 좋은 자료가 된다.

현지의 정세도 알리고 있다. 이 사건은 서진 멸망의 계기가 된 311년 영가永嘉의 난을 가리키는 것으로 보인다. 이 시기에 중앙아시아 출신 상인들의 활동이 활발해진 것은 4~6세기 키다라와 헤프탈의 잇단 내습으로 중앙아시아에서 북인도로 연결되는 교역 네트워크가 교란된 것과 관련이 있다. 이로 인해 그곳 상인들의 활동이 위축되고 대신 소그드 상인들이 새로운 주역으로 등장하게 되었다.

중앙아시아 상인들이 취급한 물품은 매우 다양했다. 위에서 언급한 유리와 사향 이외에도 산호·호박琥珀·루비·화완포(석면)·옥 등의 광물, 포도·목숙·석류·호도 등의 식물, 후추·유향·몰약·소합향·안식향 등의 향료, 구유·탑등과 같은 모직물이 포함되어 있었다. 심지어 '환인幻人'이라 불린 마술사도 수입되었는데, 목을 잘라 피를 다 빼고 사람을 죽인 뒤 약초를 사용하여 환생시켰다고 한다. 그러나 동서 교역에서 무엇보다도 중요한 것은 비단이었다. 당시 중국은 비단 생산국이었고 서아시아 각국과 로마 제국의 귀족들은 비단을 구입하려고 애를 썼다. 기원후 1세기에 활동한 플리니우스는 로마가 비단 수입을 위해 매년 엄청난 돈을 낭비하고 있다고 비판했고, 황제 아우렐리우스(재위 270~75년)는 재정 상황을 호전시키기 위해 비단 수입을 규제하고 황후에게도 비단옷 착용을 금지할 정도였다. 비단 교역은 엄청난 경제적 이익을 가져다주었기 때문에 실크로드상의 여러 국가와 집단이 적극적으로 개입한 것은 당연한 일이었다. 반초의 부하 감영이 97년 로마에 가기 위해 시리아까지 갔다가 되돌아온 것도 로마와 중국의 직접적인 접촉을 우려한 파르티아 상인들의 농간 때문일 가능성이 높다. 그런 의미에서 국제상인들의 등장과 활동도 당시 활발해진 비단 교역과 밀접한 관련이 있다고 할 수 있다.

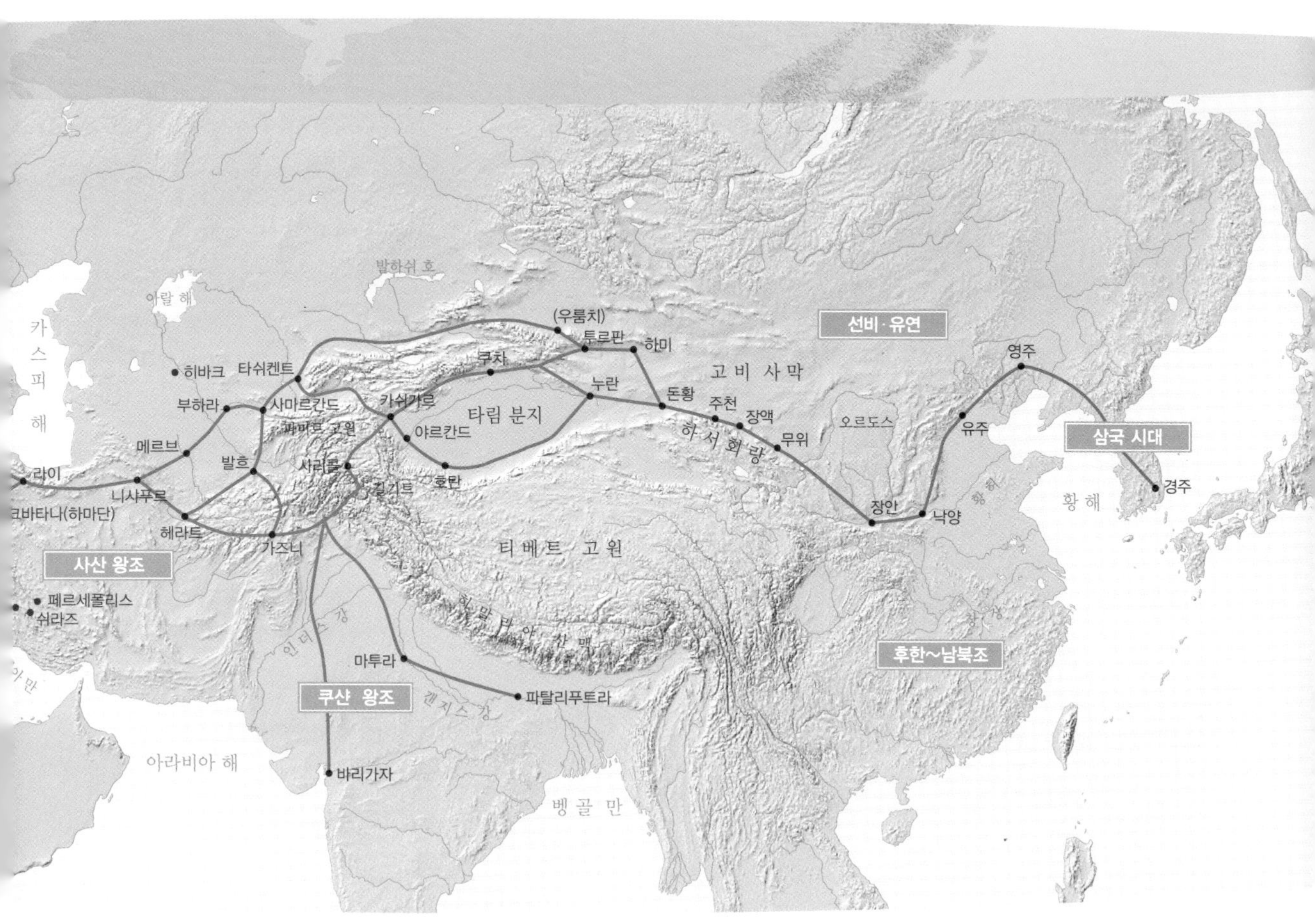

불교의 확산

65년경 – 727년

현장과 혜초의 구법여행
현장의 입축로
현장의 귀국로
혜초의 여행로
혜초의 추정로
니사

65년경
초왕 유영에 관한 『후한서』의 기록

147년
파르티아 승려 안세고, 낙양에 도착

150년경
간다라 미술 번성

372년
고구려에 불교 전래

399~412년
법현, 인도 구법여행

382~383년
여광, 쿠차에 원정하여 쿠마라지바 연행

538년
일본, 백제를 통해 불교 도입

629~645년
현장, 인도 구법여행

723~727년
혜초, 인도 구법여행

기원전 3세기 마우리아 왕조의 아쇼카 대왕의 적극적인 후원과 장려에 힘입어 불교는 제국의 영역 안에 있던 북인도는 물론 그 너머로 확산되기 시작했다. 박트리아를 통치하던 그리스인 군주 메난드로스가 불교 교리에 깊은 관심을 갖고 승려 나가세나와 나눈 대화 내용이 『밀린다왕문경』이 되었다는 일화는 불교가 기원전 2세기 중반에 이미 힌두쿠시 북방에서도 상당한 영향력을 행사하고 있었음을 말해준다. 불교는 박트리아 왕국을 무너뜨리고 건설된 쿠샨 왕조의 시대에 크게 융성하기 시작했다. 간다라와 마투라에서는 처음으로 불상이 만들어지기 시작했고, 쿠샨과 파르티아 영내에 있던 승려들은 파미르 고원을 넘어 중앙아시아와 중국으로 와서 선교를 시작했다. 기원후 65년경 초왕 유영이 부처(浮屠)를 숭배했다는 『후한서』의 기록은 신빙성이 있어 보이는데, 그렇다면 중앙아시아는 그보다 이른 시기에 불교를 받아들였음이 분명하다.

사실 타림 분지의 여러 도시 중에서 인도와 가장 가까운 호탄에는 이미 기원전 1세기에 불교가 유입되었던 것으로 추정된다. 이보다 조금 늦기는 해도 서역북도와 서역남도 연변에 위치한 카쉬가르, 쿠차, 카라샤르, 투르판, 누란(선선) 등지에도 기원후 1~2세기까지는 모두 불교가 전래되어 자리 잡았다. 대승과 소승 가운데 어느 교단이 더 강한 영향력을 행사했느냐 하는 문제 역시 지역에 따라 조금씩 양상이 다르다. 예를 들어 서역북도의 쿠차는 7세기 현장법사의 보고에 따르면 소승에 속하는 설일체유부說一切有部가 우위를 점했다고 하는데, 호탄의 경우에는 소승이 먼저 상당한 세력을 떨쳤으나 후에 대승에게 주도권을 빼앗긴 것으로 보인다. 타림 분지 동단의 누란은 400년경 이곳을 들른 법현의 증언에 따르면 승려들이 모두 소승이었다고 한다. 물론 현존하는 문헌자료만으로는 어느 지역에 어떤 교단이 우세를 점했는지 속단하기 어렵기 때문에, 고고 발굴을 통해 사원 유적지에서 출토된 각종 불상과 벽화와 경전 등을 종합적으로 참고해야 할 것이다. 그러나 대승불교가 기존의 부파불교部派佛教에 대한 비판에서 시작되어 3세기경 나가르주나에 의해 비로소 교리가 체계화되었기 때문에, 타림 분지의 각 도시들에도 소승이 먼저 전파되어 자리 잡은 뒤 나중에 대승이 그 권위에 도전한 것으로 보인다. 그리고 그러한 도전이 호탄에서는 성공을 거둔 반면, 쿠차나 누란과 같은 곳에서는 그렇지 못했던 것이다.

20세기 초 영국의 스타인, 독일의 르 콕 등의 조사에 의해 서역남도와 서역북도에서 많은 불교 유적지들이 발굴되었다. 호탄에서는 라와크·단단 윌릭·니야 유적지 등이 발견되었고, 누란에서는 미란 유지, 쿠차에서는 키질·툼

쿠차의 불교사원 유적
쿠차시 동북쪽에 있는 수바시 불교사원 유적지의 모습. 쿠차는 당대에 안서도호부가 설치된 곳으로 수 많은 사원과 승려들이 밀집되어 있었으며, 현장법사 역시 이곳을 통과하여 인도로 구법여행을 떠났다. 수바시 사원은 현장의 글에 나오는 소고리대사昭怙厘大寺와 동일한 것으로 추정된다.

현장 629년 출발
645년 귀환
727년경 도착
혜초 723년경 출발

숚·쿰투라 등의 석굴, 투르판에서는 베제클릭 석굴이 유명하다. 이들 유적지에서 발견된 자료들은 타림 분지 일대의 주민들이 인도에서 전래된 불교를 받아들이면서도 그것을 예술적으로 표현할 때에는 자신들 고유의 감각과 취향을 적용하여 독자적인 양식을 탄생시켰음을 보여준다. 서투르키스탄 지방에서도 불교가 수용되어 번성한 흔적을 쉽게 찾아볼 수 있다. 예를 들어 박트리아와 인접한 아무다리야 연변의 테르메즈를 비롯하여 그 부근의 카라 테페, 파야즈 테페, 에르쿠르간 등에서 사원·불탑·불상 등이 발견되었다. 그러나 전체적으로 볼 때 소그디아나 지방의 불교는 타림 분지 일대에 비해 광범위하게 수용되지는 못했던 것으로 보인다. 그 이유는 아케메네스 왕조 시대 이래 뿌리를 내려 토착 종교가 된 조로아스터교의 강력한 저항에 부딪혔기 때문으로 추측된다.

인도에서 돌아오는 현장법사
돈황 석굴 103호(당대 중기)에 그려진 벽화. 현장이 인도에서 돌아오는 모습을 묘사하고 있다. 현장 일행이 인도 왕 하르샤가 선사한 흰 코끼리를 앞세우고 걸어가는 모습이 보인다.

빌게 카간과 퀼 테긴의 비석

500

563년
돌궐, 최초로 동로마에 사신 파견

581년
수 건국

582년
동돌궐과 서돌궐로 분열

600

618년
당 건국

630년
소그드인, 육호주 설치 / 동돌궐 멸망

630년
현장, 서역 여행 출발 / 무함마드, 메카 정복

641년
당의 문성공주, 티베트에 시집보내짐

657년
서돌궐 멸망

661년
우마이야 왕조 성립

676년
신라, 삼국 통일

682년
돌궐 제2제국 건설

700

744년
돌궐 제2제국 붕괴

747~759년
카를룩 카간, 바이발릭 건설

750년
아바스 왕조 건국

751년
탈라스 전투

755~763년
안사의 난

756년
위구르, 당군과 연합하여
안녹산 반란군 격파

800

800년
샤를마뉴의 로마 황제 대관식

9세기 중반
위구르 제국 붕괴

900

02

투르크 민족의 활동

민족 대이동과 그에 따른 혼란의 시대가 끝나고 투르크인들이 중앙유라시아의 정치적 패권을 장악하는 시대, 즉 6세기부터 10세기까지를 다룬다. 과거 중국의 기록에 '돌궐突厥'이라는 이름으로 기록된 집단이 알타이 산맥 부근에서 흥기하여 유목제국을 건설하였는데, 그 영역은 과거 흉노에 비해 훨씬 더 서방으로 확장되었다. 돌궐의 뒤를 이어 같은 투르크계 집단인 위구르 역시 유목국가를 건설하였다. 중앙유라시아를 무대로 한 유목국가의 활동 범위는 중국의 당나라, 유럽의 비잔티움, 페르시아의 사산 왕조에까지 미칠 정도로 광범위하였다. 또한 중앙아시아 오아시스 도시의 주민인 소그드인들은 이들 유목민과 손을 잡고 유라시아 전체를 무대로 교역 활동을 벌였고 여러 지역의 문화를 매개하는 역할도 하였다. 그러나 9세기 중반 위구르 제국이 붕괴하면서 투르크 민족 패권의 시대도 종지부를 찍고 말았다. 이는 당 제국의 붕괴, 아바스 왕조의 쇠퇴와 시기적으로 일치하였기 때문에 유라시아 전역에 걸쳐 광범위한 정치적 혼란을 야기했다. 나아가 이는 과거에 나타났던 현상, 즉 대대적인 민족 이동을 촉발하게 되었다.

돌궐 제국의 등장

552년
유연의 아나괴 자살
투멘, 돌궐 건국

556년
유연의 마지막 카간, 서위로 도주하다 피살

572년
돌궐의 무한 카간 사망
타스파르 카간 즉위

581년
타스파르 카간 사망
수 건국

582년
돌궐 제국 동서 분열

587년
이쉬바라 카간 사망
야브구, 카간 계승

589년
수의 중국 통일

603년
계민 카간, 서돌궐의 타르두 카간을 공격하여 막북 다시 차지

618년
당 건국

돌궐 카간의 금관
몽골과 터키 양국의 고고학자들이 2001~03년 카라코룸 인근의 호쇼 차이담에서 빌게 카간의 비석과 유적지를 조사하다가 발견한 금관.

552년 몽골 초원에 새로운 패자가 등장했다. 중국 측 기록에 '돌궐突厥'이라는 이름으로 기록된 이들의 본명은 '투르크Türk(보다 정확한 발음은 튀르크)'였다. 앞서 초원을 지배한 유연의 핵심 집단은 몽골어를 사용했지만 이들은 투르크어를 사용했다. 오늘날 이 언어를 쓰는 사람들은 서쪽으로는 터키에서 동쪽으로는 중국령 신강위구르자치구에 이르기까지 매우 넓은 지역에 분포하고 있다. 역사적으로 투르크계 민족들이 세운 다른 여러 나라들과 구별하기 위해 6세기 중반 몽골 초원에 건설된 이 유목제국을 '돌궐 제국'이라고 부른다. 학자들에 따라 '쾩 튀르크Kök Türk 제국'이라 부르기도 한다.

돌궐 제국의 건국자는 한문 자료에 '토문土門'이라고 표기되었는데, 투르크어에서 '만萬'을 뜻하는 투멘tümen을 옮긴 말이다. 만호장이라는 의미였을 것이다. 그는 즉위한 뒤 일릭Ilig 카간이라는 칭호를 취했는데, 이는 '나라(il)를 세운 카간'이라는 의미이다. 후일 돌궐인들이 남긴 비문에는 일테리쉬 카간이라는 칭호로 기록되기도 했는데 이 역시 '나라를 모은(terish) 카간'이라는 뜻이다. 제국은 3대 무한 카간의 치세에 확고한 기반이 닦였다. 『주서周書』에 그가 "서쪽으로 혜프탈을 격파하고 동쪽으로는 거란을 패주시켰으며 북쪽으로는 키르기즈를 병합하여 새외의 모든 나라를 복속시켰다"는 내용이 있다. 제국의 영역이 동쪽의 싱안링 산맥에서 서쪽의 카스피 해에 이르렀으니, 과거 흉노와 유연의 판도가 서쪽으로 파미르 고원을 넘지 않은 점을 감안하면 돌궐의 영역은 서쪽으로 더욱 확대되었음을 알 수 있다.

당시 중국 북부에서는 북제와 북주가 서로 대립하며 경쟁적으로 돌궐과 우호관계를 맺으려 했고, 돌궐은 필요한 물자를 확보하기 위해 이러한 상황을 잘 활용했다. 무한의 뒤를 이은 타스파르 카간은 "남쪽에 내게 효순한 두 아들이 있는데 물자가 없을까 봐 걱정을 하겠는가?"라고 호언할 정도였다. 이는 '이이제이以夷制夷'가 아니라 오히려 '이화제화以華制華'라고 할 만하다.

돌궐의 건국 집단은 원래 투르판 부근에 살았는데, 유연을 격파한 뒤 중심지를 몽골 서부의 외튀켄 산지(오늘날의 항가이 지방)로 옮겼다. 카간은 한 지점에서 광대한 제국을 효율적으로 통치하기 어렵다고 판단해 나라를 분할하여 지배하는 방식을 취했다. 무한 카간은 제국을 셋으로 나누어 자신은 외튀켄에 자리잡고, 동방과 서방은 가까운 일족에게 통치를 맡겼다. 타스파르 카간도 이러한 방식을 답습했다. 과거 흉노가 나라를 셋으로 나누어 동서에 좌우현왕을 두었던 것과 비슷하기는 하지만, 돌궐은 동방과 서방 통치자의 칭호도 모두 '카간'이었다는 점에서 차이가 난다. 그런 의미에서 돌궐의 이러한 지배 방식은 '분국分國 체제'

라고 부를 수 있다.

이러한 체제는 시간이 흐르면서 중앙권력의 약화와 분권화 현상을 초래하여 마침내 제국이 분열되기에 이른다. 582년 이쉬바라 카간과 다른 소카간들 사이에 벌어진 군사적 대립과 충돌로 돌궐 제국은 동서로 분열했고, 궁지에 몰린 이쉬바라 카간은 고비 사막 이남으로 내려와 수나라에게 칭신하며 지원을 요청하기에 이르렀다. 587년 이쉬바라가 사망한 뒤 동생 야브구 카간은 막북 초원을 다시 회복하여 외튀켄으로 돌아갔다. 그러나 그는 서돌궐의 타르두 카간과 싸우다가 전사하고 말았다. 야브구의 아들은 수나라에 복속하여 계민 카간으로 책봉을 받고 그 도움을 받아 603년 타르두를 몰아내고 막북을 다시 차지하는 데 성공했다. 그러나 지배집단 내부에서 벌어진 이러한 격렬한 대립과 반목은 제국의 안정적 발전을 저해하는 치명적인 약점으로 작용할 수밖에 없었다.

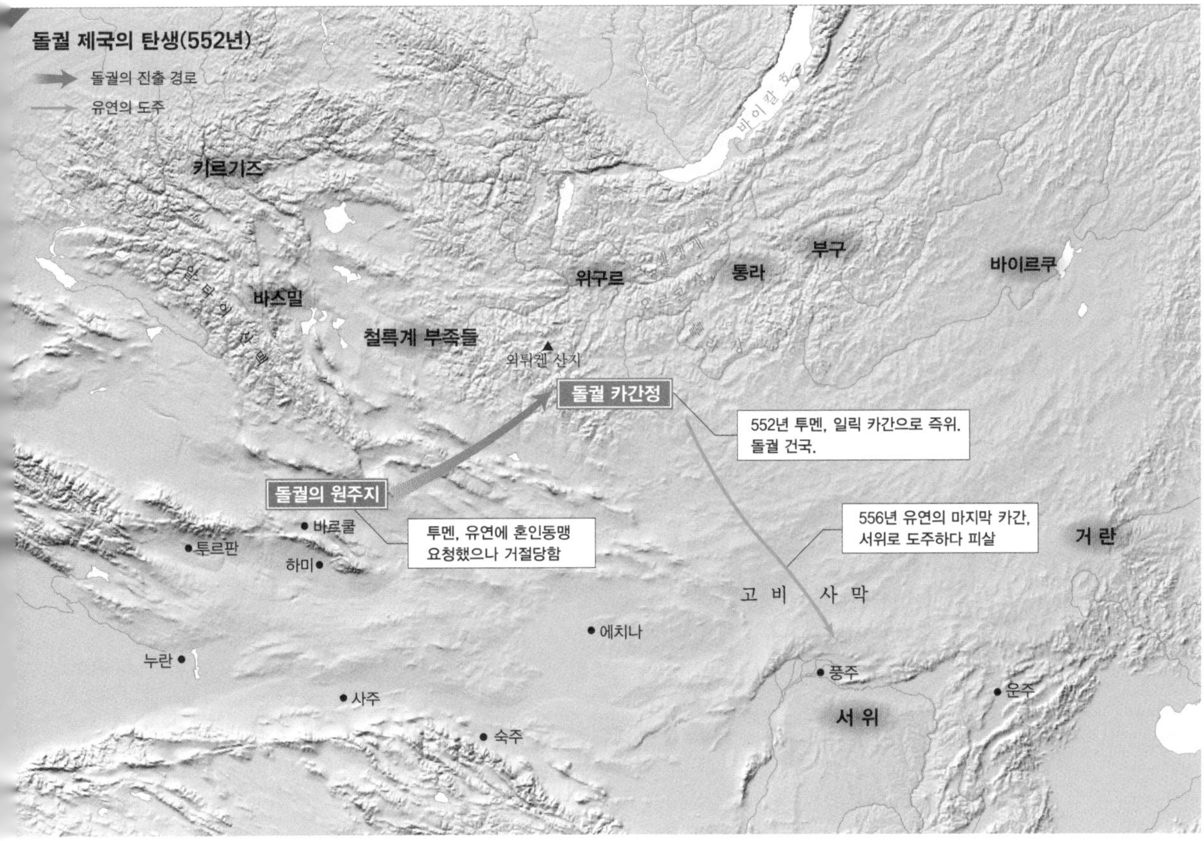

돌궐 제국의 탄생(552년)

돌궐의 진출 경로
유연의 도주

키르기즈
바이칼 호
알타이 산맥
바스밀
철륵계 부족들
위구르
셀렝게 강
오르콘 강
통라
부구
바이르쿠
외튀켄 산지
돌궐 카간정
552년 투멘, 일릭 카간으로 즉위. 돌궐 건국.
돌궐의 원주지
바르쿨
투르판
하미
투멘, 유연에 혼인동맹 요청했으나 거절당함
556년 유연의 마지막 카간, 서위로 도주하다 피살
거란
고 비 사 막
에치나
누란
사주
숙주
풍주
운주
서 위

돌궐 제국과 서방세계

532년
비잔티움, 사산 왕조의 침입을 받음

563년
돌궐, 최초로 비잔티움에 사신 파견

568년
소그드인 마니악, 돌궐의 사절로 비잔티움에 파견됨
비잔티움, 돌궐에 제마르코스 파견(이후 576년까지 5회)

576년
비잔티움, 돌궐에 발렌티누스 파견

589년
수의 중국 통일

618년
당 건국

626년
비잔티움, 돌궐에 군사동맹 제안

627년
돌궐, 비잔티움과 연합하여 티플리스 공격

650년대
돌궐과 비잔티움 관계, 서돌궐의 당 복속으로 파탄

돌궐 제국은 흉노에 비해 그 영역이 서쪽으로 크게 확장되었기 때문에 서아시아의 사산 왕조는 물론 멀리 비잔티움 제국과도 빈번한 관계를 갖게 되었다. 돌궐은 사산 왕조와 연합하여 헤프탈을 멸망시킨 뒤 아무다리야를 경계로 영토를 분할했다. 이제 국경을 맞대게 된 양국의 주요 관심사는 비단 교역이었다. 사산 왕조는 중국의 비단을 서방으로 전달하는 과정을 독점함으로써 막대한 중개 이익을 거두고 있었고, 돌궐 역시 중앙아시아의 소그드 상인들과 긴밀한 관계를 맺고 비단 교역의 주도권을 장악하고자 했다.

돌궐은 소그드 상인 마니악이 이끄는 사신단을 사산 왕조에 파견했으나, 사산 왕조는 오히려 이들이 갖고 온 비단을 공개적으로 불태워버렸다. 이는 비단의 국제교역에서 돌궐과 소그드의 개입을 반대한다는 사실을 분명히 드러낸 것이었다. 이에 따라 돌궐은 서아시아를 경유하지 않는 새로운 교역로를 모색하게 되었고, 여기서 새로운 파트너로 떠오른 것이 사산 왕조와 오랫동안 군사적으로 대립해오던 비잔티움 제국이었다. 사산 왕조는 532년 국경을 넘어 시리아를 침공하여 안티오크를 점령하고 아르메니아를 위협한 적도 있었다. 이렇게 수세에 몰려 있던 비잔티움의 입장에서 돌궐 제국은 매우 중요한 전략적 파트너로 인식되었다.

돌궐 제국과 주변 국가들

사산 왕과 비잔티움 황제
사산 왕조의 샤푸르 1세는 260년 비잔티움과의 전투에서 승리를 거두고 황제 발레리아누스를 생포하였다. 사산 왕조의 수도가 있던 이란 남부 파르스 지방의 비샤푸르에는 발레리아누스가 샤푸르 1세의 말 아래 무릎을 꿇고 있는 모습이 암벽에 부조되어 있다.

석인상
고대 투르크인들은 매장할 때 죽은 사람이 생전에 전투에서 올린 성과를 과시하기 위해 그가 죽인 적장들의 모습을 석상으로 만들어 세웠다. 그러나 몽골 제국의 경우에는 묘에 묻힌 사람의 모습을 본딴 석상이 세워지기도 하였다. 현재 몽골 초원에서는 다양한 형태의 석인상들이 발견된다.

돌궐이 비잔티움으로 처음 사신을 보낸 것은 563년의 일이었다. 568년에도 서돌궐에서는 마니악을 사신으로 보냈고, 비잔티움의 유스티누스 2세는 마니악이 귀환할 때 제마르코스를 답사로 파견했다. 비잔티움 측 기록에 따르면 제마르코스는 서돌궐 카간의 본영이 있는 에크타그를 방문하여 환대를 받았다고 한다. 에크타그는 투르크어로 '흰 산'을 뜻하는 아크 타그Aq Tagh를 옮긴 말로, 서돌궐의 카간이 머물던 율두즈 초원 부근에 있는 톈산 산맥의 한 준봉을 가리키는 것으로 보인다. 서돌궐 카간은 제마르코스 일행이 탈라스에 도착했을 때 페르시아 사신들의 내방을 받았는데, 비잔티움 사신들이 보는 앞에서 그들을 박대하는 외교적 제스처를 취하기도 했다.

제마르코스가 귀환한 뒤에도 돌궐과 비잔티움 양측은 꾸준히 외교관계를 유지했다. 6세기 후반의 역사가 메난드로스의 기록에 따르면, 비잔티움은 568년부터 576년까지 다섯 차례 사신단을 파견했다. 특히 576년 발렌티누스는 티베리우스 황제의 즉위를 알리기 위해 때마침 귀환하는 돌궐 사신 106명과 동행했다. 그는 서돌궐 카간의 장례식에 참석하여 순장과 이면剺面(칼로 얼굴을 긋는 것)의 풍습을 직접 목격하기도 했다. 통엽호의 치세(618~30년)에도 서돌궐은 비잔티움과 관계를 유지했다. 630년 현장은 인도로 가는 도중 투르판에 들렀는데, 고창왕이 통엽호에게 친서를 보내 현장이 여행 도중 중앙아시아 여러 도시에서 '오락마鄔落馬'를 사용할 수 있게 해달라고 요청했다. '오락'은 역마를 뜻하는 'ulagh'을 옮긴 말로, 당시 사신들의 빈번한 왕래에 대비한 조치들이 이루어졌음을 알 수 있다. 626년 헤라클리우스 황제는 돌궐에 사신을 파견하여 군사동맹을 제안했고, 627년에는 비잔티움과 돌궐이 연합하여 티플리스를 포위 공격한 일도 있었다.

한편 서돌궐과 사산 왕조 사이에는 여러 차례 군사적 충돌이 일어났다. 사산 왕조 군주와 돌궐 카간의 딸 사이에서 태어나 '투르크 왕자'라고도 불린 호르미즈드 4세의 치세인 588~89년에는 샤바가 지휘하는 서돌궐의 군대가 바드기스와 헤라트까지 침공했다. 바흐람 추빈이 이끄는 사산 왕조 군대는 이를 맞아 싸워 샤바를 전사시키기도 했다. 바흐람 추빈은 후일 반란을 일으켰다가 실패하자 돌궐로 망명했으나 살해되고 말았다.

돌궐 제국의 붕괴와 당의 지배

618년
당 건국
626년
현무문의 변
630년
당 태종, 힐리 카간 생포
동돌궐 멸망
돌궐인 1만 호 장안으로 이주
639년
결사솔의 반란
640년
당, 고창 왕국 정벌하고
안서도호부 설치
646년
당, 설연타를 복속시키고
6개 도독부와 7개 자사주 설치
648년
당, 안서사진(언기, 구자, 소륵, 언기) 설치
657년
서돌궐, 당에 멸망
658년
안서도호부를 쿠차로 이전
663년
연연도호부, 한해도호부로 개칭

618년 당이 건국될 시점에 동돌궐은 시필 카간이 다스리고 있었고, "동쪽으로는 거란에서 서쪽으로는 토욕혼과 고창에 이르기까지 모든 나라들이 신속하며 활을 쏘는 자가 100만 명에 이른다"고 할 정도로 전성기를 구가하고 있었다. 그는 계민 카간과 혼인한 의성공주를 수계혼 관습에 따라 부인으로 맞아들인 뒤, 수 양제의 손자 양정도를 내세워 수나라의 재건을 후원하기도 했다. 후일 당을 건국한 이연은 수나라 말기의 다른 군웅들과 마찬가지로 돌궐에 칭신할 수밖에 없었다.

당 태종 이세민은 돌궐을 상대로 이간책을 사용하며 적극적으로 대응하기 시작했다. 626년 겨울 힐리 카간이 대군을 이끌고 웨이수이 북방까지 내려왔을 때, 태종이 단신으로 힐리와 담판을 벌여 '편교便橋의 맹약'을 맺고 적군을 돌아가게 했다는 일화는 다분히 미화된 것이지만 그의 적극적인 태도를 잘 보여준다. 정책의 핵심은 외교적 이간책과 군사적 강공책의 결합에 있었다. 이러한 정책은 주효하여 힐리 카간에게 불만을 품은 그의 조카 돌리와 욱사설이 부중을 이끌고 당에 투항했고, 설연타를 비롯한 철륵 부족들도 당의 사주를 받아 이반하기 시작했다. 수년에 걸친 대설로 가축들이 폐사하는 사태까지 벌어졌다. 태종은 상황을 간파하고 630년 초 내몽골에 있던 근거지를 급습하여 힐리 카간을 생포했다. 이로써 동돌궐은 멸망하고 말았다.

나라를 잃은 돌궐인들은 사방으로 흩어졌다. 일부는 고비 사막 북방으로 갔고 일부는 서돌궐로 가기도 했지만 대부분은 내몽골 초원에 그대로 머무르며 당의 지배를 받았다. 이들은 '돌궐항호突厥降戶'로 불렸으며 그 수효는 100만 명을 상회했다고 한다. 당 태종은 생포한 힐리 카간과 남만의 수령에게 한 연회석상에서 춤과 노래를 하게 하면서 자신이 '호월일가胡越一家'를 이룩했음을 자찬했다. 자신의 통치 아래에서 화이華夷가 나뉘지 않고 하나로 통합될 수 있다고 믿었던 것이다. 그래서 그는 634~45년 돌궐항호들을 장성 부근으로 이주시켜 10개 주州에 배치했다. 그러나 639년 돌궐의 수령 결사솔이 반란을 일으켜 태종을 살해하려 한 사건은 '화이일가'의 이상이 꿈에 불과함을 보여주었다. 이 사건을 계기로 당조

금미주 도독의 묘지명
당 조정이 금미주金微州 도독으로 임명한 복고부 수령 을돌(僕固乙突, 635~78년)의 묘지명. 2009년 몽골 중부 톱 아이막에서 발견되어 현재 울란바토르 잔바자르 미술관에 보관되어 있다. 묘석 표면에 '대당금미도독복고부군묘지大唐金微都督僕固府君墓誌'라는 글귀가 새겨져 있다.

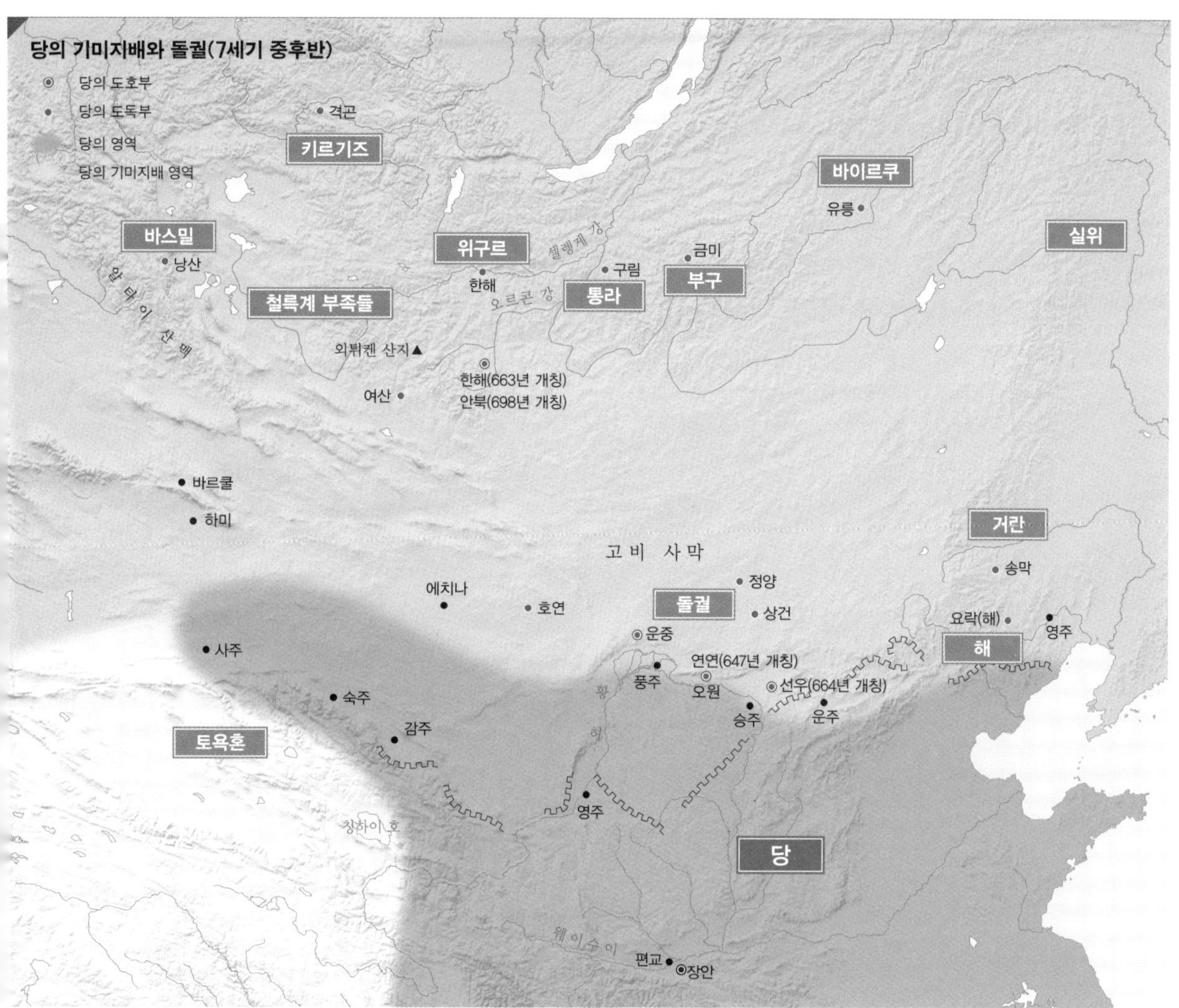

는 돌궐인들을 모두 본래 거주지인 내몽골 초원으로 이주시키고, 정양과 운중 양 도독부 아래 11개의 자사주刺史州를 두었다. 양 도독부 체제는 사실상 퇼리스와 타르두시라 불리던 돌궐의 고유한 좌우익 체제를 대입한 것이었다. 도독·자사에는 돌궐 수령들이 임명되었고 그 아래의 장사長史·사마司馬도 모두 현지인이 맡았다. 그리고 이들을 통할하기 위해 선우도호부를 설치하고, 도호에는 돌궐이 아닌 당의 고관을 임명했다.

이처럼 복속한 이민족을 통치하기 위해 중국의 내지와 같이 부·주의 행정단위를 설정하되 토착 수령들을 임명하여 다스리는 것을 '기미지배'라고 부른다. '기미羈縻'란 말이나 소를 제어하기 위해 매단 끈을 뜻하는데, 원래 한대에는 '기미물절羈縻勿絶'이라는 말로 요약되듯이 소극적인 외교정책이었으나 당대에 들어와 적극적인 이민족 통어방식으로 그 의미가 바뀌었다. 당조는 기미지배를 돌궐뿐만 아니라 고비 사막 이북의 유목민들에게도 확대 적용하여, 646년 반기를 든 설연타를 복속시킨 뒤로 위구르·바이르쿠·통라 등을 다스리는 6개의 도독부와 7개의 자사주를 두었다. 한편 고비 이남에서는 647년 오원에 두어졌던 연연도호부가 663년 한해도호부로 개칭되어 고비 이북의 오르콘 강 유역으로 본거를 옮겼다. 그 대신 고비 이남에는 운중도호부를 설치해 돌궐인들을 관할했는데, 664년 선우도호부로 개칭되었다가 698년에는 안북도호부(구 한해도호부)에 병합되었다.

당의 투르키스탄 진출

630년
당 태종, 힐리 카간 생포
하미의 수령 석만년, 당에 복속

634~635년
당, 토욕혼 정벌
복사성 점령, 친당 괴뢰정권 수립

639년
서돌궐의 질리실 카간 사망

640년
당 태종, 고창 왕국 정벌하고
안서도호부 설치

648년
당, 안서사진 설치

649년
당 태종 사망

651년
서돌궐의 아사나하로,
사발략 카간을 칭하고 반란을
일으킴

652, 653, 657년
당 고종, 서역 원정 명령

677년
아사나도지, 당에 반란을
일으켰으나 배행렴에게 생포됨

679년
당, 수야브 점령

당 태종이 힐리 카간을 생포한 630년, 서역으로 들어가는 문호인 하미의 수령 석만년이 당에 복속해왔다. 타쉬켄트 사람들은 중국에서 흔히 '석石'이라는 성을 취했는데, 그 역시 타쉬켄트 출신의 소그드인이었으며 실크로드의 요충 하미에는 상당수의 소그드인들이 거주하고 있었다. 당은 하미를 병합한 뒤 서이주西伊州를 설치했다가 632년 이주伊州로 개칭하고, 이오·납직·유원 세 현을 설치하여 내지와 동일한 체제로 만들었다. 당은 서역과의 소통을 위해 먼저 타림 분지 동부를 지배하는 토욕혼을 복속시켜야 했다. 토욕혼은 6세기 중반 선비계 집단이 핵심이 되어 청해 지방을 중심으로 성장한 국가로, 동서 교역의 이익을 차지하기 위해 종래 주로 이용되던 하서회랑이 아니라 그 남쪽의 청해로를 장악했고, 서역으로도 세력을 뻗쳐 선선·차말 등지를 점거했다. 당조는 서역 진출을 위해서 토욕혼 정벌이 불가피했고, 634~35년 그 근거지인 복사성을 점령하고 친당 괴뢰정권을 세웠다.

당이 하미와 토욕혼을 제압하고 서역 진출의 의도를 분명히 하자, 타림 분지 동부의 도시들은 친당·반당의 정치적 선택을 하지 않을 수 없게 되었다. 당시 국문태가 통치하던 투르판의 고창 왕국은 서돌궐의 욕곡설(유쿠크 샤드)과 연합하여 반당노선을 분명히 했다. 유쿠크 샤드는 국문태의 여동생과 통엽호의 아들 사이에서 출생한 인물이었다. 그는 당시 동부의 퇼리스(돌륙)와 서부의 누시피(노실필)를 모두 10부로 나누는 '십성개혁'을 단행한 질리실 카간에 반대하는 세력들에 의해 638년 을비돌륙 카간으로 추대되었다. 또한 투르판은 동서 교역의 이익을 두고 경쟁하던 언기(카라샤르)가 당과 연결하여 새로운 교역로를 개척하자

고창고성
투르판에 남아 있는 한인 정권 국씨 고창국의 도성 모습.
멀리 중앙에는 현장법사가 국문태에게 불법을 설파했을 것으로
보이는 대불사의 폐허가 보인다.

언기를 공격하여 궁지에 몰아넣었다. 이렇게 반당세력이 우세를 점하게 되자 당조는 적극적인 군사 정책을 펴게 된 것이다.

태종은 639년 말 「토고창조討高昌詔」를 선포하고 고창 원정을 단행했다. 당군이 밀려오는 상황 속에서 국문태는 급사했고 이로써 134년 역사의 고창 왕국은 종말을 고했다. 투르판은 서주로 편입되어 안서도호부가 설치되고 3만 명의 군대가 배치되었다. 그 북방에는 몽골 초원과 톈산 북방의 유목민들을 제어하기 위해 정주庭州(짐사)가 설치되었다. 을비돌륙 카간이 당의 공세를 견디지 못하고 아무다리야를 건너 토하리스탄으로 도주하자, 당은 허수아비 카간을 세웠다. 이어서 쿠차를 점령하고 안서도호부를 그곳으로 옮겼다.

그러나 아사나하로의 반란으로 당의 서역 지배는 일시 위기를 맞는다. 그는 태종이 죽은 직후인 651년 을비돌륙 카간의 본거지였던 쌍하와 천천에 자리 잡고 사발략沙鉢略(이쉬바라) 카간이라 칭했다. 그리고 십성 부락을 다시 통합하여 군사 '수십만'을 호령하게 되자 서역의 도시들도 그에게 복속했다. 그러자 당은 전후 세 차례 원정군을 보냈다. 652년, 653년에 이어 657년에는 소정방, 임아상, 소사업을 비롯하여 위구르의 수령 파윤, 투항했던 돌궐의 수령들까지 동원하여 천천을 습격하고 이어 수야브에서 적군을 대파했다. 사발략 카간은 타쉬켄트로 도주했으나 거기서 생포되어 장안으로 압송되었다. 반란을 진압한 고종은 서돌궐 수령들을 곤릉·몽지 두 도호부로 나누어 통제했다. 이렇게 해서 서돌궐의 위협이 사라진 뒤 당은 언기, 안서, 소륵, 비사에 각각 도독부를 두어 안서사진을 설치함으로써 서역 지배체제를 완성했다.

돌궐의 부흥과 제2제국

679년
아사나씨 수령들의 반란, 실패

680년
아사나복념을 카간으로 추대, 당에 반기를 들었으나 실패

682년
돌궐, 당의 지배로부터 이탈
쿠틀룩, 돌궐 제2제국 건설

686~687년
돌궐, 철륵 부족 격파

691년
카파칸 카간 즉위

695년
측천무후, 카파칸 카간을 천선 가한으로 책봉

696년
거란 이진충, 당에 반기를 듦
카파칸 카간, 당을 도와 거란 공격

711년
당 금산공주, 카파칸 카간에게 출가

716년
카파칸 카간, 바이르쿠 원정 후 귀환 도중 피살

731년
퀼 테긴 사망

734년
빌게 카간 사망

741년
이넬 카간 사망
돌궐 제2제국의 내분

744년
외튀켄 점령되어 제2제국 붕괴

679년 내몽골에서 돌궐의 수령들이 아사나씨에 속하는 니숙복이라는 인물을 카간으로 추대하여 반란을 일으켰다. 그 주변 24주의 수령들이 모두 응하고 수십만이 참여했다. 680년에도 아사나씨의 복념을 카간으로 추대하고 당에 반기를 든 사건이 일어났다. 이러한 기도는 모두 실패로 끝났지만 이렇게 시작된 돌궐 부흥운동은 682년에 이르러 결실을 맺는다. 아사나씨 출신의 쿠틀룩이라는 인물이 거병하여 내몽골의 초가이 산지와 반半사막 지대 카라쿰에 근거를 두고 흩어진 돌궐인들을 모으기 시작했다. 그는 도호부의 하급 관리였던 아사덕원진을 아파 타르칸에 임명하여 병마권을 위임했는데, 원진의 돌궐 이름은 톤육쿡이었다. 이처럼 카간을 배출하던 아사나 집단이 아사덕 집단의 도움을 받아 거병한 것은 반세기에 걸친 당의 지배를 받는 동안 아사나 세력이 크게 위축되었기 때문이다. 당은 649년 정양·운중 두 도독부를 설치하고 12개 씨족을 배속시킬 때, 정양도독부에 속했던 아사덕씨의 수령은 도독으로 임명했지만, 운중도독부에 속했던 아사나씨의 수령은 도독으로 임명하지 않고 고의적으로 배제했던 것이다.

톤육쿡의 후원을 받은 쿠틀룩은 일테리쉬

카간을 칭했다. 그는 고비 사막을 건너 북상하여 686~87년 몽골 고원에 산재해 있던 철륵 부족들을 격파하고 돌궐인들의 성산 외튀켄으로 돌아갔다. 일테리쉬 카간이 사망하자 동생 북초르(묵철)가 카파칸 카간이 되었다. 그의 치세에 제국은 전성기를 맞이하여 동쪽으로는 거란과 해(타타비)를 격파하여 싱안링 산맥까지 경역을 확대하고, 북쪽으로는 바이칼 호 부근의 바이르쿠를 복속시켰으며, 서북방으로는 예니세이 강 유역의 키르기즈를 공파했다. 서쪽으로는 알타이 산맥을 넘어온 온 오크On Oq(서돌궐)를 격파한 뒤, 시르다리야를 건너 철문까지 도달했다. 695년 측천무후는 카파칸 카간을 천선 가한遷善可汗으로 책봉했지만 물론 그를 제어할 힘은 없었고 오히려 도움을 받는 처지였다. 696년 거란의 이진충이 당의 기미 지배에 반기를 들자 카파칸 카간은 당에 협조를 자청하여 거란을 공격했다.

돌궐은 내몽골에 남아 있던 돌궐인들의 반환, 물자의 공급, 공주와의 혼인을 당에 끈질기게 요구했다. 측천무후도 이를 거부할 수 없어 '돌궐항호'를 모두 돌려보내고, 경작에 필요한

돌궐 제2제국 카간 계보도

- 톤육쿡 —(보좌)→ ① 일테리쉬 카간(쿠틀룩) (682~91년)
- 톤육쿡 —(장인)→ ④ 빌게 카간 (716~34년)
- 톤육쿡 — 딸 — ④ 빌게 카간
- ① 일테리쉬 카간의 아들: ④ 빌게 카간 (716~34년), 퀼 테긴 (731년 사망)
- ② 카파칸 카간(북초르) (691~716년) → ③ 니열(뵈귀) 카간 (716년)
- ④ 빌게 카간 → ⑤ 이넬 카간 (734~41년), ⑥ 텡그리 카간 (741~42년)
- ⑦ 외즈미시 카간(바스밀 부족의 수령) (742~44년) —(죽임)→ ⑥ 텡그리 카간
- ⑧ 백미 카간 (744~45년)

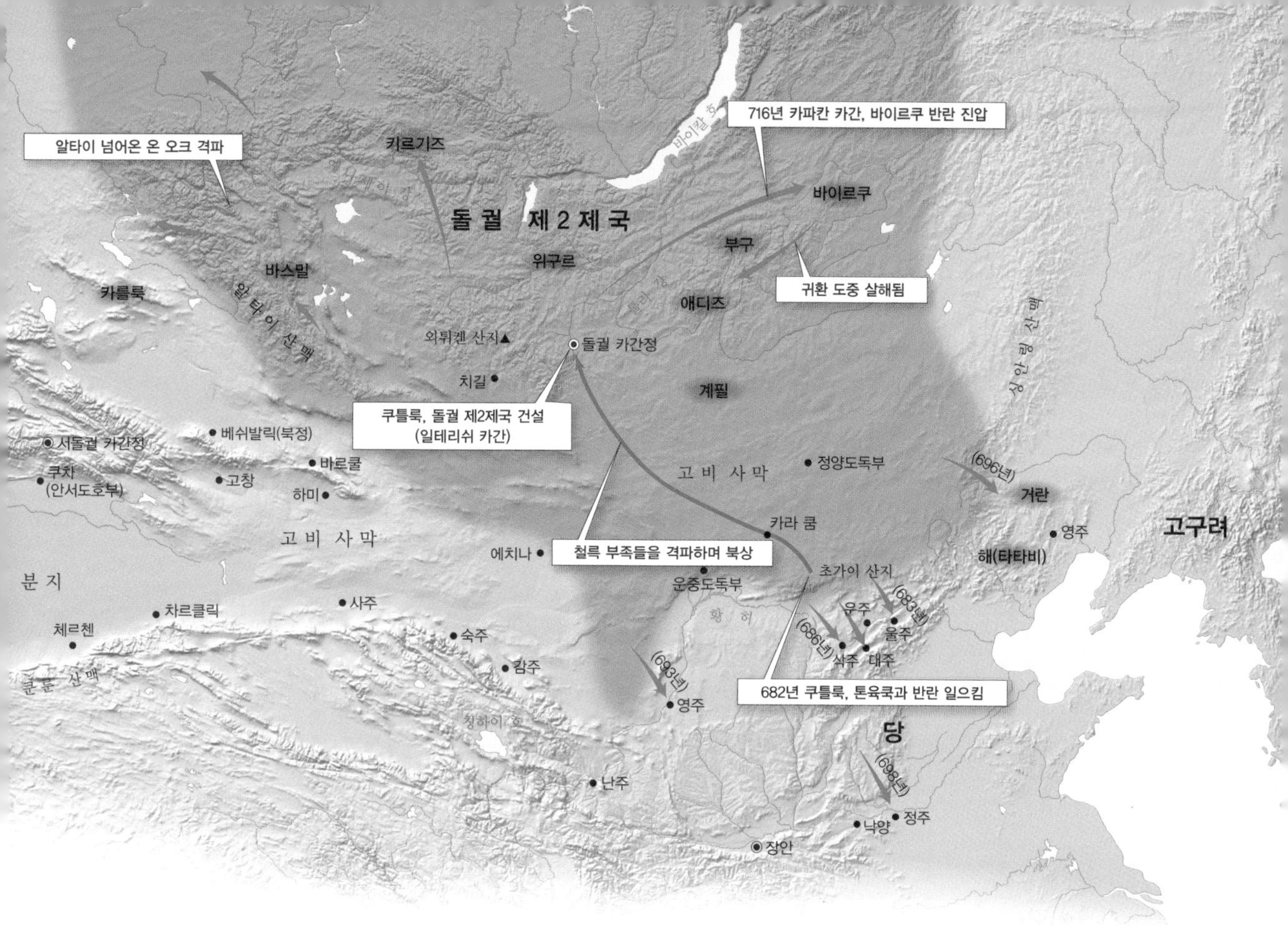

알타이 넘어온 온 오크 격파
716년 카파칸 카간, 바이르쿠 반란 진압
귀환 도중 살해됨
쿠틀룩, 돌궐 제2제국 건설 (일테리쉬 카간)
철륵 부족들을 격파하며 북상
682년 쿠틀룩, 톤유쿡과 반란 일으킴

종자 4만여 석, 농기구 3000종, 기타 직물 5만 단을 주는 동시에 회양왕의 딸을 시집보냈다. 그러나 카파칸 카간이 그녀가 천자의 친자식이 아니라고 하며 사신을 구금하고 약탈을 감행하자, 분노한 측천무후는 '묵철默啜(북초르)'이라는 이름을 '참철斬啜'이라 고쳐 부르도록 했다. 카파칸 카간은 716년 바이르쿠의 반란을 진압하고 돌아오다가 피습을 당해 죽고 말았다.

그의 갑작스러운 죽음으로 여러 부족들이 이탈을 시작했고 제국은 다시 붕괴 위기를 맞았지만, 생전에 후계자로 임명한 아들 뵈귀는 사태를 수습할 능력이 없었다. 결국 퀼 테긴의 활약으로 내분이 진정되고 빌게 카간이 즉위했다. 빌게 카간은 동생 퀼 테긴, 장인 톤유쿡의 보좌를 받아 이반해 나간 부족들을 다시 복속시켰으며, 이 세 사람의 활동과 업적은 각자의 이름으로 세워진 고대 비문들의 기록을 통해 불멸화되고 있다. 그러나 741년 이넬 카간이 사망한 뒤 지배층의 내분과 부족들의 이반으로 카간들이 살해·폐위되는 사태가 이어졌고, 결국 744년 위구르·바스밀·카를룩 세 부족의 연합 공격으로 외튀켄이 무너짐으로써 제국은 사실상 붕괴하고 말았다.

빌게 카간 사당 복원도
몽골-터키 고고학자들이 빌게 카간의 비석과 묘역을 조사한 뒤 원래 모습을 추정하여 그린 복원도. 사당으로 들어가는 입구에 당시 중원에서 유행하던 모습을 본딴 빌게 카간의 비석이 세워져 있고 그 뒤로는 석인상들이 도열되어 있다.

고대 투르크 문자와 비문

682년
돌궐 제2제국 건설

691년
카파칸 카간 즉위

716년
카파칸, 바이르쿠 원정 후 귀환 도중 피살
빌게 카간 즉위

716~720년
톤육쿡 비문 제작

718년
카를룩의 반란세력들과 전쟁

722~23년
카를룩 축출

732년
퀼 테긴 비 제작

734년
빌게 카간 사망
이낼 카간 즉위

735년
빌게 카간 비 제작

고대 투르크 문자로 새겨진 비문들이 본격적으로 세상에 알려진 것은 19세기 말이었다. 1889년 러시아의 야드린체프가 오르콘 강가에서 미지의 문자로 새겨진 두 개의 비문을 발견하여 서구 학계에 소개했다. 그중 하나에는 '고궐특근지비故厥特勤之碑'라는 제목과 함께 한문이 새겨져 있어서 그것이 732년에 사망한 돌궐 제국의 왕자 퀼 테긴의 기공비라는 사실이 확인되었다. 문자 해독의 영광은 덴마크의 빌헬름 톰센에게 돌아갔다. 그는 1893년 문자 해독의 열쇠를 공개했고 3년 뒤에는 『오르콘 비문의 해독』을 출간했다. 그 결과 이 문자는 소수의 모음과 30개 이상의 자음을 나타내는 알파벳으로 이루어진 고대 투르크 문자라는 사실이 밝혀졌다.

이 문자가 언제 만들어졌는지 정확하게 말하기는 어려우나 늦어도 7세기 말부터는 사용된 것으로 보이며, 위구르 제국이 무너진 뒤 그들이 동투르키스탄으로 이주한 직후인 9세기 중엽을 끝으로 역사의 무대에서 사라졌다. 그것은 중앙아시아의 소그드 문자를 개조하여 만들어진 것으로 추정되는데, 돌궐과 위구르가 초원을 지배하던 시기에 중앙유라시아에서 광범위하게 사용되었으며, 심지어 멀리 동유럽의 도나우 강 유역에서도 소수의 명문이 출토되었다. 중요한 비문들로는 ① 퀼 테긴, 빌게 카간, 톤육쿡 등의 치적을 적은 3대 비문을 비롯하여 돌궐 제2제국 시대에 만들어진 소위 '오르콘 비문', ② 카라발가순, 타리야트, 셀렝게 등지에서 발견된 위구르 제국 시대의 비문들, ③ 예니세이 강 유역에서 발견된 키르기즈의 묘비명 등이 있다. 이 비문들은 고대 투르크어 연구에 진귀한 자료일 뿐만 아니라, 투르크인 자신들의 손으로 남긴 기록이라는 점에서 역사적 가치가 실로 막중하다.

고대 투르크인들은 국가를 '일il'이라고 불렀

부구트 비문
570년대 말이나 580년대 초에 카간의 일족인 마한 테긴의 죽음을 기리고자 세워진 비석으로 몽골 서부 부구트에서 1956년에 발견되었다. 고대 투르크 문자가 만들어지기 이전이기 때문에 소그드 문자로 새겨져 있으며, 상단에는 돌궐의 조상설화를 반영하듯이 어린아이가 이리의 젖을 빠는 모습이 새겨져 있다.

고대 투르크 문화 유적

다. 그것은 하늘(tengri)의 명령을 받은 카간과 그의 통치를 받는 백성(bodun)들로 이루어졌다. 카간과 백성 사이에는 야브구·샤드shad와 같은 제후와 '벡beg'이라 불린 족장·수령들이 있었다. 투르크인들이 그들의 국가, 즉 '투르크 일Türk il'에 대해 갖는 인식은 중국인들의 관념과 크게 달랐다. 황제는 지상에서 유일한 존재이고 그의 덕이 미치는 범위는 이론적으로 끝이 없었다. 그러나 투르크인들은 지상에 중국, 고구려, 키르기즈, 티베트, 서돌궐 등 여러 개의 '일'이 있고 거기에는 각각 별도의 카간들이 존재한다고 생각했다. 비문의 기록을 통해 우리는 투르크인들이 중국의 일원적 중화관념과는 다른 다원적 세계관을 갖고 있었음을 알 수 있다.

돌궐의 비문에는 곳곳에서 중국의 위험에 대한 경계가 보이고, 50년에 걸친 당의 기미지배는 매우 고통스러운 과거로 회상되고 있다. 또한 돌궐이 중국의 지배를 벗어나기 위해 얼마나 많은 노력을 했고 피를 흘렸는가를 상기시키고, 이제 부흥하여 카간과 나라를 다시 찾은 그들에게 중국의 위협은 여전히 계속되고 있다고 경고한다. 그리고 그것은 물질적 풍요함의 파괴력, 적들과 연합하여 가하는 군사적 위협에 있다고 지적한다. 국가가 부흥하기 위해서는 먼저 하늘로부터 축복(qut)과 명령(yarliq)을 받고, 지혜(bilge)와 용맹(alp)이라는 두 덕목을 갖춘 카간이 탄생해야 하고, 그는 국가 경영의 근간을 조법祖法(törü)에 두어야 한다. 관리(beg)들과 평민(qara bodun)들은 카간의 명령에 복종하여 질서(tuz)를 유지하며 살아야 하고, 카간은 외튀켄 산지에 본거를 두고 주변의 위협에 대처하면서, 대상隊商을 보내 재화를 모으고 백성들을 '많게' 하고 '배부르게' 해야 할 의무를 지닌다. 그것이야말로 '영원한 제국(benggü il)'을 지키는 비결이라고 비문은 역설하고 있다.

빌게 카간 비석(왼쪽)과 퀼 테긴의 비석(오른쪽)
돌궐 제2제국의 군주 빌게 카간과 그의 동생인 퀼 테긴의 업적을 기리는 기공비. 당대 중원에서 유행하던 비석의 외형을 본따서 만들었다. 퀼 테긴 비석은 높이 3.75m, 폭 1.3m, 두께 45cm이며, 서쪽 면에만 한문이 새겨져 있고 나머지 면은 모두 고대 투르크 문자로 새겨져 있다.

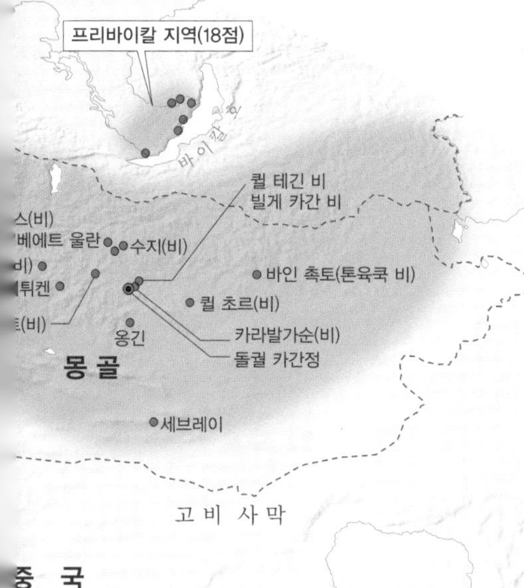

옹긴 비석 유적지
1891년 항가이 산맥 남단의 옹긴 강 부근에서 비석이 발견된 곳. 현재 옹긴 비석은 아르바이헤르 박물관에 보관되어 있고 현장에는 사람이나 동물의 형상을 조각한 석상들이 남아 있다.

소그드 상인의 활동

6세기경
소그드 상인이 활발히 활동하기 시작

579년
양주 살보 소그드인 사군 사망(사군묘)

618년
당 건국

679년
오르도스 지방에 육호주 설치

755~763년
안사의 난

757년
안녹산 사망

6~9세기 유라시아 내륙을 무대로 한 국제무역에서 가장 활발히 활동한 사람들은 서투르키스탄 출신의 소그드인들이었다. 이 지역은 과거 페르시아 제국 시대에 소그디아나로 불렸다. 그들은 중앙유라시아 초원의 돌궐·위구르 유목 제국의 지배층과 손잡고, 동쪽으로는 중국, 서쪽으로는 비잔티움 제국과 사산 왕조를 연결하는 실크로드 무역을 장악했다.

소그드인들의 활동 시기는 중국에서 수당 시대에 해당되는데 당시의 기록에서는 이들을 '호胡'라고 총칭했다. 원래 '호'라는 명칭은 한대에는 주로 흉노를 가리키는 말이었고, 오호십육국 시대에는 흉노뿐만 아니라 선비·저·강·갈 등 북방 혹은 서북방의 여러 유목민을 지칭했다. 그러다가 수당대가 되면 대체로 중앙아시아 오아시스 출신의 주민들을 가리키는 용어로 바뀌었다. 호상胡商뿐 아니라 호희胡姬, 호선녀胡仙女, 호복胡服, 호모胡帽, 호도胡桃, 호병胡餠, 호과胡瓜, 호마胡麻 등의 단어에 보이는 '호'는 모두 그런 뜻으로 사용된 것이다.

소그드 상인들은 원격지 무역을 원활히 수행하기 위해 실크로드 연변은 물론 중국 북부의 주요 도시들에도 근거지를 설치했다. 그런 곳에는 상업뿐만 아니라 농업·수공업 및 기타 다양한 직종의 소그드인들이 집단으로 거주하며 취락을 이루었다. 그들은 바로 이러한 교역의 네트워크를 활용하여 광범위한 지역에 진출, 국제무역을 주도했다. 타림 분지 동쪽 끝에 있던 석성진과 파선진, 내몽골에 있던 육호주六胡州가 좋은 예이다. 특히 후자는 630년 돌궐이 붕괴할 때 그들과 함께 사민된 소그드인들을 안치하기 위해 오르도스 지방에 설치된 로주魯州, 여주麗州, 함주含州, 색주塞州, 의주依州, 계주契州를 가리키는 말로, 투르크 비문에도 '알티 춥 소그닥alti chub soghdaq', 즉 '여섯 주의 소그드인들'이라는 표현이 보인다.

중국에서 활동하던 소그드인들은 출신 도시마다 독자적인 성을 채택하여 '구성호九姓胡'라는 이름으로도 알려졌는데, 사마르칸드 출신은 '강康', 부하라는 '안安', 타쉬켄트는 '석石' 등의 성을 붙였다. 안녹산安禄山의 본명은 강녹산康禄山, 즉 사마르칸드 출신의 록산Rokhshan('광휘')이었으나, 모친이 부하라인에게 재가하여 안씨로 바뀐 것이다. 그가 반란을 일으킬 무렵 수도 장안에는 40년 이상 거주하며 처자식을 두고 전택과 가옥을 소유한 '호

살보의 묘지명(史君墓 銘文)
사군묘 석곽 남벽 곽문 위에서 발견된 잔편. 소그드문과 한문이 새겨져 있는데, 내용은 대체로 유사하나 소그드문이 약간 더 자세하다. 한문 면에는 묘주가 "사국史國(키쉬)인으로서 본래 서토西土에 거주하다가… 장안으로 이주하여 … 양주살보凉州薩保로 제수되었다"는 글귀가 보인다. 길이 88cm, 폭 23cm, 두께 8.5cm.

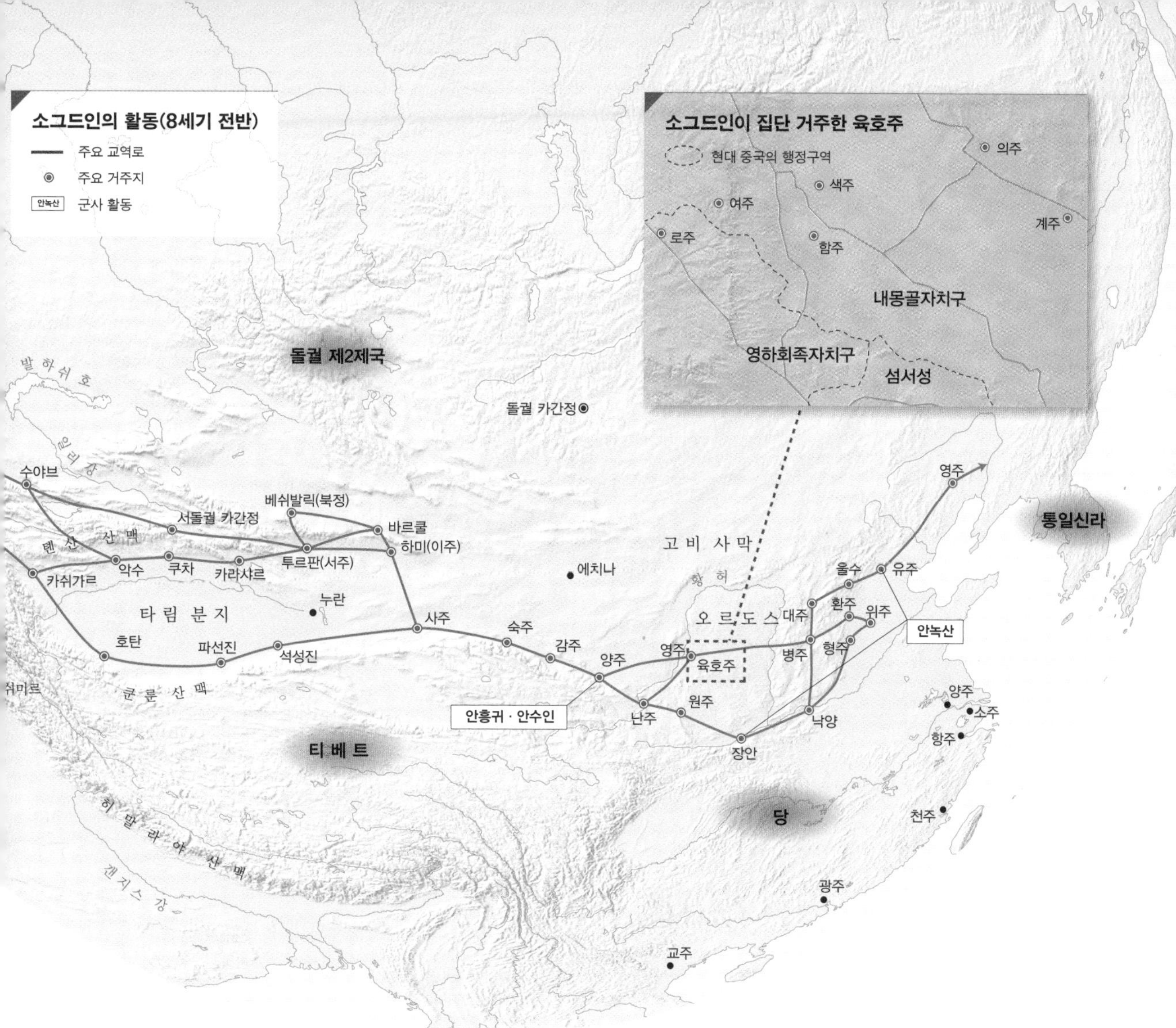

객胡客'의 수가 4000명에 달했다고 한다. 북조와 수·당은 이들을 감독하기 위해 현지인 대표를 '살보(薩甫, 薩保, 薩寶)'라는 관직에 임명했다. 이 말은 박트리아어에서 기원한 소그드어 'sartpaw'를 옮긴 것으로 원래 '카라반의 수령'을 의미했다. 최근 서안 등지에서 발견된 소그드 수령들의 무덤(사군묘史君墓, 안가묘安伽墓, 우홍묘虞弘墓 등)에서 나온 묘지명과 부조는 그들의 지위와 생활을 잘 보여준다.

소그드인들은 국제상인으로서 경제적인 측면 이외에 외교·군사 방면에서도 많은 활약을 보였다. 서돌궐 영내에 살던 소그드인들이 비잔티움 제국·사산 왕조에 사신으로 파견된 사례는 앞에서 언급한 바 있으며, 545년 서위가 돌궐에게 보낸 사신 안낙반타도 소그드인이었다. 그는 당시 주천에 살고 있었지만 안씨 성으로 볼 때 부하라 출신이고 이름은 '나나이 반닥'이었다. 최근에는 소그드인들의 군사적인 역할을 조명하는 연구들도 주목받고 있다. 하서 지방을 점거하여 이연과 손을 잡았던 양주涼州의 안흥귀·안수인 형제, 돌궐인과 소그드인 사이에서 태어난 안녹산 등은 군사력을 장악하고 중원의 정치에 개입했던 좋은 예이다. 이처럼 소그드인들은 교역을 통해 축적된 경제력, 국제적인 네트워크를 통해 확보된 정보력, 돌궐·위구르 혹은 북조·수당의 지배집단과의 결합을 통해 형성된 군사력을 기반으로 막대한 영향력을 행사했다.

티베트의 흥기

618년
당 건국

638년
티베트, 당의 송주 포위

641년
당의 문성공주, 송첸 감포의 아들 궁송 궁첸과 혼인

646년
문성공주, 송첸 감포와 재혼

659년
티베트, 친당 토욕혼 정권과 당에 치명적인 타격을 가함

670년
설인귀가 지휘하는 당군, 티베트에 참패

678년
당, 청해로 진격했으나 전군 괴멸

679년
당, 서돌궐의 근거지 수야브 점령

690년
튀르기쉬, 당으로부터 수야브 탈취

702년
당, 북정도호부 설치

747년
고선지, 서투르키스탄 진출

조캉 사원
송첸 감포가 불교를 받아들인 뒤 라싸에 건설한 것으로 알려진 조캉 사원 입구의 모습이다. 지금도 티베트인들에게 가장 중요한 사원이며 참배의 장소로 여겨지고 있다.

당 제국은 서돌궐을 복속시키고 타림 분지를 장악함으로써 서역 지배를 완성하는 듯했지만, 그때 또다시 새로운 도전에 직면해야 했다. 바로 티베트 왕국이었다. 중국 문헌에 기록된 토번吐蕃은 '티베트'라는 말을 옮긴 것이다. 티베트 왕국은 7세기 초 라싸를 중심으로 건설되어 고원지대의 여러 종족들을 통합하고 9세기 중반까지 명맥을 유지했다.

티베트 왕국을 건설한 장본인은 송첸 감포였다. 그는 티베트 고원을 통일한 뒤 634년 당나라에 공주를 보내달라고 요청했다. 그러나 당과 티베트의 관계 개선을 원치 않던 토욕혼의 방해로 당이 이를 거부하자, 송첸 감포는 636년 군대를 이끌고 북상하여 토욕혼을 정벌한 뒤, 청해 지역에 있던 당항·백란 등 강족들을 제압했다. 638년에는 20만 대군을 거느리고 당의 변경 송주를 포위하면서 원래의 요구대로 혼인을 강박했다. 돌궐과 서역에 군사력을 집중하던 태종은 토번과의 군사적 대결을 원치 않았기 때문에 결국 청혼을 받아들일 수밖에 없었다. 이렇게 해서 641년 티베트에 온 사람이 문성공주였다.

문성공주를 부인으로 맞아들인 왕은 흔히 송첸 감포라고 알려져왔다. 그러나 돈황에서 발견된 티베트 측 기록에 따르면, 문성공주가 온 때는 그가 아들에게 양위한 직후였기 때문에 그녀와 혼인한 것은 그의 아들 궁송 궁첸이었다는 사실이 밝혀졌다. 그러나 643년 그가 사망하자 송첸 감포가 다시 즉위했고, 3년상이 끝난 646년 문성공주는 라싸에 라모체 사원을 세우고 당에서 보내온 불상을 안치하여 망부亡夫의 영전에 바쳤다. 그 뒤 송첸 감포는 수계혼 풍습에 따라 그녀를 부인으로 맞았다. 그는 앞서 네팔의 왕녀와도 혼인을 맺었다.

문성공주의 혼인을 계기로 당과 티베트가 맺은 화평은 그 후 30년간 지속되었다. 그러나 송첸 감포 사후 양국은 다시 전쟁을 벌인다. 발단은 토욕혼에 대한 주도권 문제였다. 티베트는 659년 군대를 보내 친당 토욕혼 정권과 이를 후원하던 당군에 치명적인 타격을 가했다. 소정방은 이에 대한 책임을 지고 동부전선, 즉 한반도로 배치된다. 당은 이 패배를 만회하기 위해 670년 설인귀가 이끄는 10만 대군을 보냈으나 이번에도 참패했다. 그 결과 토욕혼은 멸망했고 쿠차에 있던 안서도호부마저 같은 해에 함락되고 말았다. 당은 도호부를 투르판(서

주西州)으로 옮기고 안서사진도 폐쇄했으니 이로써 당의 서역 지배는 붕괴되었다. 티베트는 676~77년 감숙과 사천 지방까지 진출하여 군사적 위협을 가했고, 678년 당은 이를 저지하기 위해 18만 대군을 청해로 진군시켰다. 그러나 당군은 도리어 포위되고 전군이 괴멸되는 일대 타격을 입었다.

이후 중앙아시아를 둘러싼 중국과 티베트의 대결은 일진일퇴의 양상을 계속했다. 677년 서돌궐의 부중들을 규합하고 '십성 카간'을 자칭한 아사나도지가 당의 지배에 반기를 들자, 당은 배행렴을 파견하여 그를 사로잡고 679년에는 반군의 본거지 수야브를 점령했다. 그러나 서돌궐에 속하는 튀르기쉬라는 집단이 등장하여 690년 수야브를 함락하고 타림 분지에서 당의 군사기지인 안서사진을 위협했다. 또한 돌궐이 부흥하여 제2제국을 건설하자 당은 중앙아시아에서 돌궐과 티베트의 협공을 당하는 처지가 되었다. 당은 702년 정주庭州에 북정도호부를 설치하고 2만 명의 군대를 주둔시켜 돌궐의 위협에 대처하려고 했다. 또한 티베트가 파미르로 진출하여 발루치스탄, 길기트, 와한 등지를 복속시키자, 당은 747년 고선지를 보내 그 주변의 교통로를 장악했다. 고선지는 원정을 성공리에 끝내고 서투르키스탄까지 진출했으나, 곧 서방에서 새로 진출해온 아랍군을 맞닥뜨리게 된다.

문성공주가 티베트에 가져온 불상
당 태종은 송첸 감포의 요청을 받아들여 문성공주를 티베트로 보냈다. 그녀는 중국 문화를 티베트로 전파하는 데 큰 역할을 했다. 사진의 불상은 현재 조캉 사원에 봉안되어 있으며 티베트인들에게는 가장 신령스러운 불상으로 여겨지고 있다.

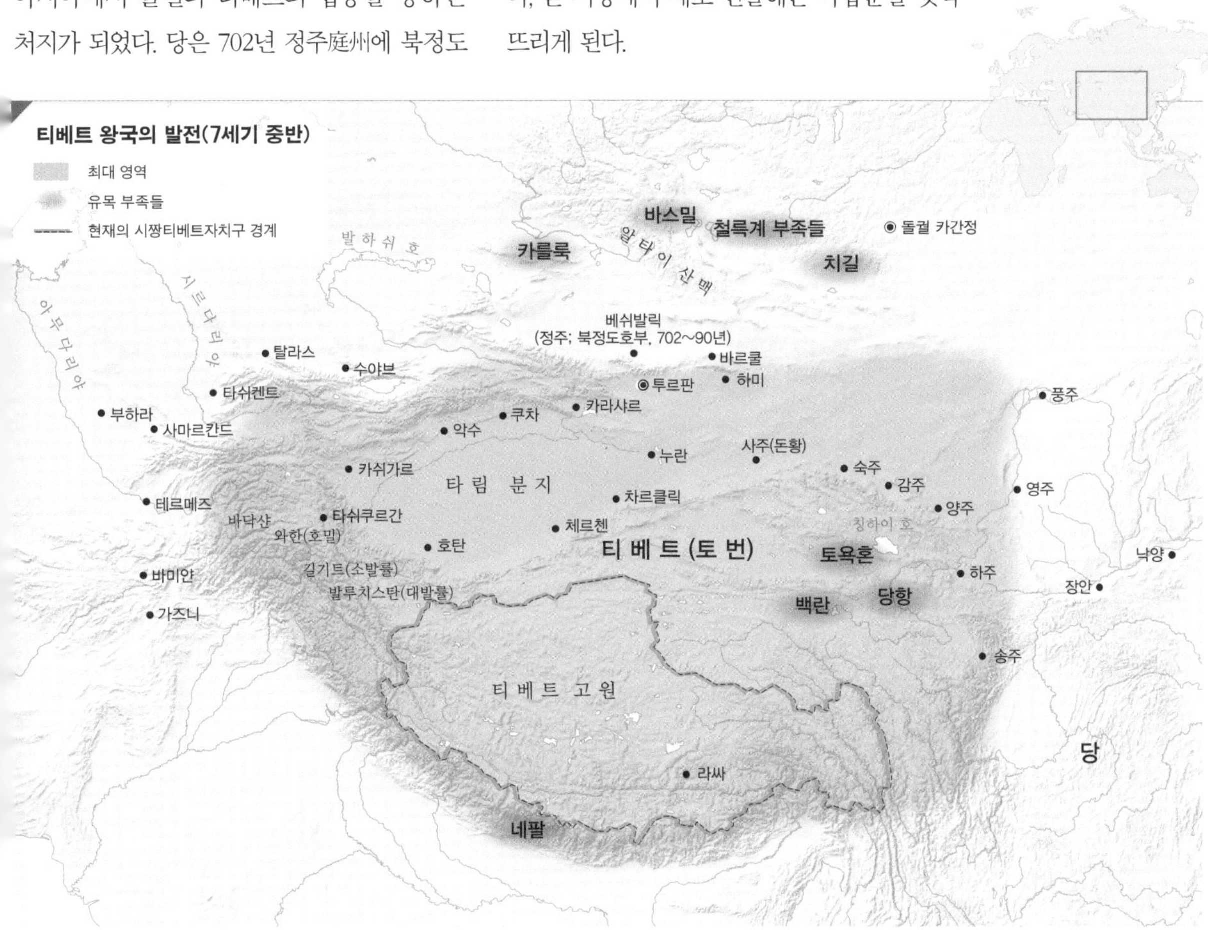

티베트 왕국의 발전(7세기 중반)

최대 영역
유목 부족들
현재의 시짱티베트자치구 경계

바스밀
철륵계 부족들
돌궐 카간정
카를룩
알타이 산맥
치길
발하쉬 호
시르다리야
아무다리야
베쉬발릭
(정주; 북정도호부, 702~90년)
탈라스
수야브
바르쿨
투르판
하미
타쉬켄트
부하라
사마르칸드
카라샤르
쿠차
악수
풍주
누란
사주(돈황)
카쉬가르
숙주
감주
타 림 분 지
영주
테르메즈
차르클릭
양주
바다샨
타쉬쿠르간
청하이 호
와한(호밀)
체르첸
호탄
티 베 트 (토 번)
토욕혼
낙양
바미얀
하주
길기트(소발률)
발루치스탄(대발률)
장안
백란
당항
가즈니
송주
티 베 트 고 원
당
라싸
네팔

아랍 세력의 동방 진출

622년 – 750년

622년
무함마드, 메디나로 이주(헤지라)

632~661년
정통 칼리프(아부 바크르, 우마르, 우쓰만, 알리) 시대

661년
우마이야 왕조 탄생

676년
부하라와 사마르칸드 공격

697년
하자즈 빈 유수프, 바스라 총독으로 임명됨.
쿠타이바 이븐 무슬림, 후라산 태수가 됨

712년
호레즘 정복

738년
나스르 빈 사야르, 후라산 신임 총독으로 임명됨

750년
우마이야 왕조 멸망
아바스 왕조 성립

아랍 세력이 본격적으로 중앙유라시아로 진출하기 시작한 것은 661년 새로운 세습적 칼리프 체제인 우마이야 왕조가 들어서고 수도를 다마스쿠스로 옮긴 뒤부터였다. 이란 동부의 후라산 태수였던 우베이둘라 빈 지야드는 674년 아무다리야 너머로 군대를 보내 부하라를 공격했다. 그의 뒤를 이은 우쓰만 빈 아판 휘하의 무슬림 군대는 675~76년 다시 부하라와 사마르칸드를 공략했다. 그러나 이 시기 아랍인들의 전략은 중앙유라시아를 영토적으로 정복하고 통치하려는 것은 아니었다. 다만 군사적 공격을 통해 약탈물을 획득하고, 나아가 그곳의 중요 도시들을 정치적으로 복속시켜 공납을 얻으려는 데 일차적인 목적이 있었다.

이러한 양상이 바뀌어 본격적인 정복과 군주둔을 통한 직접 지배를 시도한 것은 697년 하자즈 이븐 유수프가 바스라 총독에 임명되고, 그의 후원을 받는 쿠타이바 이븐 무슬림이 후라산 태수가 된 뒤부터였다. 쿠타이바는 당시 후라산 주둔 아랍군 내부에 만연했던 부족 간 대립을 종식시키고 그들의 힘을 외부로 분출시키기 위해 중앙아시아 진출을 적극 추진했다. 먼저 부하라 인근 도시 바이칸드를 점령하여 발판을 마련한 뒤 부하라와 사마르칸드에 진출하여 아랍군을 주둔시켰다. 이어 712년에는 아랄 해 부근의 호레즘까지 정복했다. 그러나 714년 그의 후원자 하자즈가 사망하고, 그 자신도 칼리프 계승분쟁에 휘말리면서 해임되고 말았다. 이에 따라 이슬람 세력의 동방 진출도 소강 상태에 접어들었다.

한편 아랍의 정복에 위협을 느낀 도시국가의 군주들은 외부세력의 지원을 모색하기 시작했다. 그들은 먼저 당나라에 사신을 보내 지원을 요청했으나, 돌궐의 재흥으로 서방에서의 발판을 상실한 당은 아무런 대책도 내놓을 수 없었다. 반면 튀르기쉬 부족이 주도하는 서돌

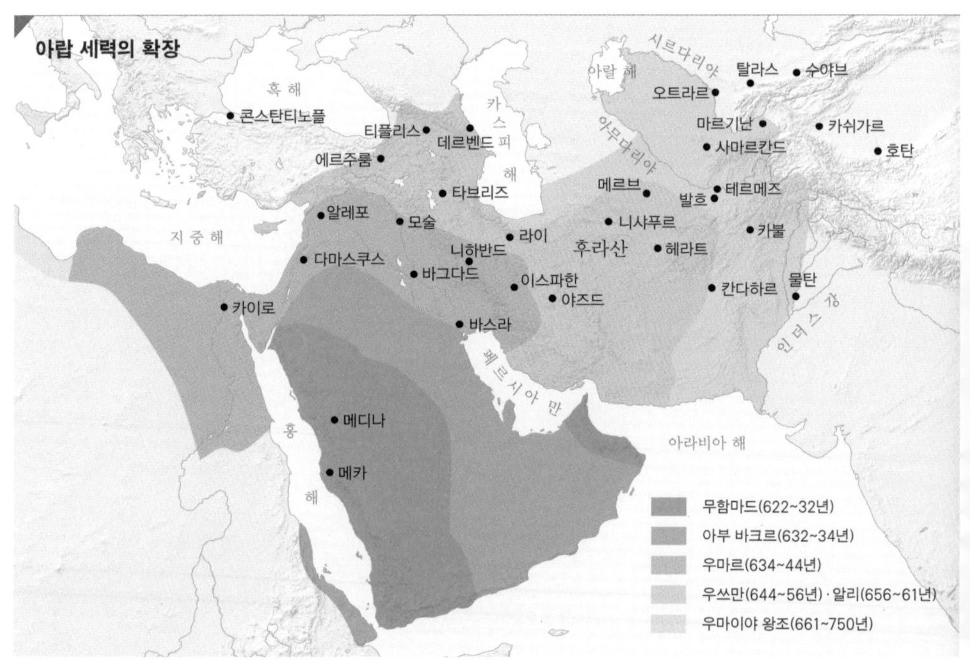

궐은 716년 카파칸 카간 사후의 혼란을 틈타 정치적으로 독립하여 오아시스 도시들에 대한 적극적인 군사 개입을 통해 영향력을 확대하기 시작했다. 이렇게 해서 튀르기쉬와 아랍군은 서투르키스탄의 패권을 둘러싸고 치열한 쟁탈전을 벌이게 된다. 튀르기쉬는 721년 현지 소그드인들의 지지를 받으며 아랍군이 점령하고 있던 사마르칸드를 포위했다가 퇴각했다. 이에 대응하여 아랍 측은 722년 시르다리야 부근까지 진출하여 호젠트를 점령했다. 724년에는 페르가나 지방까지 들어왔으나 이번에는 현지 주민들의 저항과 튀르기쉬의 공격으로 패배를 당하고 후퇴했다. 아랍 측 사료에 '갈증의 날'로 알려진 이 유명한 전투 이후 아랍은 아무다리야 이북의 도시들을 하나씩 상실했다.

그러나 739년 수령 술루가 피살되면서 내분이 일어나자 튀르기쉬가 주도하는 서돌궐 세력은 약화되었고 상황은 다시 급변했다. 738년 후라산의 신임 태수로 임명된 나스르 빈 사야르는 종래 정복 일변도의 진출 방식의 문제점을 인식하고 새로운 정책을 표방했다. 서투르키스탄 지배에 성공하기 위해서는 무력적 강제가 아니라 현지인들의 지지가 필수적이었다. 그는 이슬람으로의 개종을 적극 추진하고 개종자에게는 세금 혜택을 주었다. 바로 그때 후라산에서는 우마이야 왕조에 대항하는 세력이 이븐 무슬림을 중심으로 결집하고 있었다. 그는 '아바스 혁명'을 성공시키는 데 결정적 역할을 한 인물이었다. 나스르 빈 사야르가 사망한 뒤 이슬람으로 개종한 많은 서투르키스탄 주민들이 그와 연합함으로써 우마이야 왕조를 무너뜨리는 데 일조했다. 이렇게 해서 아랍 세력은 서투르키스탄에서 확고한 기반을 다져나갔고, 때마침 당 제국은 티베트 왕국을 견제하기 위해 이 지역에 적극적으로 진출하기 시작했다. 이제 동서 두 세력 간의 충돌은 불가피하게 되었다.

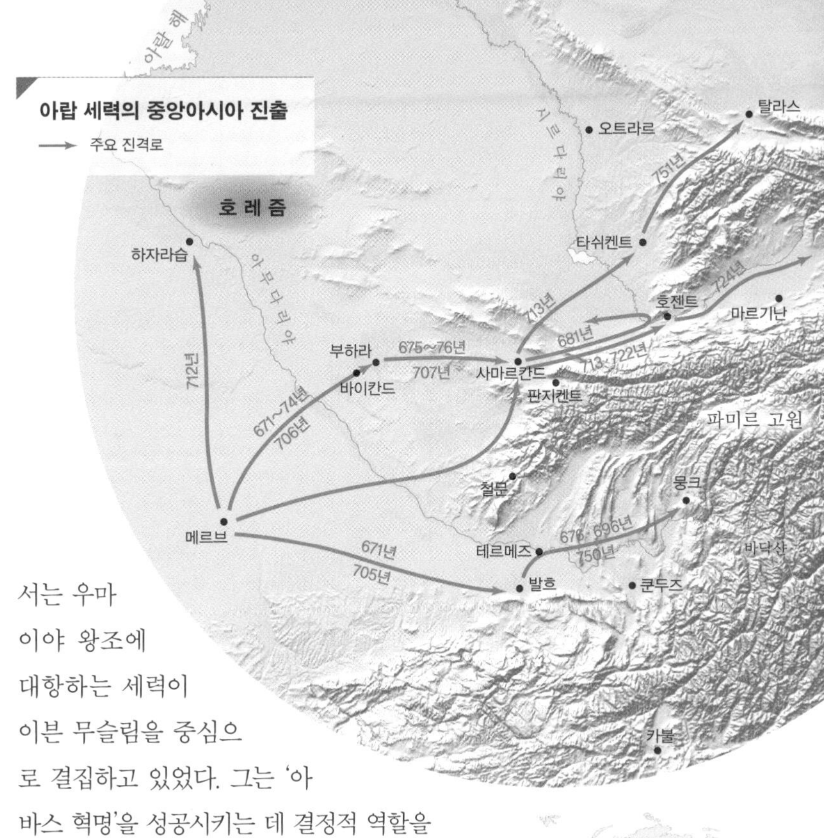

샤히 진다
전설에 의하면 예언자 무함마드의 조카인 쿠삼 이븐 아바스라는 인물이 중앙아시아로 와서 선교하다가 사망한 뒤에 이곳에 묻혔고, 샤히 진다shah-i zinda, 즉 '살아 있는 왕'이라 불렸다고 한다. 사마르칸드에 있는 이 묘역은 9세기 이후 형성되기 시작했지만 모스크와 중요한 건축물들은 티무르 왕조 시대에 세워졌다.

탈라스 전투

747년
고선지, 파미르 주변 교통로 확보
안서사진 절도사에 임명됨

750년
고선지, 타쉬켄트 국왕 생포
우마이야 왕조 멸망
아바스 왕조 건국

751년
탈라스 전투

755~763년
안사의 난

786년~809년경
칼리프 하룬 알 라시드,
바그다드에 제지공장 건립

751년 여름 당과 아랍의 군대가 탈라스 강가에서 만나 전투를 벌였다. 역사상 유명한 '탈라스 전투'이다. 당군의 지휘관이 고구려 유민 고선지였기 때문에 우리에게도 널리 알려져 있다. 고선지의 아버지는 처음에 하서에서 근무하다가 쿠차 주둔군의 고급 장교가 되었고, 그 역시 아버지를 따라 서역으로 가게 되었다. 젊은 시절부터 군공을 세운 고선지는 20세 남짓에 장군직을 제수받았고, 740년경에는 안서부도호로 임명되었다. 당시 티베트가 파미르 방면으로 세력을 뻗쳐 발루치스탄, 길기트, 와한 등지를 장악하자 이에 대응하기 위해 고선지가 파견되었다. 그는 747년 1만 명의 기병과 보병을 이끌고 카쉬가르를 거쳐 파미르를 넘어 길기트를 원정했으며, 그 공로로 안서사진 절도사에 임명되었다. 그러나 그는 용맹한 성격 못지않게 의욕도 지나치게 앞서서 750년 타쉬켄트를 공략한 뒤에는 그 국왕을 사로잡아 장안으로 압송하여 처형케 했을 뿐 아니라, 슬슬瑟瑟(lazurite)이라는 큰 보석 10여 개와 낙타 5~6

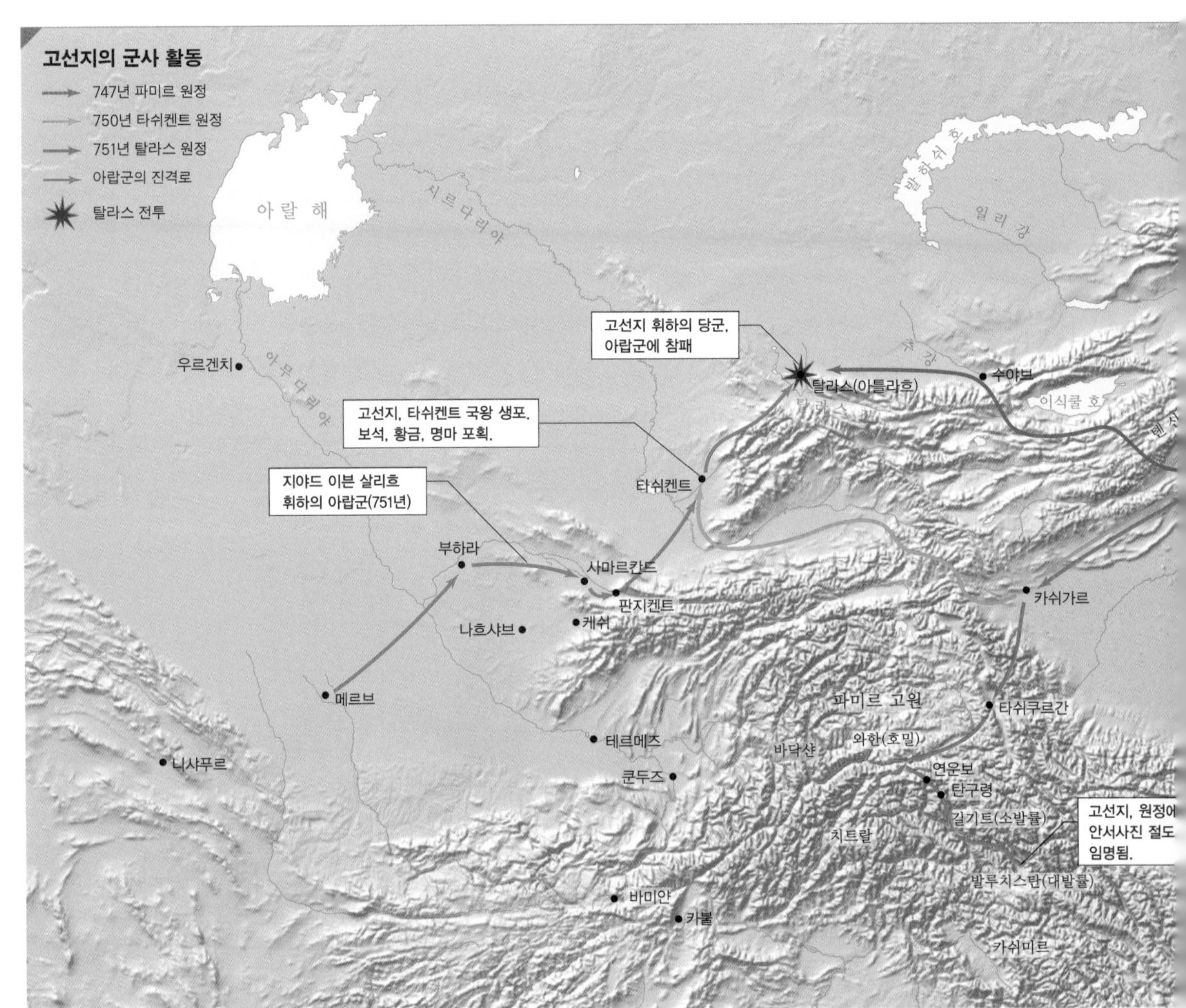

마리분의 황금과 명마들을 강탈하기도 했다. 이에 현지인들은 아랍군을 끌어들여 당에 대항하게 된다.

이렇게 해서 고선지가 이끄는 당군과 지야드 이븐 살리흐의 아랍군은 751년 7월 탈라스 하반의 아틀라흐에서 전투를 벌였다. 닷새간 대치하던 중 당군의 일부를 구성하던 카를룩 유목민들이 배반하여 아랍 측으로 넘어갔고, 그 결과 당군은 좌우로 협공을 당하여 참패하고 말았다. 고선지는 퇴각하여 목숨을 구하기는 했지만 패배에 책임을 지고 절도사직에서 면직되었다. 전투에 참가한 양측 병력에 대해서는 여러 설이 분분하다. 두우가 쓴 『통전』에는 당군의 숫자가 7만 명 정도로 기록되어 있다.

이 전투는 당시에는 커다란 주목을 받지 못했다. 타바리를 비롯한 이슬람 측 사가들은 거의 기록을 남기지 않았고, 『구당서』와 『신당서』 「고선지전」에도 아무런 언급이 보이지 않는다. 그러나 이 사건은 장기적으로 볼 때 중앙아시아에서 중국의 영향력이 쇠퇴하고 이슬람권의 정치·문화적 영향력이 증대하는 중요한 분수령이 되었다는 점에서 그 의미가 자못 크다. 이 일이 있은 직후 안사의 난(755~63년)이 터지면서 당 제국은 극도의 혼란에 빠져들었다. 그 틈을 이용하여 티베트 세력이 타림 분지와 하서 회랑으로 진출했고, 돌궐 제국 붕괴 이후 카를룩을 비롯한 투르크계 민족들은 톈산 북방의 초원을 차지했다. 이제 갓 탄생한 아바스 왕조는 군사적 승리에 힘입어 본격적으로 중앙아시아를 장악하기 시작했다. 이렇게 해서 중앙유라시아를 둘러싼 국제관계는 이슬람 세력이 서방을, 티베트가 동방을, 투르크 유목민들이 북방을 차지하며 각축을 벌이는 형세가 되었다. 그러나 9세기에 접어들어 티베트와 투르크가 약화되기 시작하자 중앙유라시아에 대한 아랍의 정치적 우위는 확고해졌고, 종교적으로 이슬람화는 거스를 수 없는 역사의 흐름이 되었다.

이처럼 탈라스 전투는 중앙유라시아에서 중국의 영향력이 퇴조하는 결과를 초래했지만 역설적으로 중국의 문화가 이슬람 세계로 확산되는 계기가 되기도 했다. 전투에서 생포된 중국인 2만 명 가운데 제지 기술자들이 이슬람권으로 제지술을 전파시킨 것이 좋은 예다. 중국의 서쪽에서 최초의 제지 작업장이 만들어진 곳이 사마르칸드였고, 이것이 바로 중국인 포로들에 의해 가능케 되었다는 사실은 이미 학자들의 연구로 밝혀진 바이다. 이렇게 해서 이슬람권에서 널리 명성을 얻게 된 '사마르칸드 종이'는 서아시아 여러 지역으로 전파되어, 칼리프 하룬 알 라시드(재위 786~809년)는 바그다드에 제지공장을 세우기에 이르렀다. 그 뒤 제지술은 레반트와 북아프리카 지역으로 확산되었고 마침내 유럽에까지 이르게 된다.

소그드인들의 도시생활

4~5세기경
인도·박트리아 상인 몰락

6세기경
소그드 상인이 활발히 활동하기 시작

618년
당 건국

630년경
오르도스 지방에 육호주 설치

750년
아바스 왕조 성립

751년
탈라스 전투

755~763년
안사의 난

757년
안녹산 사망

판지켄트
현재 타지키스탄 영내에 있는 판지켄트는 아랍군의 침공으로 폐허가 되기 이전에는 번영을 구가하던 소그드인들의 도시이다. 1972년 발굴 결과 서쪽은 성채와 궁정, 동쪽은 거주구역과 상업지역을 포함하는 시내(샤흐리스탄)로 나뉘어 있음이 확인되었다.

소그드인들은 중국, 페르시아, 비잔티움을 포함하여 유라시아 전역을 연결하는 국제적 교역망을 운영함으로써 막대한 재화를 벌어들였다. 그에 힘입어 비옥한 자라프샨 강 계곡에 위치한 부하라, 사마르칸드, 판지켄트와 같은 소그드 도시들이 번영을 누리기 시작했다. 그 동북쪽 페르가나 계곡에는 몽골 초원과 중국으로 연결되는 관문 타쉬켄트가 있었고, 서남쪽으로 아무다리야 하류에는 러시아·유럽과의 교역에서 중요한 역할을 하던 호레즘이 있었다. 이들 지역에서 8세기 전후의 유적들이 차례로 발굴되어 당시 소그드인들의 도시생활과 문화를 엿볼 수 있게 되었다. 부하라 부근의 바락샤, 사마르칸드 구도시인 아프라시압과 판지켄트, 호레즘 지방의 토프라크 칼라와 잔바스 칼라 등이다. 소그드인들 가운데 다수는 마니교에서 파생되어 나온 마즈닥교를 신봉했고, 조로아스터교, 마니교, 네스토리우스파 기독교, 불교도 상당히 널리 퍼졌다. 소그드 지방의 남쪽 경계인 히사르 산맥 너머 아무다리야 연안에 있는 테르메즈 부근의 아이르탐과 카라 테페, 두샨베 부근의 아지나 테페, 남부 박트리아의 수르흐 코탈 등지의 유적지를 보면 불교가 우위를 점했던 것으로 추측된다.

도시 유적지들은 거대한 성벽으로 둘러싸여 있는데 유목민의 공격뿐 아니라 모래바람을 막으려는 목적도 갖고 있었다. 성벽 안에서는 '디흐칸'이라 불린 지주들과 토착 귀족들이 거주하는 가옥과 궁전들이 발견되었다. 화려한 벽화가 그려진 제법 큰 규모의 건물들은 이들의 부유함이 어느 정도였는지 짐작케 한다. 예를 들어 1946년 발굴이 시작된 판지켄트 유적지는 8세기 초 아랍 침공 당시의 상태 그대로 보존되어 있어 당시 소그드인들의 생활상을 생생하게 보여준다. 도시는 성채(arq), 도심지(shahristan), 교외주거지(rabad), 공동묘지의 네 부분으로 이루어졌다. 성곽 둘레는 1750미터, 성내 인구는 3000~4000명 정도로 추산된다. 가옥들은 2층, 심지어 3층으로 건축된 경우도 적지 않았으며, 소그드인들의 영웅 설화를 묘사한 벽화가 그려진 집들이 많았다.

1965년에는 아프라시압이 본격적으로 발굴되기 시작했다. 도시는 계속 확장되어 4중의 성벽으로 둘러싸여 있는데, 북방에 시아브 운하의 절벽과 접한 부분만 성벽이 없다. 전장 1.5킬로미터의 제1성벽 안에는 내성內城이 있으며 기원전 6~5세기의 토기 파편들이 출토되었다.

고대 판지켄트 도시의 배치
(1972년경의 연구에 의거함)

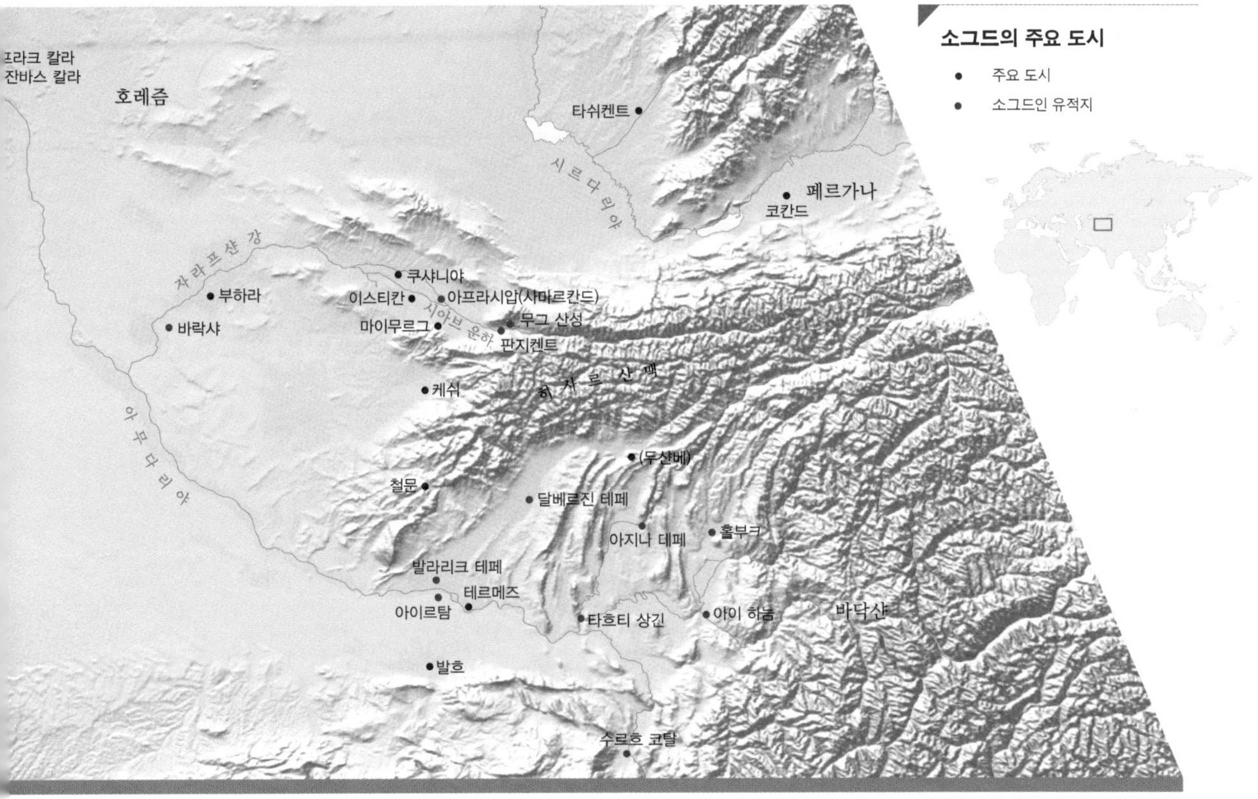

소그드의 주요 도시

● 주요 도시
● 소그드인 유적지

그 남쪽에 있는 제2성벽은 3킬로미터이며 기원후 6~7세기의 것으로 추정된다. 제3성벽은 7세기의 것이고, 마지막으로 규모가 가장 큰 제4성벽은 5킬로미터이며 성문 4개가 나 있다. 발굴을 지휘했던 러시아의 알바움은 8~9세기 전반경에 지어진 것으로 추정했다.

아프라시압에서는 6~8세기로 추정되는 궁전과 벽화가 발견되어 주민들의 정신생활은 물론 물질문화와 민족 구성에 대해 귀중한 자료를 제공한다. 벽화에는 외국의 사신도가 포함되어 있는데 각 민족의 의복과 외모가 세밀하게 묘사되어 있어 '민족박물관'이라고 불릴 정도이다. 소그드인들의 교류 범위가 얼마나 넓었는지를 단적으로 보여주는 자료라고 할 수 있다.

한반도에서 온 사신
사마르칸드 교외의 아프라시압 언덕에서 발굴된 이 사신도(복원)에는 한반도에서 간 사신(오른쪽 두 사람)도 보인다. 상투를 틀고 조우관鳥羽冠을 썼으며, 두 손을 소매 속에 넣은 공수拱手 자세를 취한 채, 허리에는 환두대도環頭大刀를 차고 있는 모습이다. 다수의 학자들은 고구려인으로 추정하지만 신라인으로 보는 견해도 있다.

위구르 제국의 등장

627년
위구르 수령 보살, 돌궐 군대 대파

630년
위구르, 설연타에 복속

646년
위구르 수령 토미도, 한해도독부 도독으로 임명됨

7세기 말
돌궐에 다시 복속
위구르인 일부는 돌궐 압박 피해 하서회랑 부근으로 이동

727년
당의 양주도독 살해
당의 공격 피해 몽골 초원으로 귀환

744년
위구르 수령 쿠틀룩 보일라, 쿠틀룩 빌게 퀼 카간으로 즉위

위구르Uyghur(回鶻)라는 집단이 역사상 두각을 나타내기 시작한 것은 7세기 이후이지만 그 존재는 전부터 이미 알려져 있었다. 중국 측 기록에는 남북조 시대에 등장했으며 고차 혹은 칙륵이라는 집단의 후예라고 한다. '칙륵'은 tiglig 혹은 tegreg를 옮긴 말로 수레를 뜻하는데, 이들이 바퀴가 높은 수레를 이용하여 이동생활을 했기 때문에 붙은 이름이다. 위구르 혹은 그 조상들이 4세기경 역사에 처음 모습을 드러낸 뒤 9세기 중반 유목제국을 건설할 때까지 겪었던 운명은 중앙유라시아 초원의 유목부족들이 처했던 상황을 단적으로 보여준다.

605년 서돌궐의 지배하에 있던 특륵(칙륵)이라는 세력이 커지자 서돌궐 카간이 이들을 급습하여 그 수령들을 죽인 일이 발생했다. 그러자 특륵에 속하던 부구, 통라, 위구르, 바이르쿠 등이 모두 스스로를 '위구르(迴紇)'라 칭했다고 한다. 이들은 셀렝게 강 부근에 살았으며 인구 10만에 병사의 숫자가 5만 명을 헤아렸다. 이 기록은 7세기 초 톈산 방면에 거주하던 일

위구르 제국의 발전 (8세기 중반)

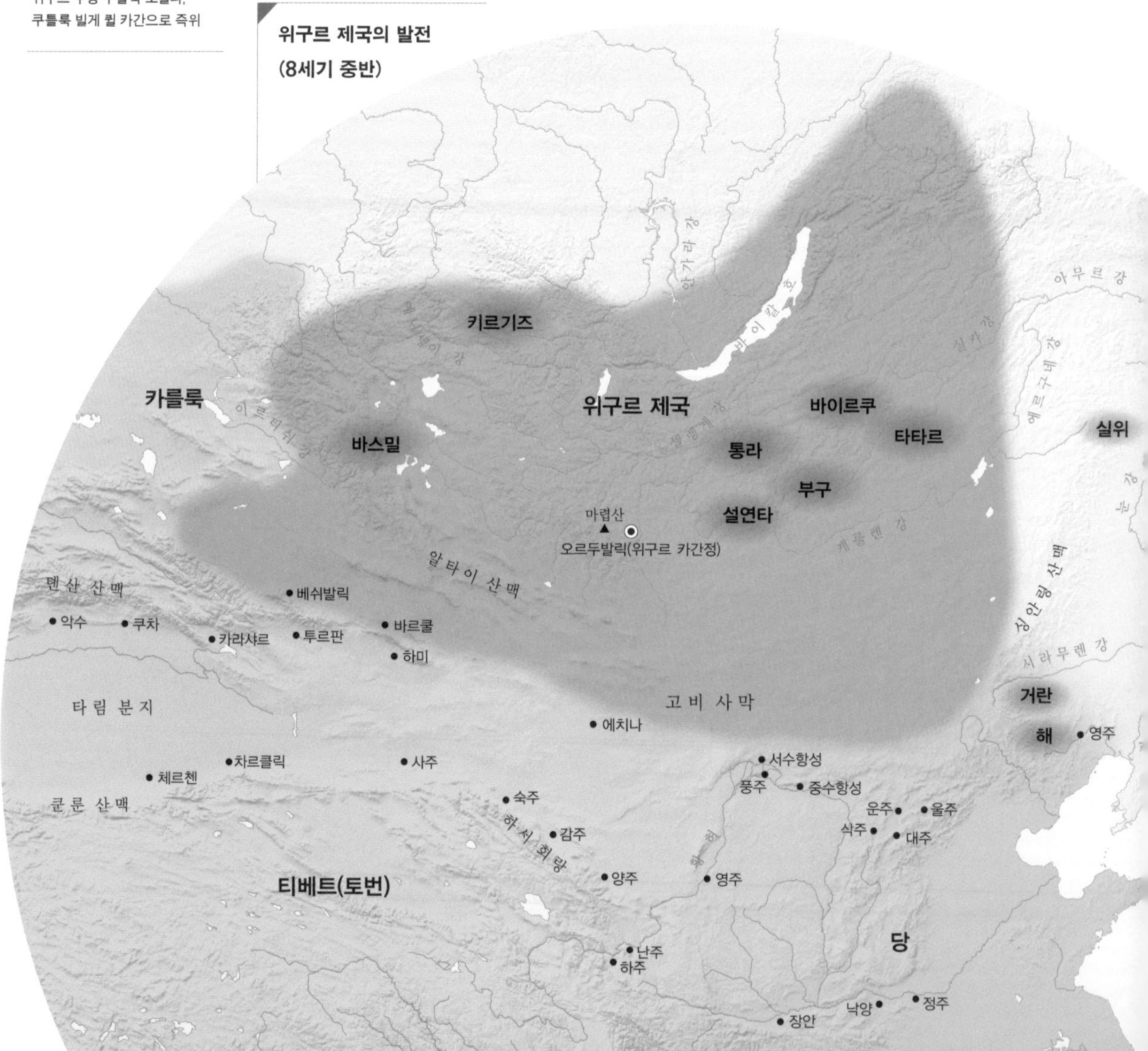

부 투르크계 집단들이 서돌궐의 공격으로 원래 거주지를 버리고 동북방 셀렝게 강 유역으로 이주한 뒤, 위구르를 핵심으로 하는 군사집단으로 변모하여 성장해가는 모습을 보여준다.

당 태종 치세 초년에는 보살菩薩이라는 이름의 위구르 수령이 기록에 나타난다. 그는 627년 마렵산 전투에서 돌궐의 일릭 카간의 군대를 대파했고, 630년 태종이 설연타의 이난을 카간으로 책봉한 뒤에는 설연타에 복속했다. 그 뒤 위구르는 당, 설연타와 연합하여 돌궐 제국을 무너뜨리는 데 큰 역할을 하면서 막북의 새로운 강자로 부상한다. 그러다가 646년 설연타가 당에 반기를 들자 위구르는 당을 도와 설연타를 격파했고, 위구르의 수령 토미도는 그 공으로 한해도독으로 임명되었다. 그러나 그는 내부적으로는 '카간'을 칭하며 과거 돌궐 제국 시대의 관직들도 대부분 그대로 두었다고 한다.

이처럼 위구르 세력이 당의 기미지배 시기에 괄목할 만한 성장을 한 것은 사실이지만, 아직 몽골 초원의 유목민들을 지배하고 호령할 정도는 아니었다. 내적으로 수령의 자리를 둘러싼 갈등과 분쟁은 당에 대한 종속도를 더욱 강화시켰다. 돌궐이 재흥한 뒤 카파칸 카간의 치세에 위구르는 철륵의 여러 부족들과 마찬가지로 그에게 복속할 수밖에 없었다. 그러나 위구르 부족민 일부는 돌궐의 압박을 피해 계필·혼·치길 등과 함께 687년 몽골 초원을 떠나 하서회랑 부근으로 이주했다. 이주한 위구르 집단의 수령들은 한해도독으로 임명되어 당과 연합하기도 했지만 실크로드의 요충지인 하서회랑의 이해를 둘러싸고 당과 충돌을 벌이기도 했다. 727년 위구르는 양주도독을 살해하고 당의 공격을 피해 다시 몽골 초원으로 돌아가 버렸다.

마침내 위구르인들에게 초원의 패자로 부상할 기회가 찾아왔다. 740년대에 돌궐 제2제국 내부에 혼란 상황이 벌어지면서 철륵 부족들이 이반하기 시작했다. 이에 바스밀·위구르·카를룩 세 부족이 중심이 되어 돌궐에 반기를 들었다. 742년 이들은 바스밀의 수령을 외즈미시 카간으로 추대하고, 위구르와 카를룩의 수령들은 각각 좌우 야브구를 칭했다. 그러나 위구르의 수령 쿠틀룩 보일라는 곧 바스밀을 공격하여 외즈미시 카간을 살해하고 744년 스스로 쿠틀룩 빌게 퀼 카간이라 칭하며 즉위했다. 이에 당 조정은 그를 회인 가한으로 책봉했고, 이로써 몽골 초원은 돌궐의 뒤를 이어 위구르 제국 시대를 맞이하게 되었다.

카라발가순 성터
몽골 제국의 수도가 있던 카라코룸 부근에서 고대 위구르 제국의 수도인 오르두발릭의 유적이 발견되었다. 현재 카라발가순이라는 이름으로 알려진 이곳에는 동서 약 420m, 남북 약 336m의 성벽이 남아 있다. 성벽 내부에서는 건물 유적이, 외곽에서는 넓은 경작지와 주거지의 흔적이 발견되었다.

신라
금성●

안사의 난과 위구르의 개입

744년
위구르 제국 성립

750년
아바스 왕조 건국

751년
탈라스 전투

755년
안사의 난 발발

756년
안녹산, 황제를 자칭
위구르 수령 카라치,
당군과 연합하여 반군 격파

757년
카를륵 카간의 아들 야브구,
낙양과 장안 모두 수복

762년
위구르, 반란이 재발하자 당군과
연합하여 낙양 탈환

763년
안사의 난 종결

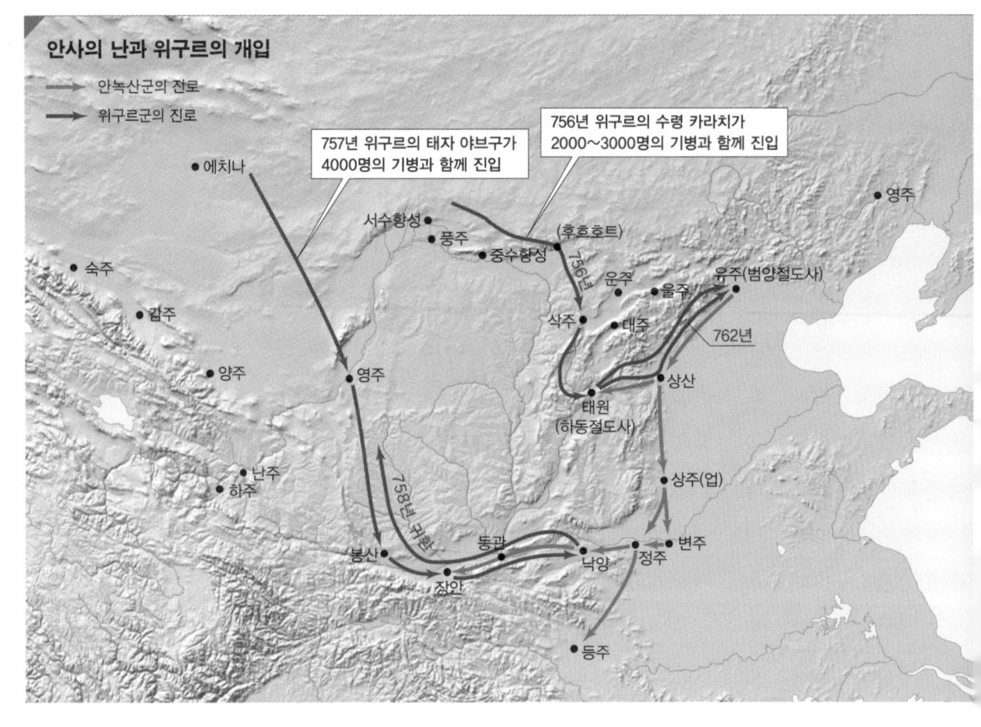

카라발가순 비석 잔편
위구르 제국의 8대 알프 빌게 카간 치세(808~21년)에 세워진 비석의 잔편. 투르크, 소그드, 한문 등 세 가지 언어로 새겨졌는데, 1891년 처음 발견될 당시 여러 조각으로 나뉜 상태였다. 그 가운데 일부분은 유실되었고 현재 19개의 단편이 확인된다.

안사의 난은 당 현종 시대에 화북 변경지역의 군사권을 장악하고 있던 소그드 출신 안녹산과 사사명이 755년에 일으킨 반란이다. 안녹산은 현종이 양귀비와 함께 황급히 떠난 제국의 수도 장안을 점령하고 756년 황제의 자리에 올랐다. 그러나 그는 곧 자기 아들에게 살해되고 반란군의 지휘권은 사사명에게 넘어갔다. 그리고 사사명 역시 아들 사조의에게 죽임을 당하면서 반란은 실패로 끝나고 말았다. 안사의 난에 대해서는 최근 중국사의 맥락을 넘어서 중앙유라시아적인 관점에서 파악하려는 연구들이 나오고 있다. 반란이 일어나기 10년 전인 745년 돌궐 제국이 붕괴하자 그 영내에 있던 수많은 소그드인들이 중국 북변으로 내려와 안녹산 휘하에 편입되었고, 이들이 그 뒤 반란의 주된 군사력을 이루게 되었다는 것이다. 따라서 안사의 난은 단지 중국 내부의 정변이 아니라 돌궐의 멸망과 소그드인의 이주라는 중앙유라시아의 격변과 긴밀하게 연동된 것이다.

안사의 난으로 풍전등화의 위기에 처한 당 왕조는 주변 여러 나라에 긴급 지원을 요청했다. 저 멀리 호탄과 페르가나에서도 지원군이 왔지만 가장 막강한 군대는 위구르가 보낸 기마군대였다. 756년 말 위구르의 수령 카라치가 지휘하는 2000~3000명의 기병이 도착했다. 이들은 유주와 태원을 치고 당의 장군 곽자의와 연합하여 반군을 격파했다. 757년에는 카를륵 카간이 아들 야브구를 4000명의 기병과 함께 보냈다. 이들의 활약으로 낙양과 장안이 모두 수복되었다. 위구르의 지원 덕분에 위기에서 벗어난 당의 황제와 장군들은 그들의 환심을 사기 위해 성대한 연회를 베풀어주었지만 그들의 약탈을 멈추지는 못했다. 조정은 감사의 표시로 매년 비단 2만 필을 주기로 했을 뿐 아니라 숙종의 어린 딸 영국공주를 카간에게 시집보내기로 했다. 국경까지 배웅을 나간 숙종에게 공주가 울면서 "국가의 일이 중요하니 죽어도 한이 없다"고 말하자 그 역시 눈물을 흘리며 돌아왔다. 759년 카를륵 카간이 죽자 공주는 투르크 풍습에 따라 칼로 얼굴을 그으면서 피눈물을 흘려야 했다.

762년 다시 반란이 일어나자 당은 위구르에게 또 한 번 구원을 요청했다. 이에 4000명의 기병이 남하하여 당군과 연합하여 낙양을 탈환했다. 이때도 위구르인들은 약탈을 자행했지만 당조로서는 속수무책이었다. 당나라가 이처럼 극도로 무력해진 상황에서도 위구르는 당조를 무너뜨리고 중국을 정복할 생각을 하기는커녕, 변방에 시장을 열어서 말과 비단을 바꿀 수 있게 해달라는 요구만 했다. 이는 중국을 영토적으로 지배하는 것보다는 화친이나 교역을 통해서 필요한 물자를 확보하는 것이 더 낫다는 판단 때문이었다.

안사의 난과 중국에 대한 위구르인들의 입장은 시네 우수에서 발견된 카를륵 카간의 기공비에서 잘 드러난다. 수천 명의 위구르 군대가 중국에서 안사의 난을 진압하고 있던 바로 그때, 정작 카간 자신은 몽골 초원 각지를 전전하면서 카를룩·오구즈·타타르 등과 싸우는 데 대부분의 시간을 보냈다. 반면 중국으로 군대를 파견해서 당 왕조를 구원했다는 기사는 한 줄도 보이지 않는다. 즉 위구르의 입장에서 볼 때 안사의 난에 개입한 것은 전략적 중요성이라는 면에서 이차적이었다. 그러나 시간이 흘러 824~32년경에 만들어진 카라발가순 비문에는 시네 우수 비문의 내용과는 다른 강조점이 나타났다. 이는 종래 야그라카르 씨족의 패권을 무너뜨리고 정권을 잡은 에디즈 씨족이 자신들의 집권을 합리화하고 정통성을 부여할 필요를 느꼈기 때문일 것이다. 그래서 정권 교체를 이룩한 8대 카간과 그를 계승한 군주들이 성공적인 서방 원정을 통해 제국의 기틀을 확고히 한 사실을 강조하였다. 나아가 마니교라는 종교적 권위를 이용하여 카간의 권위를 강화하려고 노력하였고, 따라서 시네 우수 비문에서는 언급되지 않았던 점, 즉 안사의 난에 개입한 사실과 그것이 계기가 되어 마니교를 도입하게 된 사실을 기록하였던 것이다.

돌궐·소그드 수령 회맹도
2000년 서안에서 발견된 안가묘安伽墓의 석제 병풍에 새겨진 회맹도. 상반부에는 말을 탄 두 수령이 인사를 나누고 있는데 의복과 두발로 보아 좌측은 돌궐 수령, 우측은 소그드인 살보로 추정된다. 하반부에는 이 두 수령이 앉아서 환담하며 회맹을 하는 모습이 묘사되어 있다.

초원에 꽃핀 정주문명

744년
위구르 제국 성립

755~763년
안사의 난

756년
위구르 수령 카라치, 당군과 연합하여 반군 격파

757년
카를륵 카간의 아들 야브구, 낙양과 장안 모두 수복

757~58년경
카를륵 카간, 바이발릭 건설

759~60년경
카를륵 카간의 기공비 세움

759~79년경
뵈귀 카간, 오르두발릭 건설

821년경
타밈 이븐 바흐르, 오르두발릭 여행하고 기록에 남김

위구르 제국 시대에 몽골 초원에는 과거에는 보기 어려웠던 새로운 현상들, 특히 정주문명의 요소들이 현저하게 나타나기 시작했다. 대규모 성곽도시의 출현이 좋은 예이다. 물론 흉노나 돌궐의 시대에도 초원 안에 정주 근거지가 없었던 것은 아니다. 그러나 위구르 시대와는 질적·양적으로 현격한 차이가 보인다. 이러한 변화는 유목사회의 자생적 발전의 결과라기보다는 외부세계의 영향에 기인하는 것으로 보인다. 중국이나 중앙아시아 정주사회와의 긴밀한 접촉, 특히 소그드인들이 초원으로 대거 유입되고 견마絹馬 교역을 통한 막대한 재화의 축적이 있었기에 가능한 일이었다.

2대 카를륵 카간은 바이발릭('부귀성富貴城'을 의미)이라는 성곽도시를 세웠는데, 현재 한 변 240미터의 정방형에 높이 7미터 성곽의 성터가 남아 있다. 카간은 시네 우수 비문에서 "내가 소그드인과 한인들을 위해 셀렝게 강가에 바이발릭을 지어주었다"고 적었다. 이 도시가 유목민이 아니라 초원에 들어와 거주하는 정주민들을 위해 건설된 것임을 입증하는 내용이다. 또한 톨라 강가에는 중국에서 온 부인을 위해 세웠다는 '카툰 성'이 있었는데 '카툰'은 카간의 부인을 가리키는 호칭이었다. 후일 1004년 거란 성종은 카툰 성을 점령한 뒤 진주건안군절도사의 치소를 두어 오르콘과 톨라 강가의 지역을 관할하게 했으니, 오늘날 친 톨고이가 이에 해당된다. 거란 제국이 무너진 뒤 야율대석이 무리를 이끌고 북상하여 처음 근거지를 삼은 곳도 바로 이곳이었다.

위구르인들의 성곽도시 가운데 가장 규모가 큰 것은 3대 뵈귀 카간이 세운 오르두발릭(오늘날 카라발가순)이다. 이곳은 항가이 산맥과 오르콘 강을 끼고 있으면서 광활한 초원 가운데 위치하여 천혜의 자연적 조건을 갖추었기에 유목제국의 근거지가 되었다. 또한 중국, 중앙아시아, 서부 유라시아 초원으로 연결되는 교통의 요충이기도 했다. 돌궐·위구르·몽골이 모두 이곳에 제국의 중심을 두었으며, 당이 돌궐을 복속시킨 뒤 664년에는 안북도호부를 설치했기 때문에 '도호성都護城(Togho baliq)'이라 불리기도 했다.

위구르 제국의 주요 유적

● 주요 유적

타리아트 비석과 비문
1957~70년 몽골의 아르항가이 아이막에 있는 타리아트에서 4개의 단편이 발견되었다. 위구르의 카를륵 카간이 753년에 제작을 지시한 것으로, 그가 몽골 초원을 통일하는 과정 및 내적인 분봉 등을 통해서 어떻게 제국 체제를 정비했는가를 보여주는 귀중한 자료이다. 현재 울란바토르 소재 사회과학원에 보관되어 있다.

오르두발릭 유적으로는 높이 7.5~8.5미터, 둘레 1600미터의 장방형 성벽이 남아 있고, 그 주변 반경 25킬로미터의 광대한 지역에서 주거 흔적들이 발견되었다. 오르두발릭의 모습은 821년경 그곳을 방문한 아랍인 타밈 이븐 바흐르가 남긴 기록을 통해 생생하게 전해지고 있다. 그는 위구르의 카간이 제공한 역참을 이용하여 초원을 횡단할 수 있었다. 성벽에는 거대한 철문 12개가 설치되어 있었으며, 성 안에는 많은 시장들에서 활발한 교역이 이루어졌다. 성곽 주변에는 농사를 짓는 마을들이 빼곡하게 연접해서 펼쳐져 있었다고 하니, 주민들의 주요 생업이 농경이었음을 알 수 있다.

위구르 시대에 이러한 대형 성곽도시의 출현은 돌궐 제국 이래 독자적인 문자의 창제와 사용, 보편 종교의 확산과 궤를 같이하는 것으로 가히 유목사회의 '문명화'라고 부를 만하다. 특히 뵈귀 카간은 안사의 난을 진압하러 중국에 들어갔다가 마니교 사제들을 만나 초원으로 데려왔고, 이를 계기로 카간과 귀족들 상당수가 마니교로 개종했다. 이러한 사정은 카라발가순 부근에서 발견된 투르크·소그드·한문 등 3종의 언어로 새겨진 비문에도 언급되어 있다. 뵈귀 카간의 마니교 개종은 국제상인 소그드인들과의 정경유착적 관계가 전제되어 있기는 하지만, 종교적 권위를 이용하여 군주권을 분식하고 강화하려는 의도도 있었음을 간과해서는 안 된다.

바이발릭 성터
757~58년에 카를룩 카간이 건설한 바이발릭('부귀성') 유적. 현재 몽골국 볼간 아이막의 셀렝게 강에서 북쪽으로 20km 떨어진 곳에 있으며, 한 변의 길이가 240m에 가까운 정방형이고, 너비는 3~4m, 높이는 7m에 이른다. 그 부근에는 두 개의 성벽이 더 있어 세 개가 하나의 복합체를 이루었을 것으로 추정된다. 소그드인과 한인이 다수 거주했다.

바이발릭
시네 우수 비
카툰 성
(친 톨고이)
하라 보힌 발가스
울란 헤렘
오르두발릭(카라발가순)
위구르 카간정
셀렝게 강

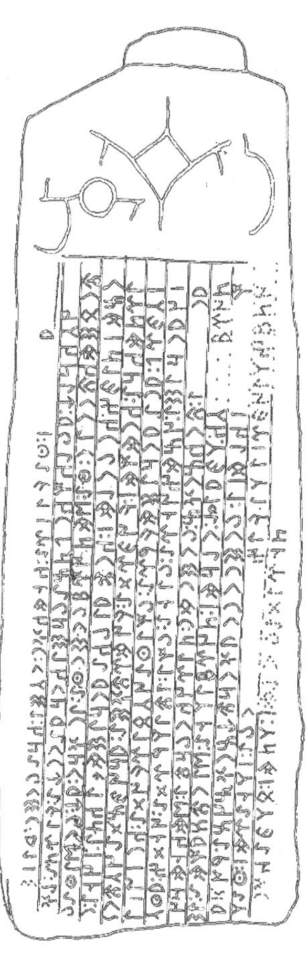

시네 우수 비석과 비문
759~60년에 세워진 카를룩 카간의 기공비. 신흥 제국 위구르를 위협하던 카를룩, 오구즈, 타타르 등 주변의 부족들에 대한 원정과 승리가 기록되어 있고, 아울러 오르두발릭과 바이발릭 두 도시에 대한 언급이 보인다.

위구르 제국의 붕괴

759년
뵈귀 카간 즉위

779년
알프 쿠틀룩 빌게 카간 즉위

795년
재상 쿠틀룩, 8대 카간에 즉위
(알프 쿠틀룩 울룩 빌게 카간)

808년
알프 빌게 카간 즉위

821년
당의 태화공주, 위구르에
화번공주로 보내짐

840년
키르기즈, 위구르의 수도 점령

843년
당, 위구르의 근거지 급습
이후 위구르인 뿔뿔이 흩어짐

카를륵 카간에 이어 759년 즉위한 뵈귀 카간은 20년간 당 왕조에 대한 압도적인 군사적 우위를 바탕으로 중국의 풍부한 물자를 확보하여 제국을 안정적으로 통치할 수 있었다. 그의 뒤를 이은 알프 쿠틀룩 빌게 카간 역시 정치적 안정과 경제적 번영을 이어갈 수 있었으나, 그가 사망한 뒤 제국은 갑작스럽게 동요하기 시작했다. 신임 카간들이 피살되거나 일찍 사망하면서 카간의 권위는 실추되었고, 극심한 정치적 혼란 속에서 795년 재상이었던 쿠틀룩이라는 인물이 카간의 자리에 앉게 되었다. 이로써 카간의 지위는 야그라카르 씨족에서 에디즈 씨족으로 대체되었는데, 이는 중앙유라시아의 유목제국사에서는 매우 드문 일이다.

알프 쿠틀룩 울룩 빌게 카간이라는 이름으로 8대 카간에 즉위한 쿠틀룩, 그리고 10대 알프 빌게 카간의 치세에 위구르 제국은 중흥의 기운을 보여, 주변의 여러 유목부족들을 군사적으로 압도하고 중국과의 관계에서도 주도권을 회복했다. 당시의 상황을 잘 말해주는 것이 카라발가순에서 발견된 비문이다. 이 비문은 10대 카간이 세운 것으로 투르크, 소그드, 한문 세 가지 언어로 새겨졌으며, 특히 자신이 키르기즈를 격파하여 그 카간을 살해하고, 티베트와 카를룩 연합군을 패배시켜 베쉬발릭을 회복한 뒤, 페르가나와 아무다리야까지 진출했음을 자랑하고 있다. 또한 알프 빌게 카간은 직접 군대를 이끌고 당나라 북변에 와서 위협을 가했는데, 당 조정은 그의 요구를 거절하지 못하고 821년에 목종의 누이 태화공주太和公主를 보낼 수밖에 없었다.

그러나 알프 빌게 카간이 사망한 뒤 위구르 제국은 다시 혼란에 빠졌고 그 와중에 카간과 대립하던 한 수령이 키르기즈인들을 불러들였다. 840년 키르기즈 군대는 아무런 저항도 받지 않고 들어와 카간을 살해하고 제국의 수도를 점령한 뒤 약탈을 자행했다. 이로써 1세기에 걸쳐 초원을 호령하던 위구르 제국은 일거에 무너져버렸다. 때마침 닥친 자연재해도 제국의 붕괴를 가속화시키는 한 요인이 되었다. 그러나 키르기즈인들은 이를 대신하여 새로운 제국을 건설하지 못했고, 많은 수의 위구르인과 소그드인들은 사방으로 흩어지기 시작했다.

위구르의 집단 이주는 주로 남쪽과 서쪽으로 향했다. 모두 13부 10만 명 규모의 남주파는 외게 테긴을 카간으로 세우고 고비 사막을 건넜다. 거기서 먼저 와 있던 다른 위구르인들과 합하여 모두 20만 장帳의 막대한 숫자가 집결했다고 한다. 이를 사람 수로 추산하면 100만 명에 이를 텐데, 상당히 과장된 수치인 듯하지만, 당시 목격자의 말에 따르면 이들이 친 천막이 "동서로 60리에 걸쳐 끝이 보이지 않을 정도"였다. 위구르인들은 식량과 물자를 요구했고 당은 먼저 무조건 항복을 요구했

키르기즈 비석
예니세이 강 유역에 살던 키르기즈인들이 남긴 묘비. 돌궐이나 위구르인들이 남긴 비석에 비해 내용이 간단하다. 사진은 두 행으로 된 우육 타를락 비석으로 "나라, 공주, 아들들, 백성, 그대들에게서 나는 예순 살에 (세상을 뜨노라). 나의 이름은 엘 투간 투툭. 나는 하늘 같은 나의 나라의 사신이었다. 나는 여섯 촌(bagh)의 백성들을 (다스리는) 벡(beg)이었다"라고 새겨져 있다.

다. 그러나 843년 당군은 위구르의 근거지를 급습하여 상당수를 몰살시켰다. 이런 식으로 7년의 세월이 흐르는 동안 대다수의 위구르인들은 사방으로 흩어지고, 카간 주위에는 3000여 명만 잔류하게 되었지만 카간마저 살해됨으로써 남주파는 사라져버렸다.

한편 방테긴의 지휘하에 있던 서주파는 15부 10만 명 규모로 추산된다. 이들은 서진하면서 갈라져 마침내 각기 다른 세 지역에 정착하게 되었다. 즉 감주와 사주를 중심으로 하는 하서회랑, 톈산 산맥 동부지역의 베쉬발릭과 투르판 부근, 발하쉬 호 이남의 당시 카를룩 거주지역이었다. 이들은 새로 이주한 지역에서 서서히 정착생활을 하면서 독립 왕국을 건설했다. 위구르인들의 이주와 정착은 장기적인 관점에서 볼 때 중앙아시아의 '투르크화'에 결정적인 계기가 되었다.

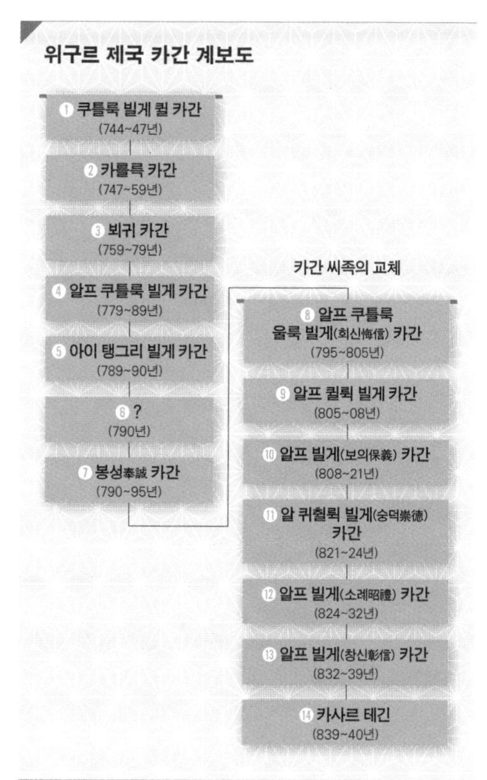

* 정재훈, 『위구르 유목제국사』, 문학과지성사, 2005, 458~459쪽을 근거로 작성

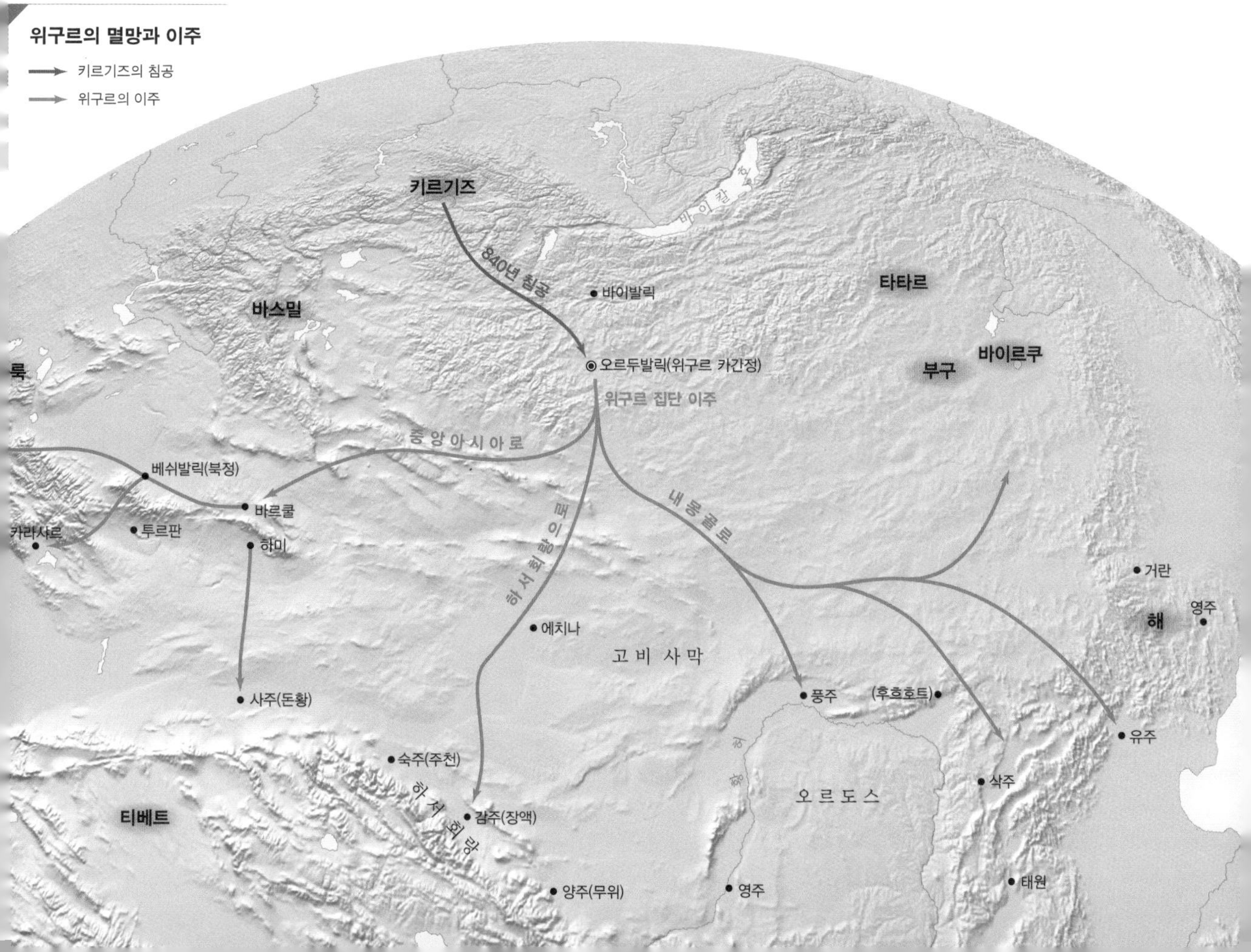

위구르의 멸망과 이주

키르기즈의 침공
위구르의 이주

키르기즈
840년 침공
바이발릭
바이칼 호
타타르
바스밀
오르두발릭(위구르 카간정)
부구
바이르쿠
위구르 집단 이주
중앙아시아로
베쉬발릭(북정)
바르쿨
카라샤르
투르판
하미
하서회랑으로
내몽골로
거란
해
영주
에치나
고비 사막
사주(돈황)
풍주
(후흐호트)
유주
숙주(주천)
하서회랑
황하
오르도스
삭주
티베트
감주(장액)
양주(무위)
영주
태원

하서 위구르

848년
장의조, 사주에 독립 정권 수립

872년
장의조 사망

890년대
위구르인, 감주 장악

907년
당 멸망
5대10국 시대 개막

960년
송 건국

1002년
이계천, 영주 점령

1026년
이계천, 감주 함락
하서 위구르 멸망

서쪽으로 이주한 위구르인들 가운데 하서회랑의 감주(장액)에 근거를 둔 집단을 '하서 위구르' 혹은 '감주 위구르'라고 부른다. 이들이 하서 지방으로 내려오기 전까지만 해도 그 지역에서 강력한 영향력을 발휘하던 세력은 티베트(토번)였다. 티베트는 8세기 전반부터 하서 지방 및 타림 분지 동부로 세력을 뻗쳤으나, 8세기 중반 내분으로 약화되면서 하서회랑의 동부는 당조의 수중에 들어갔고 서부의 사주(돈황)에는 한인 장의조 정권이 들어섰다. 서주한 위구르인들이 티베트에 투항했다는 중국 측 기록은 이들이 과거 티베트의 영향권이던 하서 지역으로 이주했음을 나타낸 것이다.

장의조는 9세기 후반 하서 동부의 양주를 점거함으로써 그 세력을 하서 지방 전역으로 넓혔고, 위구르인들이 이주해온 것은 바로 그 무렵이었다. 그런데 장의조 사후 890년대부터 사주 정권 내부에서 혼란이 일어났고, 위구르인들은 이를 이용하여 에치나 강을 따라 남하하여 감주를 장악했다. 장씨 정권의 군주는 스스로 금산백의천자金山白衣天子를 칭하고 국호도 서한금산국西漢金山國이라고 했지만, 그 세력은 하서 지방의 서쪽에 국한되었고 동부는 감주를 중심으로 하는 위구르인들의 수중에 들어갔다.

하서 위구르의 지배자는 중국에서 '가한'으로 책봉을 받기도 하고 장씨 정권으로부터는 '천가한天可汗'이라 칭해진 것으로 보아 여전

호탄 군주 공양도(왼쪽)
돈황 막고굴 98호굴 동벽 남쪽에 보이는 그림. 사주의 조씨 정권과 혼인관계를 맺은 호탄 왕 이성천李聖天의 공양도이다.

위구르 왕 공양도(오른쪽)
돈황 막고굴 409호굴 동벽 남쪽에 보이는 그림. 좌측에 쓰인 제기題記가 지워져 단언하기는 어려우나, 위구르 왕이나 귀족의 공양도로 추정된다.

히 과거와 마찬가지로 '카간'을 자칭했음을 알 수 있다. 사실 이주한 위구르인들은 10세기 전반까지도 부족의 명칭을 그대로 유지하며 유목적 생활을 계속했던 것으로 보이는데, 이는 925년경 호탄어로 작성된 문서(일명 홀스타인 Staël-Holstein 문서)를 통해서도 확인된다. 이 문서에는 하서 위구르 부족들의 이름이 기재되어 있다. 이들은 퇼리스라 불리는 좌익과 타르두시라 불리는 우익으로 나뉘는데, 좌익 퇼리스는 이프킨 타그 근처에 거주했으며 이는 오늘날 산단 부근의 언지산(연지산)에 해당한다. 우익 타르두시는 카라 타그(오늘날 합려산) 근처에 거주했다. 즉 하서 지방으로 들어온 위구르인들은 카간이 거주하는 감주를 중심으로 동남쪽으로는 산단에서부터 시작하여 서북쪽으로 에치나 강을 따라 합려산에 이르기까지 광범위하게 분포했다. 이들은 부족적 정체성을 유지하면서 그 부근의 초원지역에서 유목적 생활을 했으나, 시간이 흐르면서 정주화가 불가피해졌다. 위구르 군주들이 감주의 성내에 거주하며 "항상 누거樓居한다"는 기록이 이를 말해준다.

하서 지역에서는 위구르 정권과 한인 정권이 병존하며 서로 긴장관계를 갖기도 했지만 우호적인 관계를 맺기도 했다. 장씨 정권의 뒤를 이어 사주에 자리 잡은 조씨曺氏 정권은 하서 위구르의 카간과 부자관계 혹은 형제관계를 맺었고 왕실 간 통혼도 했다. 주변 지역에서 끊임없이 출현하는 새로운 민족과 그 압력에 대해 공동으로 대처하기도 했다. 그러나 탕구트 출신의 이계천이 송으로부터 독립하여 1002년 영주를 점령하고 1026년에는 마침내 감주까지 함락했다. 이로써 하서 위구르 왕국은 명맥이 끊어지게 되었다. 사주의 조씨 정권도 거의 같은 시기에 무너짐으로써 하서 위구르는 약 1세기에 걸친 역사를 마감했다. 원대와 명대에 사릭 위구르라고 불린 종족이 청해 지방에 거주했는데, 이들은 하서 위구르의 후예인 것으로 추정된다.

천산 위구르

851년 – 13세기 초

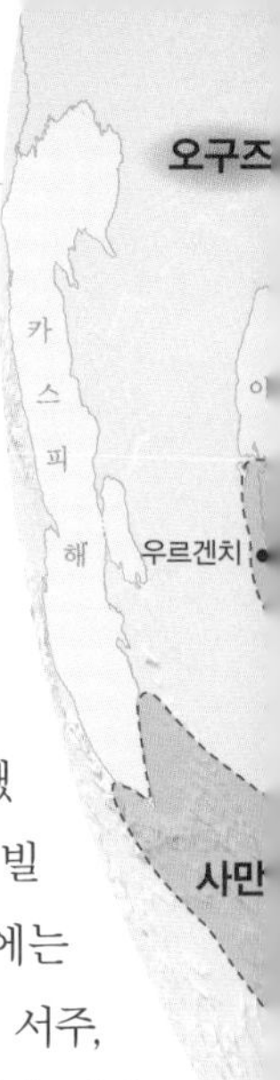

천산 위구르와 주변 지역

오구즈

카스피해

우르겐치

사만

851년
방테긴, 당에 의해 도독이 됨

857년
방테긴, 알프 퀼뤽 빌게 카간으로 책봉됨

866년
복고준, 서주·북정·윤대·청해진 등을 정복

907년
당 멸망
5대10국 시대 개막

960년
송 건국

10세기경
송나라 사신 왕연덕, 천산 위구르 지역 여행

13세기 초
천산 위구르, 칭기스 칸에 의해 멸망

북정 서대사
천산 위구르 시대에 건설된 북정의 서대사. 1995년 필자가 방문할 당시에는 일부만 발굴되고 나머지는 유물 보존이 어려워 그대로 매장되어 있는 상태였다. 안에 있는 커다란 와불과 3층으로 된 벽감 속의 벽화들이 인상적이다. 와불 맞은편에는 위구르 왕과 왕비의 공양도가 선명하게 남아 있다.

하서 지역으로 들어간 위구르를 제외한 나머지 대다수는 방테긴의 지휘 아래 서진을 계속하여 톈산 산맥 북방에 연한 절라만산(바르쿨 부근)의 북록에 도달했다. 여기서 일부는 산을 넘어 남쪽의 하미와 랍추크 지방으로 향했지만, 대부분은 계속 서진하여 톈산 동록의 투르판과 베쉬발릭에 이르렀고, 거기서 새로운 왕국을 건설했다. 한문 자료에 소위 '안서安西'로 들어간 위구르인들이 바로 이들이다. 이들은 여러 가지 이름으로 알려졌는데, 지역 명칭을 빌려 천산 위구르, 서주 위구르, 화주 위구르, 고창 위구르라고도 하고, 군주의 칭호를 따서 아르슬란 위구르(아르슬란은 '사자'를 뜻함)라 부르기도 했다. 위구르인들이 서쪽으로 이주해서 세운 나라라고 하여 서西위구르 왕국이라도 한다. 무슬림 측 사료에는 토쿠즈 구즈라고 기록되어 있다. 이들 위구르인들의 이주와 정착은 동투르키스탄의 투르크화에 결정적인 역할을 하였다.

천산 위구르인들은 처음에 톈산 산맥을 넘어 남으로 내려가 카라샤르에 근거를 잡았다. 카라샤르는 유목하기에 적당한 율두즈 계곡 입구에 위치하여 있었는데, 방테긴은 이곳에 터를 잡고 야브구를 칭했다. 851년 당조는 그에게 도독이라는 칭호를 수여했고 857년에는 그를 알프 퀼뤽 빌게 카간으로 책봉했다. 866년에는 복고준이라는 인물이 등장하여 서주, 북정, 윤대, 청해진 등을 정복했다. 이러한 사실은 초원 위구르 제국 멸망 후 사반세기 만에 천산 위구르 왕국의 기초가 닦였으며, 이 신흥 왕국은 베쉬발릭, 카라샤르, 투르판, 쿠차 등의 도시들과 그 주변의 유목지를 포괄했음을 보여준다.

이 왕국은 13세기 초 칭기스 칸이 이끄는 몽골에 복속할 때까지 약 3세기 동안 명맥을 유지했다. 19세기 말 이래 중앙아시아 탐사 결과 투르판 분지 등에서 발견된 다수의 유적, 유물, 문서류는 원래 유목민이었던 이들이 높은 수준의 정주문화를 꽃피웠던 사실을 잘 말해주고 있다. 10세기 송나라의 사신 왕연덕은 베쉬발릭 부근 초원에 무수한 말 떼가 풀을 뜯고 있는 광경을 목격했지만, 상당수 위구르인은 이미 오아시스 지대에서 생활하는 농민으로 변모했다는 사실을 기록으로 남겼다. 발굴을 통해 현재까지 발견된 문서들에 따르면, 당시 동투르키스탄에는 투르크어를 사용하는 대지주·노비·소작인이 있었고, 상거래에 관한 소송이 많은 것으로 보아 상업도 상당한 정도로 발달했음을 알 수 있다.

이 문헌들 대부분은 위구르인들이 이주한 뒤에 새로 채용한 문자로 기록되었으며, 그 언어

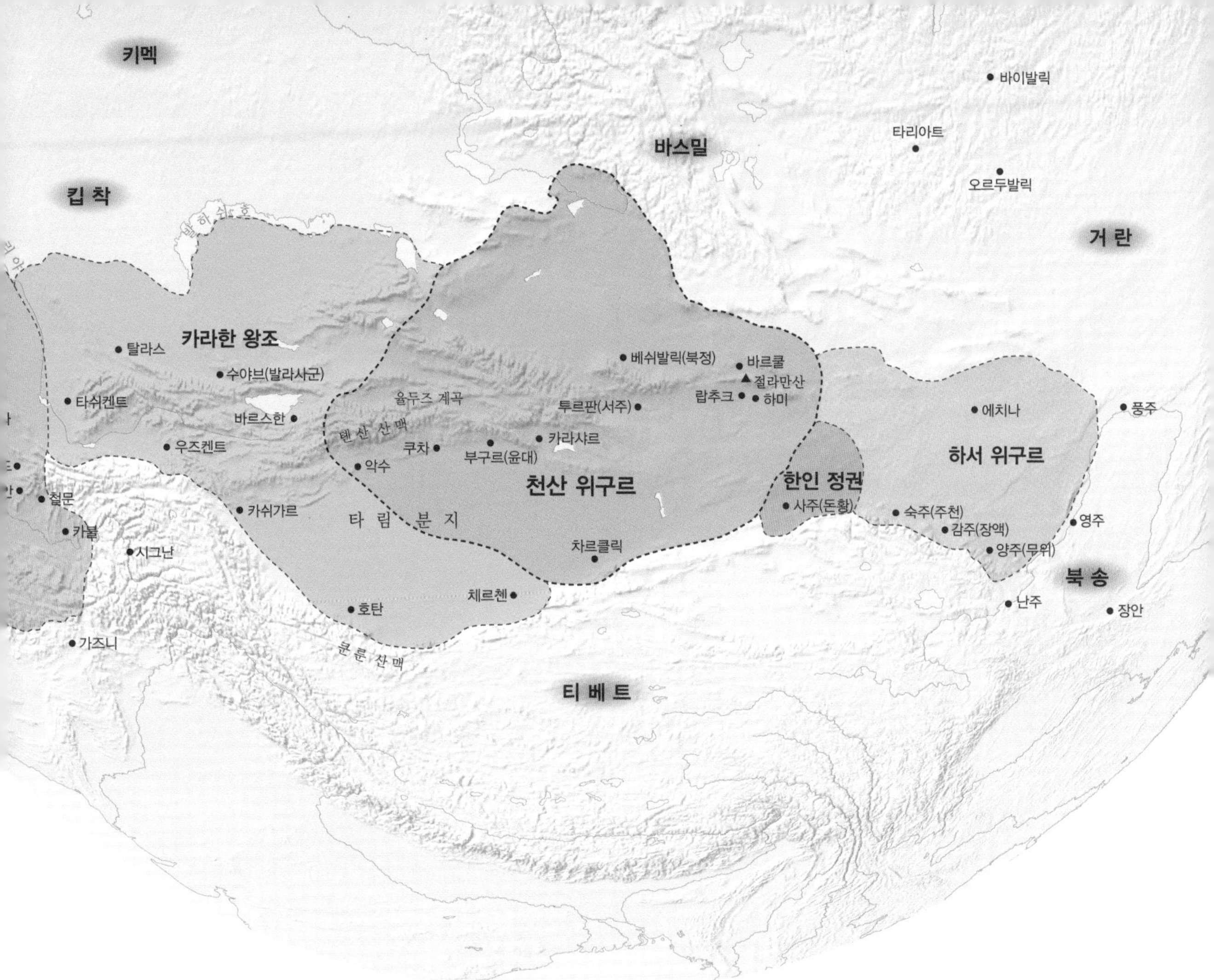

는 투르크어의 한 계통인 중세 위구르어였다. 이 문서들은 내용상 크게 종교문서와 세속문서로 분류된다. 전자는 불교와 마니교, 네스토리우스파 기독교의 경전·찬가·민담 등이다. 세속문서는 공문서와 사문서로 나눌 수 있는데, 행정 명령서·외교서한·허가증·영수증, 청원서 등은 공문서에 속하고, 각종 매매문서·계약서·영수증·기도문 등은 사문서에 속한다. 그런데 이들 위구르 문헌의 결점으로 지적할 수 있는 것은 작성 연대가 분명치 않다는 점이다. 그러나 극히 소수의 연대가 확실한 것을 기준으로 서체라든가 종이의 질 등을 검토한 결과 이 문헌들은 천산 위구르 왕국이 성립된 9세기 이후의 것도 일부 있지만, 13~14세기 몽골 제국의 지배 시기에 속한 것들이 다수를 점한다는 사실이 밝혀졌다.

위구르 왕자와 왕녀들

투르판의 베제클릭 석굴(19호)에 있던 위구르 왕자와 왕녀들의 모습. 9~10세기경의 작품으로 추정된다. 독일의 르 콕이 절삭하여 가져갔으며 현재 베를린 소재 인도미술관에 보관되어 있다.

카라한 왕조

992년
카라한 왕조, 페르가나 장악

999년
부하라를 점령하여 사만 왕조를 붕괴시킴.

11세기 말
셀주크 왕조의 공격으로 사마르칸드를 상실하고 부용국으로 전락

12세기 전반
카라 키타이의 지배를 받음

1069~70년
유수프 하스 하집, 『쿠타드구 빌릭』 저술

1077년경
마흐무드 카쉬가리, 『투르크어 사전』 편찬

카라한 왕조는 10세기 말부터 11세기 말까지 약 한 세기에 걸쳐 톈산 산맥 주변의 초원과 농경지대를 지배했던 국가이다. 군주들이 카라한qara khan이라는 칭호를 사용해 그런 명칭이 붙은 이 국가를 건설한 핵심 집단은, 아직 학자들의 견해가 일치하지는 않지만, 카를룩이나 야그마 혹은 치길과 같은 투르크계 유목민이었다는 사실은 분명하다. 이들은 9세기 중반 위구르 제국의 붕괴와 유목민들의 대규모 이동, 그리고 시르다리야 이남에 들어선 이란계 국가인 사만 왕조와의 교류와 대립을 통해 정치적·문화적 성장을 이룩하였다. 10세기 중반에는 이들 유목민 가운데 상당수가 이슬람교를 받아들인 것으로 보이는데, 이는 사툭 부그라 칸의 개종 설화에 반영되어 있다. 이 설화에 따르면 그는 부하라 출신의 수피인 아분 나스르 사마니의 영향을 받아 이슬람으로 개종했고 그와 함께 20만 장帳에 이르는 유목민이 개종했다고 한다. 그는 이교도였던 자신의 백부를 제거하고 카쉬가르 지방을 장악하여 카라한 왕조의 기초를 놓은 인물로 알려졌다.

카라한 왕조를 건설한 유목민들은 10세기 말부터 본격적으로 사만 왕조의 북방을 압박하기 시작하였다. 992년 페르가나를 장악하고 999년에는 마침내 부하라를 점령하여 사만 왕조를 붕괴시켰다. 이렇게 신속하게 정복이 이루어진 까닭은 그들이 비록 투르크계 유목민이었지만 이미 이슬람으로 개종한 뒤였기 때문에 토착 무슬림들의 반발이 적었고, 당시 아프간 지방에 등장한 가즈나 왕조와 연합하여 사만 왕조를 남과 북에서 동시에 압박을 가했기 때문이다. 카라한과 가즈나 두 세력은 사만 왕조를 무너뜨리고 아무다리야를 경계로 그 영토를 분할해버렸다.

카라한 왕조는 동부 칸국과 서부 칸국으로 나뉜 '양국체제'를 운영하였고, 그 각각은 사

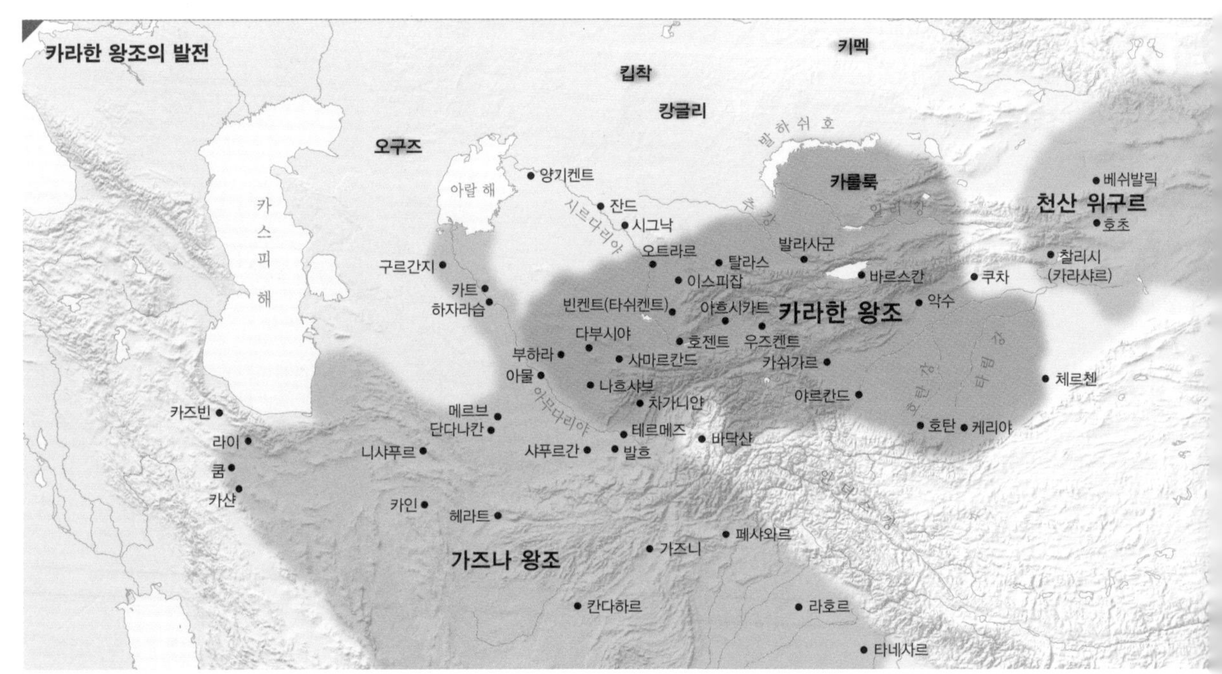

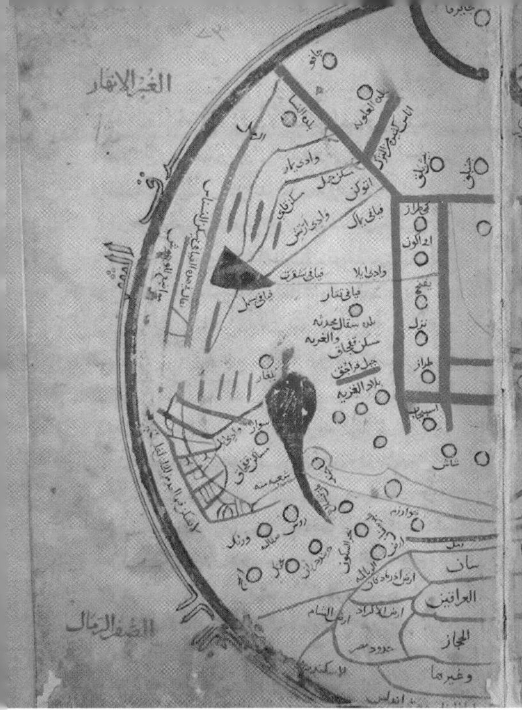
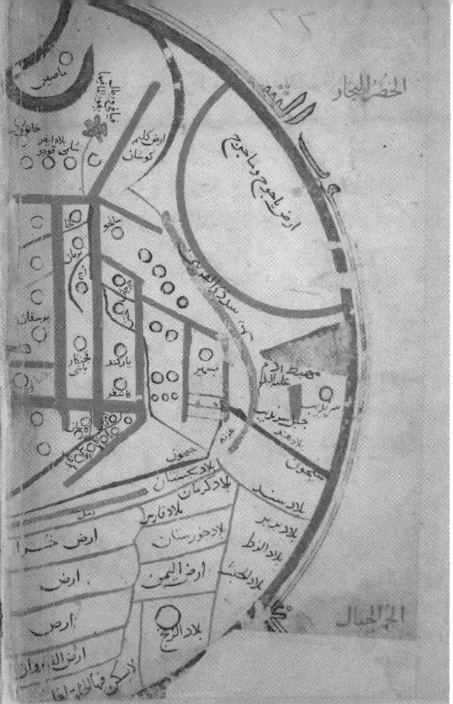

『투르크어 사전』의 세계지도
마흐무드 카쉬가리의 『투르크어 사전』에 삽입된 세계지도. 방위는 상단에서부터 시계 방향으로 동-남-서-북으로 배치되어 있다. 중앙의 붉은 선들 안에는 카라한 왕조 영역에 있는 지명들이 보인다.

촌 간인 알리와 하산 두 사람에 속하는 가문이 지배하였다. 알리 가문의 동부 칸국은 추강 유역의 발라사군(쿠즈 오르두)과 타림 분지 서쪽의 카쉬가르를 중심으로 하였고, 하산 가문의 서부 칸국은 부하라·사마르칸드가 있는 트란스옥시아나와 우즈켄트가 위치한 페르가나 지방을 다스렸다. 동부 칸가는 '아르슬란 칸(사자왕)', 서부 칸가는 '부그라 칸(낙타왕)'을 칭하였으며, 그 아래에는 부왕副王을 하나씩 두었다. 카라한 왕조는 11세기 말 셀주크 왕조의 공격을 받아 사마르칸드를 상실하고 그 부용국으로 전락했고, 12세기 전반에는 다시 셀주크를 패배시킨 카라 키타이의 지배를 받게 되었다. 그러다가 마침내 칭기스 칸에게 쫓겨 카라 키타이로 왔다가 그 지배자가 된 나이만부의 쿠출룩에 의해 최종적으로 소멸하고 말았다.

카라한 왕조가 지배하던 11~12세기에 종래 이란계가 다수를 점하던 파미르 고원 동서의 정주지대, 즉 트란스옥시아나와 카쉬가리아의 주민 구성 면에서 투르크계가 우위를 점하기 시작하였다. 중앙아시아의 '투르크화'는 8세기 중반 탈라스 전투 이후 급속하게 진행된 '이슬람화' 현상과 함께 이 지역의 역사에서 중요한 분수령을 이루는 사건이라고 할 수 있다. 이를 잘 보여주는 두 가지 문화적 성취가 카라한 왕조 시대에 이루어졌다. 하나는 1069~70년 유수프 하스 하집이 지은 『쿠타드구 빌릭』이다. 6500개가 넘는 대구의 서사시로 된 이 책은 투르크어로 쓰였으며 국왕·재상·현자·수도사를 상징하는 네 명의 대화와 덕목을 통해 이슬람적 가치관을 강조하였다. 또 하나는 1077년경 마흐무드 카쉬가리가 편찬한 『투르크어 사전』인데, 그 자신이 직접 여러 지역을 다니면서 채록한 투르크 어휘들을 사전의 형태로 분류·설명한 것으로 아랍어로 쓰여 있으며 바그다드의 칼리프에게 헌정되었다.

유수프 하스 하집의 능묘
현재 신강위구르자치구 카쉬가르에 있는 유수프 하스 하집의 능묘.

바그다드 함락

03

정복왕조와 몽골 제국

900

907년
거란 건국

918년
고려 건국

936년
거란, 연운십육주 할양받음

960년
송 건국

1000

1077년
호레즘 왕국 건국

1100

1115년
완안아쿠타, 여진 건국

1127년
정강의 변, 남송 건국

1200

1206년
칭기스 칸, 몽골 초원 통합

1229년
우구데이 카안 즉위

1258년
몽골, 바그다드 함락, 아바스 왕조 멸망

1260년
쿠빌라이, 카안으로 즉위

1271년
마르코 폴로, 동방 여행 시작

1274년
1차 일본 원정

1300

1276년
남송 멸망

1280년
몽골, 고려에 정동행성 설치

1294년
쿠빌라이 사망

1368년
주원장, 명 건국

1400

민족 대이동이 다시 나타나는 10세기부터 몽골 제국이 흥기하여 붕괴하는 14세기까지를 다룬다. 몽골 제국이 출현하기 전에 중국사에서 소위 '정복왕조'로 알려진 거란(요)과 여진(금)이 북중국에 건설한 국가들의 특징을 살펴본 뒤, 몽골 제국이 어떤 역사적 환경 속에서 등장하게 되었는가를 살펴본다. 특히 몽골 제국이 중앙유라시아의 초원은 물론이고 동아시아와 서아시아 및 러시아와 흑해 북방을 포괄하는 역사상 최대의 육상 제국을 건설할 수 있었던 힘은 어디에서 나온 것인지를 탐구하는 것은 흥미로운 주제가 된다. 그러나 제국의 영토적 거대함, 칭기스 일족 내부의 대립과 전쟁 등으로 몽골 제국은 초기의 통합성을 상실하고 정치적으로 비교적 자립적인 몇 개의 '울루스'로 분할된다. 즉 카안 울루스(대원大元)를 정점으로 서방의 3대 울루스로 나뉘게 되는데, 이제까지는 그것을 단일한 제국에서 여러 개의 계승국가들로 분열된 것이라고 이해해왔지만, 이 책에서는 몽골 제국이라는 정치적 통합성이 상당 정도로 유지되고 있었다는 점에 주목한다. 몽골 제국은 유라시아를 포괄하는 거대한 통합을 통해서 역사상 유례없는 소통을 가능케 했기 때문에, '팍스 몽골리카'라는 말로 표현되는 이 시대의 문명 교류의 실상과 그 역사적 의의를 간과해서는 안 될 것이다.

거란 제국의 등장

907년
당 멸망
야율아보기, 거란 건국

920년
거란 문자 창제

923년
후당 건국

924년
거란, 바르쿨 경략

926년
거란, 발해 멸망시킴

936년
거란, 석경당의 후진 건국을 지원하여 연운십육주를 할양받음

946년
후진 멸망

960년
송 건국

10세기 초 시라무렌 강과 라오허 두 강 유역에 살던 유목민 거란인들이 국가를 건설했다. 한자로는 계단契丹이라 표기되었고 우리나라에서는 '글안' 혹은 '거란' 등으로 읽혀왔지만, 본래 이름은 키탄Qitan 혹은 키타이Qitay에 가까운 발음이었던 것으로 보인다. 이들이 세운 국가도 한문 기록에는 요遼로 기재되어 마치 중국의 한 왕조처럼 여겨져왔으나, 현재까지 발견된 거란 문자로 된 자료들을 조사해보면 막상 거란인들 자신은 그런 이름으로 부른 적이 없었다. 오히려 시종일관 '키탄'이라는 이름을 고수한 사실이 확인된다. 몽골 제국을 중국에서 '(대)원'이라 부른 것이 한자식 명칭이었던 것처럼, '요'라는 왕조 이름 역시 한자를 사용하는 사람들을 위해 만들어진 것일 뿐이다.

거란 제국의 건설자는 야율아보기였다. 야율은 그가 속한 씨족의 명칭이고 아보기는 그의 이름이다. 『요사』에 따르면 그는 907년 천황제天皇帝로 즉위했다고 하는데, 이 칭호 역시 거란식 명칭인 '텡그리 카간'을 한자식으로 표현한 것이다. 그 전에 거란의 수령들이 '카간可汗'을 칭한 일이 자주 있었고, 아보기가 '카간의 자리를 선양받았다〔太祖受可汗之禪〕'는 중국 측 기록이 말해주듯이 이 시기에 카간은 임기가 차면 교대되는 존재에 불과했다. 그러나 야율아보기는 종래 여러 부족의 수령들이 교대로 대표를 맡던 분권적 지배체제를 무너뜨리고 독점적인 지위에 오르는 데 성공했다. 그것은 첫째 그가 '이르킨' 혹은 '우게'라는 직책을 맡으며 주변 부족들에 대한 군사 원정을 성공적으로 이끌었기 때문이며, 둘째는 한인들이 거주하는 한성漢城을 세우고 그것을 자신의 경제적 기반으로 삼을 수 있었기 때문이었다. 당시 한성에는 한인 망명자 및 포로들이 다수 거주하여 승니가 1000명에 달할 만큼 규모가 큰 데다가 '염철 수입'도 많았다고 하니, 말하자면 아보기가 건설한 거란 영내의 경제특구였던 셈이다. 이러한 군사·경제적 기반 위에 그는 일찍이 여러 부족에서 뽑은 용맹한 자 2000여 명으로 복심부를 만들고, 이를 보강하기 위해 한인과 발해인 그리고 비거란계 군사로 구성된 수만 명의 속산군屬珊軍을 두어 자신의 군주권을 강화했다.

대내적 통합을 이룩한 야율아보기는 곧 대외원정에 적극 나서기 시작했다. 10세기 초 당 제국 붕괴 후의 분열적 형세는 원정 성공의 좋은 조건이 되었다. 그는 924년 몽골 초원으로 진출하여 카라발가순을 거쳐 하미 북방의 바르쿨(포류해)까지 공략하고, 나아가 오르도스의 토욕혼과 탕구트도 경략했다. 막북 원정을 마친

관음보살 석조상(거란 상경)
거란 제국의 5경 가운데 하나인 상경은 현재 내몽골자치구 바린좌기巴林左旗에 위치해 있다. 당시의 도성과 건물들은 대부분 찾아볼 수 없고 초원 한가운데에 덩그러니 서 있는 머리 없는 관음보살 석조상이 관광객의 눈길을 끈다.

아보기는 925~26년 발해 원정을 단행했다. 이 원정은 아보기 자신은 물론 황후, 황태자 등이 참여할 정도로 거국적인 규모였다. 거란군은 거의 아무런 저항도 받지 않고 수도 홀한성에 진입하여 항복을 받았다. 아보기는 발해의 영역에 동단국東丹國을 건설하고 장자를 왕으로 앉힌 뒤 귀환하던 도중 병사하고 말았다. 그 뒤를 이은 것이 차자 야율덕광(태종)이다.

마침 북중국에서는 936년 후당後唐의 하동절도사 석경당이 반란을 일으키고 거란에 지원을 요청했다. 이에 태종은 대군을 몰아 낙양에 입성하여 후당을 무너뜨리고 석경당을 황제로 세웠으니 이것이 곧 후진後晋이다. 거란은 그 대가로 장성 이남의 연운십육주를 할양받고 후진과 군신관계를 맺으며 매년 금백金帛 30만 냥을 세폐로 받아 막대한 재원을 확보함으로써 제국 발전의 기틀을 확고히 했다.

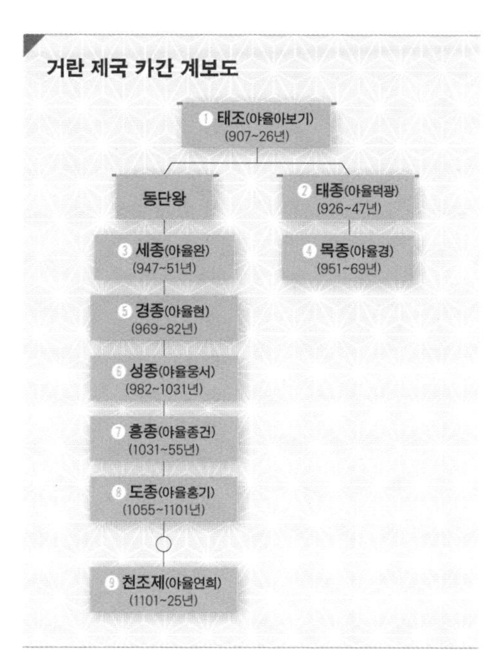

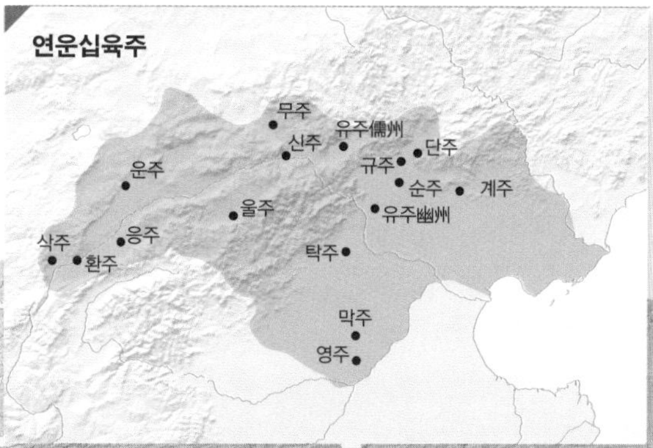

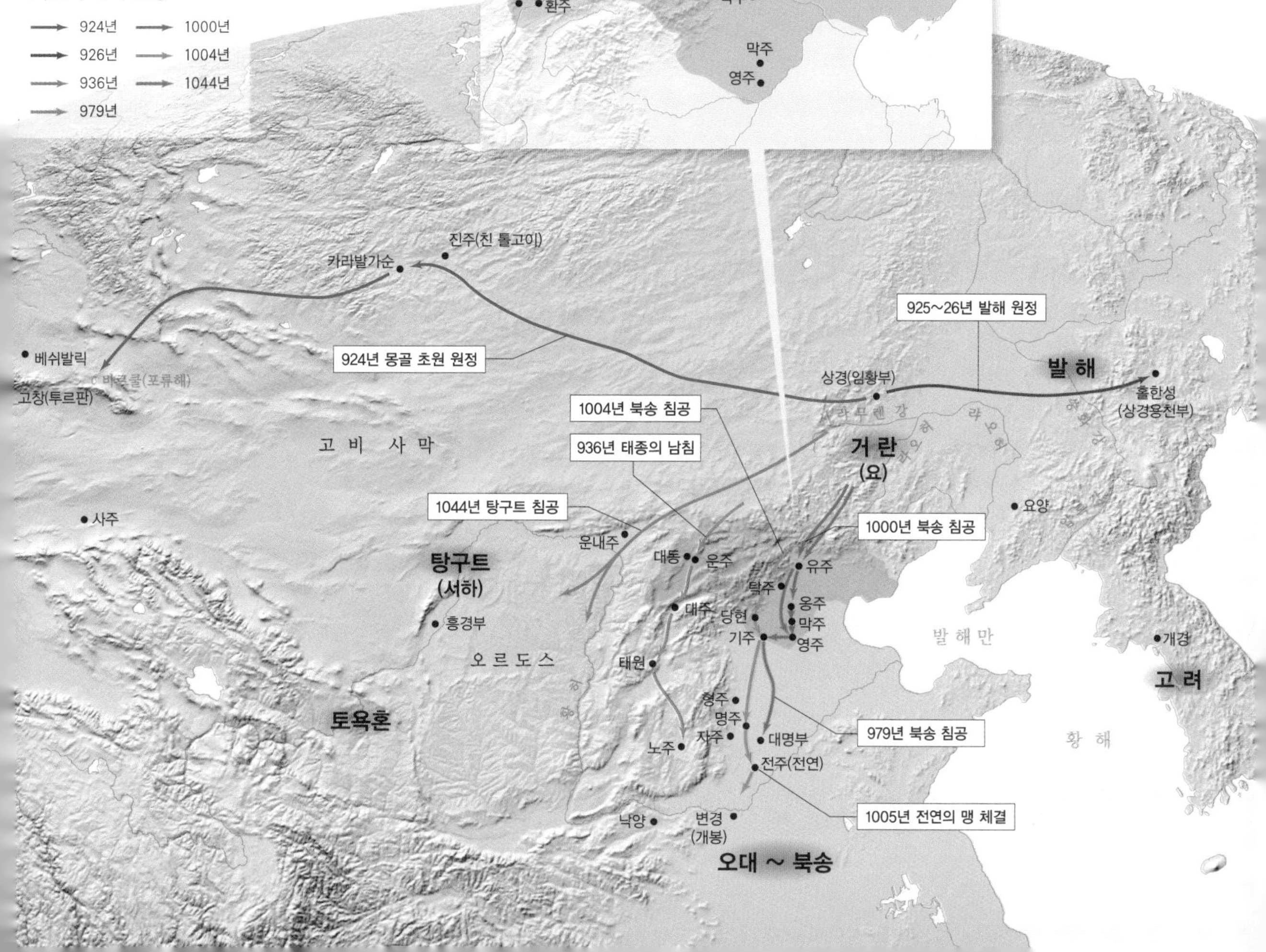

연운십육주

거란의 대외 팽창

924년 · 926년 · 936년 · 979년 · 1000년 · 1004년 · 1044년

거란 제국의 통치 구조

907년
거란 건국

918년
상경 건설 시작

920년
거란 문자 창제

923년
후당 건국

924년
거란, 바르쿨 경략

926년
거란, 발해 멸망시킴

936년
거란, 석경당의 후진 건국을 지원하여 연운십육주를 할양받음

946년
후진 멸망

960년
송 건국

거란 상경
거란 제국을 건설한 야율아보기가 918년 건설을 시작했고 926년에 확장했으며 938년에 상경이라 이름했다. 거란은 상경 이외에도 서경, 남경, 중경, 동경을 두어 5경 제도를 운영했다. 아래는 거란 상경의 성벽터를 보여주는 항공사진이다.

『요사』「지리지」는 거란 제국의 강역에 대해 "동으로는 바다에 이르고, 서로는 금산金山과 유사流沙에 미쳤으며, 북으로는 노구하盧朐河에 이르고, 남으로는 백구白溝에 미쳐, 그 폭이 만리를 이루었다"고 쓰고 있다. 이는 서로는 알타이 산맥과 타클라마칸 사막에서 시작하여 동으로 발해만까지, 북으로는 케룰렌 강에서 남으로는 현재 북경 남쪽에 있는 백구하까지 포괄하는 광대한 영역이었다. 이처럼 거란의 강역은 랴오허 유역을 중심으로 만주와 남·북몽골 및 북중국 일부를 포함했기 때문에 그 자연환경과 풍토도 다양했다. 즉 유목과 농경이라는 상이한 경제생활을 영위하는 주민들을 모두 통치해야 했다. 부족 단위로 생활하는 유목민은 거란인 75만을 비롯하여 모두 100만 명, 한인(240만)·발해인(45만) 등으로 구성된 농경민은 300만 명 정도였다.

거란은 광대한 지역에 산재한 도시와 요충들을 연결하기 위해 역참을 설치하여 신속한 통신 체계를 유지했다. 역참을 이용하는 사람들에게는 패자牌子를 발급했는데, 이러한 제도는 모두 후일 몽골 제국에 그대로 계승되었다. 통상은 500리(280km, 1리=560m), 긴급시는 700리(392km)를 달렸다고 한다. 제국의 핵심지역에는 5경 6부를 두었는데, 5경 가운데 상경과 중경은 초원 한가운데에 새로 건설된 도시로서, 상당수 주민이 강제로 이주된 한인과 발해인들로 채워졌다. 6부는 상경임황부, 동경요양부, 중경대정부, 남경석진부, 서경대동부와 흥중부였다. 또한 156개의 주, 군軍, 성城과 209개의 현이 있었으며, 53개 부족과 60개 속국을 포괄했다고 한다.

거란은 유목민과 농경민을 효율적으로 통치하기 위해 북면원과 남면원이라는 별도 기구를 설치했다. 이러한 '이중조직'의 원초적인 형태는 야율아보기 때에 출현했지만 확립된 것은 성종 치세(982~1031년)였다. 남면원에는 과거 한인 왕조 때와 같이 3성6부를 그대로 두었으나, 북면원에는 군사 문제를 담당하는 대우월부, 부족행정의 실무를 담당하는 재상부, 형옥을 관장하는 이리필원, 의례를 맡아보는 적렬마도사, 문서행정을 보는 대림아원 등 거란식 명칭을 지닌 관아가 설치되었다.

유목민은 고유의 부족제를 유지했으나 농경민은 주·현으로 편입되었다. 당시의 주·현은 중앙정부의 통제를 받는 것 이외에 오르두ordu(斡魯朶, 宮衛)나 두하주·군頭下州·軍에 속한 것도 있었다. '두하'란 거란 귀족들에게 정복된 지역의 촌락과 주민을 봉읍으로 나누어 준 것으로 후일 몽골 시대의 투하投下와 같은 것이다. 그러나 영주들은 두하주·군을 직접 지배하는 것이 아니라 중앙에서 파견한 절도사

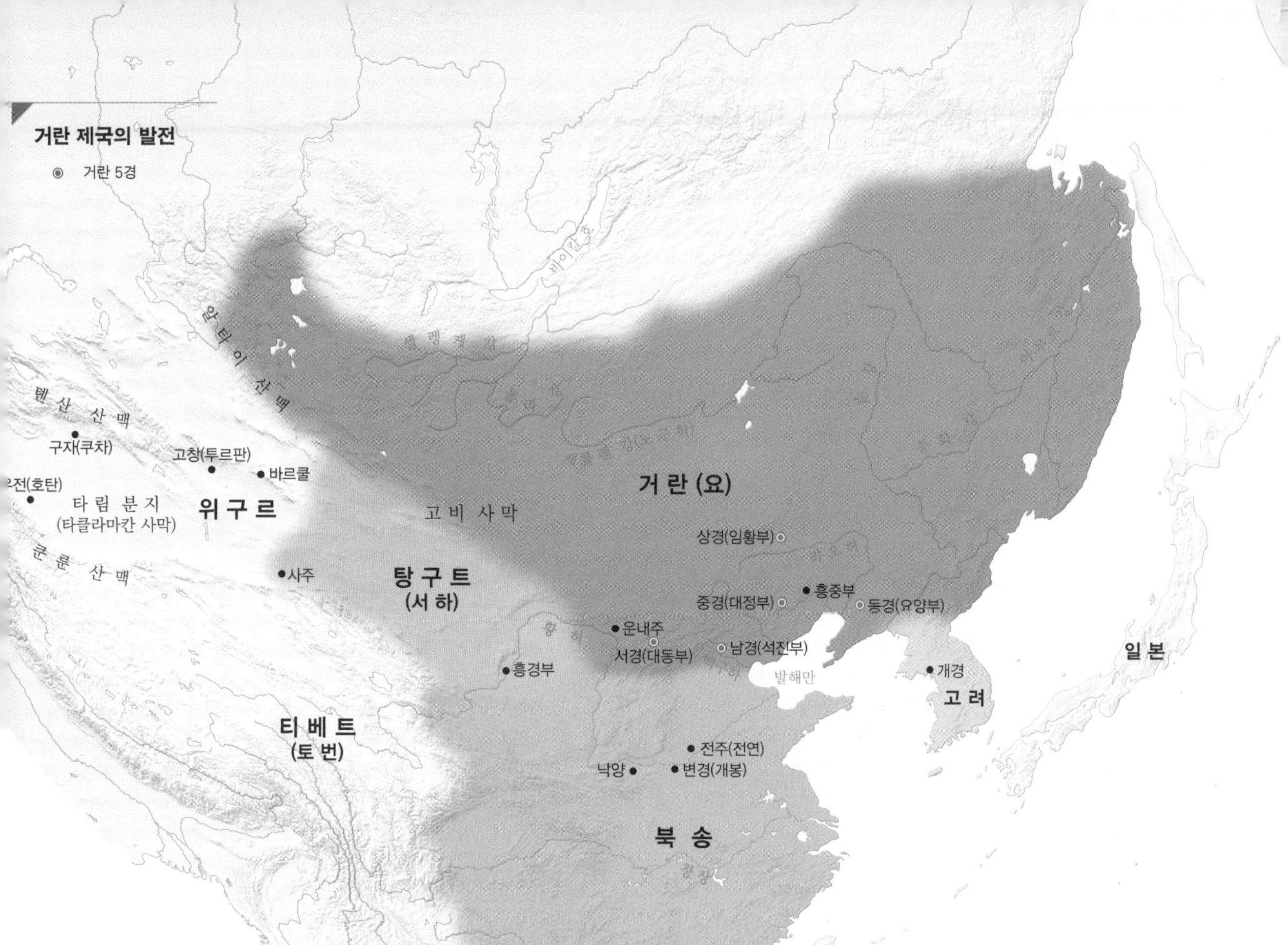

거란 제국의 발전

◉ 거란 5경

가 거둔 부세 가운데 일부를 받았다. 오르두에 속한 주·현은 군주와 그 부인들이 사용하던 궁장의 유지에 필요한 재정을 확보하기 위해 특별히 할당된 주·현들을 말한다. 이러한 오르두는 시대가 내려가면서 그 숫자가 계속 늘어서 나중에는 12궁위宮衛 1왕부王府에 이르렀지만, 성종 이후에는 중앙으로 귀속되어 감축되었다.

거란 제국은 필요한 물자를 확보하기 위해 대외무역에도 적극적인 태도를 보였다. 북송과는 물론 고창(투르판), 구자(쿠차), 우전(호탄) 등과도 사신 교환을 통해 관무역을 유지했고, 그 밖에 변경의 각장榷場에는 호시를 두어 사무역을 하기도 했다. 중앙아시아에 정착한 뒤 실크로드를 통한 국제 교역에 적극적이었던 위구르인들 역시 거란 제국 영내에서 활동했으며, 상경에는 회골영回鶻營이라는 그들의 근거지가 만들어지기도 했다.

거란 벽화

하북성 선화宣化에 위치한 요대 묘지에서 발견된 벽화의 하나. 거란인 특유의 두발을 한 동자 두 명이 차茶를 준비하고 있고, 두 여인이 나무 칠기 받침에 백자로 된 찻잔을 들고 있는 모습이다. 당시 거란 귀족들의 생활상을 보여주는 다양한 장면들이 묘사되어 있다.

여진의 등장과 금의 건국

1113년
아쿠타, 여진 부족연맹의 우두머리가 됨

1114년
거란과 영강주 전투에서 승리
맹안모극제 제정

1115년
아쿠타, 황제를 칭하고 금 건국

1122년
여진, 거란의 중경·서경·남경 점령

1123년
금 태종 즉위

1125년
거란 멸망

1127년
북송 멸망
남송 성립

1142년
남송과 '황통의 강화' 맺음

중국에서 '동북삼성'으로 알려진 만주 지방은 지리적으로 상이한 세 지역으로 나뉜다. ① 랴오허 중하류 유역의 비옥한 농경지대로 이루어진 남서부, ② 싱안링 산맥의 동록에 펼쳐져 있는 초원지대인 서부, ③ 창바이 산맥과 장광차이링 등 삼림지대인 동부와 동북부로, 각각 주민의 인종적 구성이나 경제양식에도 큰 차이가 나타났다. 남서부 농경지대는 일찍부터 한인들이 이주하여 주민의 대다수를 차지한 반면, 서부 초원지대에는 거란·실위·해奚 등의 몽골계 유목민이 주를 이루었고, 동북부 삼림지대에는 부여·읍루·숙신·말갈 등 퉁구스계 수렵민들이 살았다. 여진은 이 마지막 부류에 속하는 집단으로서 말갈의 후예였다.

말갈의 존재는 이미 북위 말과 수당 초기부터 알려졌으며, 8세기에 발해가 건국될 즈음에는 동북방에서 흑수말갈이 강력한 세력으로 부상했다. 이들은 10세기 초 발해가 멸망한 뒤 남하하여 종래 말갈이라는 명칭 대신에 스스로를 '주르첸'이라 부르기 시작했다. 한자로는 주리진朱里真 혹은 여진女真이라고 표기되었다. 이들 가운데 완안부 출신인 아쿠타라는 인물이 '금金'이라는 국가를 건설했다. 그들이 거주하던 쑹화 강의 지류 아르추카가 여진어로 금을 뜻하기 때문이었다.

여진인들의 경제생활은 처음에는 매우 원시

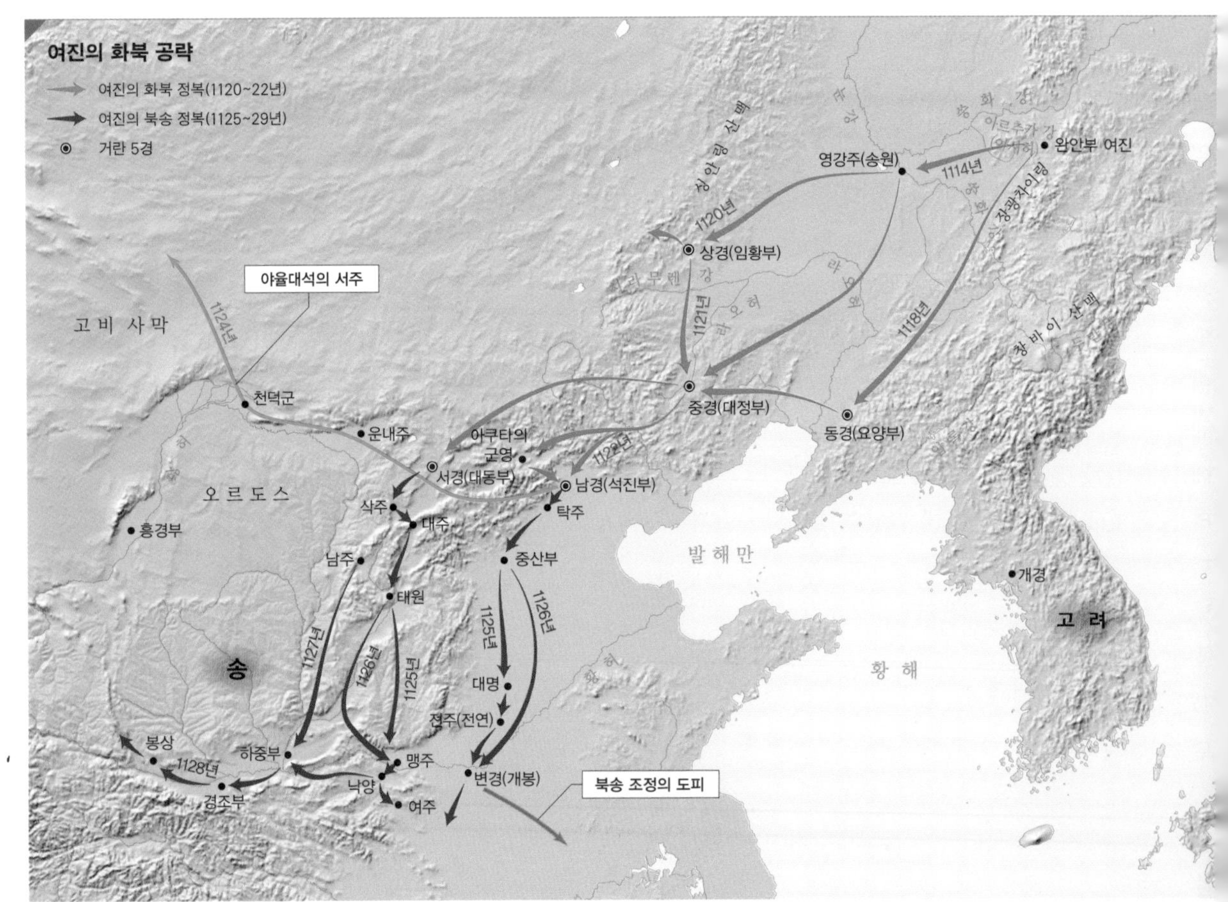

적인 단계에 머물러 있었다. 『구당서』「말갈전」에 따르면 그들은 여름에는 이동하면서 목축이나 수렵에 종사했고 겨울이 되면 땅을 파서 혈거하기도 했다. 그러나 발해가 무너진 뒤 기후가 좀 더 온화한 지역으로 이주했고 철제 농기구와 소를 이용하여 본격적으로 농경에 종사하기 시작했다. 또한 거란이나 고려와 같은 나라와의 교류를 통해서 선진적인 문화를 받아들이면서 성장을 시작했다. 이러한 변화는 여진인들의 시조 설화에도 잘 반영되어 있다. 아쿠타의 선조들에 관한 기록이 담긴 『금사』에는 처음에 함보라는 인물이 언급되어 있는데 그는 원래 '고려'에 살던 인물이었다. 이와 유사한 설화가 다른 문헌에도 보이기 때문에 가공의 이야기라고만 하기는 어렵다. 여기서 '고려'란 사실 '고구려'를 지칭하는 것이며, 당시 만주의 주민들 사이에는 고구려가 지닌 정치적 카리스마가 널리 인정받고 있었다.

여진인들은 모피나 해동청 등 삼림지대의 특산물을 판매하여 경제적 기반을 충실히 했을 뿐만 아니라, 인접한 초원지역에서 유목민과 교역을 통해서 말을 다량 입수하여 군사력의 기초를 다져나갔다. 여진의 성장은 거란과의 충돌을 불가피하게 만들었다. 양측의 갈등은 변경의 시장인 각장이 위치한 영강주에서 진주·인삼·송실·밀랍 등을 가져와서 무역을 하던 여진인들을 능멸하는 소위 '타여진打女真'으로 표출되었다. 게다가 여진의 수령인 아소가 거란에 망명하는 사건이 터지자, 이를 계기로 아쿠타는 1114년 군대를 이끌고 영강주를 공격했다. 전투의 결과는 의외로 여진의 대승으로 끝났고, 1115년 황제로 즉위한 그는 금이라는 국호를 선포했다. 이듬해에는 요동을 정복하고 1125년에는 천조제를 생포하여 거란 제국을 멸망시켰다.

아쿠타의 뒤를 이어 즉위한 동생 오걸매(태종)는 곧바로 북송 공략을 시작하여, 1126년에 수도 개봉을 함락하고 황제 흠종과 상황上皇 휘종을 모두 포로로 붙잡는 '정강의 변'을 일으켰다. 송의 황실과 귀족은 남쪽으로 도주하여 남송을 열었다. 그러나 금은 군사적 압박을 계속하여 희종 때인 1142년 '황통皇統의 강화'를 맺어 화이수이를 양국 경계로 삼았고, 남송은 매년 은 25만 냥과 비단 25만 필을 공물로 바치기로 합의했다. 이는 1005년 북송이 거란과 맺었던 '전연의 맹'보다 훨씬 더 가혹한 것으로서 금이 정복왕조로서의 기틀을 다지는 계기가 되었다.

쌍어문 대동경

1964년 흑룡강 아성阿城에서 출토된 쌍어문 대동경大銅鏡. 표면은 지금도 사물의 모습이 깨끗이 비칠 정도라고 한다. 뒷면에는 잉어 두 마리가 선회하는 모습이 새겨져 있다. 직경 36.7cm, 무게 4.3kg.

대금득승타송비大金得勝陀頌碑

1114년 여진의 아쿠타가 거란에 승리를 거두고 돌아와서 이듬해에 금을 건설했는데, 그의 손자인 세종이 1185년에 그 승리를 기념하여 세운 비석이다. 비문의 정면에는 한문, 배면에는 여진문이 새겨져 있으며, 아쿠타가 거란과 싸우기로 서약하고 원정하게 된 연유가 기록되어 있다. 현재 길림성 부여시扶餘市에 서 있다. 높이 3.2m.

여진 제국의 지배 체제

1113년
아쿠타, 여진 부족연맹의 우두머리가 됨

1114년
거란과 영강주 전투에서 승리
맹안모극제 제정

1115년
아쿠타, 황제를 칭하고 금 건국

1119년
여진 문자 제정

1123년
금 태종 즉위

1125년
거란 멸망

1135년
희종 즉위
이후 중국식 3성6부제 도입

1149년
금 해릉왕, 쿠데타로 즉위

1153년
금 해릉왕, 연경 천도

1161년
금 세종 즉위

1173년
여진족의 중국 성씨 사용 금지

여진 제국의 강역은 흥룡의 본거지인 만주와 장성 이남으로 화이수이에 이르기까지 북중국을 포괄했으며, 이를 통치하기 위해 기본적으로는 거란인들이 운영했던 경·부·주·현으로 이루어진 행정제도를 답습했다. 상경上京(오늘날 하얼빈)은 아쿠타가 흥기한 곳으로 회녕부를 두었다(1153년 천도 후 폐경됨). 5경의 하나였던 연경燕京은 4대 해릉왕의 천도로 새로운 도읍인 중도가 되었는데, 현재의 북경이 왕조의 수도가 된 것은 중국 역사상 이때가 처음이다. 장안을 중심으로 하는 관중 지방이 아니라 유목민들의 공격에 노출된 북경을 수도로 삼은 것인데, 이는 북방 출신의 여진인들이 북의 만주와 남의 중원을 동시에 지배하기 위해 두 지역의 접점, 즉 농목접양지대의 핵심부를 선택한 것이었다.

여진인은 거란인과는 달리 유목민이 아니었기 때문에 부족 단위로 편성하지 않고 맹안모극猛安謀克이라는 독특한 제도를 도입했다. 맹안은 여진어로 천千을 뜻하는 '밍간'을, 모극은 씨족·부락을 뜻하는 '무커'라는 말을 옮긴 것으로, 300호를 1모극으로 하고 10개의 모극을 1맹안으로 편성한 제도였다. 아쿠타가 1114년 영강주 전투에서 승리한 직후에 도입한 제도였지만, 실은 그 이전부터 존재하던 촌락 단위의 조직에 약간의 수정을 가하여 병농일치의 새로운 제도로 탈바꿈시킨 것이었다. 따라서 '니루-잘란-구사'로 이루어진 만주의 팔기제와 매우 흡사하다고 할 수 있다. 나아가 거란은 물론 주변의 해인·발해인·한인들이 투항해오자 이들을 이 제도 안에 편입시켰다. 장성 이남을 정복한 뒤에는 그곳 한인들에게도 전면적으로 실시하려 했으나 관습상의 차이가 심해 실현하지는 못했다. 또한 맹안모극은 기본적으로 병농일체의 조직이기 때문에, 한인이나 발해인으로 구성된 맹안모극은 자칫 위험한 군사세력으로 성장할 가능성도 있어 후일 모두 폐지되었다.

거란 소자小字 동경銅鏡
현재 한국 국립중앙박물관에 소장된 이 동경은 이제까지 여진문자가 새겨진 것으로 알려졌으나, 최근의 연구에 의해 실은 거란 소자가 새겨졌다는 사실이 밝혀졌다. 여진문자는 거란문자를 모방하여 만들어진 것이었고 외형상 매우 유사하여 이러한 오류가 생겨난 것이다. 이 동경에는 모두 28자가 새겨져 있으며 7언절구 형식이다. 거울은 항상 옆에 두고 선악을 밝히는 신뢰할 만한 벗과 같은 존재라는 내용이다.

북중국으로 이주한 여진인들은 농경민으로 정착했다. 국가는 경우耕牛를 지급하고 그 숫자에 따라 '우두세牛頭稅' 혹은 '우구세牛具稅'라는 세금을 거두었다. 그러나 농경 기술의 미숙과 이주지 적응의 실패로 많은 여진인들이 빈곤해졌고 맹안모극 내부의 사회적 격차는 갈수록 심해졌다. 이로 인해 더 이상 우두세를 부과할 수 없게 되자 세종 대에는 재산에 따라 세액을 정하는 물력전物力錢을 도입했다. 아울러 정확한 인력과 재산 상태를 파악하기 위해 통검추배通檢推排라는 정기적인 호구 조사를 실시했다. 그럼에도 불구하고 맹안모극호의 빈곤화는 계속되어 제국 말기에는 25명을 1모극, 4모극을 1맹안으로 재편할 정도가 되었다.

중원으로 이주한 여진인은 자신들의 고유한 제도와 관습을 유지하려고 노력했지만 그다지 성공을 거두지 못했다. 대표적인 예가 보길러,

여진 제국의 발전(12세기)

◉ 여진 5경

보긴과 같은 관제이다. 보길러는 관인官人을 뜻하는 여진어로서, 황태자를 암반 보길러, 재상을 구룬 보길러라고 불렀다. 그러나 1135년 희종이 즉위한 뒤 폐지되고 대신 중국식 3성6부 제도가 도입되었다. 보긴은 촌장村長을 뜻했는데 이 역시 이주 후에는 본래의 기능을 수행하지 못하고, 부·주·현 단위로 된 지방행정제도가 정착했다.

여진 사회의 지나친 한화에 대한 반발로 세종은 여진 중심주의 정책을 추진하기도 했다. 그는 여진 고유의 정신과 기풍을 회복시키기 위해 매년 사냥을 실시하여 군사기술을 익히고 무인 정신을 강화하려고 노력했다. 또한 여진의 풍습을 권장하고 친위군에게는 한어 사용을 금지했다. 동시에 『역경』·『서경』·『춘추』·『논어』를 비롯하여 제자백가의 글이나 다른 역사서들을 여진어로 번역했다. 그러나 그러한 그의 노력도 성공을 거두지는 못했다.

여진의 모극 인장

"살토혼모극인撒土渾謀克印"이라는 인문印文이 새겨져 있으며, 좌변의 관각款刻에는 "계납리혼맹안하系納里渾猛安下"라는 귀절이 보여, 이 모극이 소속된 맹안의 명칭이 확인된다. 대정大定 9년(1170)에 주조된 것으로 길림성 구태시九台市에서 발견되었다. 재질은 동이며 높이 5cm, 한 변의 길이 6.1cm.

여진 제국 카간 계보도

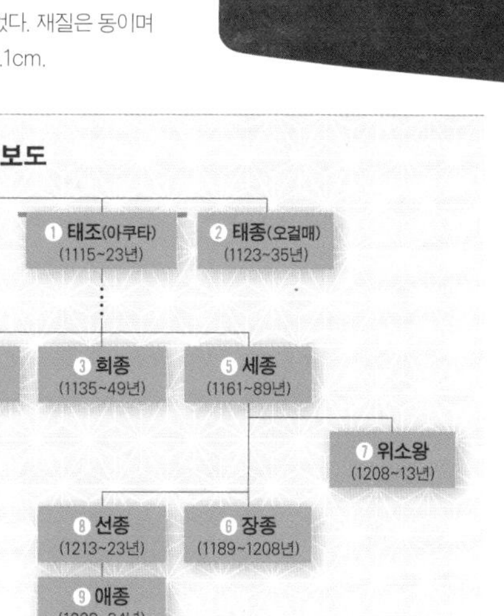

카라 키타이

1125년
거란 멸망

1130년
야율대석, '서정'을 시작

1131~32년경
야율대석, 에밀에서 즉위하여 '구르 칸'을 칭함

1134년
발라사군에 입성하여 도읍으로 삼음

1137년
서투르키스탄 경략 시작

1141년
셀주크와의 카트완 전투 승리
사마르칸드 입성

13세기 초
나이만 왕자 쿠출룩에게 권력을 빼앗김

'카라 키타이Qara Kitai'는 여진의 공격으로 거란 제국이 망한 뒤 중앙아시아로 이주하여 새로운 나라를 세운 거란인 및 그 국가를 가리키는 말이다. 이 나라는 역사상 '서요西遼'라는 이름으로 알려지기도 했다. '카라 키타이'라는 말의 기원에 대해서는 학설이 분분하지만 필자는 후일 몽골인들이 북중국 및 그곳 주민들을 '키타이'라 불렀기 때문에, 거란인들에 대하여 혼동을 방지하고 북중국 주민이 아닌 '본래의 키타이인'이라는 의미에서 사용한 용어라고 생각한다. 1125년 거란 제국 멸망 후 서방으로 이주한 거란인들의 지도자는 야율대석이었다. 그는 처음에 소수의 군대와 함께 인산 산맥을 넘어 몽골 초원으로 향했다. 톨라 강 상류에는 과거 위구르 제국의 중진이었던 카툰성이 진주鎭州로 개명되어 건안군절도사사가 설치되고, 2만여 명에 이르는 군대가 주둔하고 있었다. 카툰성에 이른 야율대석은 인근 7주의 장관들과 18부의 수령을 소집했다. 그리고 거란 제국의 사직과 강역을 회복하겠다는 의지를 천명하면서 단합을 호소하여 상당수의 유목 군대를 집결하는 데 성공했다.

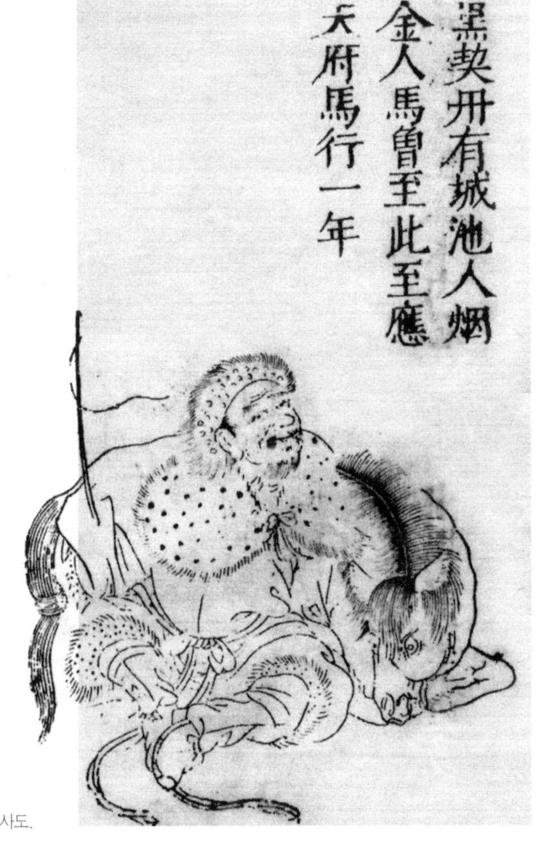

카라 키타이인의 모습
『삼재도회』에 수록된 카라 키타이 유목민의 묘사도.

1130년 3월 야율대석은 1~2만 명 규모의 무리를 이끌고 카툰성을 떠나 먼저 북방의 예니세이 강 유역으로 향했다. 곧이어 서쪽으로 방향을 돌려 에밀에 도착했고, 그곳에 작은 성채를 건설하여 최초의 근거지를 세웠다. 그는 투르판에 있던 천산 위구르 왕국의 빌게 칸에게 사신을 보내 거란과 위구르 사이의 역사적인 우호관계를 상기시키면서 서행을 위한 길을 내어달라고 요청했다. 그러나 서쪽으로 근거를 옮기려던 그의 희망은 카라한의 공격으로 무산되어 에밀 지방에 머물 수밖에 없었다. 야율대석의 무리는 4만 호로 증가했으며 마침내 그는 1131~32년경 에밀에서 '사해四海의 군주'를 뜻하는 '구르 칸'으로 즉위했고, 동시에 '천우황제'라는 중국식 칭호도 취했다.

이어 야율대석은 대외정복전을 개시했다. 먼저 남쪽의 천산 위구르를 압박하여 부용국으로 만든 뒤, 타림 분지 일대를 지배하던 동부 카라한에 대한 공격을 개시했다. 이슬람 측 기록에 따르면 그가 오기 전에 먼저 그곳에 와 있던 투르크·거란인들의 천막이 1만 6000개를 헤아렸는데, 이들이 카라한 왕조에 불만을 품고 대거 그에게 합류했다고 한다. 또한 양측의 전투가 벌어지는 와중에 카라한 군대의 주력을 이루던 카를룩과 캉글리 계통의 유목민들이 반기를 들었다. 그 덕분에 야율대석은 1134년 초 톈산 북방의 거점인 발라사군(쿠즈 오르두)에 입성하여 그곳을 새로운 도읍으로 삼았다.

1137년부터는 서투르키스탄을 경략하기 시작했다. 당시 그곳에는 서부 카라한 왕조가 있었지만 이미 쇠약해져 신흥세력 셀주크에 복속한 채 겨우 명맥만 유지하고 있었다. 셀주크의 군주 산자르는 서부 카라한의 마흐무드와 연합하여 1141년 가을 사마르칸드 인근 카트완 평원에서 카라 키타이 군과 일대 회전을 벌였다. 전투는 셀주크의 참패로 끝났고, 야율대석은 그길로 사마르칸드에 입성했다. 중앙아시아의 새로운 패자로 부상한 카라 키타이의 영역은 서쪽으로는 아무다리야에 미쳤고 동쪽으로는 탕구트와 접경했으며 동북쪽으로는 나이만과 마주했다. 제국의 수도는 발라사군이었고 하중부河中府라 불린 사마르칸드는 제2의 중심지였다. 카라 키타이는 카라한 왕조, 천산 위구르 왕국 등을 부용국으로 삼고 샤흐나 혹은 샤우캄이라는 관리를 보내서 감독했다. 이 왕국은 13세기 초 칭기스 칸에게 쫓겨 망명한 나이만의 왕자 쿠출룩에게 권력을 빼앗길 때까지 반세기 이상 존속했다.

친 톨고이
거란(요) 시대에 몽골 초원에 건설된 전략적 거점으로 진주, 카툰성 등으로 알려졌다. '친 톨고이'라는 현재의 지명은 '진鎭'이라는 이름에 언덕을 뜻하는 몽골어 톨고이가 붙어서 만들어진 것이다. 현재 볼간 아이막 내 다신칠렝 솜에 위치해 있다.

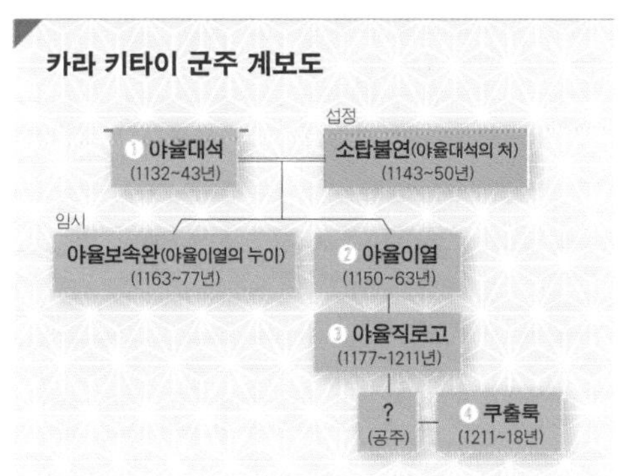

카라 키타이의 발전

야율대석의 이동로
야율대석의 정복활동

1141년 셀주크 왕조와 카트완 전투
1134년 동부 카라한 왕조 공격. 발라사군 입성. 새 도읍으로 삼음.
1131~1132년경 즉위
1130년 '서정' 시작
1125년 이동 시작
천산 위구르를 부용국으로 삼음

키르기즈, 여진, 카라 키타이, 탕구트, 고려, 남송, 히바, 오트라르, 탈라스, 발라사군, 부하라, 카트완, 사마르칸드, 카쉬가르, 호탄, 에밀, 베쉬발릭, 카라호초(투르판), 사주, 진주(카툰성, 친 톨고이), 천덕군, 흥경부, 서경(대동부), 태원, 북경(대정부), 중도(대흥부), 동경(요양부), 개경, 전주(전연), 남경(개봉부), 낙양, 고비 사막, 인산 산맥, 톈산 산맥, 타림 분지, 아랄 해, 시르다리야, 아무다리야, 인더스 강, 황하, 오르혼 강, 톨라 강

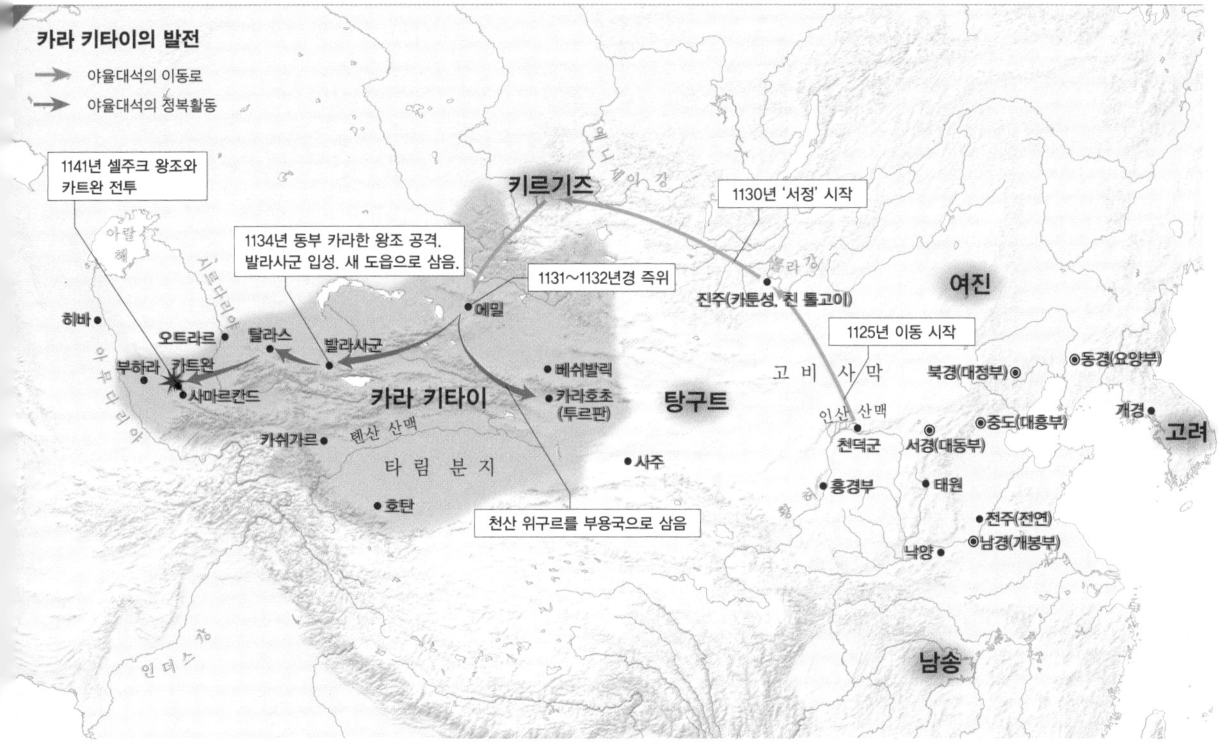

유라시아 서부의 정복왕조들

756~1031년
코르도바 칼리프 정권
(압드 알 라흐만 1세 건국)

874~999년
사만 왕조(나스르 빈 아흐마드 건국)

909~1171년
파티마 왕조(사이드 빈 후세인 건국)

962~1186년
가즈나 왕조(사북 테긴 건국)

1038~1194년
셀주크 왕조(토그릴 벡 건국)

1055년
셀주크 왕조, 부이 왕조를 무너뜨리고 바그다드 장악

1077~1212년
호레즘 왕국(아누시 테킨 건국)

1206~1290년
델리 술탄국(쿠틉 앗 딘 건국)

1250~1517년
맘루크 왕조(바이바르스 건국)

'정복왕조(conquest dynasty)'란 사회경제사학자 비트포겔이 중국사에서 요·금·원·청과 같이 군사적 우위를 바탕으로 중국을 정복하고 지배한 이민족 왕조들을 지칭한 용어로 이후 학계에서 널리 유행했다. 흥미롭게도 이러한 유형의 정복왕조들이 동아시아뿐 아니라 9~10세기 이래 중앙아시아와 서아시아에서도 연속해서 출현했다. 동서를 막론하고 정복왕조의 이러한 광범위한 출현은 9세기 중후반 이후 유라시아 정치 질서의 전반적 동요와 밀접한 관련이다. 정복왕조의 효시라고 할 수 있는 거란 제국의 등장이 당 제국의 약화와 위구르 제국의 붕괴로 인한 힘의 공백에 힘입은 바가 컸던 것처럼, 서아시아에서도 거의 같은 시기에 아바스 체제가 동요되기 시작하면서 독자적 군사 역량을 지닌 지방 정권들이 생겨나기 시작했다. 중국에서 지방의 군사 세력이 출현하고 뒤이어 북방의 유목민들이 남하하여 정복왕조를 건설한 것과 마찬가지로, 서부 유라시아에서도 유목민들의 이주와 이동의 결과 군사적 정복왕조들이 출현하게 된 것이다.

셀주크 왕조가 대표적인 예이다. 셀주크는 원래 아랄 해 부근에서 유목하던 오구즈 계통의 투르크 부족이었는데, 중앙아시아의 사만 왕조가 붕괴하자 아무다리야를 건너서 후라산 지방으로 들어왔다. 거기서 더 서진하여 1055년에는 부이 왕조를 무너뜨리고 바그다드를 장악하여, 칼리프와 수니파 무슬림의 수호자를 자처하며 중동의 패자로 등장했다. 그러나 오구즈인들이 계속해서 국내로 이주해 들어오자 이들을 비잔티움 제국과 대치하고 있던 서부 변경지역으로 유도했다. 이들 '성전사(ghazi)'들

가운데 일부가 후일 오스만 제국을 건설하는 초석을 놓았다.

한편 이러한 집단적 이주가 아니라 개별적으로 노예로 팔려온 투르크인들이 군사적 역량을 쌓아 국가를 건설하는 경우도 있었다. 아프가니스탄 지방의 가즈나 왕조가 좋은 예이다. 사만 왕조는 투르크계 유목민들을 노예로 붙잡아 특별한 교육을 시킨 뒤 부하라 등지의 노예시장에서 판매하여 많은 수입을 올렸는데, '맘루크' 혹은 '굴람'이라 불린 이들 노예들은 칼리프 궁정에 대거 유입되었다. 한때 7~8만 명에 이르렀던 이 노예 병사들 가운데 칼리프의 신임을 받는 사람은 지휘관으로 발탁되거나 지방 총독에 임명되었다. 가즈나 총독이던 사복 테긴(재위 977~97년)과 그 아들 술탄 마흐무드(재위 998~1030년)는 독립하여 아프간, 이란, 중앙아시아 및 서북 인도를 지배하는 가즈나 왕조를 세웠다.

호레즘 왕조 역시 이와 유사한 방식으로 건설되었다. 셀주크 왕조의 군주를 위해 일하던 투르크 노예 출신의 아누시 테킨은 호레즘 총독으로 임명되어, 그곳의 풍부한 자원과 교역의 이익을 바탕으로 국가의 기초를 놓았다. 그의 손자 아트시즈는 셀주크의 산자르가 카트완 전투에서 카라 키타이에게 패배하자 정치적으로 독립했고, 다시 그 손자인 테키시는 1194년 셀주크 군주 토그릴을 패주시켰다. 1200년 테키시의 뒤를 이은 알라 앗 딘 무함마드는 후라산 전체를 점령하고 이어 마잔다란과 키르만까지 차지함으로써 명실공히 이슬람권 최강의 패자로 올라섰다.

이 밖에 가즈나 왕조가 델리 총독으로 파견했던 쿠틉 앗 딘이 독립하여 건설한 델리 술탄국, 13세기 중반 투르크 노예 출신 바이바르스가 노예 용병들로 구성된 기마군대로 몽골군의 침입을 막아내고 이집트와 팔레스타인 지방을 석권한 맘루크 왕조 등도 투르크계 노예들로 이루어진 군사집단이 건설한 나라들이다.

술탄 마흐무드
가즈나 왕조의 군주로서 현재의 아프간, 동북부 이란, 서북부 인도 등지를 포함하는 광대한 영역을 지배했다. 칼리프의 명목적인 권위를 인정하면서 스스로 '술탄'을 칭하여 독자적인 통치자로 군림하였다. 에딘버러 대학교에 소장된 『집사』 사본에 있는 이 삽화에는 칼리프가 그에게 하사한 의상을 입고 즉위하는 장면이 묘사되어 있다.

쿠틉 앗 딘 미나렛
아프간 지방의 투르크 노예 출신인 쿠틉 앗 딘은 몽골 제국이 건설된 해인 1206년 인도 북부에 독자적인 왕조를 세웠다. 이는 역사상 '델리 노예왕조' 혹은 '델리 술탄국'으로 불린다. 이 미나렛은 그가 즉위하기 전인 1199년 델리에 세운 것으로서, 높이 72.5m, 기단부 지름 15m, 정상부 지름 3m의 위용을 자랑한다.

룸 셀주크 왕조의 카라반사라이
룸 셀주크의 술탄 알라 앗 딘 카이코바드가 1229~36년 아나톨리아 중부 도시 코냐 부근에 세운 카라반사라이(상인 숙박시설)로 '술탄 한'이라는 이름이 붙어 있다. 코냐에서 카이세리를 거쳐 시바스·에르주룸으로 이어지는 간선도로상에 위치한 주요 교역 시설이다.

몽골계 집단의 이주

9세기 중반
위구르 제국 붕괴

9세기 후반
몽골계 유목민이 초원으로 이주하기 시작

907년
야율아보기, 거란 건국

924년
야율아보기, 저복(타타르) 공격

960년
송 건국

981년
송 사신 왕연덕, 구족달단(타타르) 만남

982년
거란 성종, 초원으로 진출

1003년
거란, 카툰성 수축

1004년
거란, 건안군절도사사 배치

1162년
칭기스 칸 출생

9세기 중반 키르기즈의 침공으로 위구르 제국이 붕괴하고 다수의 위구르 유목민들이 초원을 떠나 남쪽과 서쪽으로 이주했지만, 정작 키르기즈인들은 초원에 국가를 건설하지 못하고 자신들이 살던 예니세이 강 유역으로 돌아가버렸다. 이로 인해 몽골 초원에 힘의 공백이 생겨나자 새로운 주민들이 대거 몽골 초원으로 유입하기 시작했다. 특히 위구르 제국의 동북부 변경지역에 살던 타타르 부족을 비롯한 몽골계 집단들은 다양한 시차를 두고 풍부한 초원을 찾아 이주해 들어왔다. 이 몽골계 집단들은 당대의 한문 기록에 '실위室韋'라는 이름으로 알려졌고 그 가운데 '몽올실위蒙兀室韋'라 불린 집단도 포함되어 있었다. 이는 '몽골'이라는 이름이 역사상 최초로 알려진 사례인데, 이처럼 처음에는 조그마한 집단에 불과하던 몽골에서 칭기스 칸이 출현했고, 그 후 그곳의 유목민들은 모두 스스로를 '몽골'이라 불렀던 것이다.

몽골계 집단의 이주는 이미 10세기 초 중국 측 기록에 포착되기 시작한다. 924년 가을 거란(요) 제국을 건설한 야율아보기는 몽골 초원으로 원정하여 '고회골성古回鶻城(오르두발릭)'에 도착했고 그 부근에 있던 저복을 공격했다. 한편 981년 송나라 사신 왕연덕도 투르판의 고창 위구르 왕국을 방문하러 가다가 구족달단九族達旦이라는 집단을 만났는데, 이들은 오르콘 강 유역에 있던 몽골계 유목민이었다. 무슨 연유인지는 모르지만 몽골계 유목민들을 가리켜 거란인들은 저복이라 불렀고 송에서는 달단이라 불렀다. 당시 키르기즈인들이 남긴 비문에도 초원으로 이주해온 타타르인들에 대한 원정이 기록되어 있고, 그들이 '구성九姓 타타

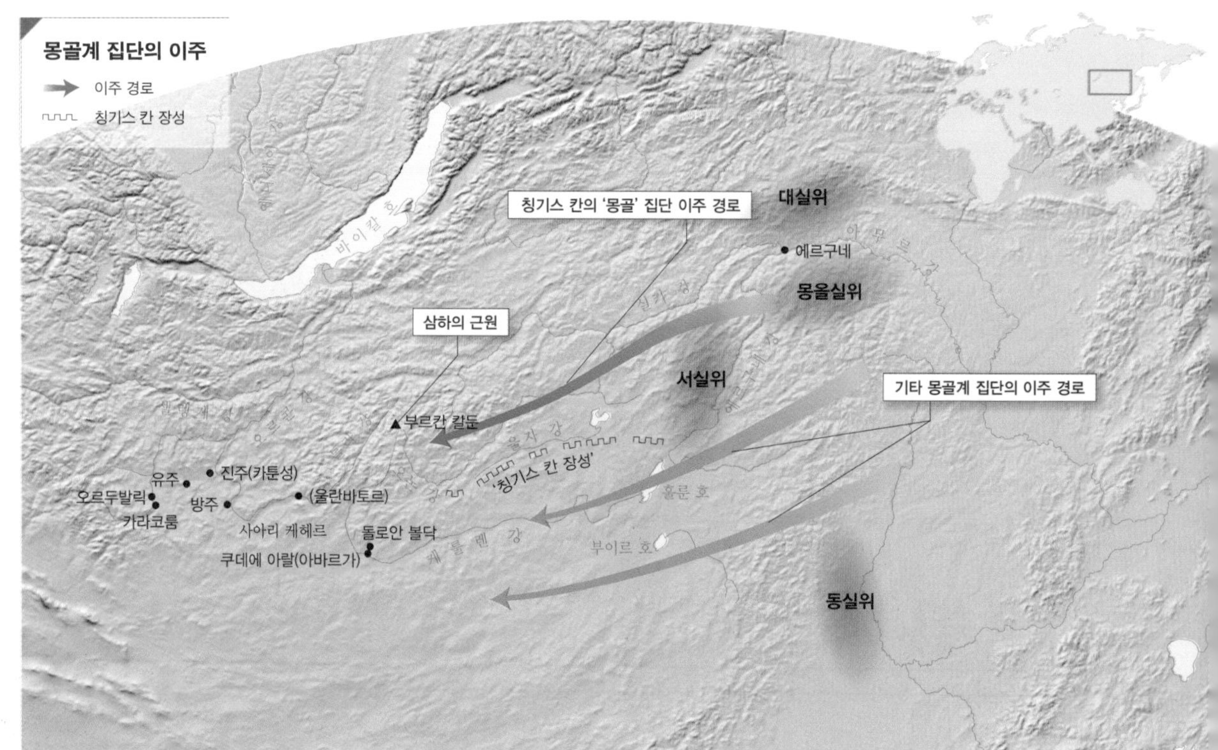

에르구네 강가의 마을
케룰렌 강이 훌룬 호로 들어간 뒤에 다시 거기서 흘러나오는 에르구네 강은 만주 지방을 관통하는 아무르 강(흑룡강)의 상류를 이루며, 칭기스 칸의 선조들이 몽골 초원으로 이주하기 전에 살던 곳이기도 하다. 현재 중국과 러시아의 국경을 이루고 있으며, 사진에 보이는 것은 러시아 측 마을의 모습이다.

르의 나라(Toquz Tatar eli)'라고 불린 것으로 보아 미약하나마 정치집단으로 성장하고 있었음을 알 수 있다.

거란이 이들을 제압하려 여러 차례 대규모 원정군을 보냈고 초원의 광범위한 지역에 걸쳐 성벽과 요새를 세운 사실도 이러한 사정을 잘 말해준다. 소위 '칭기스 칸 장성'이라는 이름으로 알려진 성벽은 동쪽으로는 에르구네 강에서부터 시작하여 훌룬 호를 거쳐서 울자 강과 오논 강 남쪽에 이르기까지 약 800킬로미터에 걸쳐 있으며 중간중간 여러 보루가 세워져 있다. 이것은 당시 몽골계 유목민들을 막기 위한 방벽이었다. 또한 거란의 성종은 982년 유목민들에 대한 원정과 함께 초원으로의 군사적 진출을 추진하여, 1003년에는 과거 위구르의 카툰성을 수축했다. 1004년에는 진주鎭州, 유주維州, 방주防州를 두고 건안군절도사사를 배치하여 톨라 강과 오르콘 강 주변을 관할하도록 했다. 이 가운데 톨라 강 하반의 진주는 가장 중요한 군사 요충으로 고고학 발굴에 의해 많은 수의 병사와 농민들이 그곳에서 생활했음이 밝혀졌다. 진주는 현재의 친 톨고이에 해당되며, 유주는 탈린 우란, 방주는 하르 부흐로 추정된다.

이처럼 9세기 후반부터 시작된 몽골계 민족들의 이주로 이 지역은 명실상부하게 '몽골 초원'이 되었지만, 정작 '몽골'이라는 이름을 지닌 집단이 원주지인 에르구네 강 하반에서 서남쪽으로 이동하여 톨라, 오논, 케룰렌의 삼하三河가 발원하는 부르칸 칼둔 지역에 정착한 것은 이보다 더 늦은 시기였다는 주장이 최근에 제기되었다. 특히 칭기스 칸이 속한 집단이 살던 오논 강 상류 지역 발굴 조사에서는 12세기에 이르러 매장 방식에 중요한 변화가 일어났다는 점이 주목을 받았다. 이러한 주장이 사실이라면, 과거 한문 자료에 '몽올실위'라는 이름으로 알려진 이들은 적어도 11세기까지는 아무르 강 상류, 즉 에르구네 강 유역에 머물러 있었다고 볼 수 있다. 몽골 제국 시기의 문헌인 『몽골비사』와 『집사』에도 이들의 이주에 관한 역사적 기억이 흥미로운 설화의 형태로 기록되어 있다.

몽골 제국 출현 전야

9세기 중반
위구르 제국 붕괴

9세기 후반
몽골계 유목민이 초원으로 이주하기 시작

907년
거란 건국

960년
송 건국

1115년
금 건국

1125년
거란 멸망

1127년
북송 멸망
남송 성립

1162년
칭기스 칸 출생

칭기스 칸이 출생할 무렵인 12세기 중반 몽골 고원의 유목민들은 '울루스ulus'라 불리는 집단으로 나뉘어 살고 있었다. 울루스라는 말은 원래 '사람', '백성'을 뜻하지만 '부족', '나라'와 같은 뜻으로도 쓰였다. 당시 활동하던 대표적인 울루스로는 나이만, 케레이트, 타타르, 메르키트, 오이라트, 몽골 등이 있었다.

나이만은 고원의 가장 서쪽인 알타이 방면에 있었으며 그 지배층은 투르크계에 속했다. 남쪽에 있던 천산 위구르나 탕구트와 관계를 맺으면서 위구르 문자를 받아들여 사용했다. 나이만 동쪽의 케레이트는 몽골 고원의 중심지역에 위치해 있었는데, 이들의 지배층 역시 투르크적인 특징을 보였으며 네스토리우스파 기독교를 믿는 사람들이 많았다. 고원의 동부에는 타타르가 있었다. 이미 8세기 투르크 비문에도 등장하는 이들의 세력은 막강하여 몽골 제국 이후에도 '타타르'라는 이름은 초원 유목민들을 가리키는 범칭이 되었다. 초원의 북방, 즉 바이칼 호 남쪽의 셀렝게 강 유역에는 메르키트가 있었다. 가장 서북부에 해당되는 이르티쉬 강 유역에는 '삼림민'이라 불리던 오이라트가 있었다. '몽골'은 고원의 중북부에 해당되는 헨티 산지에 자리 잡고 있었다. 오논·케룰렌·톨라 세 강이 발원하는 '삼하의 원류'가 있는 부르칸 칼둔 산 부근이 이들의 근거지였다. 『몽골비사』에 따르면 이들은 부르테 치노아(잿빛 이리)와 고아이 마랄(흰빛 사슴)이라는 전설적 조상의 후예로 동쪽에서 이주해온 집단이었다고 한다.

울루스라는 사회조직은 '오복oboq'이라는 집단들로 이루어져 있었다. 예를 들어 몽골이라는 울루스 안에는 칭기스 칸이 속한 보르지긴을 위시하여 바룰라스, 우루우트, 망구트 등 많은 오복들이 존재했다. 이 오복은 동일한 '뼈(yasun)'를 갖는 부계 친족집단이었다. 그러나 이것이 동일한 혈족 집단이 아니라 어떤 한 가문의 정치적 지배를 받아들인 다양한 사람들의 집합이라는 주장도 최근 제기되었다. 사실 12세기 유목민 사회에서는 상당한 정도의 사

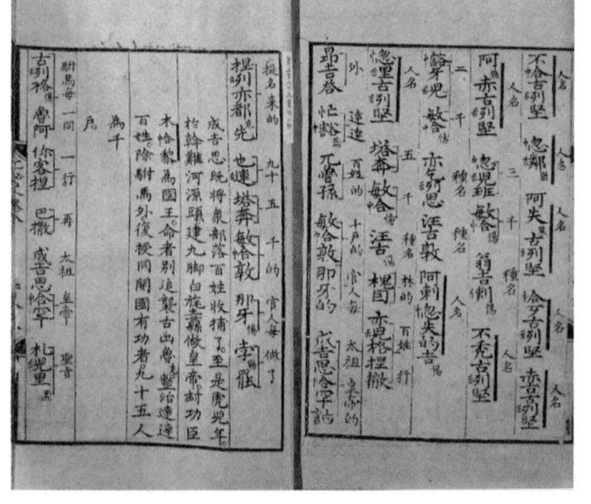

『몽골비사』(홍무간본)
칭기스 칸과 그의 조상들의 역사를 운문과 산문이 섞인 서사문학 형태로 기록한 책. 뒷부분에 우구데이 치세의 사정이 첨부되어 있다. 원래는 몽골어로 기록된 책이었지만 현재 원본은 찾을 수 없고, 명 초에 한자로 음사한 텍스트와 번역본이 『원조비사元朝秘史』라는 제목으로 남아 있다.

회적 분화가 확인된다. 정치적 종속 관계에 따라 '노얀noyan'이라는 지배층, '카라추qarachu'라는 평민, '보골boghol'이라는 예속 집단이 존재했다. 울루스는 최종적으로 '칸khan'의 지배를 받았다.

이러한 분화의 주된 원인은 초원 전역에 걸쳐 벌어졌던 장기적이고 지속적인 전쟁이었다. 이러한 전쟁의 원인에 대해 건조화 혹은 한랭화와 같은 기후 변화를 지적한 학자들도 있다. 또한 위구르 제국 붕괴 이후 집단 간에 초원의 패권을 장악하기 위한 격렬한 군사적 대립도 계속되었다. 여기에 거란·여진과 같은 외부세력의 개입은 상황을 더욱 악화시켰다. 거란은 11세기 초부터 몽골 고원에 적극 진출하여 싱안링 산맥 서록부터 항가이 지역 입구의 칠렝긴 톨고이에 이르기까지 성벽과 군사기지들을 건설했다. 여진 역시 서로 대립하는 유목집단들을 교묘하게 이용하는 '이이제이' 전략으로 통일세력의 출현을 저지하려고 했다.

유목집단 간의 전쟁이 격화되는 양상을 잘 보여주는 것이 당시의 분묘에서 출토된 무기들이다. 특히 유목민의 전투에서 중요한 화살촉은 철로 제작되었으며 대형화·다량화 양상이 나타난다. 경쟁에서 우위에 서기 위해서는 무엇보다도 무기의 재료인 철을 확보해야 할 필요가 있었고, 각종 무기와 물자가 유입되는 경로를 장악하는 일이 중요했다. 그에 따라 주요한 철의 산지나 교역 통로에 위치한 집단들과 제휴하기 위한 경쟁도 치열할 수밖에 없었다.

몽골의 갑옷과 무기

칭기스 칸의 통일 이전 몽골 유목민들 사이에서는 격렬한 전쟁이 끊이지 않았고, 그로 인해 각종 무기가 발달하고 대형화하는 경향이 나타났다. 특히 화살촉이 철로 제작되고 그 크기도 커졌는데, 내몽골 박물관에 보관된 사진의 철촉은 길이 8cm에 달한다.

몽골 제국 출현 전야의 세계

칭기스 칸의 통일과 대외원정

1162년
칭기스 칸 출생

1206년
칭기스 칸, 몽골 고원 통합

1207년
키르기즈 복속

1208년
오이라트 복속

1209년
위구르 왕국 복속

1210년
탕구트(서하) 복속

1211년
카를룩의 아르슬란 칸 복속

1214년
금을 굴복시킴

1220년
호레즘 샤, 도망 중에 사망

1225년
호레즘 멸망시킴

1227년
칭기스 칸 사망

1206년 테무진은 오논 강의 발원지에서 쿠릴타이를 열어 몽골 고원의 모든 유목민들이 자신의 지배 아래 통합되었음을 선포하고 '칭기스 칸'이라는 칭호를 취했다. 그의 출생 연도에 대해서는 1155년부터 1167년까지 견해가 다양하지만, 현재 몽골국에서는 1162년을 공식적으로 인정하고 있다. 그가 열 살 남짓 되던 해에 아버지 이수게이가 타타르인들에게 독살된 뒤 테무진 일가는 부르칸 칼둔 산지로 숨어들어가 비참한 생활을 했다. 그러나 그와 형제들이 성장하면서 상황은 조금씩 호전되었다. 옹기라트씨 데이 세첸의 딸 부르테와 혼인한 뒤 아버지의 의형제였던 케레이트의 토오릴을 찾아가 그의 가신이 되었다. 테무진은 이때부터 적대세력을 하나씩 격파해 나갔다. 그는 의형제 자무카와 결별했고 자신의 후원자 토오릴과도 충돌했으며 타이치우트·메르키트·타타르와 같은 울루스들을 격파했다. 그리고 마침내 몽골 고원에서 가장 강력한 두 집단인 케레이트와 나이만을 격파함으로써 통일의 위업을 달성했다.

1206년 칭기스 칸은 쿠릴타이에서 국가 운영을 위한 기본적인 조직과 제도를 만들었다. 먼저 통합된 유목민들을 모두 '천호(mingghan)'라는 조직으로 재편성하고 자기에게 충성했던 사람들을 천호장으로 임명했다. 『몽골비사』에 따르면 이때 모두 95개 천호가 편성되었다. 이러한 십진제 조직은 오래전부터 있던 것이지만, 몽골의 천호는 군주에게 충성을 바치는 고도의 중앙집중적인 조직이라는 점에서 달랐다. 또한 천호·백호·십호의 수령 자제들로 구성된 1만 명에 달하는 친위대인 '케식keshig'을 조직했다. 평시와 전시에 필요한 행동의 규범과 군율을

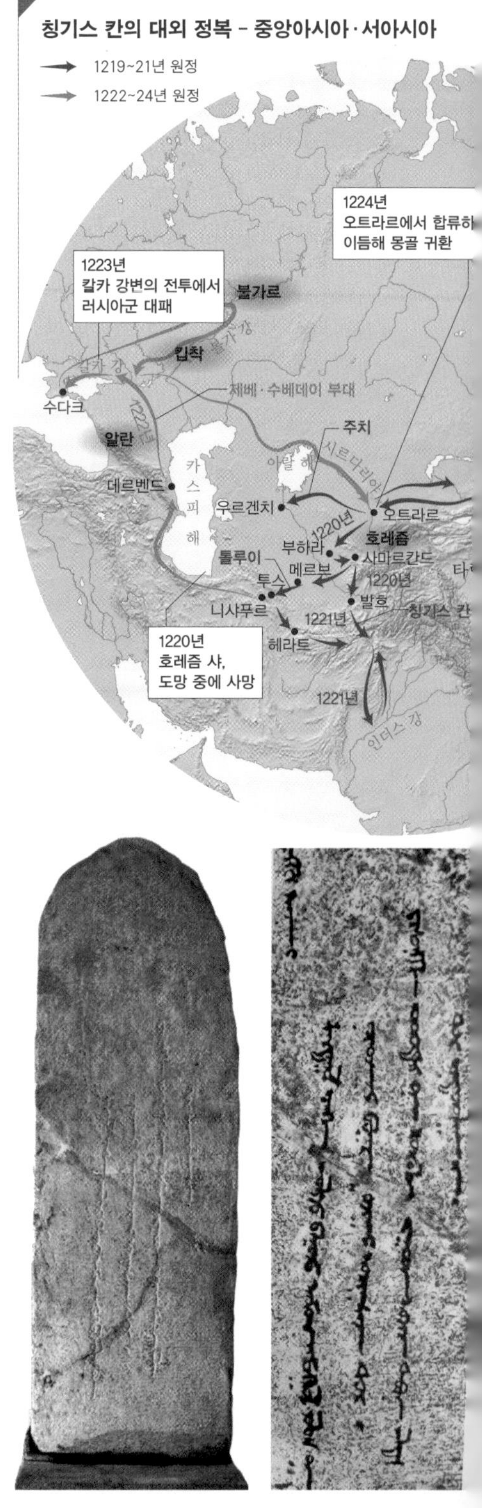

칭기스 석 및 탁본
칭기스 칸이 서방 원정에서 돌아올 때 활쏘기 시합을 열었고 여기서 자신의 조카 이숭게가 우승한 것을 기념하여 세운 석비. 위구르 문자가 사용된 몽골 제국 시대 최초의 자료이며, 1225년경에 세워진 것으로 추정된다. 트랜스바이칼 지역에서 발견되었으나 현재 에르미타주 박물관에 보관되어 있다. 여기에 새겨진 명문은 다음과 같다. "칭기스 칸이 사르타굴 사람들을 누르고 모든 몽골 울루스의 장령들을 부카 소치가이에 소집했을 때, 이숭게가 활쏘기에서 335alda(530m)를 쏘았다." 당시 몽골인들이 사용하던 합판단궁이 얼마나 멀리까지 날아갔는지를 잘 보여주는 자료이기도 하다.

명시한 '자사크jasaq'라는 법령도 만들었다. 이렇게 해서 이제까지 대립과 반목을 되풀이하던 유목민들은 강력한 조직과 규율로 무장된 새로운 기마군단, 종족과 언어의 차이를 넘어 모두 '몽골'이라고 불리는 새로운 집단으로 재조직되었다. '대몽골 울루스Yeke Mongol Ulus'가 탄생한 것이다.

칭기스 칸은 이때부터 1227년 사망할 때까지 약 20년의 대부분을 대외원정으로 보냈다. 먼저 몽골 고원 주변에 있던 키르기즈(1207년)와 오이라트(1208년)를 복속시킨 뒤 도주한 나이만의 왕자 쿠출룩을 추격하기 위해 중앙아시아로 군대를 보냈다. 1205년, 1207~08년의 원정에 이어 1209년에는 몸소 탕구트(서하)를 공격하여 이듬해 복속시키고, 마침내 1211년 여진의 금과 전쟁을 시작했다. 수도 중도를 포위당한 금은 1214년 몽골의 요구를 받아들이고 화친하기로 했지만, 몽골군이 철수하자 그해 여름 황허 이남의 개봉으로 수도를 옮겨버렸다. 이렇게 되자 몽골군은 다시 남하하여 황허 이북을 점령하고 금과 전쟁을 계속했다. 한편 호레즘으로 보낸 사신단이 1218년 시르다리야 하반의 오트라르에서 학살당한 사건을 계기로 칭기스 칸은 서방 원정을 시작한다. 1219~25년의 7년 전쟁으로 신흥대국 호레즘은 멸망했고 중앙아시아와 서아시아의 번영하던 많은 도시들은 폐허로 변했으며 주민들은 살육을 당했다. 이슬람 측 사료에 살육된 사람들의 숫자가 크게 과장되어 있긴 하나 파괴의 실상이 참혹했던 것은 사실이었다.

칭기스 칸은 귀환한 뒤 다시 탕구트 원정에 나섰다가 1227년 사망했다. 그는 처음부터 세계를 정복하고 지배하는 제국을 건설할 생각은 하지 않았을지 모른다. 그러나 원정의 결과 중국과 중앙아시아의 농경지역에 대한 지배가 현실화됨에 따라 그의 제국은 서서히 세계제국으로 변모하고 있었고, 마침내 반세기 후에는 역사상 최대의 육상제국이 출현하게 된다.

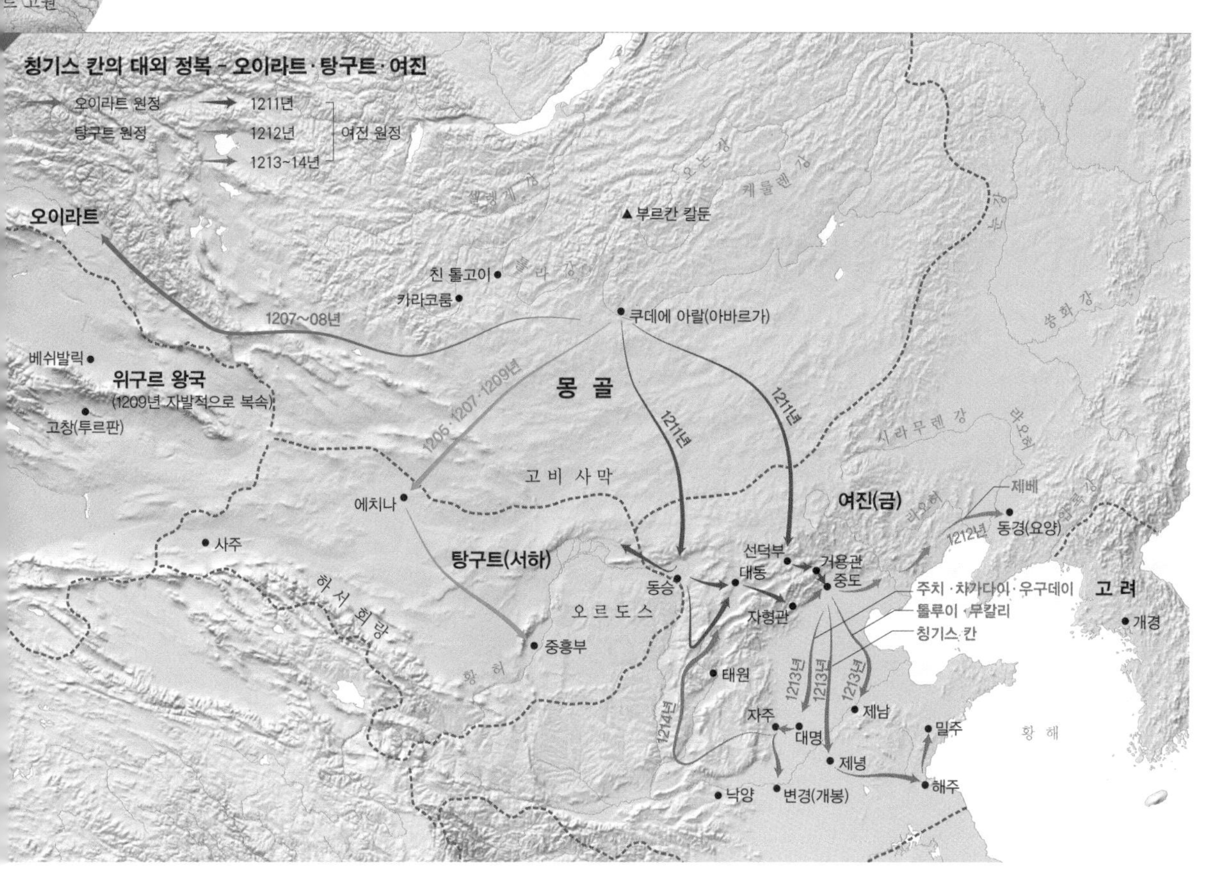

세계 정복 전쟁

1206년
칭기스 칸, 몽골 고원 통합

1214년
금을 굴복시킴

1227년
칭기스 칸 사망

1229년
우구데이 카안 즉위

1231년
우구데이, 고려에 국서를 보냄

1258년
아바스 왕조의 바그다드 함락

1259년
뭉케 카안 사망

1260년
훌레구, 맘루크 군대에 패배

1276년
남송 수도 항주 입성

1279년
남송 멸망

칭기스 칸은 1206년 몽골 고원을 통일한 직후 대외원정을 시작했지만 영토를 확장하는 것이 목적은 아니었다. 1214년 금과 화친을 맺은 뒤 곧바로 철군했고, 호레즘 원정이 끝난 뒤에도 군대와 함께 몽골 초원으로 귀환했다. 그의 원정은 과거 흉노 이래 유목국가들이 흔히 사용해왔던 전략, 즉 군사적 위협을 통한 화친의 체결과 그를 통한 물자의 안정적 확보를 노린 것이었다. 그러나 금 황실은 수도를 개봉으로 옮겨 황허 이북을 포기했고, 호레즘은 국왕의 도주와 피살로 나라가 멸망하고 말았다. 그 결과 칭기스 칸은 북중국 일부와 중앙아시아를 지배하게 된 것이다.

반면 칭기스 칸 사후 후계자들이 추진한 대외원정은 단지 정치적 응징이나 군사적 위협이 아니라 정복과 영토적 지배가 목표였다. 우구데이가 즉위한 직후인 1231년 고려에 보낸 국서에 이 점이 잘 드러난다. 여기에는 몽골이 영원한 하늘의 가호를 받아 정복전을 수행하기 때문에 저항하는 사람과 국가는 멸망할 것이라는 위협적인 언사와 함께, 고려 국왕이 직접 찾아와 투항 의사를 표시하라는 요구가 들어 있었다. 후일 구육이나 뭉케가 교황과 프랑스 국왕에게 보낸 서한에서도 이와 동일한 위협과 요구가 발견된다.

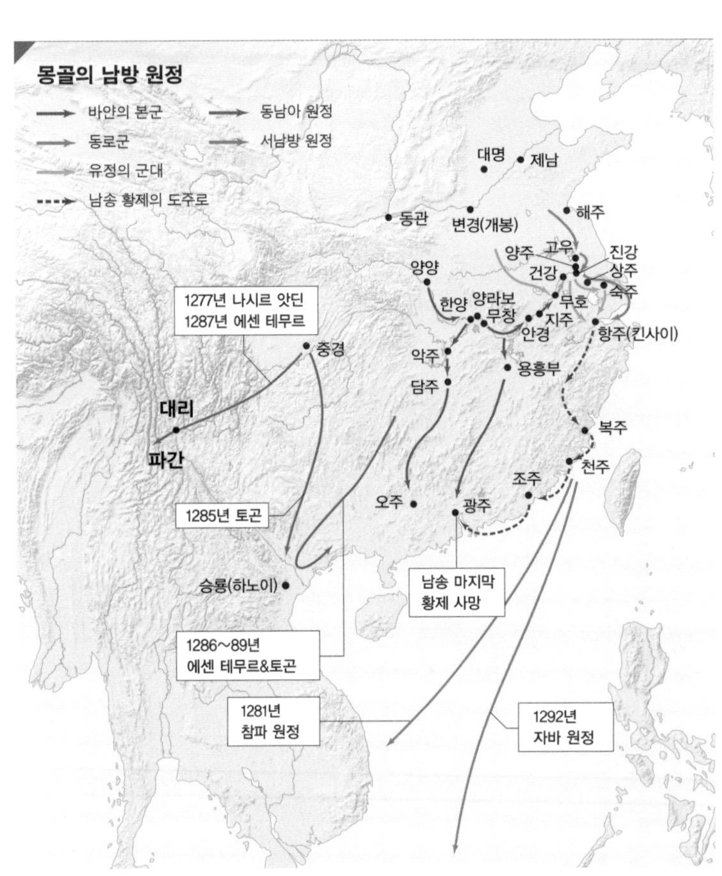

칭기스 칸 사후 몽골의 세계정복전은 2대 카안 우구데이가 즉위한 1229년부터 5대 쿠빌라이가 남송을 멸망시킨 1279년까지 반세기에 걸쳐서 부단히 추진되었다. 정복전의 양상은 한 국가를 멸망시키고 그에 인접한 다음 국가로 넘어가는 방식이 아니라, 여러 지역에 대한 동시다발적 공략이었다는 점에서 특이했다. 우구데이는 금과 전쟁을 계속하는 한편, 바투와 구육이 지휘하는 원정군을 서방으로 보내 우랄 산맥 이서의 불가르와 킵착을 복속시키고 나아가 러시아와 유럽 각국을 경략케 했다. 동시에 서아시아로는 장군 초르마간을, 고려에는 사르탁을 파견했다. 우구데이의 뒤를 이은 구육은 직접 대군을 이끌고 서방 원정에 나섰지만 도중에 사망하고 말았다.

4대 카안 뭉케는 남송전을 계속하는 동시에 서아시아의 칼리프 정권과 '암살자들'로 악명이 높았던 시아파 세력을 제거하기 위해 훌레구의 원정군을 파견했다. 훌레구는 1258년 아바스 왕조의 수도 바그다드를 함락하고 시아파의 요새들을 파괴하는 데 성공했으나, 1260년 팔레스타인의 아인 잘루트에서 이집트의 맘루

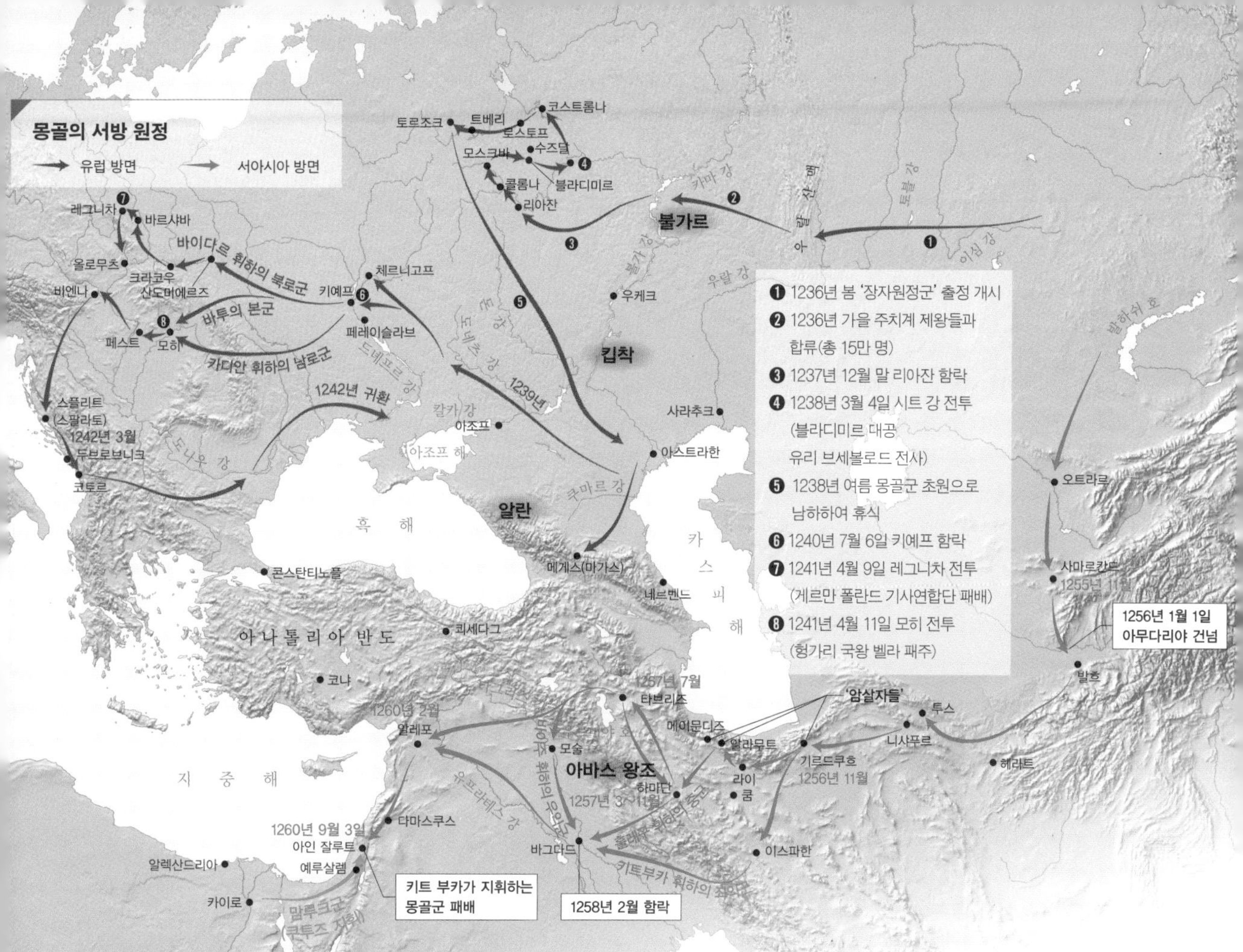

몽골의 서방 원정
유럽 방면
서아시아 방면
❶ 1236년 봄 '장자원정군' 출정 개시
❷ 1236년 가을 주치계 제왕들과 합류(총 15만 명)
❸ 1237년 12월 말 리아잔 함락
❹ 1238년 3월 4일 시트 강 전투 (블라디미르 대공 유리 브세볼로드 전사)
❺ 1238년 여름 몽골군 초원으로 남하하여 휴식
❻ 1240년 7월 6일 키예프 함락
❼ 1241년 4월 9일 레그니차 전투 (게르만 폴란드 기사연합단 패배)
❽ 1241년 4월 11일 모히 전투 (헝가리 국왕 벨라 패주)
토르조크
트베리
코스트롬나
로스토프
모스크바
수즈달
블라디미르
콜롬나
리아잔
불가르
우케크
킵착
사라추크
아스트라한
아조프
아조프 해
알란
흑 해
카스피 해
메게스(마가스)
데르벤드
레그니차
바르샤바
올로무츠
크라코우
산도미에르즈
비엔나
페스트
모히
키예프
체르니고프
페레야슬라브
바이다르 휘하의 북로군
바투의 본군
카다안 휘하의 남로군
1242년 귀환
1239년
스플리트 (스팔라토)
1242년 3월
두브로브니크
코토르
콘스탄티노플
아나톨리아 반도
쾨세다그
코냐
지 중 해
알레포
1260년 2월
1257년 7월
타브리즈
모술
아바스 왕조
하마단
1257년 3~11월
메이문디즈
알라무트
라이
쿰
기르드쿠흐
1256년 11월
'암살자들'
투스
니샤푸르
헤라트
이스파한
바그다드
1258년 2월 함락
다마스쿠스
1260년 9월 3일
아인 잘루트
예루살렘
알렉산드리아
카이로
키트 부카가 지휘하는 몽골군 패배
키트부카 휘하의 좌익
오트라르
사마르칸트
1255년 11월
1256년 1월 1일 아무다리야 건넘
발흐

크 군대에게 패하고 말았다. 1259년 여름 뭉케가 남송 원정 도중 사천에서 급사하자 쿠빌라이는 동생 아릭 부케를 제압하고 카안의 자리에 올랐다. 1273년 양양과 번성을 함락한 몽골군은 여문환 휘하의 남송 수군을 접수하고 창장을 따라 내려가 마침내 1276년 수도 항주에 무혈 입성했다.

이로써 몽골의 세계정복전은 끝났고 몽골은 역사상 가장 넓은 육상제국이 되었다. 그 면적은 2400만 제곱킬로미터에 달했으니 오늘날 미국이나 중국의 거의 3배 규모였다. 인구 100만 명도 안 된 몽골인이 어떻게 이러한 성취를 이룰 수 있었을까. 무엇보다도 기동성이 뛰어난 기마군대의 탁월함을 꼽을 수 있다. 나아가 과거의 유목군대와는 달리 엄격한 규율과 절대적인 충성으로 무장된 일사불란한 정예군단을 보유하고 있었다. 그러나 기마군대만으로 강력한 성채를 장악할 수는 없었다. 정복민들의 기술과 인력과 재화를 최대한 활용하여 공성전과 수상전도 능숙하게 수행했다. 물론 이러한 군사적 강점 이외에도 칭기스 칸이 세운 제국의 근간들, 즉 천호 조직·친위병제·법령 등은 중앙집권적 지배체제를 확립하고 지배층의 내적인 결속을 가져왔다. 또한 그의 계승자들의 탁월한 리더십은 몽골인들이 수세대에 걸쳐 추진한 세계정복전을 성공으로 이끌게 한 원동력이 되었다.

바그다드 함락
1258년 초 몽골군이 바그다드를 포위하고 공격하는 장면이 묘사된 삽화. 성벽 외곽에 투석기를 설치하고 쇠북을 치면서 공격을 독려하는 장면이 보이고, 부교가 설치된 해자에는 배에 몸을 싣고 급하게 피신하는 아랍의 귀족·관리들이 보인다. 14세기 초로 추정되는 『집사』 사본의 삽화.

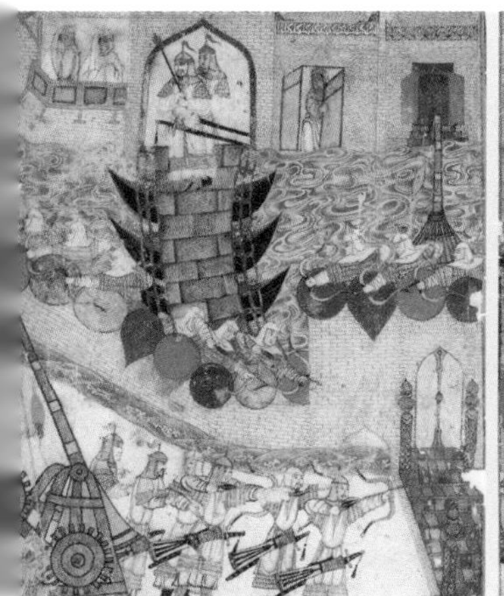

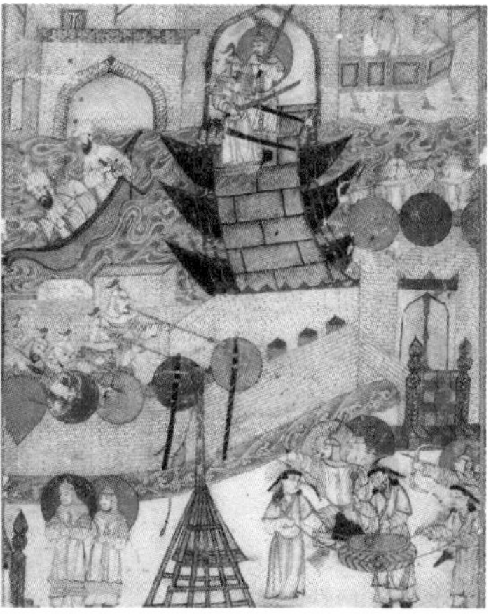

톨루이 가문의 탈권

1227년
칭기스 칸 사망

1229년
우구데이 카안 즉위

1241년
우구데이 카안 사망

1246년
구육 카안 즉위

1247년
구육, 서방 원정 시작

1248년
구육 카안 사망

1251년
뭉케 카안 즉위
차가다이·우구데이 가문에 대한 대대적 숙청

1259년
뭉케 카안 사망

칭기스 칸은 생전에 셋째아들 우구데이를 후계자로 지명했다. 그러나 그가 사망한 뒤 막내아들 톨루이는 몽골의 관습에 따라 '화로의 주인(otchigin)'이라 불리는 특수한 지위를 이용하여 후계자가 되려 했다. 그는 쿠릴타이 개최를 미루면서 기회를 엿보았지만, 칭기스 칸의 유명을 거스르기 힘들었다. 결국 1229년 우구데이가 즉위했지만 두 사람의 관계는 돌이킬 수 없이 악화되었다. 톨루이의 의문의 죽음은 사료에서 미화된 것처럼 우구데이를 위한 헌신적 죽음이 아니라 실은 독살에 의한 것일 가능성이 크다. 사망 직후 톨루이에게 속한 3개 천호를 몰수하고 그의 미망인 소르칵타니 베키를 구육에게 강제로 재가시키려 했던 조치들이 당시 상황을 말해준다.

1241년 우구데이가 사망하자 계승을 둘러싼 논란이 재연되었지만 미망인 투레게네 카툰의 적극적인 개입과 후원으로 5년이 지난 1246년 그녀의 장남 구육이 즉위했다. 그러나 구육이 서방 원정 도중 1248년 봄 급사하자 또다시 계승 분쟁이 일어난다. 당시 주치 가문의 대표였던 바투는 러시아 원정을 마친 뒤 킵착 초원에 머무르긴 했지만 원정군으로 구성된 막강한 군대를 보유하고 있었을 뿐만 아니라 칭기스 일족의 '장자長者(aqa)'로서 강력한 발언권을 가졌다. 그는 일찍이 구육과 크게 다툰 적이 있었기에 우구데이 가문이 내세운 후보가 아니라 톨루이 가문의 뭉케를 지지했다. 톨루이 사후 은인자중하며 몽골 귀족들 사이에서 호의적인 여론을 만들었던 미망인 소르칵타니 베키의

기여도 적지 않았다. 우구데이 가문은 칭기스 칸의 유언을 상기시키며 저항했지만, 바투가 보낸 군대의 군사적 시위에 굴복하여 뭉케의 즉위를 받아들일 수밖에 없었다. 그 대신 즉위식이 열릴 때 급습을 단행하여 정적들을 제거하려는 계획을 세웠는데, 사전에 발각되어 우구데이 가문은 물론 그에 협력했던 차가다이 가문의 제왕과 군지휘관 등 많은 사람들이 처형되고 말았다. 구육의 미망인 오굴 카이미쉬도 잔혹한 방법으로 처형되었다.

뭉케의 즉위는 주치 가문과 톨루이 가문이 합세하여 일으킨 쿠데타에 다름 아니다. 그러나 톨루이 가문은 칭기스 칸의 유지를 어기고 '황금씨족(altan urugh)'에 속하는 사람들과 공신·장군들을 도륙한 사건에서 결코 자유로울 수 없었다. 그렇기 때문에 자신들의 탈권을 공고화하고 정당화하기 위한 여러 가지 조치를 취하지 않을 수 없었다. 먼저 우구데이·차가다이 두 가문의 제왕들을 제국의 중요한 군사작전에서 배제했다. 그래서 남송 원정은 뭉케 자신과 동생 쿠빌라이가 담당했고, 서아시아 원정은 주치 가문과 공동으로 추진하되 최고 지휘권은 또 다른 동생인 훌레구에게 맡겼다.

톨루이 가문은 뭉케의 집권을 이념적으로 합리화하기 위해 '말자상속제'의 의미를 강조하기 시작했다. 특히 훌레구의 막료였던 주베이니는 몽골인들에게는 말자가 부친의 재산과 지위를 잇는 풍속이 있었다는 사실과, 칭기스 칸 자신도 우구데이와 톨루이 사이에서 고민했다는 점을 강조했다. 또한 칭기스 칸이 카안의 자리는 우구데이 가문에만 한정하라고 한 말도 『몽골비사』에는 우구데이 가문에서 마땅한 인물이 없으면 다른 가문에서 후보자를 추대해도 좋다는 식으로 수정, 기록되었다. 특히 라시드 앗 딘은 『집사』의 도처에서 칭기스 칸이 죽을 때 남긴 군대 129개의 천호 가운데 101개가 모두 톨루이에게 상속되었으며, 거기서 징발되어 이란 지방으로 온 몽골의 군대도 당연히 톨루이 가문의 소유라는 점을 강조했다. 이렇게 해서 그는 자신이 군주로 모셨던 가잔 칸의 통치와 지배의 정당성을 역사적으로 입증하려고 했던 것이다.

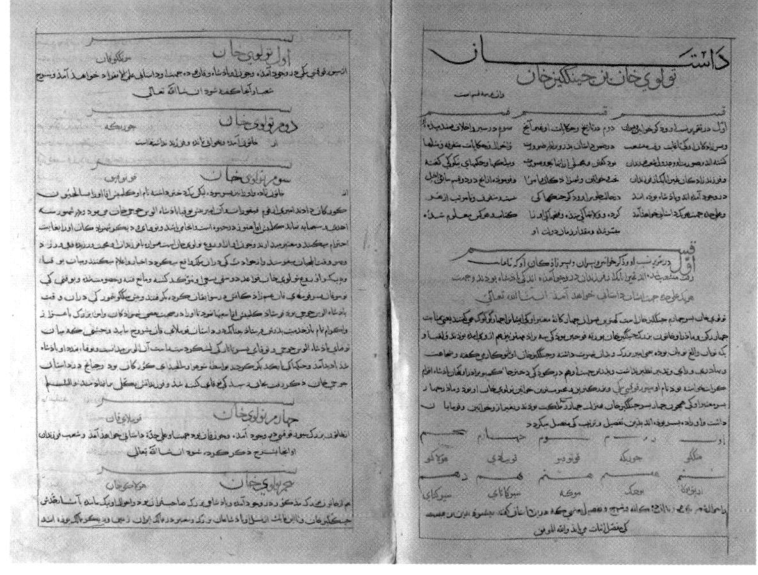

톨루이와 그의 후손들
라시드 앗 딘의 『집사』 가운데 톨루이와 그의 후손들에 관한 기록이 나오는 부분. 이스탄불 톱카프궁 박물관 소장본. Revan Köşkü 1518, 175v-176r.

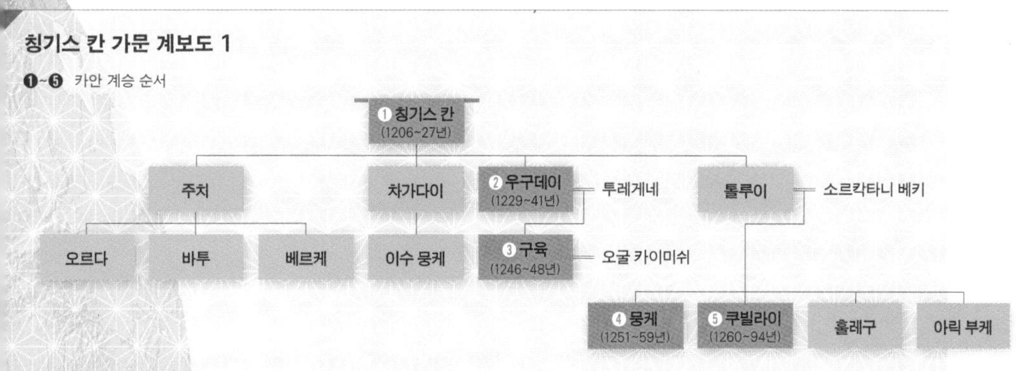

쿠빌라이의 집권

1259년 7월
뭉케 카안, 조어산에서 사망

1260년 4월
쿠빌라이, 개평에서 카안으로 선출됨

1260년 5월
아릭 부케, 카라코룸 부근에서 카안으로 선출됨

1260년 8월
쿠빌라이, 아릭 부케 원정 시작

1260 여름
쿠빌라이, 카라코룸까지 진출

1261년
아릭 부케, 카라코룸 탈환

1261년 11월
시물투 전투

1261년 겨울
시르겐 나우르 전투

1264년
아릭 부케, 쿠빌라이에게 투항

아릭 부케의 은화
주치 울루스의 영역인 불가르 지방에서 주조된 아릭 부케의 은화. 전면에는 "Arigh Bukā Qān A'ẓam(위대한 카안, 아릭 부케)", 배면에는 "Ḍarb Bulghār(불가르에서 주조)"라고 새겨져 있다. 아릭 부케가 쿠빌라이와 카안의 자리를 두고 경쟁할 때 그를 지지했던 주치 울루스의 베르케가 주조한 것으로 보인다.

1259년 뭉케 카안이 사천 조어산에서 갑작스럽게 사망하자 후계자 자리를 둘러싸고 다시 분쟁이 터졌다. 이번에는 뭉케의 두 동생 쿠빌라이와 아릭 부케가 경합을 벌였다. 당시 쿠빌라이는 남송 원정군을 이끌고 화이수이를 건너려던 참이었고, 아릭 부케는 제국의 수도 카라코룸에 남아 후방의 업무를 총괄하고 있었다. 두 사람의 격돌에 대해 과거에는 유목 중심의 보수파와 정주 중심의 한지파漢地派의 대립으로 보았으나 이는 사실과 거리가 먼 해석이다. 쿠빌라이가 한인 학자나 관리들과 접촉이 있었고, 아릭 부케와 대결하는 과정에서 북중국의 인적·물적 지원에 힘입은 바가 컸던 것도 사실이지만, 그렇다고 그를 한족 문화에 경도된 정주파라고 규정하는 것은 타당하지 않다.

또한 종래 양자의 대결을 두고 '아릭 부케의 반란'이라고 불렀지만 이 역시 적절치 못하다. 사실 쿠빌라이는 뭉케의 사망 소식을 듣고 남송 원정을 중단하고 북상하다가, 1260년 4월 내몽골 개평에서 자신을 추종하는 사람들만 모아 독자적인 쿠릴타이를 열고 카안의 자리에 올랐다. 아릭 부케는 이 소식을 듣고 같은 해 5월 카라코룸 부근에서 또 다른 쿠릴타이를 열어 즉위했다. 따라서 먼저 반칙을 저지른 사람은 쿠빌라이인 셈이다. 결국 누가 더 적법한 계승자냐인지는 군사적 대결을 통해 판가름 날 수밖에 없었다.

궁극적인 승리자는 쿠빌라이였다. 그가 어떻게 아릭 부케를 꺾고 승리할 수 있었냐는 질문에 대해서는 중국의 풍부한 인적·물적 자원을 활용할 수 있었기 때문이라는 설명도 가능하다. 그러나 최근에는 양자의 대결이 결국 전투로 결판났고 그 전투는 초원에서 기마전의 양상으로 전개되었다는 점에 주목하여, 쿠빌라이와 함께 남송 원정에 투입되었다가 아릭 부케를 공격하는 주력부대가 된 오부족五部族 군대와 동방 삼왕가의 군대가 당시 몽골의 최정예 기마군단이었다는 사실이 지적되었다. 물론 타당한 지적이지만 그럼에도 불구하고 쿠빌라이가 전투를 통해 아릭 부케를 굴복시키는 데 실패했다는 점도 기억할 필요가 있다. 쿠빌라이는 1260년 여름 자신이 직접 군대를 이끌고 카라코룸까지 진출했지만 퇴각한 아릭 부케를 잡지 못했다. 오히려 이듬해 가을 아릭 부케가 반격을 시작하여 카라코룸을 탈환했으며 11월에는 내몽골 북방의 시물투에서, 곧이어 겨울에는 시르겐 나우르에서 양자 간에 치열한 전투가 벌어졌지만 결국 승패 없이 끝나고 말았다. 그리고 그로부터 2년 반 동안은 아무런 충돌도 없었다.

그런데 1264년 아릭 부케가 갑자기 투항해 온 것이다. 어떻게 된 일일까. 그가 칭기스 일족들 가운데에서 자기를 지원하는 세력을 잃어버리고 궁지에 몰리게 되었기 때문이다. 계승분쟁이 시작되었을 때 킵착 초원 방면에 있던 주치 가문의 베르케는 아릭 부케를 적극 지원하여 화폐까지 그의 이름으로 주조했다. 중앙아시아는 아릭 부케의 추종자였던 차가다이 가문의 알구가 장악했고, 서아시아의 훌레구는 사태의 추이를 관망하는 입장이었다. 그러나 상황은 1261년 말경을 전후하여 급작스럽게 바뀌었다. 베르케의 입장은 여전했지만 알구와 훌레구가 쿠빌라이를 지지하는 쪽으로 선회한 것이다. 아릭 부케가 변절한 알구를 응징하기 위해 동분서주하는 가운데 추종자들은 사라지고 말았다. 알구와 훌레구가 변심한 것은 쿠빌라이가

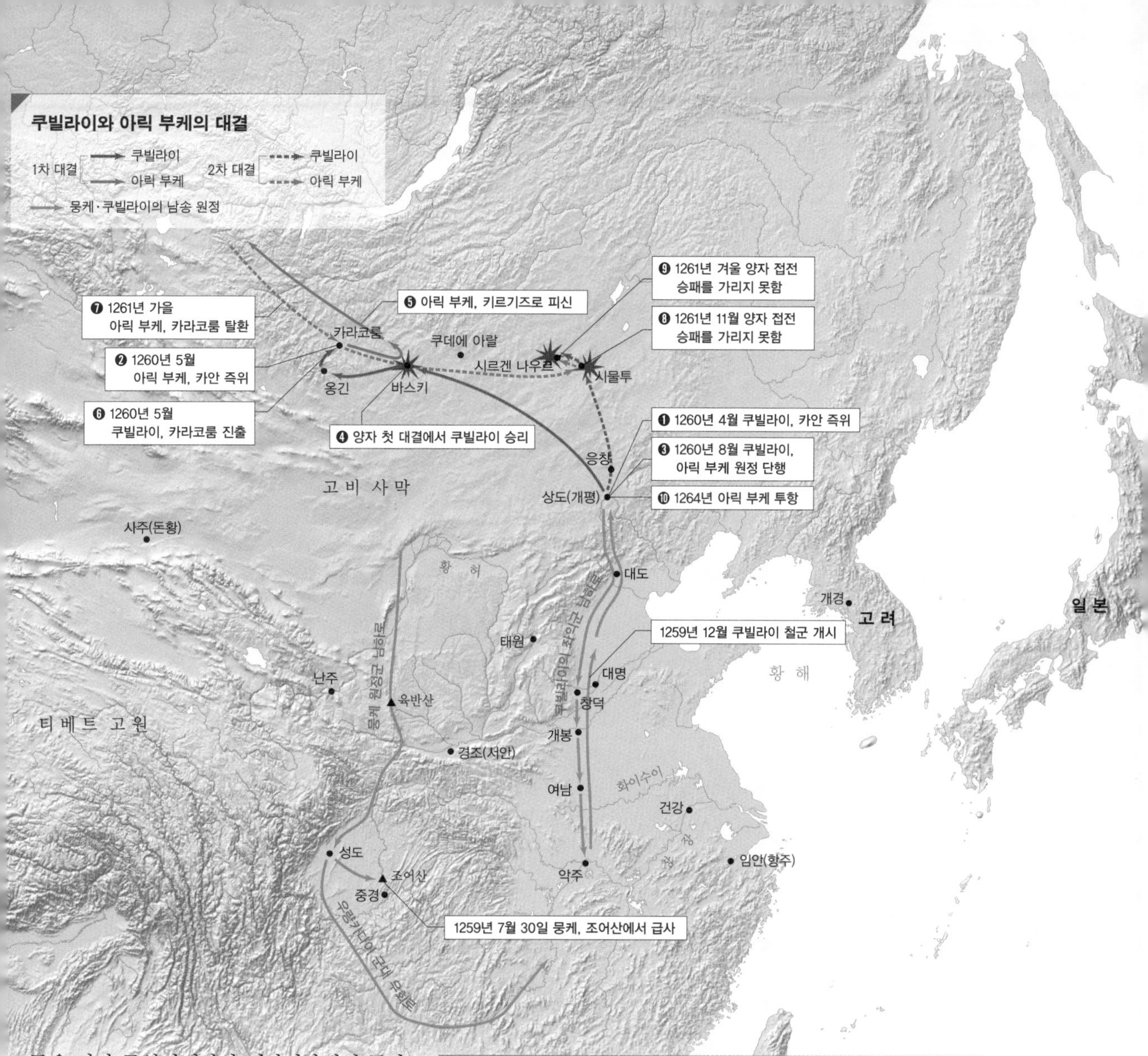
쿠빌라이와 아릭 부케의 대결
1차 대결
쿠빌라이
아릭 부케
2차 대결
쿠빌라이
아릭 부케
뭉케·쿠빌라이의 남송 원정
❶ 1260년 4월 쿠빌라이, 카안 즉위
❷ 1260년 5월 아릭 부케, 카안 즉위
❸ 1260년 8월 쿠빌라이, 아릭 부케 원정 단행
❹ 양자 첫 대결에서 쿠빌라이 승리
❺ 아릭 부케, 키르기즈로 피신
❻ 1260년 5월 쿠빌라이, 카라코룸 진출
❼ 1261년 가을 아릭 부케, 카라코룸 탈환
❽ 1261년 11월 양자 접전 승패를 가리지 못함
❾ 1261년 겨울 양자 접전 승패를 가리지 못함
❿ 1264년 아릭 부케 투항
1259년 12월 쿠빌라이 철군 개시
1259년 7월 30일 뭉케, 조어산에서 급사
카라코룸
옹긴
바스키
쿠데에 아랄
시르겐 나우르
시물투
응창
상도(개평)
고 비 사 막
사주(돈황)
황 허
대도
태원
대명
창덕
개봉
여남
화이수이
건강
임안(항주)
악주
난주
육반산
경조(서안)
성도
조어산
중경
티 베 트 고 원
뭉케 원정군 남하로
쿠빌라이 군대 남하로
우량카다이 군대 우회로
개경
고 려
일 본
황 해

그들을 각각 중앙아시아와 서아시아에서 독자적인 울루스의 통치자로 인정하는 동시에, 그곳에 있는 정주지대에 대한 관할권까지 위임했기 때문이었다. 훌레구는 뭉케가, 알구는 아릭 부케가 임명한 인물이었고, 따라서 쿠빌라이의 조치는 그들에게 정치적 자유를 약속하는 것이었다. 즉 쿠빌라이는 종래 카안이 독점적으로 장악하던 제국의 지배권을 알구와 훌레구에게 분할해줌으로써 카안의 자리를 확보한 셈이었다.

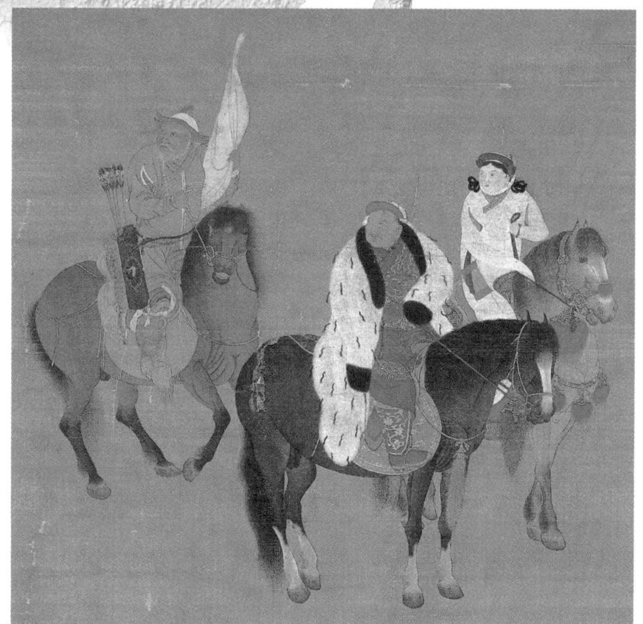

사냥하는 쿠빌라이

원대의 화가 유관도가 그린 〈원세조출렵도元世祖出獵圖〉의 부분. 쿠빌라이와 그의 부인 차비 카툰, 그리고 쿠빌라이의 활을 들고 있는 친위(케식)의 모습이 묘사되어 있다. 쿠빌라이는 매년 정월 대도(북경) 부근에서 사냥을 하다가 2월이 되면 대도에서 동남쪽으로 45리가량 떨어진 곽주郭州, 즉 유림柳林에서 사냥을 즐겼다.

격화되는 내분

1265년
쿠빌라이, 아들 노무칸을 북평왕에 임명, 서북 몽골에 주둔시킴

1269년 봄
탈라스 회맹

1269~70년
바락, 후라산 지방 침공
헤라트 전투에서 패배

1271년
바락 사망
카이두, 중앙아시아의 패권 장악

1271년
노무칸, 알말릭에 진주

1276년
시리기의 반란

1282년
시리기의 반란 세력, 쿠빌라이에 투항

1285~86년
카이두와 두아 연합군, 카라호초와 베쉬발릭 함락

칭기스 일족 내부에서 벌어진 권력투쟁은 쿠빌라이의 집권으로 끝나지 않았다. 톨루이 가문의 쿠데타에 대한 우구데이·차가다이 가문의 반발, 뭉케 집권 직후 두 가문에 대한 피비린내 나는 숙청에 따른 분노는 쉽게 가라앉지 않았다. 불만은 톨루이 가문 안에서도 생겨났으니, 뭉케와 아릭 부케의 집안도 쿠빌라이의 즉위에 대해 매우 탐탁지 않은 심사였다. 쿠빌라이에 가장 먼저 반기를 든 이는 차가다이 가문의 바락이었다. 그는 알구가 사망하자 쿠빌라이가 차가다이 울루스를 장악하기 위해 보낸 심복이었지만 곧 독자적인 노선을 걷기 시작했다.

당시 중앙아시아에는 차가다이 가문 이외에 또 다른 두 세력이 있었으니, 카이두가 이끄는 우구데이 가문과 뭉케 테무르를 수장으로 하는 주치 가문이었다. 1269년 봄 바락과 카이두 그리고 뭉케 테무르를 대신한 베르케체르가 탈라스에서 쿠릴타이를 열어 트란스옥시아나의 정주지대 지배권을 논의했다. 그 결과 그 지역의 2/3는 바락이 차지하고 나머지는 카이두와 뭉케 테무르가 분할하기로 했으며, 몽골 유목민들이 정주지대로 내려가 약탈하는 것을 자제하기로 했다. 그런데 이러한 합의에 만족하지 못한 바락은 1269~70년 후라산 침공을 단행했다. 그러나 함께 원정에 참여한 카이두 측 군대가 미리 귀환해버렸고, 그로 인해 바락은 아바카 칸의 군대와 헤라트에서 벌인 전투에서 패배하고 말았다. 바락은 귀환 직후인 1271년 사망했고 이로써 중앙아시아의 패권은 카이두의 수중에 들어갔다.

탈라스 회맹은 쿠빌라이에 대한 도전이었다. 원래 카안의 고유 영역인 정주지대 관할권을 놓고 자신을 배제한 채 제왕들이 모여서 결정을 해버렸기 때문이다. 더군다나 카이두는 어전으로 찾아와 복속의 뜻을 표시하라는 쿠빌라이의 거듭된 요구를 거부함으로써 그의 권위를 정면으로 부인했다. 쿠빌라이는 1265년 아들 노무칸을 북평왕北平王에 임명하여 서북 몽골에 주둔시키고 친카이 둔전을 실시하는 한편, 1270년에는 예니세이 강 유역에 오부단사관五部斷事官을 두었다. 카이두 세력이 커지자 1271년에는 노무칸을 알말릭에 진주시켜 적극

적인 대응에 나섰으며, 1275년에는 무칼리의 후손 안동을 파견하여 그를 보좌케 했다.

그러나 1276년에 터진 시리기의 반란으로 사태는 전혀 예상치 못한 방향으로 흘러갔다. 평소 쿠빌라이에게 불만을 품고 있던 톨루이 가문의 제왕들이 뭉케의 아들 시리기를 카안으로 추대한 것이다. 이들은 노무칸을 붙잡아 주치 울루스로 보내고, 안동은 카이두에게 보내어 이 두 가문의 지원을 얻으려고 했다. 1282년 시리기 등이 쿠빌라이에게 투항함으로써 반란은 실패로 끝났지만, 이로 인해 카안 울루스의 서북 방위체제는 일거에 와해되고 말았다. 특히 1285~86년 카이두와 두아의 연합군이 위구리스탄의 카라호초와 베쉬발릭을 공격하여 함락시킨 사건은 치명적인 타격이었다. 이로 인해 고창 위구르의 군주인 이디쿠트를 위시한 지배층은 감숙 지방의 영창 부근으로 이주할 수밖에 없었다. 또한 1288년에는 서역 주둔 장인匠人들에게도 철수 명령이 내려져, 투르판 지역에 이르는 중앙아시아 전역이 카이두의 수중에 들어갔다.

알말릭 성터
일리 강가에 있는 알말릭은 쿠빌라이가 카이두의 세력을 제압하기 위해 자기 아들인 노무칸과 대신 안동을 파견하여 주둔시켰던 전략적 요충지였다. 그러나 시리기의 반란으로 노무칸이 구금된 뒤 이 지역은 카이두의 영역이 되었다가, 후일 두아가 주도하는 차가다이 울루스의 도읍이 되었다. 지금도 신강위구르자치구의 일리-카자흐 자치주 곽성霍城 일대에는 당시에 세워졌던 성벽의 유적이 남아 있다.

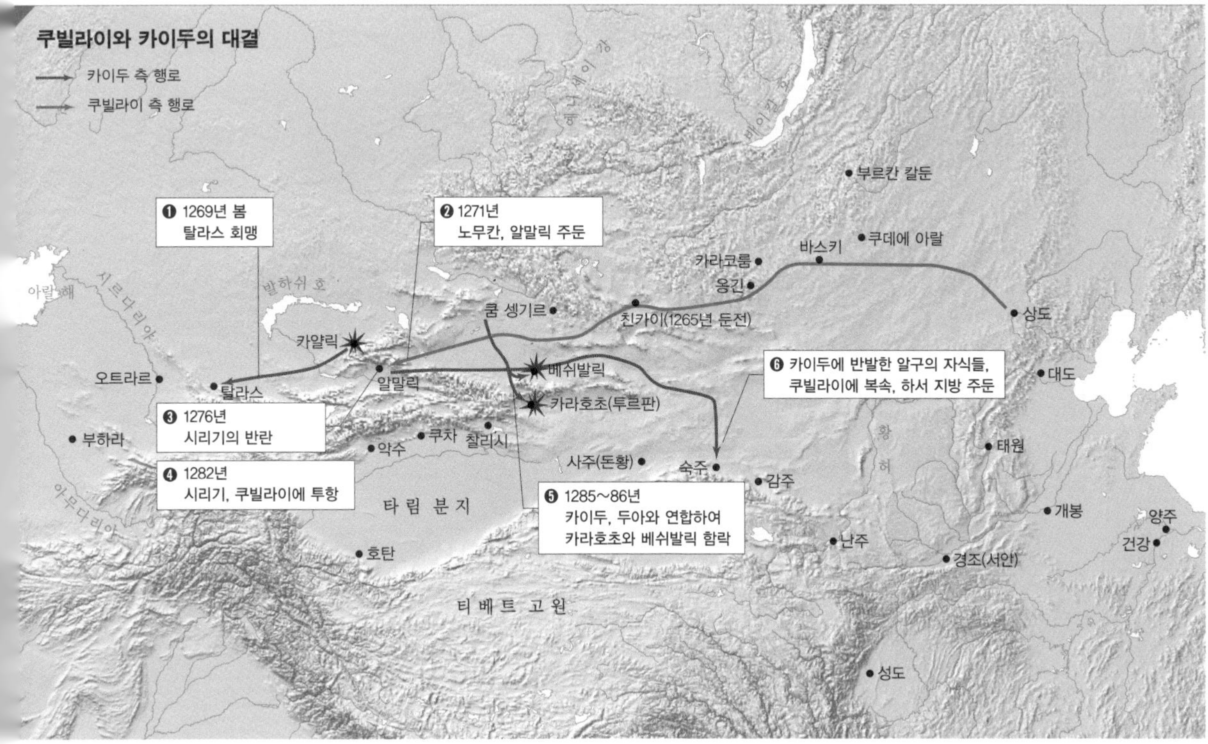

카이두는 차가다이 가문에 대한 지배권도 강화했다. 바락의 아들 두아는 카이두에게 부용하는 종속적인 지위에 만족해야 했지만, 알구의 두 아들 카반과 추베이는 1277년을 전후한 시점에 무리를 이끌고 쿠빌라이에게 투항하여, 숙주·사주·과주 등 하서회랑 지역의 목지를 부여받고 카이두와 두아의 세력에 대치하며 카안 울루스의 서북 변경을 방어하는 역할을 맡게 되었다.

쿠빌라이와 카이두의 대결

카이두 측 행로
쿠빌라이 측 행로

❶ 1269년 봄 탈라스 회맹
❷ 1271년 노무칸, 알말릭 주둔
❸ 1276년 시리기의 반란
❹ 1282년 시리기, 쿠빌라이에 투항
❺ 1285~86년 카이두, 두아와 연합하여 카라호초와 베쉬발릭 함락
❻ 카이두에 반발한 알구의 자식들, 쿠빌라이에 복속, 하서 지방 주둔

부르칸 칼둔
쿠데에 아랄
바스키
카라코룸
옹긴
친카이(1265년 둔전)
삼도
대도
쿰 셍기르
카얄릭
알말릭
탈라스
오트라르
부하라
베쉬발릭
카라호초(투르판)
쿠차
악수
찰리시
사주(돈황)
숙주
감주
태원
개봉
양주
건강
난주
경조(서안)
호탄
성도
아랄 해
시르다리야
아무다리아
발하쉬 호
바이칼 호
황하
타림 분지
티베트 고원

내란의 종식과 대화합

1285년
요양행성 설치

1287년
나얀의 반란과 실패

1289년
쿠빌라이, 캄말라를 카라코룸에 진주시킴

1290~93년
쿠빌라이와 카이두, 카라코룸을 둘러싸고 공방전을 벌임

1294년
쿠빌라이 사망
테무르가 카안으로 즉위

1301년
카이샨과 카이두·두아 연합군, 알타이 남쪽에서 전투
카이두 사망

1303년
두아와 차파르, 테무르 카안에게 화평 제의

1310년
차파르, 카안 울루스에 투항

쿠빌라이는 생전에 중앙아시아 제왕들의 반발을 끝내 제압하지 못했다. 1287년 나얀의 반란이 터지자 상황은 더 악화되는 듯했다. 나얀은 싱안링 산맥 언저리에 자리 잡은 좌익(동방) 울루스들의 맹주로, 쿠빌라이가 일본 원정을 추진하면서 이 지역에 대한 징발과 통제를 강화하고 1285년에는 요양행성까지 설치하자 반기를 들었다. 위기를 느낀 쿠빌라이는 73세의 고령에다 통풍까지 무릅쓰고 1287년 봄 기습적인 친정을 단행하여 나얀의 반란을 진압했다.

한편 중앙아시아 방면의 카이두에 대한 성과는 여전히 지지부진했다. 1289년 쿠빌라이는 노무칸을 대신하여 진김의 장자 캄말라를 진왕晉王으로 삼아 카라코룸에 진주시켰다. 그러나 캄말라는 항가이 산지 전투에 패배했고 카이두 군대는 카라코룸에 입성했다. 몽골 제국의 상징적 중심지를 상실한 쿠빌라이는 1289년 여름 다시 한 번 친정을 감행했고 카이두는 자발적으로 퇴각했다. 쿠빌라이는 남송전의 영웅 바얀을 카라코룸에 주둔시키고 돌아왔으나 1291년에는 캄말라를 다시 북평왕에 임명하여 항가이 산맥의 동쪽 방위를 책임지게 했다. 항가이 서쪽에는 진김의 또 다른 아들 테무르를 주둔시켰다.

1294년 쿠빌라이가 사망한 뒤 바얀의 지원을 받은 테무르가 즉위했다. 서북방에 주둔하면서 그 상황을 잘 알고 있던 테무르는 일본과 동남아시아에 대한 원정을 일체 중단하고, 제국의 군사력을 서북방 몽골 초원 방면으로 집중시켰다. 카라코룸 방면은 캄말라의 아들 이순 테무르에게 맡기고, 그 서쪽의 알타이 방면에는 자기 형 다르마발라의 아들인 카이샨을 주둔시켰다. 테무르 카안의 전략은 조금씩 성과를 거두기 시작했다. 1296년에는 아릭 부케의 장자 유부쿠르, 시리기의 아들 울루스 부카, 수년 전 카이두에게 투항한 투르타카 등이 귀

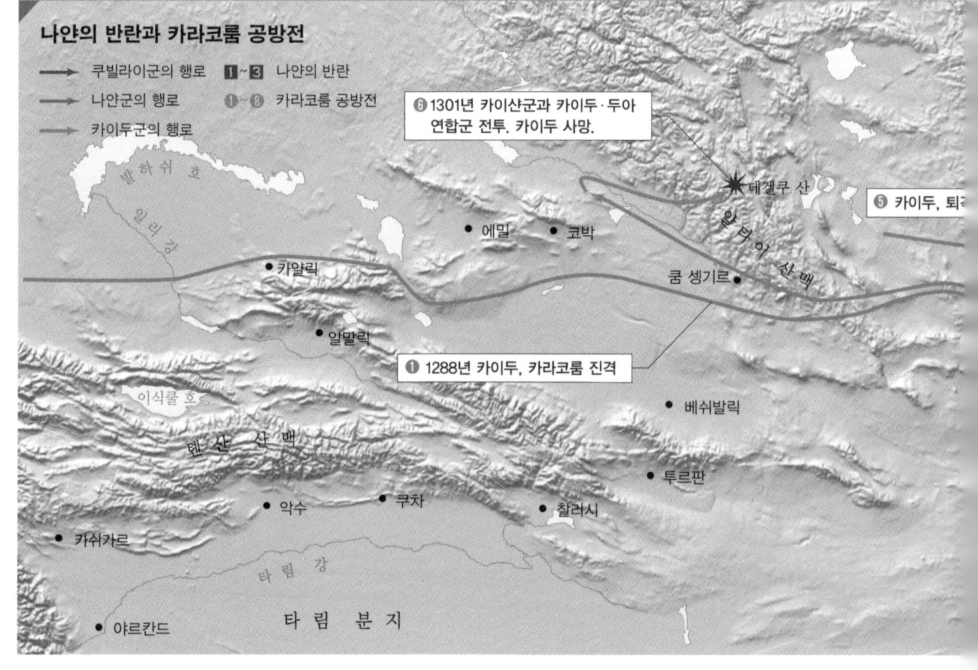

순해왔다. 1298년에는 킵착계 장군인 총우르의 활약으로 전세를 회복했다. 마침내 1301년 카이샨이 이끄는 군대와 카이두·두아 연합군 사이에 알타이 남쪽의 산지에서 대회전이 벌어졌다. 전투의 승부는 가려지지 않았지만 이때 부상을 입은 카이두가 퇴각한 뒤 사망하고 말았다.

카이두 사후 중앙아시아의 맹주로 부상한 인물은 차가다이 가문의 두아였다. 그는 오랫동안 2인자로서 카이두를 도왔지만 이제는 오히려 우구데이 가문을 지배하기 시작했다. 그는 카이두의 자식들 가운데 차파르를 우구데이 가문의 수령으로 지명했는데, 이로 인해 카이두 진영은 심각한 내홍을 겪게 되었다. 한편 두아와 차파르는 1303년 테무르 카안에게 사신을 보내 복속 의사를 전하고 화평을 제의했다. 테무르는 내분의 종식을 알리기 위해 훌레구 울루스의 울제이투 칸에게 사신을 파견했다. 프랑스 파리의 국립도서관에는 울제이투가 필립 4세(미남왕)에게 보낸 서신이 보관되어 있는데, 여기에는 칭기스 일족이 지난 45년간의 분쟁을 끝내고 화평을 회복했다는 사실이 강조되어 있다. '45년'이란 뭉케가 사망한 1259년부터 1304년에 이르는 기간을 가리킨다. 그 후 두아와 대립하던 카이두의 아들들은 물론 차파르도 카안 울루스에 투항해옴으로써 카이두의 세력은 사라지게 되었다.

이처럼 카안 울루스와 카이두 세력 사이의 오랜 대립은 제국의 군사적 역량이 다른 지역에 집중되는 것을 저해했다. 대신 몽골 초원으로 군사력이 집중되었고 거기서 탁월한 군공을 세운 제왕들이 제위 쟁탈전에서 유리한 고지를 점했다. 쿠빌라이 사후 테무르가 즉위한 것이나, 테무르에 이어 카이샨이 제위에 오를 수 있었던 것도 바로 이러한 서북군단의 지원이 있었기 때문이었다.

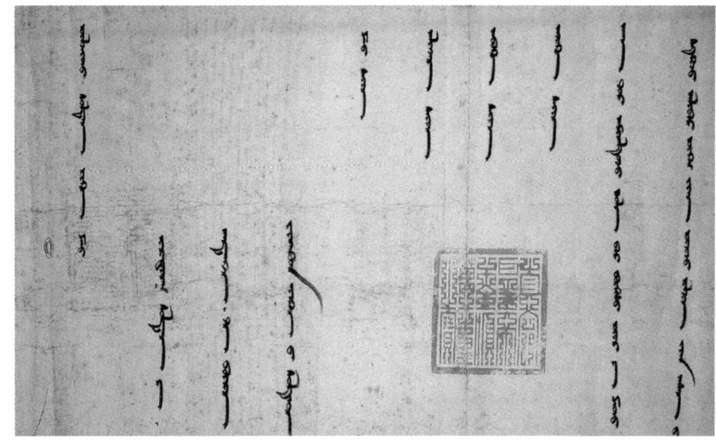

울제이투의 편지(일부)
서아시아를 지배했던 훌레구 울루스의 군주 울제이투가 1305년 프랑스의 국왕 필립 4세에게 보낸 위구르문 몽골 서한. 카이두 사후 동서화합이 이루어진 사실을 강조하면서 프랑스와의 동맹을 촉구하는 내용이 적혀 있다. 붉은 인주가 찍힌 정방형 인장 안에는 "진명황제천순만이지보 眞命皇帝天順萬夷之寶"라는 글귀가 구첩전九疊篆 서체로 새겨져 있다.

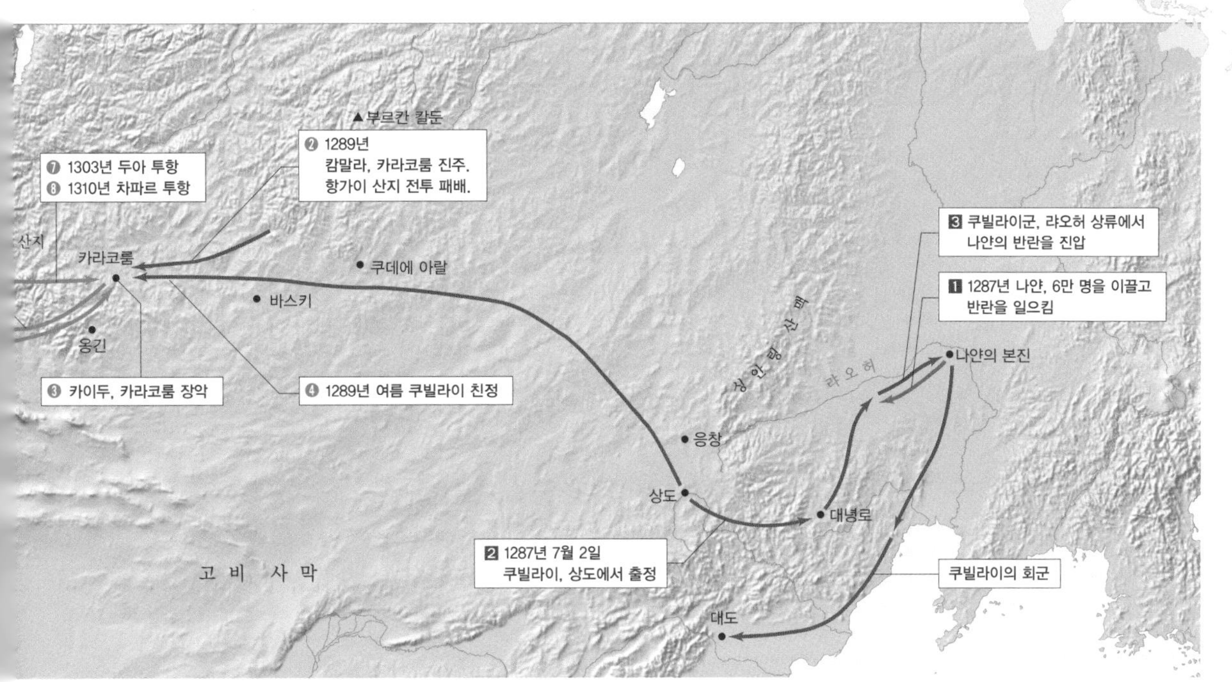

몽골 제국의 통합성과 지속성

1260년
쿠빌라이 즉위

1264년
아릭 부케, 쿠빌라이에게 투항

1260~70년대
훌레구 울루스 탄생

1271년
쿠빌라이, '대원' 국호 빈포

1276년
남송 수도 항주 입성

1279년
남송 멸망

1287년
나얀의 반란

1294년
쿠빌라이 사망

1301년
카이두 사망

1310년
차파르, 카안 울루스에 투항

1260년경 쿠빌라이의 집권을 둘러싸고 벌어진 일련의 사건들은 몽골 제국의 지배체제에 큰 변화를 가져왔다. 이에 대해 이제까지는 하나의 통일제국이 4개의 지역 정권, 즉 '칸국 khanate'으로 분열되었다고 생각해왔다. 그러나 이러한 이해 방식은 당시의 역사적 상황을 올바로 반영하는 것이 아니다. 몽골 제국, 즉 '대몽골 울루스'라는 거대한 정치체는 칭기스 칸 일족들이 보유하는 다수의 울루스들로 구성되어 있었다. 몽골 제국이 울루스들의 연합체라는 구성적 원리인 '울루스 체제'는 14세기 중후반 제국이 붕괴될 때까지 변하지 않았다. 다만 시간의 흐름에 따라 이들 울루스 상호 간의 역관계가 변화하면서 몇몇 대형 울루스들이 사실상 제국을 분할하는 상황에 이르게 되었다. 그렇지만 이들 대형 울루스의 지배자들이나 거기에 속한 몽골인들은 여전히 자기가 몽골 제국이라는 더 큰 정치체의 일부를 이루고 있다는 인식을 갖고 있었다. 따라서 몽골 제국이 4개의 독립적인 국가로 분열되었다고 보는 것은 역사적 사실을 왜곡하는 결과를 초래할 위험성이 있다.

울루스 체제의 변화를 초래한 요인으로는 정복전의 성공에 따른 영토의 확장과 울루스들 상호 간의 대립과 병합을 꼽을 수 있다. 예를 들어 1250~60년대 훌레구의 원정으로 서아시아에 새로운 울루스가 생겨났지만, 1280년대에는 나얀의 반란을 계기로 좌익의 울루스들이 약체화되었다. 카이두의 대두와 함께 중앙아시아에서는 차가다이계 울루스와 우구데이계 울루스들이 연맹을 했지만, 거기서 소외된 차가다이계 제왕들 일부가 하서회랑으로 이주하여 카안 울루스 내부에 자리 잡았다. 그러다가 카이두가 죽은 뒤 1310년 차파르가 테무르 카안에게 투항하고 그 휘하의 부민들이 대거 몽골 초원으로 이주해옴으로써, 우구데이계 울루스들은 카안 울루스에 흡수되었다. 이렇게 해서 1310년경이 되면 서방의 3대 울루스인 주치 울루스, 차가다이 울루스, 훌레구 울루스와 동방의 카안 울루스라는 4개의 대형 울루스로 정리되었다. 그러나 이 4개의 대형(1차) 울루스 내부에는 다수의 소형(2차) 울루스들이 여전히 존재했다. 그런 점에서 울루스 연합체라는 몽골 제국의 기본 성격이 바뀐 것은 아니며, 4개의 대형 울루스를 분열되어 독립한 '국가'로 간주해서도 안 된다.

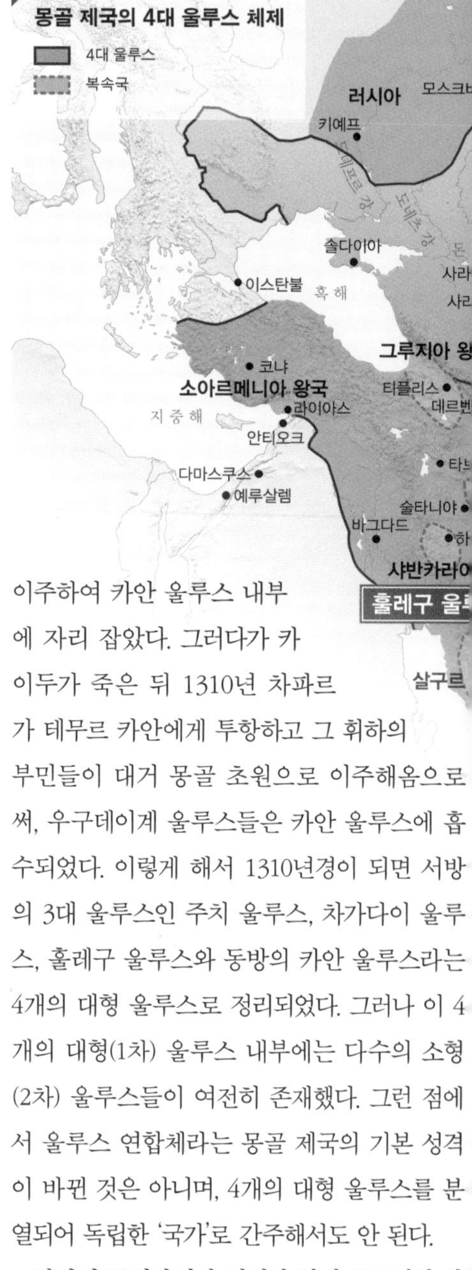

따라서 쿠빌라이가 집권과 함께 중국적인 왕조인 '원元'을 창건했다고 하는 주장은 이러한 역사적 사실과 상충된다. 물론 그는 제국의 수도를 당시 '키타이'라 불리던 내몽골·북중국으로 옮기고 중국식 연호와 제도를 채택했다. 1271년에는 『주역』에 나오는 '대재건원大哉乾元'이라는 구절에서 '대원大元'이라는 글자를 택하여 국호를 반포하기도 했다. 그러나 이러한 일련의 조치들이 곧 독립된 왕조의 탄생을 말해주는 증거는 아니다. 비록 한문 자료에는 그

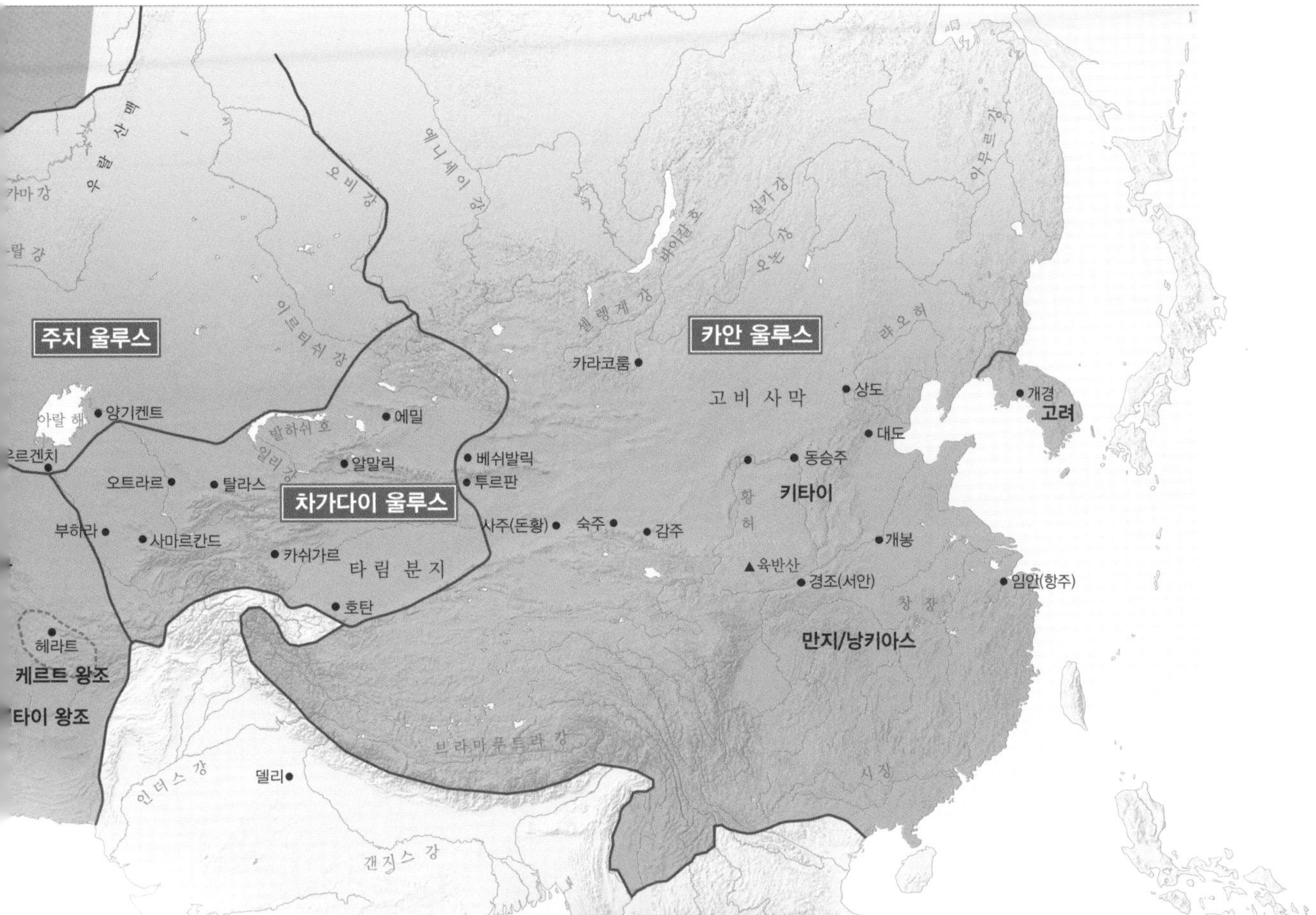

런 오해를 유발시키는 기록들이 많이 보이지만 실제로 쿠빌라이를 비롯하여 당시 몽골인들은 결코 그렇게 생각하지 않았다. 14세기 전·중반의 비문들을 보면 "대원이라 불리는 대몽골 울루스"라는 구절이 보이기 때문이다. 이는 '대원'이 몽골 제국의 한자식 명칭에 불과한 것이며 쿠빌라이가 새로운 왕조의 명칭으로 사용한 것이 아님을 분명히 보여준다. 뿐만 아니라 라시드 앗 딘이 집필한 『집사』와 같은 당대의 페르시아어 자료는 물론이고, 몽골인들이 중국 지배를 상실하고 초원으로 돌아간 뒤 만들어진 다수의 몽골문 연대기 어느 곳에서도 쿠빌라이가 새로운 왕조를 세웠다는 기록은 찾아볼 수 없다. 쿠빌라이는 자신이 '대원'이라는 중국의 왕조가 아니라 서방의 3대 울루스와 다른 수많은 소형 울루스를 포함하는 대몽골 울루스의 최고 지배자 카안이라는 생각을 한 순간도 잊지 않았다.

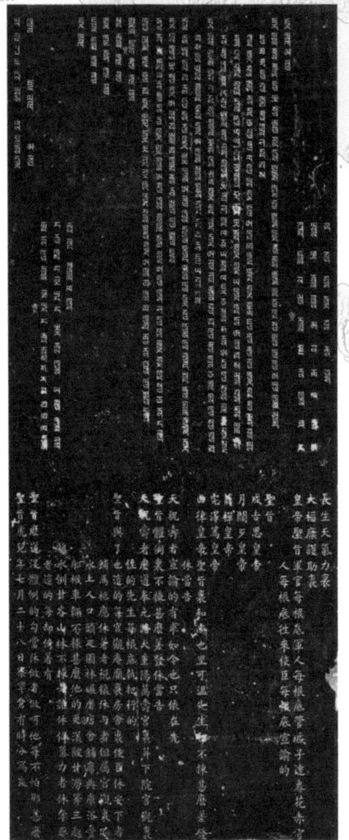

아유르바르와다의 성지
카안 울루스의 8대 카안 아유르바르와다가 1314년에 내린 칙령. 파스파문과 한문으로 된 합벽合璧 비석이 세워졌다. 탁본 사진에서 보듯이 한문 성지聖旨는 "영원한 하늘의 힘에 기대어, 위대한 복의 가호에 힘입어, 황제의 성지"라는 구절로 시작하고 있다. 봉원로에 있는 중양만수궁重陽萬壽宮이라는 도교 사원에 면세 혜택을 부여하는 칙령이다.

카안 울루스의 지배 구조

1256년
쿠빌라이, 개평에 금련천 막부 건설
1260년
쿠빌라이 즉위
1267년
대도 건설
1271년
쿠빌라이, '대원' 국호 반포
1276년
남송 수도 항주 입성
1287년
나얀의 반란 진압 후 요양행성 설치
1294년
쿠빌라이 사망
1307년
화림행성 설치
(1312년 영북행성으로 개칭)

상도 항공사진
몽골 제국 카안 울루스의 여름 수도인 상도의 유적지. 현재 내몽골자치구 시린골맹 돌론多倫 현에 위치해 있다. 외성, 내성, 궁성의 삼중으로 이루어졌고, 외성의 둘레는 2.2km에 이른다. 내성은 외성의 동남쪽에 위치해 있으며 둘레는 1.4km. 궁성은 내성의 중앙 북부에 있고, 남북이 620m, 동서가 570m 이다. 마르코 폴로의 글에 샨두 Shandu라고 표기되었으며 이것이 와전되어 유럽에서는 자나두Xanadu라는 이름으로 회자되었다.

쿠빌라이는 동생 아릭 부케와의 계승분쟁에서 승리를 거두고 카안의 자리에 올랐다. 제국 전체의 군주로서 그의 지위는 당시 울루스의 수장들 대다수에게 인정을 받았다. 그러나 이미 뭉케의 치세 때부터 독자적인 지배권을 어느 정도 인정받았던 주치 울루스의 베르케는 물론이고, 중앙아시아의 알구와 서아시아의 훌레구에게 그곳의 정주지대에 대한 관할권을 양도했기 때문에, 쿠빌라이의 직접적인 통치가 미치는 권역은 몽골 초원을 비롯하여 여진의 영역이던 북중국, 탕구트의 영토였던 하서 지방, 그리고 새로이 편입된 티베트로 국한될 수 밖에 없었다. 쿠빌라이와 그의 후계자들이 직접 통치하던 이 지역을 당시 몽골인들은 '카안 울루스'라고 불렀다.

쿠빌라이는 제국의 수도를 카라코룸에서 자신의 막부가 있던 내몽골 금련천 부근으로 옮기고 그곳에 도성을 세웠다. 이것이 '상도'로 알려진 제국의 여름 수도이다. 그는 또한 폐허가 된 여진의 수도 중도 부근에 새로운 도성을 축조했으니, 이것이 겨울 수도 '대도'이다. 쿠빌라이는 봄이 되면 상도로 올라가 그 부근에서 여름을 지내고, 가을이 되면 내려와 대도와 그 인근에서 겨울을 보냈다. 카안이 있는 곳이 바로 주도가 되고 다른 곳에는 유수사를 두었다.

카안이 양도 사이를 왕복하며 이동하는 권역은 '수도권' 같은 것으로 카안 울루스의 핵심 지역을 이루었다. 당시 몽골인들은 여진의 영토였던 북중국을 '키타이Kitai(한지)', 남송이 정복된 뒤 편입된 남중국을 '만지Manzi(강남)'라 불렀다. 당시 한문 자료에 나오는 한지漢地와 강남江南이라는 표현이 각각 이에 해당된다. 그곳 주민들도 각각 한인과 남인으로 구분되었다. 외지에서 온 사람들은 '여러 종류의 사람'이라는 뜻으로 색목인色目人이라 불렀다. 몽골은 피지배민들에 대한 효율적 지배를 위해 호구조사를 실시하고, 카안에게 직속된 호구를 제외한 나머지는 귀족들에게 분배해주었다. 또한 국가에 대한 봉사의 직능에 따라 민호民戶·군호軍戶·참호站戶 등으로 구분했는데 이를 제색호계諸色戶計라고 한다.

카안 울루스는 중서성과 그 파견 기관인 10여 개의 '행중서성'이 관할하는 지역들로 나뉘었다. 뒤에는 만주와 몽골 초원에도 요양행성과 영북행성이 설치되었다. 티베트는 일종의 특별관리 구역으로 팍파 교단의 지도자들이 관장하는 선정원이 다스리는 영역이었다. 중서성과 행성 아래에는 로路·부府·주州·현縣을 두었다. 일부 지역에는 행정과 군사 업무를 효율적으로 처리하기 위해 선위사를 두었다. 또한 군사를 담당하는 추밀원, 감찰을 담당하는 어사대가 있었고, 지방에는 행추밀원과 행어사대가 설치되었다.

몽골인들은 한인과 남인에 비해 수적으로 절대적 열세였기 때문에 이를 보완하기 위해 다양한 제도를 도입했다. 1265년 쿠빌라이는

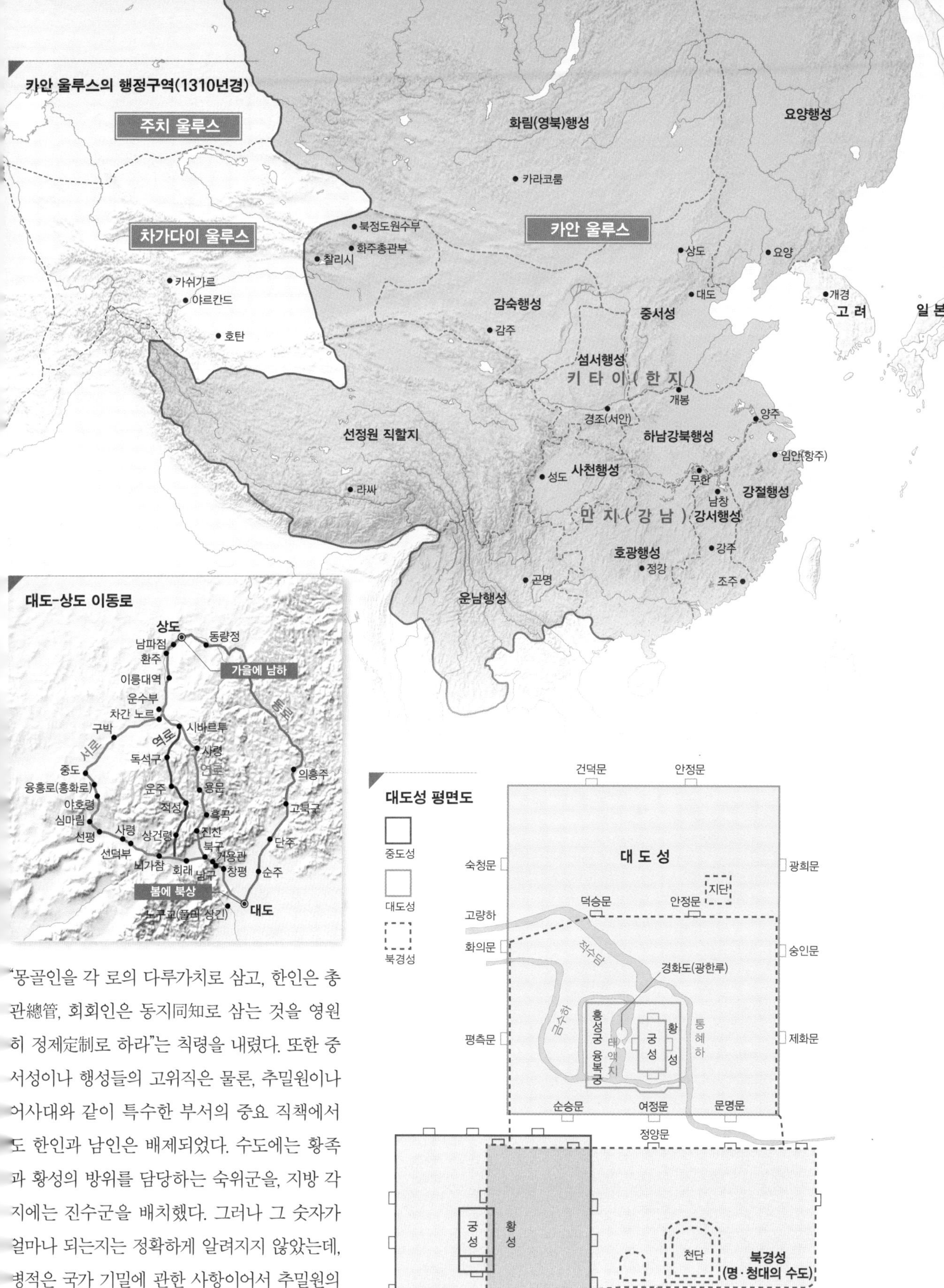

"몽골인을 각 로의 다루가치로 삼고, 한인은 총관總管, 회회인은 동지同知로 삼는 것을 영원히 정제定制로 하라"는 칙령을 내렸다. 또한 중서성이나 행성들의 고위직은 물론, 추밀원이나 어사대와 같이 특수한 부서의 중요 직책에서도 한인과 남인은 배제되었다. 수도에는 황족과 황성의 방위를 담당하는 숙위군을, 지방 각지에는 진수군을 배치했다. 그러나 그 숫자가 얼마나 되는지는 정확하게 알려지지 않았는데, 병적은 국가 기밀에 관한 사항이어서 추밀원의 최고 관원 한두 명만이 볼 수 있었기 때문이다.

카안 울루스의 정치적 추이

1294년
쿠빌라이 사망
테무르(성종)가 카안으로 즉위

1307년
테무르 사망
카이샨(무종) 즉위

1311년
카이샨 사망
아유르바르와다(인종) 즉위

1320년
시데발라(영종) 즉위

1323년
남파의 변
이순 테무르(태정제) 즉위

1328년
양도 전쟁
툭 테무르(문종) 즉위

1329년
코실라(명종) 즉위
천력의 변
툭 테무르 다시 즉위

1332년
토곤 테무르(순제) 즉위

1307년 테무르 카안이 42세의 나이로 타계하자 다시금 후계자 선정을 둘러싼 분쟁이 일어났다. 그에게는 아들이 있었지만 먼저 사망했기 때문에 테무르의 부인 불루간 카툰(바야우트씨)과 좌승상 아쿠타이 등은 경조(현재 시안) 부근 육반산에 주둔하고 있던 안서왕 아난다를 추대하려고 했다. 그러나 우승상 하르가순을 위시하여 대도에 있던 몽골 귀족들은 반대파를 누르고 당시 회맹에 내려가 있던 테무르의 조카 아유르바르와다를 불러들여 보위에 앉혔다. 그러자 알타이에 주둔하던 그의 형 카이샨이 막강한 군대를 이끌고 카라코룸을 거쳐 남하했고 아유르바르와다는 형에게 제위를 양도할 수밖에 없었다. 카이샨(무종)은 대신 그를 후계자로 임명했다.

갑작스럽게 집권에 성공한 카이샨은 제왕과 귀족들에게 상사와 봉작을 남발했다. 특히 쿠빌라이와 테무르 치세에는 극히 예외적이었던 일자왕호一字王号를 무려 15명 이상에게 수여하기도 했다. 물가도 폭등하여 이제까지 통용되던 지원초至元鈔의 가치를 절하하고 지대초至大鈔라는 새로운 지폐를 발행했다. 그러나 1311년 카이샨이 의문의 급사를 당한 뒤 아유르바르와다(인종)가 즉위했다. 그는 형의 방만한 정책에 제동을 걸고 몽골 귀족들을 견제하는 정책을 펴나갔고 이를 위해 유학의 정치 이념을 활용하려 했으며, 동시에 세수 확대를 통한 재정 문제의 해결과 이치吏治의 정돈을 꾀했다.

그의 뒤를 이어 아들 시데발라(영종)가 즉위했다. 그는 부친의 치세에 막강한 영향력을 행사했던 조모 다키 태후(옹기라트씨)가 사망한

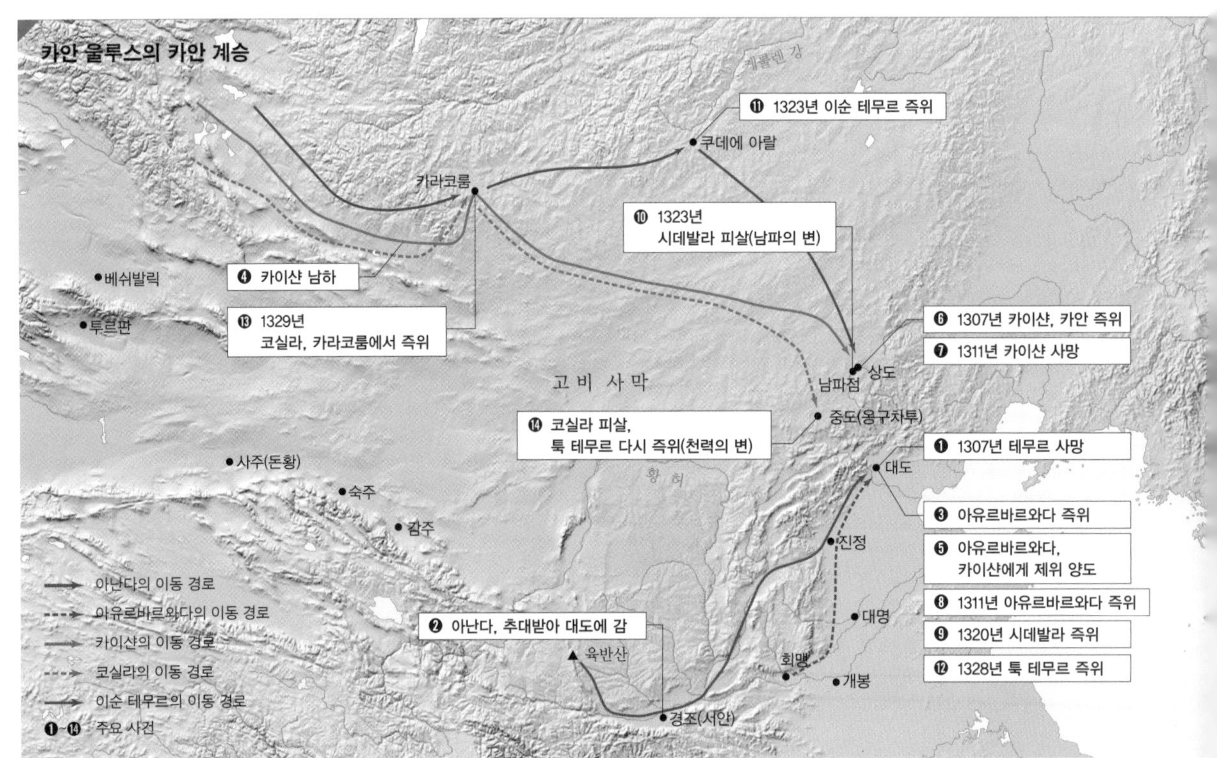

뒤, 승상 바이주의 보좌를 받아 제왕들의 권위를 대폭 축소하는 이른바 '영종신정英宗新政'을 실시했다. 그러나 이는 오히려 귀족들의 반발을 초래하여 그는 1323년 여름 상도에서 대도로 귀환하는 도중 남파점에서 피살되었다(남파의 변). 쿠데타 세력은 진김의 장자였던 캄말라의 아들 이순 테무르(태정제)를 제위에 앉혔다. 그러나 이순 테무르가 유림에서 사냥 도중 의문의 죽음을 당한 뒤, 그의 어린 아들 아라기바(천순제)를 지지하는 다울라트 샤의 상도파와, 카이샨의 아들 툭 테무르를 지지하는 킵착 군단의 엘 테무르의 대도파 사이에 전쟁이 벌어져 결국 후자 쪽이 승리를 거두었다.

'양도 전쟁'의 결과 툭 테무르(문종)가 보위에 올랐다. 그러나 일찍이 차가다이 울루스에서 망명 생활을 하던 그의 형 코실라가 군대와 함께 남하하자 그에게 양위할 수밖에 없었다. 코실라(명종)는 1329년 2월 카라코룸에서 쿠릴타이를 열고 카안으로 즉위했다. 그리고 내몽골의 옹구차투에 도착하여 마중 나온 동생을 만났으나 거기서 나흘 만에 갑작스럽게 사망했다. 독살이 분명했으며 배후에는 엘 테무르가 있었다. '천력天曆의 변'으로 알려진 이 사건은 쿠빌라이와 테무르의 시대가 끝난 뒤 카안 울루스 내부에서 계속되어온 정치적 모순, 즉 카안과

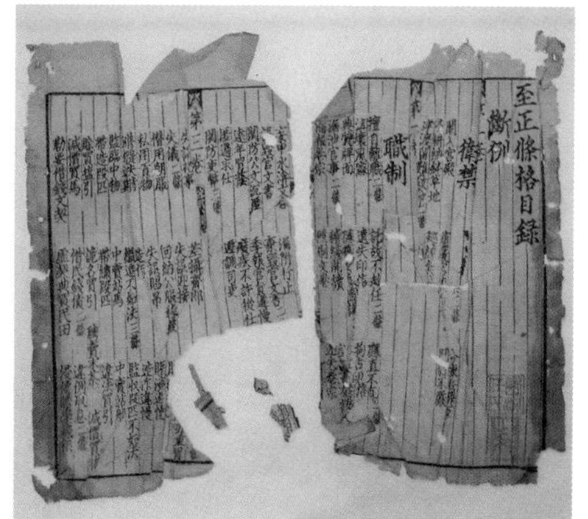

『지정조격』
지정至正 연간(1341~70년)에 편찬된 원대 최후의 법전이다. 이제까지는 그 존재만이 알려져 있을 뿐 구체적인 조문들은 다른 자료에 산견된 것을 통해서만 일부 알 수 있었는데, 2003년 경주의 양동마을 경주 손씨 종가에서 그 사본의 일부가 발견되었다. 2007년에 그 영인본과 표점교감본이 우리나라에서 출간되었다. 사진은 보존처리되기 전, 발견 직후의 모습이다.

칭기스 일족의 힘이 얼마나 약해졌으며 동시에 권신들의 반호가 얼마나 심각했는가를 잘 보여준다. 특히 킵착, 아스, 캉글리 등의 친위군대의 정치 개입에 의해 카안의 권력은 사실상 유명무실해지고 말았다. 토곤 테무르(순제)의 즉위 역시 이들에 의해 이루어졌다. 코실라의 아들인 그는 대청도와 계림 등지에서 유배생활을 하던 중 엘 테무르에 의해 발탁되어 제위에 올랐다. 비록 37년이라는 긴 치세를 누렸지만 그것은 궁정 안에서 서로 경쟁하는 여러 세력들이 무능한 황제를 둘러싸고 만들어낸 기묘한 균형의 결과에 불과했다. 반면 카안 울루스 영내의 각지에는 천재지변과 경제적 파탄으로 인하여 반란이 터져나오기 시작했고, 제국은 종말을 향해 달려가고 있었다.

『원전장』
『대원성정국조전장大元聖政國朝典章』(일명 『원전장元典章』)은 몽골인들이 중국 통치를 위해 실시하던 각종 법령들을 모아서 출판한 책이다. 그러나 『지정조격』과 마찬가지로 이것은 몽골 제국 전체에서 통용되던 법령도 아니거니와, 카안 울루스 안에서 몽골인이나 색목인이 아니라 주로 한인과 남인들을 대상으로 제정된 법령집이다. 사진에 보이는 판본은 1321~22년에 간행된 것이다.

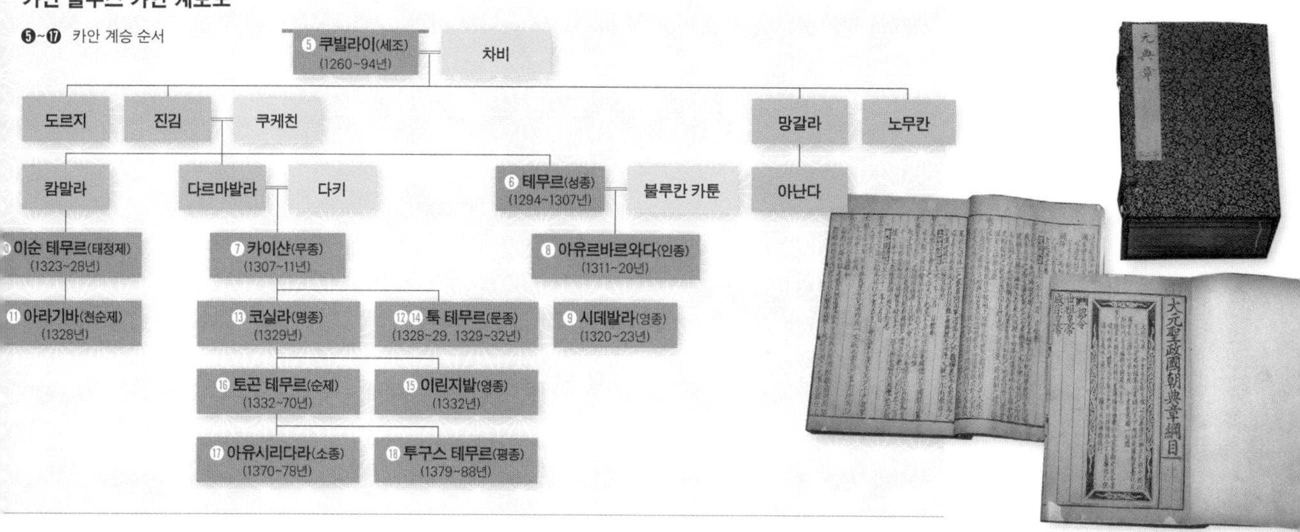

차가다이 울루스

1306년
두아, 차파르 축출

1307년
두아 사망

1310년
에센 부카 즉위
두아 가문 패권 장악 완료
차파르, 카안 울루스에 투항
우구데이 울루스 사실상 붕괴

1313~14년
케벡, 후라산 침공

1315년
총우르, 침켄트 진출

1316년
제왕 야사우르, 훌레구 울루스에 투항

1318년
에센 부카 사망
케벡 즉위

1321년
카안 울루스와 우호관계 유지하기 시작

1331년
타르마시린 즉위
이슬람 우대 정책 실시

1347년
카잔 칸 피살
동부와 서부로 분열

칭기스 칸이 1207~11년 자제 분봉을 실시했을 때 차가다이가 받은 '초봉지初封地'는 알타이 산지 부근이었다. 그러나 서방 원정으로 제국의 영역이 확장된 뒤 차가다이는 알말릭과 쿠야스 부근에 머물렀고, 그의 울루스는 위구르 지방에서 사마르칸드와 부하라에 이르는 지역을 포괄하게 되었다. 동북쪽으로는 에밀과 코박을 중심으로 하는 우구데이 울루스, 서북쪽으로는 우르겐치와 호레즘을 차지한 주치 울루스와 접했다. 후일 서아시아를 정복하고 독자적인 영역을 지배하게 된 훌레구 울루스와는 아무다리야를 경계로 맞닿았다. 이처럼 중앙아시아에 자리 잡고 몽골 제국의 여러 울루스 가운데 가장 중앙에 위치했기 때문에 '중앙 울루스(dumdadu ulus)'라 불리기도 했다.

이러한 입지 조건으로 인해 차가다이 울루스는 제국 안에서 벌어지는 정치적 변동에 끊임없이 영향을 받았고, 그 결과 칸권의 안정과 강화는 쉽게 이루어지지 않았다. 차가다이가 사망한 뒤 구육 카안은 이수 뭉케를 칸으로 임명했지만, 구육을 이은 뭉케 카안은 그를 해임하고 카라 훌레구를 세웠다. 카라 훌레구가 죽은 뒤에는 그의 어린 아들 무바락 샤를 칸에 앉히고 미망인 오르가나에게 섭정을 맡겼다. 뭉케가 사망한 뒤 아릭 부케는 알구를 차가다이 울루스의 칸으로 지명했지만, 알구는 그를 배신하고 반기를 들었다. 알구가 사망하자 쿠빌라이는 바락을 칸에 임명했고, 바락이 사망한 뒤 두아가 칸이 되긴 했지만 자력이 아니라 카이두의 후원에 힘입은 것이었다.

차가다이 울루스의 정치적 독립은 카이두 사망 후 두아의 자립과 함께 비로소 시작되었다. 그는 카이두의 자식들 사이에 분열을 유도했고, 그 결과 1306년 차파르를 군사적으로 제압하고 중앙아시아에서 우구데이 가문의 세력을 축출했다. 그러나 1307년 두아 사망 후 두아 일족의 지배를 반대하는 세력의 도전으로 정치적 혼란은 계속되었다. 이때 두아의 아들 케벡이 반대 세력을 제거하고 1310년 자기 형 에센 부카를 칸에 앉힘으로써 두아 가문의 패권 장악이 완료되었다. 이를 두고 '차가다이 칸국의 성립'으로 보는 견해도 있으나, 사실상 오랫동안 주변 세력의 간섭과 지배를 받았던 것에서 벗어나 울루스로서의 독자성을 확립했다고 보는 편이 정확하다.

차가다이 울루스는 1310년 이후 심각한 대외 문제에 직면했다. 당시 카안 울루스의 카이샨은 킵착 군단의 수령 토가치를 알타이 방면에 주둔시켰고, 훌레구 울루스 측도 후라산 지방에 군대를 배치하고 있었다. 그러던 차에 이 두 세력이 차가다이 울루스를 협공하려 한다

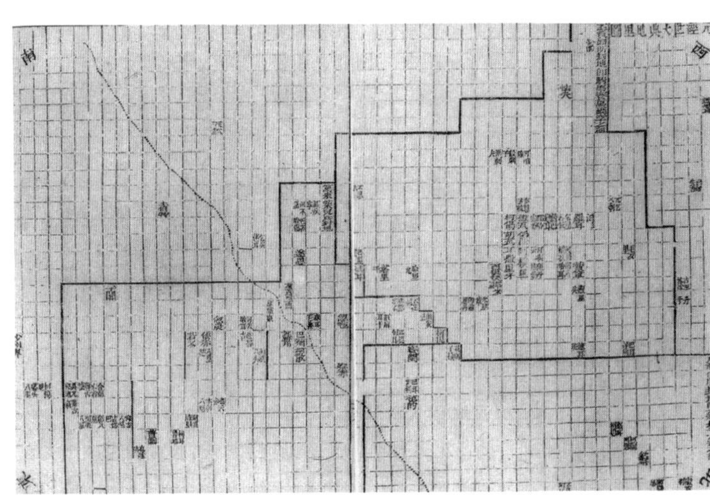

〈원경세대전여지도〉
1331년에 편찬된 『원경세대전元經世大典』은 현재 사라졌지만 내용 일부만 후대 문헌들에 수록되어 전해지고 있다. 몽골 제국의 서방 3왕가의 영역과 주요 지명들이 기록되어 있는데, 지도에 보이는 지명들은 『원사元史』「지리지地理志」에 나오는 「서북지부록西北地附錄」의 지명과 아주 흡사하다.

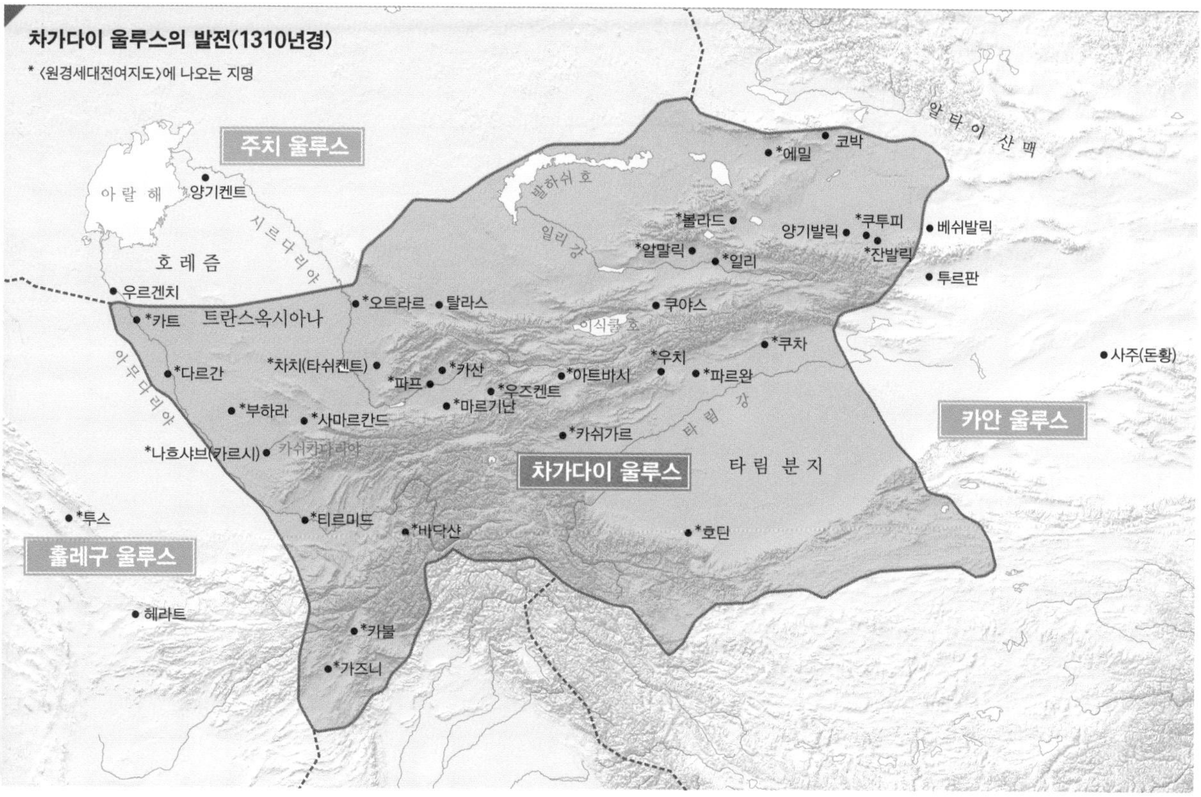

차가다이 울루스의 발전(1310년경)

* 〈원경세대전여지도〉에 나오는 지명

는 정보가 누설되어 전쟁이 발발했다. 그러나 1318년 케벡이 즉위한 뒤부터 상황이 달라져, 대외적으로 군사적 대립이 아니라 평화 관계를 회복했다. 또한 울루스의 정치적 중심을 톈산 북방 초원에서 트란스옥시아나의 정주지대로 옮겼다. 그는 카쉬카다리야 유역에 '카르시'라는 궁전을 세웠고, '케베키'라 불리는 은화를 주조하기도 했다.

이러한 경향은 후계자들의 시대에도 계속되어 타르마시린은 이슬람으로 개종하고 정주사회의 토착귀족과 이슬람 지도자들을 우대하는 정책을 폈다. 당시 몽골 귀족들의 이름을 분석한 결과 50~70퍼센트가 이미 무슬림식 이름을 갖고 있었다는 사실은 이미 상당한 정도로 이슬람화가 진행되어 있었음을 보여준다. 이렇게 해서 1320년대에 들어서자 차가다이 울루스는 전통적인 유목생활을 중시하고 알말릭을 중심으로 하는 초원지대에 머무르고자 하는 세력과, 정주지대에 궁성을 짓고 거주하며 이슬람으로 개종하여 토착귀족들과 협력할 것을 강조하는 세력 사이에 갈등이 심화되기 시작했다. 이는 칸의 잦은 교체와 살해라는 결과로 이어졌고, 결국 1347년 카잔 칸이 피살되면서 차가다이 울루스는 동부와 서부로 나뉘고 말았다.

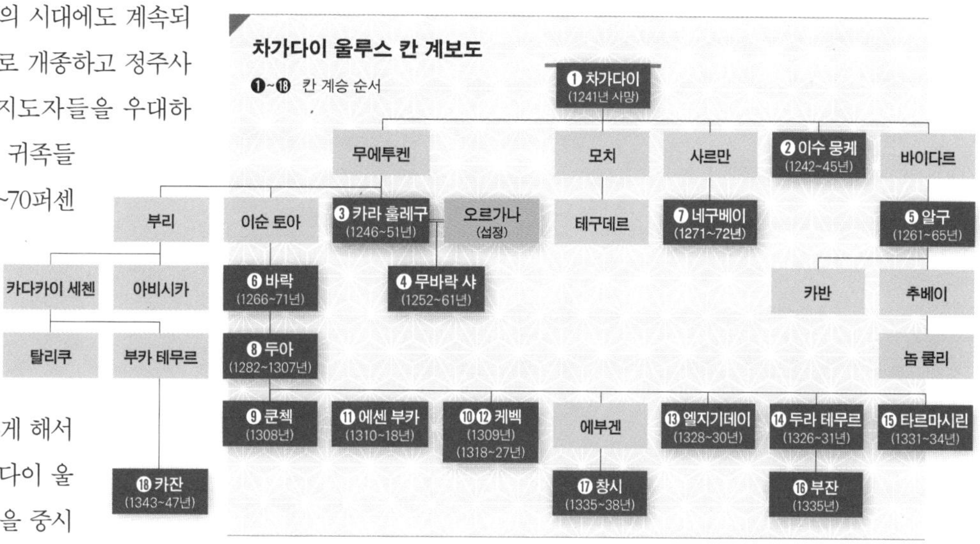

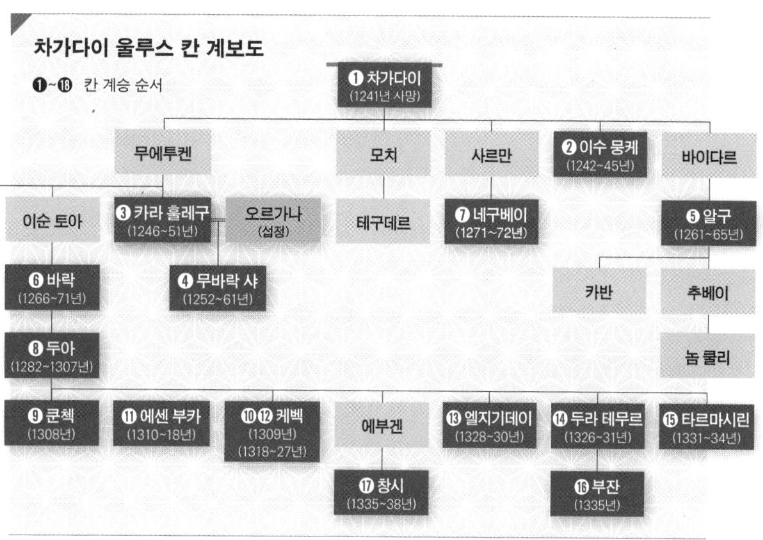

주치 울루스

1230년대 후반
바투, 러시아 정복
주치 일족이 지배

1267년
우익, 뭉케 테무르 칸 즉위

1277년
좌익, 코니치 즉위

1287년
우익, 톡토아 즉위

1291년
톡토아, 노카이 누르고 우익 전체 통일

1299년
좌익, 코니치에 이어 바얀 즉위

1342년
우익, 자니벡 즉위

1357년
자니벡, 아들 베르디벡에게 피살

1370년
티무르 제국 성립

1377년
톡타미시, 좌익 울루스의 지배자가 됨

1381년
톡타미시, 좌우익 통합

1395년
티무르, 톡타미시 격파
아스트라한과 사라이 파괴

15세기 중반
크리미아, 카잔, 아스트라한 등 세 개의 지역정권으로 분열

페르시아 역사가 주베이니는 칭기스 칸이 생전에 주치에게 카얄릭과 호레즘에서부터 삭신(볼가 강 하류의 지명)과 불가르 및 그 방향으로 "타타르의 말발굽이 미치는 곳까지" 분봉해 주었다고 기록했다. 이는 아마 1219~25년의 서방 원정이 끝난 뒤의 일일 것이다. 그 뒤 1230년대 후반 주치의 아들 바투가 지휘한 원정의 결과 킵착 초원과 러시아가 정복된 뒤 그 지방 역시 주치 일족의 지배를 받게 되었다. 이처럼 방대한 영역을 갖는 주치 울루스는 우랄 산맥과 그 남쪽의 이르기즈 강과 시르다리야로 이어지는 선을 경계로 좌익과 우익으로 나뉜다.

흔히 '황금의 오르두'로 알려진 우익은 주치의 차자 바투의 후손들이 지배했다. 중심지는 처음에는 볼가 강 하류에 바투가 건설한 사라이였지만, 나중에는 그보다 북쪽에 위치한 '신新사라이'로 옮겨졌다. 우익에 복속한 러시아의 여러 도시에는 바스카키 혹은 다루기라는 관리를 파견하여 호구 조사나 징세 업무를 감독했다. 좌익은 주치의 장자 오르다의 후손들이 지배했다. 티무르 및 우즈벡 시대의 자료에는 우익을 '백색의 오르두(Aq orda)', 좌익을 '청색의 오르두(Kök orda)'라 칭하였으나 이에 관해서는 논란이 있다. 러시아의 도시들은 물론 볼가 강과 시르다리야 연변에 위치한 큰 도시들을 지배하던 우익은 공납과 교역에서 막대한 재화를 확보했지만, 이렇다 할 도시를 갖고 있지 못했던 좌익은 경제적으로 매우 빈약했고 정치적으로도 초기에는 우익에 종속적인 지위에 머물렀다.

주치 울루스는 훌레구 울루스의 정통성을 인정하지 않고 캅카스 산맥을 경계로 군사적 충돌을 일으켰다. 베르케가 이슬람으로 개종한 뒤로 양측의 반목은 더욱 심해졌고 그는 이집트의 맘루크 정권과 연합했다. 또한 뭉케 테무르 칸은 우구데이 가문의 카이두에게도 우호적인 입장을 보여 1269년 탈라스 회맹에 대리인

주치 울루스 은제 그릇
14세기 초기에 제작된 주치 울루스의 은제 그릇. 에르미타주 박물관 소장.

주치 울루스 칸 계보도

좌익 ❶~❻ / 우익 ❶~❾ 칸 계승 순서

- 주치
  - 오르다 울루스(좌익)
    - ❶ 오르다 (1226~55년?)
      - 사르탁타이
        - ❹ 코니치 (1277~1298년)
          - ❺ 바얀 (1299~1311년)
        - ❻ 사시 부카 (1312~21년)
      - 쿨리 (1226~55년?)
      - ❷ 쿠룸시 (?)
      - ❸ 쿵키란 (?)
  - 바투 울루스(우익)
    - ❶ 바투 (1255년 사망)
      - ❷ 사르탁 (1256~57년)
      - 토칸
        - 타르부
        - ❸ 뭉케 테무르 (1267~80년)
          - ❺ 톡토아 (1287~88년, 1291~1312년)
          - 토그릴 차
            - ❻ 우즈벡 (1313~41년)
              - ❼ 티니벡 (1341~42년)
              - ❽ 자니벡 (1342~57년)
                - ❾ 베르디벡 (1357~59년)
                - 노루즈
        - ❹ 투데 뭉케 (1280~87년)
    - 베르케
    - 시반
    - 보알
      - 투타르
        - 노카이
      - 밍카다르
        - 투카르

을 보냈다. 한편 좌익의 수령이 된 코니치는 카이두의 세력이 커지는 것을 우려해 군사적 충돌을 벌이는 한편, 카안 울루스와 훌레구 울루스에 자주 사신을 보냈다. 카이두는 코니치 사후 그 아들 바얀과 조카 쿠일룩(쿠블룩)이 분쟁을 벌일 때 후자를 지원했다.

우익의 뭉케 테무르 칸이 사망한 뒤 즉위한 동생 투데 뭉케가 이슬람에 지나치게 경도되자 이에 반감을 느낀 제왕들은 그를 폐위했고, 실권은 노카이라는 인물의 수중에 들어갔다. 그의 지원을 받은 톡토아가 즉위했으나 두 사람은 서로 대립하게 되었고, 톡토아는 1291년 노카이를 누르고 우익 전체를 통일했다. 그 뒤를 이은 우즈벡은 카안 울루스와 훌레구 울루스에 빈번하게 사신을 파견하여 정치·경제적 교류를 확대해나갔다. 주치 울루스는 우즈벡 치세에 정치적 안정과 경제적 번영을 이룩하여 전성기를 누렸다.

그러나 흑사병과 계승분쟁으로 주치 울루스는 쇠퇴의 길로 접어들었다. 자니벡 치세에 흑사병은 호레즘(1345년), 사라이(1346년)와 같은 지역을 강타했다. 자니벡은 아들 베르디벡에게 피살되고, 베르디벡은 다시 동생인 노루즈에게 살해되었다. 1360년경이 되면 러시아 연대기에서 '대혼란'이라고 부르는 시대가 개막되었다. 권신 마마이가 발호했으나 1377년 티무르의 후원을 받은 톡타미시(주치의 서자 투카 테무르의 후손)가 좌익 울루스의 지배자가 된 뒤 1381년 마마이를 몰아내고 좌우익을 통합했다. 그러나 그가 티무르를 적대하기 시작하자 티무르는 1391년 톡타미시에 대한 원정을 감행했고 1395년에는 아스트라한과 사라이를 파괴했다. 톡타미시가 사라진 뒤 주치 울루스는 쇠퇴의 길을 걷다가 15세기 중반경 크리미아, 카잔, 아스트라한 등 세 개의 지역정권으로 분열되고 말았다.

리그니츠 전투
1241년 4월 9일 폴란드 왈스타트 평원에 위치한 리그니츠에서 몽골군과 유럽의 기독교군 사이에 전투가 벌어졌다. *Freytag's Hedwig* 사본(1451년, 바르샤바 대학도서관 소장)에 삽입된 그림이다. 양측이 대결하는 장면과, 전투에서 사망한 실레지아의 헨리 공의 머리를 창끝에 매단 몽골 기마군의 모습 등이 묘사되어 있다.

홀레구 울루스

1258년
홀레구, 바그다드 함락

1260~61년
홀레구, 주치 세력 축출하고
정복지 통치권 독점

1265년
홀레구 사망

1282년
아바카 사망
그의 동생 테구데르와 아들
아르군 사이에 분쟁 발생

1291년
게이하투 칸 즉위
차우 발행

1295년
바이두와 가잔 사이에 분쟁 발생
가잔 즉위

1316년
아부 사이드 즉위

1335년
아부 사이드 사망
홀레구 울루스 해체

홀레구 울루스 유적
이란 서북부 아제르바이잔 지방에 있는 타흐티 술레이만 Takht-i Sulayman. '솔로몬의 왕좌'라는 뜻을 지닌 이곳은 화산 활동으로 형성된 호수가 있고, 그 주위에 사산 왕조의 조로아스터교 사원 유적지와 몽골 지배기에 건축된 건물들이 남아 있다. 일 칸들은 이곳을 하영지로 사용하기도 했다.

홀레구 울루스는 엄밀하게 말하면 '울루스'가 아니었다. 왜냐하면 울루스란 원래 칭기스 일족이 분봉으로 받은 몽골인들로 구성된 것인데, 홀레구와 그의 후계자들에 속했던 몽골인들은 뭉케의 명령에 따라 여러 울루스에서 차출된 원정군에서 기원한 것이기 때문이다. 원정은 주치·톨루이 두 가문이 주도했지만 홀레구는 원정군에 속한 주치 세력을 축출하고 원정군에 소속된 몽골 병사들을 자기 소유로 만들어버렸다. 이후 홀레구와 그의 후계자들은 서아시아를 지배했지만 주치 울루스나 차가다이 울루스에서는 이들의 합법성을 인정하지 않았다. 따라서 같은 톨루이 가문에 속한 카안의 후원과 인정은 중대한 의미를 지닐 수밖에 없었고, 홀레구의 후계자들은 카안의 추인과 임명장을 받은 뒤에야 공식적인 즉위식을 올렸다. 양측은 육로나 해로를 통해 사신을 빈번히 교환했고 다양한 방면에서 정보를 공유했다. 쿠빌라이가 파견한 볼라드 칭상 같은 인물은 정치 고문 역할을 했을 뿐만 아니라, 라시드 앗 딘의 저술 활동을 도와 '문화 중개자'로도 활약했다.

홀레구 울루스의 영역은 서쪽은 아나톨리아 고원에서 동쪽은 아무다리야까지, 북쪽은 캅카스 산맥에서 남쪽은 페르시아 만에 이르렀다. 당시 자료에 '이란 땅Iran-zamin'이라고 자주 표현되었으나 오늘날의 '이란'보다는 광의의 개념이다. 홀레구와 후계자들은 '일 칸il khan'으로 불렸고 그에 따라 '일 칸국'이라는 표현이 생겨났다. '일 칸'은 이제까지 '(카안에게) 복속한 칸'이라는 뜻으로 잘못 이해된 경우가 많았으나 투르크어의 '일'은 몽골어의 '울루스'에 상응하는 단어이기 때문에 그 뜻은 '울루스의 군주'로 해석되어야 할 것이다. 가잔 칸은 일 칸이라는 칭호보다는 '이슬람의 제왕'이라는 칭호를 즐겨 사용하기 시작했다. 또한 재상 라시드 앗 딘에게 몽골사 편찬을 지시했는데 그 목적은 자신의 정치적 정통성·합법성을 역사적으로 입증해 보이려는 데 있었다. 즉 홀레구를 따라온 몽골 원정군들은 모두 칭기스 칸이 톨루이에게 유산으로 남겨준 천호집단에서 차출된 것이므로 톨루이의 아들인 홀레구의 '소유', 즉 '홀레구 울루스'임에 틀림없다는 주장을 펼친

것이다.

일 칸들은 유목민 특유의 이동생활을 계속했다. 칸들의 개인적 취향에 따라 주요 근거지는 마라가·타브리즈·술타니야 등지로 바뀌었다. 몽골·투르크 군사귀족들이 지배층의 핵심을 이루었고, 이란계 관리·종교인·상인들이 이들과 협력했다. 중요한 지역에는 만호·천호 단위로 편성된 유목민을 주둔시키고, 그들이 필요로 하는 재정을 충당키 위해 일정한 지역의 주민들로부터 징세를 허락하는 '지불증서(barat)'를 발급했다. 무분별한 징세로 농민 경제는 피폐해졌고 나라의 재정 상황도 극도로 악화되어갔다. 게이하투 칸은 이를 타개하기 위해 카안 울루스의 지폐 초鈔를 본따 '차우chau'를 발행했으나 참담하게 실패하고 말았다. 가잔 칸은 라시드 앗 딘의 도움을 받아 광범위한 개혁정책을 단행했다. 세제 개선, 역참 시설 보수, 도량형 정비, 농업 진흥 등 다방면에 걸쳐 이루어진 개혁은 어느 정도 성과를 거두었다.

훌레구 울루스 역시 잦은 계승분쟁에 시달렸다. 아바카가 사망한 뒤 그의 동생 테구데르와 아들 아르군 사이에 분쟁이 일어났고, 게이하투 사후에는 바이두와 가잔 사이에 또다시 분쟁이 일어났다. 가잔 사후 울루스의 실권은 점점 권신들의 수중으로 넘어갔고, 마지막 칸 아부 사이드는 비교적 긴 치세를 유지했지만 실권을 갖지 못한 미약한 칸에 불과했기 때문에, 그가 사망한 뒤 울루스는 해체되고 부족군대를 보유하던 군사귀족들이 발호하며 각지에 지역 정권들이 생겨나게 되었다.

훌레구 울루스 칸 계보도

① 훌레구 (1265년 사망)
② 아바카 (1265~82년)
줌쿠르
요시무트
타라카이
툽신
③ 테구데르 (아흐마드) (1282~84년)
④ 아르군 (1284~91년)
⑤ 게이하투 (1291~95년)
쥬시켑
수케
⑥ 바이두 (1295년)
⑦ 가잔 (1295~1304년)
⑧ 울제이투 (1304~16년)
알리
⑨ 아부 사이드 (1316~35년)
사티 백
무사

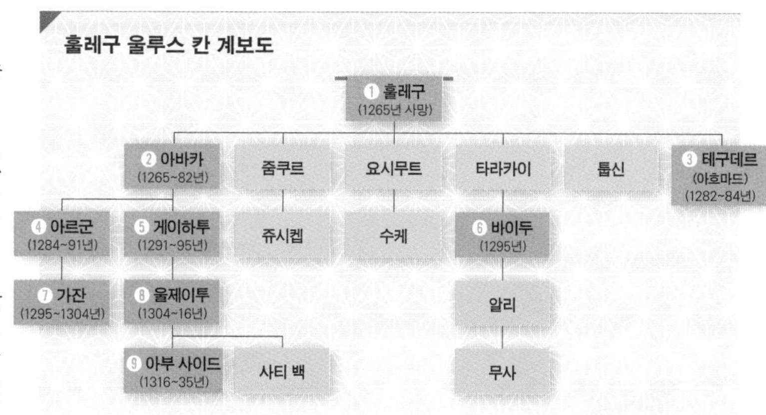

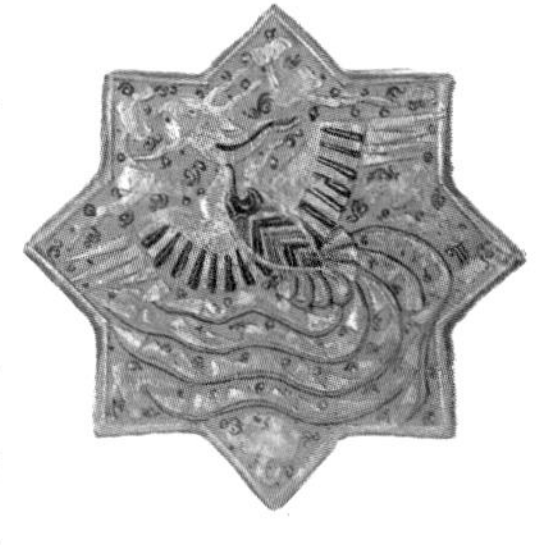

채색 타일
훌레구 울루스에서 1270년대에 제작된 별 모양 채색 타일. 타흐티 술레이만에서 출토된 것으로 추정되며, 현재 미국 워싱턴시 스미소니언 박물관에 소장되어 있다.

훌레구 울루스의 발전

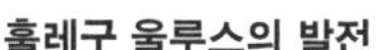

복속국
주요 교역로
* 〈원경세대전여지도〉에 나오는 지명
흑 해
콘스탄티노플
앙카라
셀주크 왕조
아나톨리아 고원
쾨세다그
에르진잔
에르주룸
코냐
소아르메니아 왕국
라이아스
안티오크
알레포
니코시아
지 중 해
다마스쿠스
아인 잘루트
카이로
홍 해
캅카스 산맥
그루지아 왕국
카스피 해
데르벤드
*바르다
바쿠
*시르반
나히체반
*잔잔
디야르바크르
마르딘
타브리즈
마라가
*타흐티 술레이만
*모술
*다일람
*람바사르
알라무트
*술타니야
*아브하르
하마단
*사바
*라이
*아물
*호바르스
*심난
*카즈빈
*니하반드
*카샨
*키르만샤한
*우크바라
*바그다드
*쿠파
*와시트
샤반카라이 왕조
*이스파한
훌레구 울루스
주치 울루스
아랄 해
시르다리아
아무다리아
차가다이 울루스
우르겐치
히바
*타미사
*바바르드
*투스
*주르잔
기르드쿠흐
*니샤푸르
메르브
*사락스
*카엔
헤라트
케르트 왕조
*타바신
히르만
카라 키타이 왕조
*밤
*카제룬
*쉬라즈
살구르 왕조
*데히스탄
페르시아 만

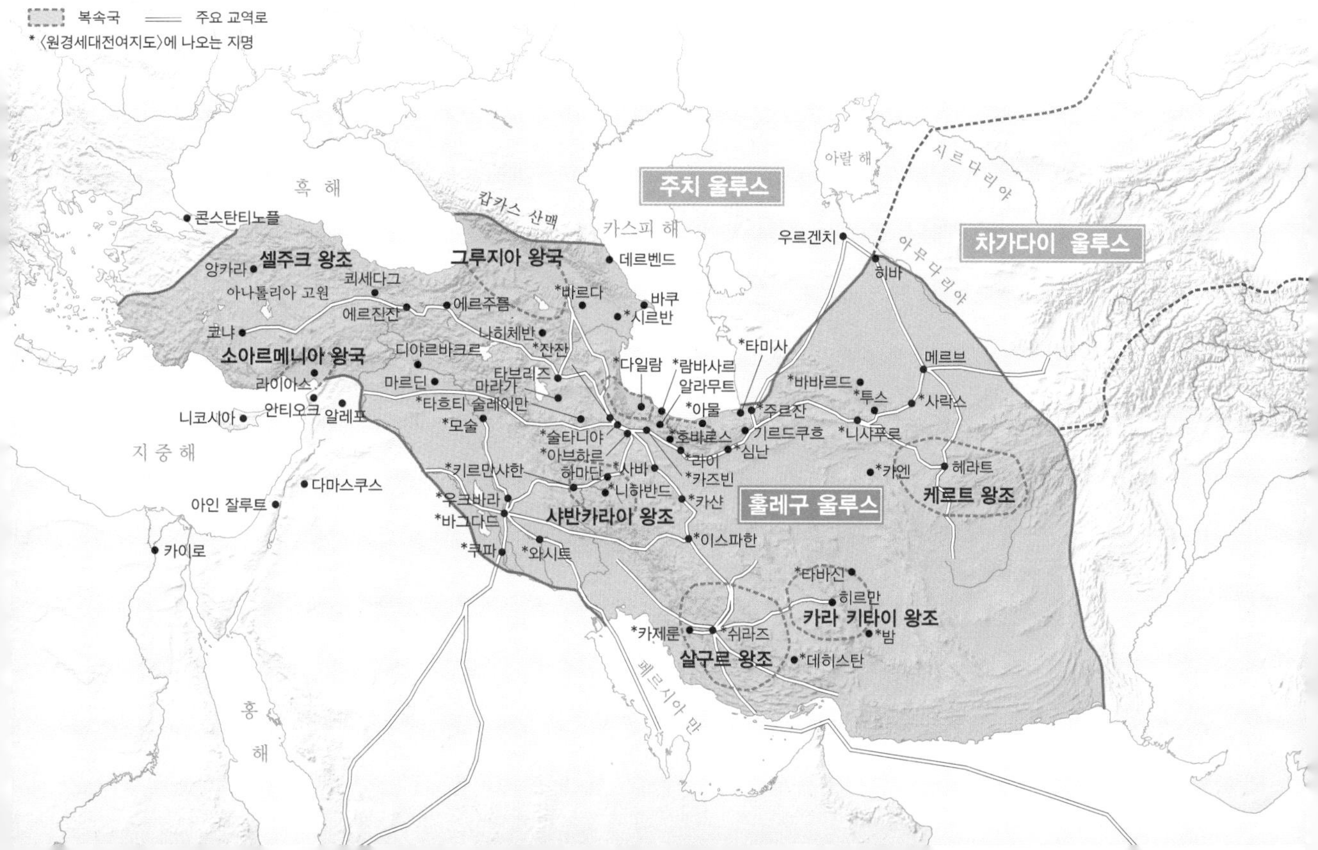

몽골 제국과 고려

1219년
몽골군, 고려와 함께 거란 공격
강동성 함락
여몽형제맹약 체결

1225년
몽골 사신 제구예 피살

1231년
사르탁이 이끄는 몽골군,
고려 침공

1258년
최의 피살
무신정권 붕괴

1259년
태자 왕전, 몽골로 파견됨

1269년
임연, 원종 폐위 사건

1280년
고려에 정동행성 설치

몽골과 고려가 최초로 접촉한 것은 1218년 카친과 잘라가 이끄는 몽골군이 거란의 잔중을 쫓아 한반도 북부로 들어왔을 때였다. 이때 고려 조정에서 파견한 김취려와 조충 두 장군은 몽골군과 연합하여 1219년 강동성(현재 평양시 강동군)을 함락시켰다. 양측이 형제 맹약을 맺었으나, 몽골 측의 과도한 공납 요구와 1225년 사신 제구예 피살 사건으로 인해 관계는 급속히 악화되었다. 몽골 측은 칭기스 칸의 사망으로 한동안 보복을 하지 못하다가 우구데이가 즉위한 뒤 고려 원정을 결의하고, 1231년 사르탁을 파견하여 침공을 개시했다. 몽골군은 어려움 없이 고려 북부를 손에 넣고 정복된 지역에서 재물을 걷기 위해 72인의 다루가치를 두었다. 위기에 빠진 고려 조정은 강화도로 피신하여 대몽 항전을 시작했다. 일부 산성이나 주요 거점을 중심으로 게릴라식 항전이 이루어져 사르탁이 처인성에서 김윤후에게 피살되기도 했다. 그 후 몽골의 침공은 거의 30년에 걸쳐 단속적으로 이루어졌다. 1235~39년 탕구트, 1247년 아무칸, 1251~53년 예쿠, 1254~59년 차라대 등의 침공이 계속되었다.

여몽 관계는 1258년 최의가 피살되고 대몽 강경노선을 고집하던 무신정권이 붕괴되면서 전기를 맞게 된다. 고려에서는 복속과 화평 의사를 전달하기 위해 1259년 태자 왕전을 몽골로 파견했다. 왕전은 당시 사천에 있던 뭉케를 만나러 가다가 그의 사망 소식을 접하고 귀환하던 도중, 남송 원정을 중단하고 북상하던 쿠빌라이와 조우했다. 당시 아릭 부케와 경쟁하던 쿠빌라이는 고려 태자 일행과의 만남을 정치적으로 활용하여 고려가 자발적으로 복속해온 것은 천명이 자신에게 있음을 나타낸다고 선전했다. 이렇게 해서 고려는 몽골의 잔혹한 응징과 보복을 피해 우호적 평화 관계를 맺을 수 있었다.

1269년 임연이 원종을 폐위하자 몽골은 군사적으로 개입하여 왕을 복위시켰다. 이를 계기로 태자 왕심과 쿠빌라이의 친딸 쿠틀룩 켈미시의 혼인이 성사되었다. 충렬왕으로 즉위

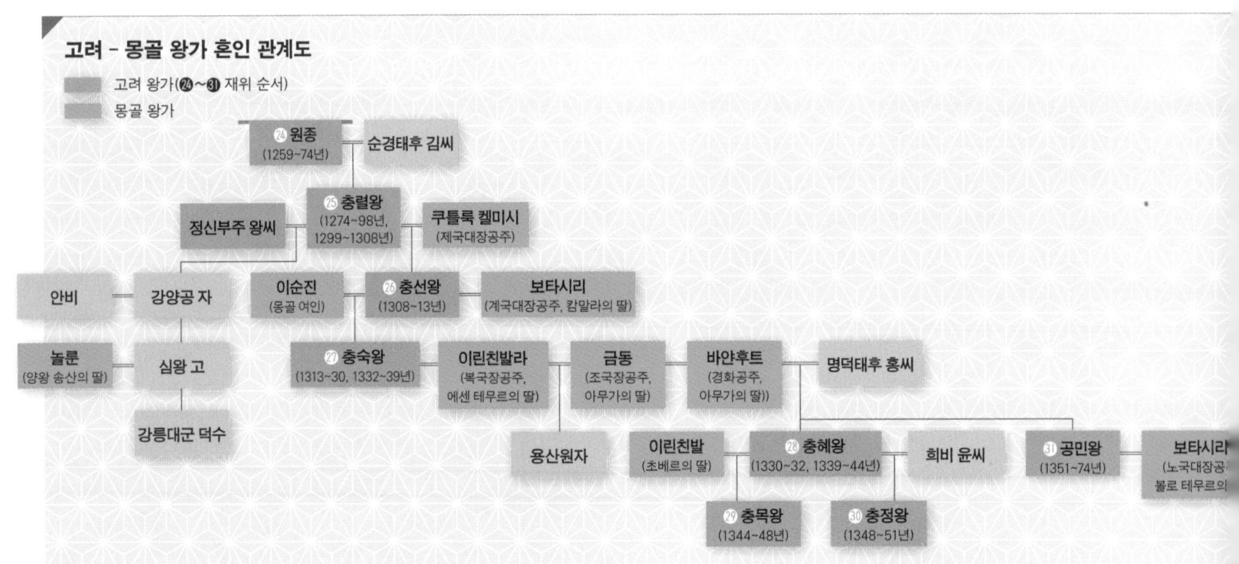

몽골의 고려 침입

1232년 침입로
1235~39년 침입로
1254~59년 침입로
1232년 주요 전투 지역
1235~39년 주요 전투 지역
1254~59년 주요 전투 지역

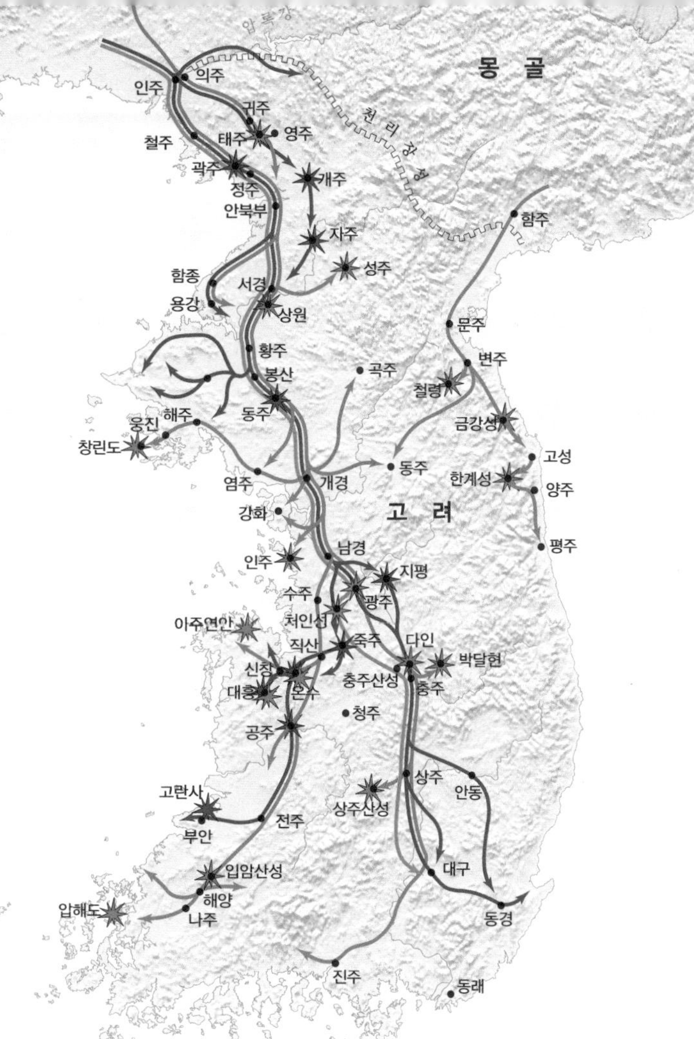

순천 송광사 티베트문 법지
전남 순천 송광사에 보관되어 있는 원대의 법지法旨. 1272~75년에 몽골 제국의 제사帝師가 송광사에 발부한 것으로서, 티베트어로 되어 있으며 서체는 장각행서長脚行書(tshugs ring)이다. 전남 유형문화재 30호이며, 크기는 가로 51cm, 세로 77cm이다.

한 왕심은 고려의 국왕이면서 동시에 몽골 황실의 부마駙馬(güregen)가 되었고, 1280년 일본 원정을 위해 고려에 정동행성이 설치될 때는 승상에 임명됨으로써 세 가지 지위를 동시에 지니게 되었다. 1260년에 시작하여 1280년경에 완성된 여몽 관계의 틀은 기본적으로 고려와 몽골 두 나라가 종말을 맞게 되는 14세기 중반까지 지속되었다. 양측의 외교 교섭은 주로 한자 문서를 통해서 이루어졌기 때문에 외형과 표현은 과거 전통적인 '책봉-조공' 관계와 다를 바 없었다. 그러나 한족 왕조들과는 달리 유목민이 세운 몽골 제국이기 때문에 도입된 특징들도 현저하게 나타났다. 고려에 요구한 소위 '육사六事(인질 파견, 군사 지원, 세량 납부, 역참 설치, 호구 조사, 다루가치 설치)', 고려 국왕이 속국의 군주로서가 아니라 부마, 즉 제왕의 자격을 갖고 정치적 활동을 했던 사실이 그러하다.

여몽 관계의 특징을 이해하기 위해서는 당시 몽골인들이 지닌 정치 관념의 특수성을 이해할 필요가 있다. 그들은 외교관계를 '국가'나 '왕조'라는 추상적 개념이 아니라, 칭기스 일족과 다른 나라 군주들과의 인신적·개별적 관계로 이해하는 경향이 강했다. 즉 고려와 몽골의 관계는 고려 국왕과 몽골 카안의 관계로 표상되었다. 당시 고려 국왕은 제국의 외부에 별도로 존재하는 영토와 백성을 갖고 있는 군주임과 동시에 칭기스 일족의 부마로서 제국 내부에 존재하는 제왕이었다. 정동행성의 승상이라는 직책도 제국의 고위 관리라는 점에서 제국 내적 존재였다. 몽골 제국 시기 고려의 정치적 위상은 이러한 국왕의 지위와 연동했기 때문에 이중적인 특징을 지닐 수밖에 없었다.

팍스 몽골리카

1206년 - 1357년

1206년
칭기스 칸, 몽골 고원 통합

1210년
탕구트(서하) 복속

1234년
여진 멸망시킴

1258년
아바스 왕조의 바그다드 함락

1276년
남송 수도 항주 입성

1280년
고려에 정동행성 설치

1335년
훌레구 울루스 해체

1347년
차가다이 울루스, 동부와 서부로 분열

1357년
주치 울루스, 자니벡 사망 이후 대혼란

'팍스 몽골리카Pax Mongolica'라는 말은 몽골의 정복에 의해 유라시아 대륙 대부분 지역이 정치적으로 단일한 제국 영역 안에 편입되고, 이에 따라 정치·경제·문화적인 교류가 광범위하고 긴밀하게 일어난 역사적 현상을 지칭한다. 물론 몽골에 의한 정치적 통합과 안정은 시기적으로 매우 짧고, 울루스들 간의 대립과 충돌이 장기간 계속되었다는 점을 지적하며 이러한 표현의 사용을 반대하는 견해도 있다. 그러나 몽골 제국이 출현한 13세기 초부터 개별 울루스들이 붕괴하는 14세기 중반에 이르기까지, 비록 울루스들 내부 또는 그들 사이에 정치적 혼란이 있었다 하더라도, 유라시아를 무대로 한 거대한 교류는 그 어느 때보다도 광범위했다. 또한 몽골 지배층이 그것을 적극 후원했다는 점에서 '팍스 몽골리카'는 역사적으로 충분히 의미 있는 개념이다.

팍스 몽골리카 시대에 인간과 물자의 광역적인 교류를 가능케 했던 것은 역참 제도였다. 오늘날 역驛을 뜻하는 중국어 '잔站'의 기원이 된 몽골어 '잠jam'은 초원을 지나다가 잠시 쉬어갈 수 있는 숙사를 지칭했다. 이것이 제국의 교통 네트워크로 체계적인 모습을 갖추게 된 것은 우구데이 때부터였다. 그는 카라코룸을 수도로 정하고 서쪽의 차가다이 및 주치 울루스와 연락을 하기 위해 역참을 두었다. 몽골 초원과 북중국 사이에는 나린narin(秘道), 모린morin(馬道), 테르겐tergen(車道)이라는 세 가지 역로를 두었다. 제국 영역이 확대됨에 따라 역참망도 유라시아 대륙의 주요 부분을 연결하는 교통망으로 발전하여, 고려나 러시아와 같은 속국에도 역참 설치를 요구했다. 역참은 서아시아나 러시아에서 '얌yam' 혹은 '바리드barid'라는 이름으로 알려졌다. 쿠빌라이 시대에 카안 울루스 안에만 1400개소의 역참이 두어졌고 35~70만 호의 참호站戶가 배정되었다. 이들은 마필·선박·수레 등 교통수단과 사신들이 머무는 숙소를 책임졌으며 식량과 사료도 준비해야 했다. 역참을 이용하는 사람들은 신분을 증명하는 패자牌子(paiza)와 포마차찰鋪馬差札(belge)이라는 문건을 소지하도록 규정되어 있었다. 또한 군사적인 긴급 사무를 위해 보다

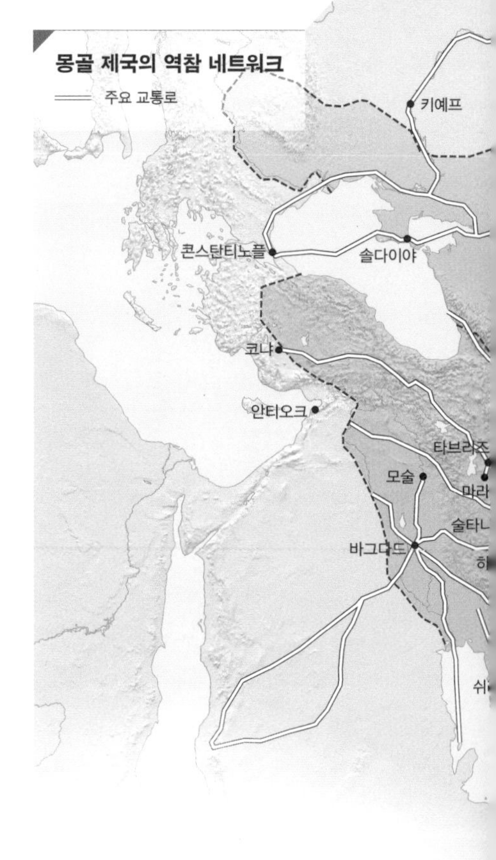
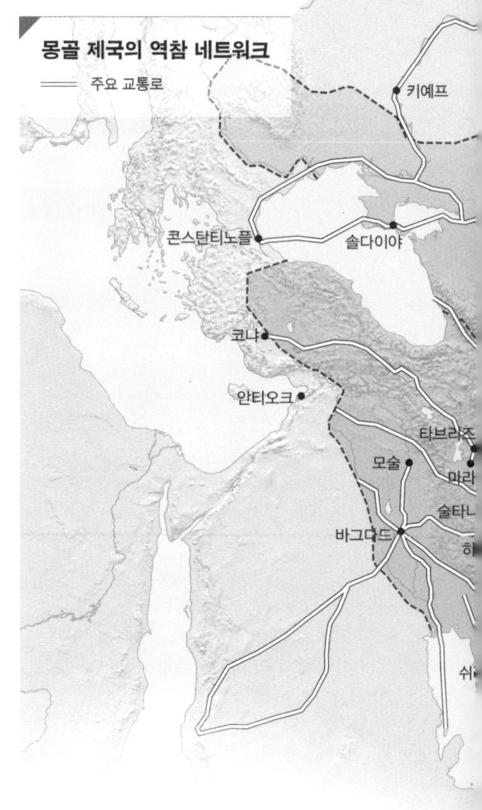

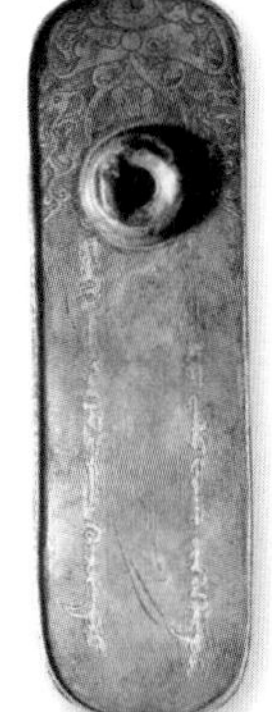

위구르문 패자(위)
주치 울루스의 압둘라 칸 치세(1361~70년)에 제작된 위구르문 패자. 러시아 드네프르 강 부근의 니코폴에서 발견되었다. 패자 전면에는 "영원한 하늘의 힘에 기대어, 위대한 영령의 가호를 받아", 배면에는 "압둘라의 칙령. 준행하지 않는 사람은 누구라도 처형받아 죽을 것이다"라고 새겨져 있다.

파스파문 패자(아래)
내몽골자치구 후흐호트시 청수하현에서 출토된 파스파문 패자. 정면(좌)의 중앙에 "영원한"이라는 글자가, 그리고 그 좌우로 "하늘의 힘에 기대어, 황제의 이름은 신"이라는 글자가 새겨져 있고, 배면(우)에 "성하다. 누구라도 준행하지 않는 사람은 누구라도 처형받아 죽을 것이다"라는 글귀가 새겨져 있다. 무게 350g, 길이 29cm, 폭 8cm

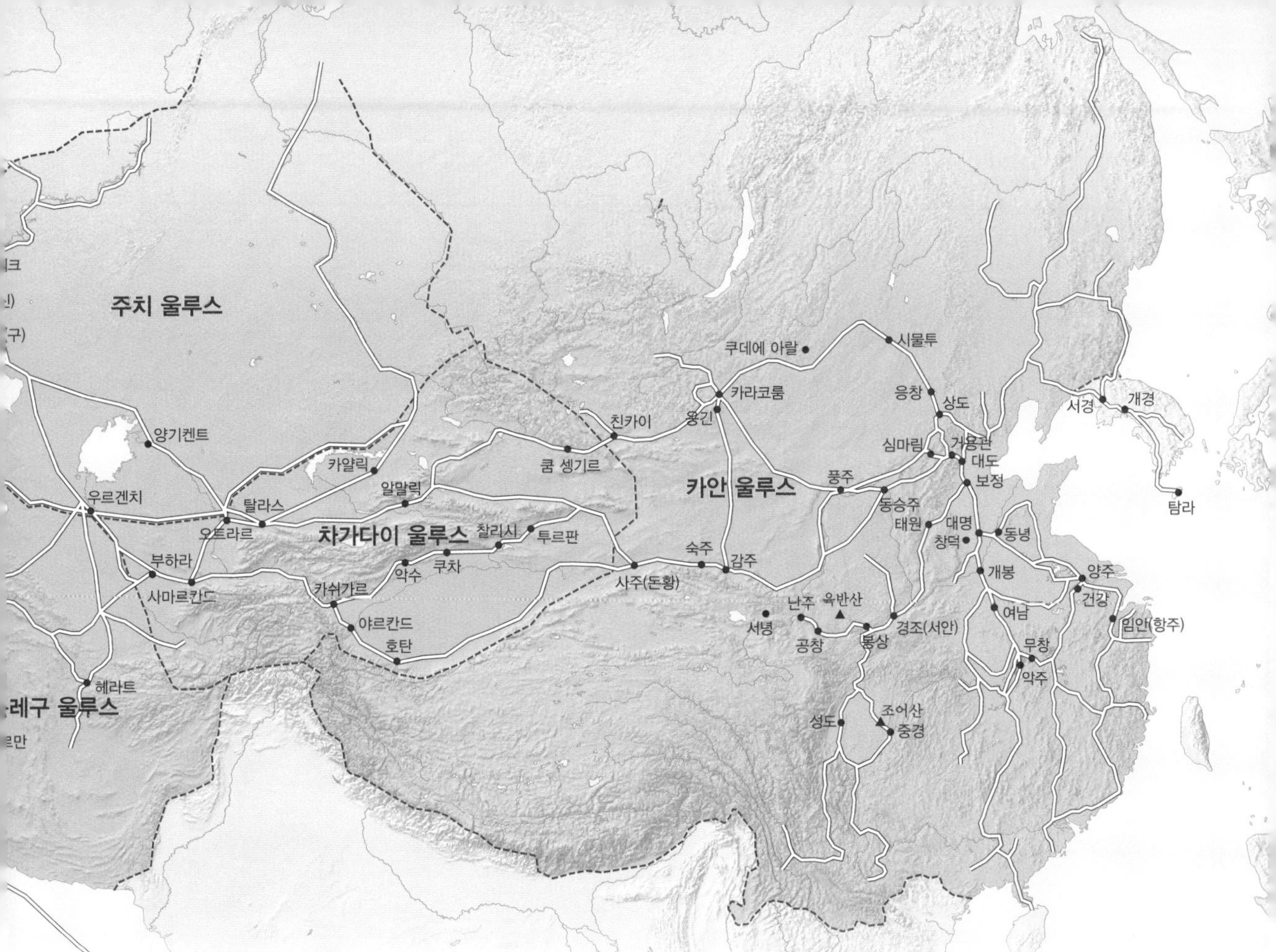

신속한 연락이 필요할 경우에는 급체포急遞鋪(paykan)라는 제도를 활용했다. 당시 몽골인들이 운영했던 역참 제도에 대해서는 마르코 폴로가 경탄하며 자세하게 묘사한 바 있다.

몽골 제국의 역참 네트워크는 유라시아를 관통하는 내륙 교통의 활성화에 크게 기여했으며, 중앙아시아에서 전쟁이 격화된 1280년대 말부터 10여 년을 제외하고는 대체로 원활하게 이루어졌다. 또한 울루스 간 외교가 활발하게 이루어져 사신 왕래는 물론이고 군인·종교인·학자·기술자들의 교류도 가능해졌다. 카안 울루스에서 서아시아로 파견된 볼라드 칭상이 좋은 예이며 반대로 서아시아에서 동방으로 와서 활동한 사람도 많았다. 쿠빌라이의 조정에서 중용된 자말 앗 딘과 이사 켈레메치 같은 천문과 의약 전문가들은 그 좋은 예이다.

특히 몽골 귀족의 재정 파트너가 되어 그들의 자본을 운영하던 '오르톡ortoq(斡脫)' 상인들은 육로와 해로를 이용하여 원거리 무역을 수행했다. 그들의 임무는 자본주인 몽골 귀족들에게 최대의 이익을 안겨주는 것이었다. 중국에서는 고리대업에 종사하여 고액의 이자를 요구하는 알탈전斡脫錢을 운용한 것으로도 악명이 높았다. 몽골은 경제 교류를 활성화하기 위해 은본위 제도를 시행하고 교환 단위를 통일했다. 예를 들어 은괴 2킬로그램을 중국에서는 정錠, 중앙아시아에서는 야스툭yastuq, 서아시아에서는 발리시balish, 몽골 초원에서는 수케süke라는 일정한 단위로 지칭했다. 은 40그램의 량兩, 4그램의 전錢도 마찬가지였다. 이처럼 몽골은 화폐 교환 단위를 제국 전역에 걸쳐 표준화함으로써 유통의 활성화에 기여했다.

상락참 동인

1268년 원대 내몽골 지방의 상락참常樂站이라는 역참에 지급된 동인銅印. 전각으로 정면에는 '상락초인常樂醮印', 배면에는 '상락참인常樂站印'이라는 글자와 지원 5년 10월일(至元五年十月日)이라는 제조연월이 새겨져 있다. 높이 5cm, 한 변의 길이 5.5cm.

대여행의 시대

1245~47년
카르피니의 동방 여행

1253~55년
루브룩의 여행

1271~95년
마르코 폴로의 여행

1287~88년
랍반 사우마, 유럽 각지 방문

1307년
몬테코르비노, 칸발릭 대주교에 임명됨

1316~30년
오도릭의 동방 여행

1325~54년
이븐 바투타, 메카 성지순례를 시작으로 3대륙 여행

1342년
마리뇰리, 대도에 와서 3년간 체류

유라시아 대륙을 아우르는 몽골 제국의 대통합과 그로 인해 형성된 팍스 몽골리카는 일찍이 경험하지 못했던 '대여행의 시대'를 열었다. 그 이전에도 사신, 승려, 군인 등 대륙을 가로지르는 여행을 했던 사람이 없었던 것은 아니지만, 여행의 거리나 빈도에서 비교가 되지 않는다. 대여행을 통한 지리적 지식의 확충은 세계관의 변화를 가져왔고 그것은 다시 15~16세기의 '대항해 시대'를 열었다. 그런 의미에서 13~14세기 '대여행의 시대'는 인류 역사에서 매우 중요한 의미가 있다.

우선 유럽 선교사들이 몽골 초원과 중국을 방문하기 시작했다. 바투가 이끄는 몽골군이 러시아와 헝가리·폴란드를 침공하자 유럽 지도자들은 극도의 위기감에 빠졌다. 교황 인노켄티우스 4세는 1245년 프랑스 리옹에서 열린 공의회에서 프란체스코파와 도미니크파 수도사들로 구성된 4개 사절단을 몽골 초원과 서아시아로 파견하기로 결정했다. 이 가운데 주목할 만한 것이 플라노 카르피니의 사행이다. 그는 1246~47년 카라코룸을 방문하고 돌아와 『몽골의 역사(Ystoria Mongalorum)』를 써서 자신의 여정을 설명하고 장차 다가올 몽골의 위협에 대해 경고했다.

뒤이어 윌리엄 루브룩은 프랑스 국왕 루이 9세의 친서를 휴대하고 1253년 카라코룸에 도착하여 그해 겨울을 그곳에 머문 뒤 1255년에 돌아왔다. 그 역시 『여행기(Itinerarium)』라는 글을 남겼는데, 그의 글에 '카울레Caule'라는 명칭이 처음 등장했고 이것이 오늘날 '코리아'가 되었다. 그 후 몬테코르비노는 중국에 와서 1294년부터 1328년 사망할 때까지 30년 이상 머무르며 본격적인 선교활동을 하였다. 오도릭은 1316년 동방 여행을 시작하여 인도, 중국, 티베트, 중앙아시아, 이란을 거쳐 1330년 고국으로 돌아갔다. 1342년에는 마리뇰리가 이끄는 30명 이상의 선교사절단이 대도에 와서 3년간 체류하다가 돌아갔다. 동방을 찾은 유럽인이 수도사만은 아니었다. 수많은 상인들이 몽골 제국 각지에서 활동했다.

동방에서 서방으로 여행한 사람들도 있었다. 카안 울루스와 훌레구 울루스 사이의 인적 왕래는 매우 빈번했다. 특히 주목할 만한 것은 내몽골의 옹구트 부족민으로서 네스토리우스파 기독교도였던 마르코스와 랍반 사우마가 예루살렘으로 성지순례를 떠난 일이다. 훌레구 울루스에 도착한 마르코스는 1281년 교단의 총주교로 선임되어 야발라하 3세로 즉위하였

구육의 친서
교황 인노켄티우스 4세가 몽골로 파견한 프란체스코파 수도사 카르피니가 1246~47년 몽골 제국을 방문하고 돌아갈 때 몽골의 대칸 구육이 교황에게 보낸 친서의 페르시아어 번역본. 현재 바티칸 비밀서고에 보관되어 있다.

주요 여행가들의 활동

—— 카르피니
❶ 1245년 4월 리옹 출발
❷ 1246년 4월 바투의 군영 도착
❸ 1246년 7월 카라코룸 도착 구육 즉위식 참석
❹ 1247년 11월 리옹 도착

—— 루브룩
❶ 1253년 봄 콘스탄티노플 출발
❷ 1253년 12월 카라코룸 도착
❸ 1254년 7월 카라코룸 출발
❹ 1255년 8월 트리폴리 도착

—— 마르코 폴로
❶ 1271년 베네치아 출발
❷ 1274년 상도 도착
❸ 1274~91년 중국 체류
❹ 1295년 베네치아 도착

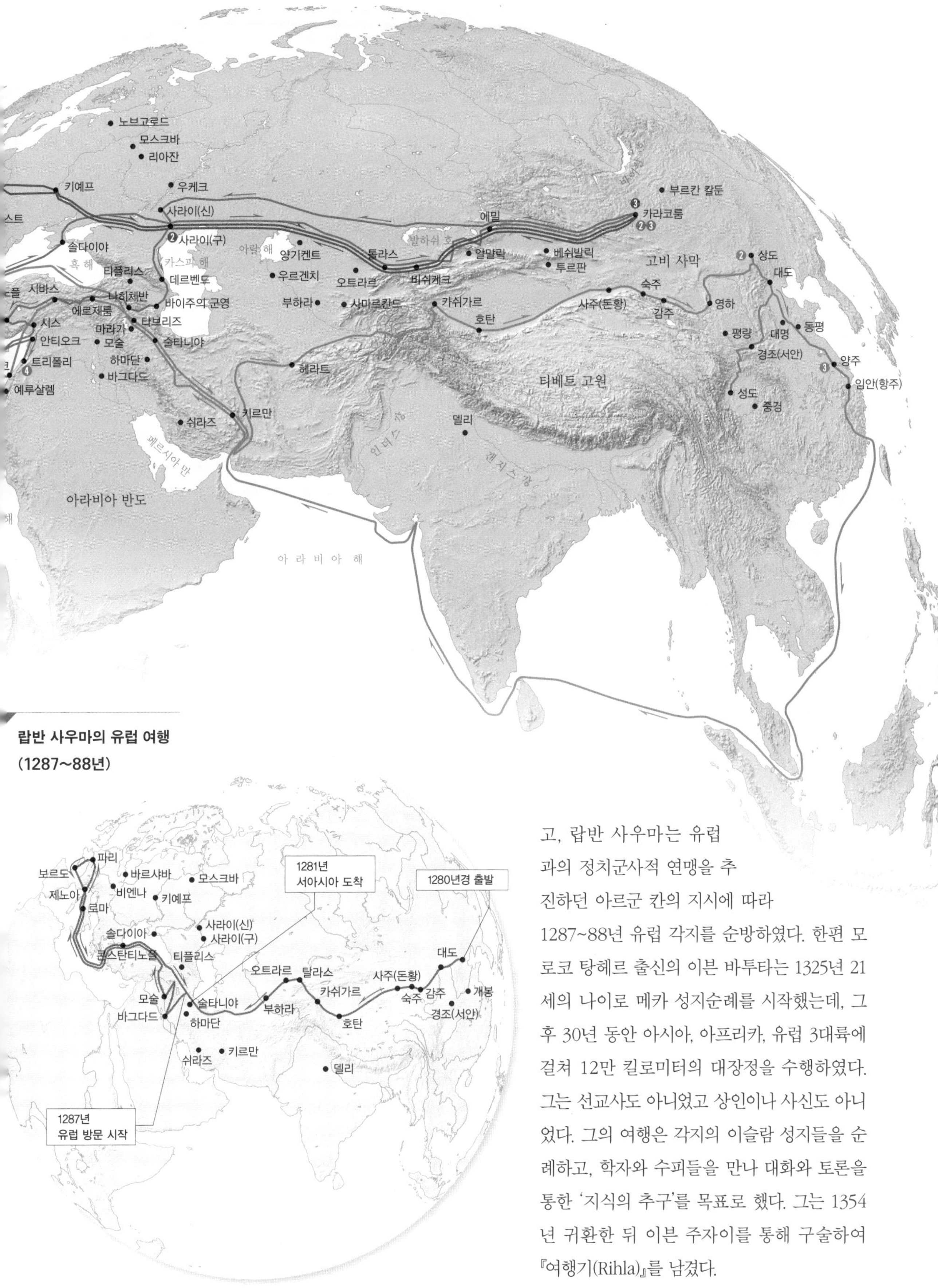

랍반 사우마의 유럽 여행
(1287~88년)

고, 랍반 사우마는 유럽과의 정치군사적 연맹을 추진하던 아르군 칸의 지시에 따라 1287~88년 유럽 각지를 순방하였다. 한편 모로코 탕헤르 출신의 이븐 바투타는 1325년 21세의 나이로 메카 성지순례를 시작했는데, 그 후 30년 동안 아시아, 아프리카, 유럽 3대륙에 걸쳐 12만 킬로미터의 대장정을 수행하였다. 그는 선교사도 아니었고 상인이나 사신도 아니었다. 그의 여행은 각지의 이슬람 성지들을 순례하고, 학자와 수피들을 만나 대화와 토론을 통한 '지식의 추구'를 목표로 했다. 그는 1354년 귀환한 뒤 이븐 주자이를 통해 구술하여 『여행기(Rihla)』를 남겼다.

세계의 새로운 인식

1240년
『집사』의 저자 라시드 앗 딘 출생

1254년
마르코 폴로 출생

1306년
『집사』 1부 완성

1306~11년
『집사』 2부 완성

1318년
라시드 앗 딘 처형

1324년
마르코 폴로 사망

1375년
크레스크, 〈카탈루냐 지도〉 제작

1389년
〈대명혼일도〉 제작

1402년
조선, 〈혼일강리역대국도지도〉 제작

13~14세기 팍스 몽골리카와 대여행의 시대를 배경으로 이루어진 공전의 문화 대교류는 이제까지 자기가 사는 지역과 문명의 범위를 벗어나지 못하던 인류에게 '세계'에 대한 새로운 인식을 가져다주었다. 그것은 세계지도의 출현, 세계지리와 세계사에 관한 서적의 저술로 표현되었다. 몽골 제국이 낳은 가장 대표적이고 널리 알려진 세계지도는 바로 조선에서 제작된 〈혼일강리역대국도지도〉에 반영되었다. 여기에는 과거 어떠한 지도에도 보이지 않던 아프리카 남단의 희망봉이 그려져 있어 일찍부터 주목을 받아왔다. 도대체 어떻게 조선에서 이러한 지도가 나올 수 있었을까. 지도 하단에 쓰인 권근의 발문에 따르면, 이 지도는 1402년(태종 2년) 좌정승 김사형과 우정승 이무가 중국에서 입수한 두 개의 지도, 즉 1330년경에 제작된 것으로 추정되는 이택민의 〈성교광피도〉와 청준의 〈혼일강리도〉를 조합하고, 여기에 조선과 일본의 지도를 참작하여 만들었다. 아프리카 남단 부분은 이택민의 지도에서 따온 것이었다. 그런데 명 초에 제작된 〈대명혼일도〉에도 그 부분이 동일한 모습으로 그려져 있다. 따라서 아프리카 남단에 관한 지리 정보는 이미 몽골 제국 시대에 알려져 있었으며, 특히 쿠빌라이 치세에 서아시아 출신의 지리학자 자말 앗 딘의 주도하에 국가사업으로 추진되었던 제국 지도의 편찬과 연관이 있는 것으로 추정된다. 다시 말해 조선의 〈혼일강리역대국도지도〉는 몽골 시대에 확대된 세계 인식의 결과물이었다고 할 수 있다.

이보다 조금 이른 1375년에 유라시아의 서쪽 끝 에스파냐 동쪽의 섬 마요르카에서 아브라함 크레스크 부자가 〈카탈루냐 지도〉를 제작했다. 12면의 목판으로 이루어진 이 지도는 종래 서구 중세의 성서적 세계관으로 그려진 OT형 지도의 한계를 극복하고, 마르코 폴로가 전해준 새로운 지리 정보를 참고로 동방 세계를 상당히 정확하고 자세하게 묘사했다. 이 역시 몽골 제국이 낳은 또 하나의 세계지도라고 할 수 있다.

팍스 몽골리카와 대여행의 시대를 배경으로 만들어진 가장 대표적인 저술은 바로 『동방견문록』이다. 이는 일본에서 통용되던 제목이 우리나라에 그대로 전달된 것으로 이를 단지 마

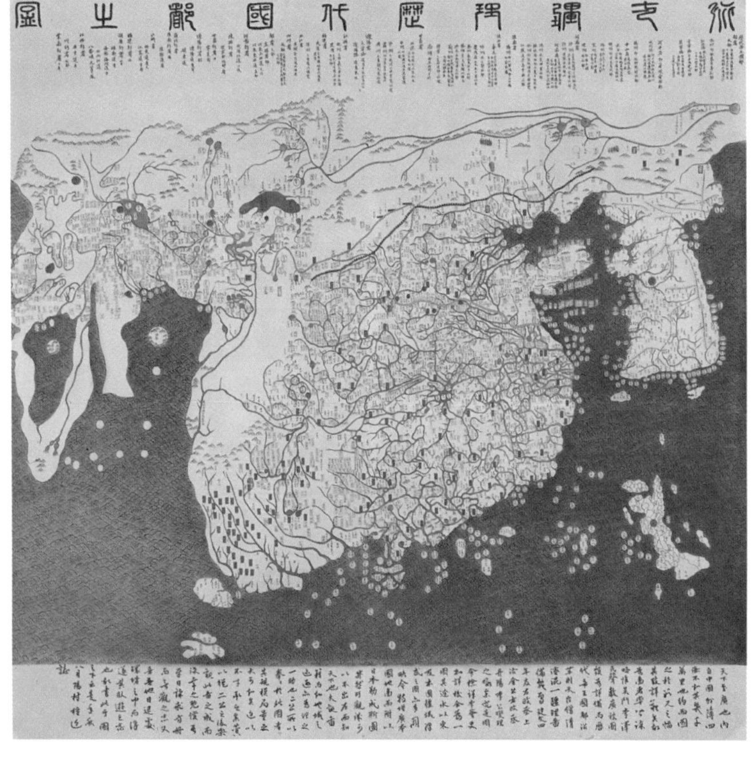

〈혼일강리역대국도지도混一疆理歷代國都之圖〉
조선 초 1402년 제작된 세계지도. 원대의 지도들을 참고하여 제작한 것으로 아프리카 희망봉이 그려져 있어 학계의 주목을 받고 있다. 현재 원본은 남아 있지 않으며 2종의 사본이 교토 류코쿠 대학과 큐슈 혼코지에 있다. 사진의 지도는 류코쿠 사본을 다시 모사하여 국내에 가져온 것으로 서울대학교 규장각에 있다.

르코 폴로의 '여행기'로만 여겨서는 안 된다. '세계의 서술(Divisament dou Monde)'이라는 원제목이 웅변하듯이 이 책은 단순한 여행기가 아니라 유럽 이외의 세계 전체에 대한 체계적인 서술이고, 마르코 폴로가 자신의 여행을 통해 얻은 견문을 토대로 다른 많은 자료와 정보를 참조하여 찬술한 세계지리지이자 박물지이다. 따라서 그가 중국을 직접 다녀갔느냐, 역사상 실존 인물이냐 등의 의혹은 이 책을 문자 그대로 '여행기'나 '견문록'으로만 인식하기 때문에 생겨난 것이다.

몽골 세국의 시대에는 역사상 최초의 '세계사'도 탄생했다. 이란의 하마단 출신 재상 라시드 앗 딘은 가잔 칸의 명령에 따라 몽골사를 편찬했는데, 뒤를 이은 울제이투 칸으로부터 세계 각 민족들의 역사도 함께 찬술하라는 지시를 받았다. 이렇게 해서 3부로 이루어진 『집사』가 완성되었다. 1부는 『가잔의 축복의 역사』라는 제목의 몽골사이고, 2부는 아랍·인도·유대·중국·프랑크·투르크 등의 역사를 서술한 『세계민족사』이며, 3부는 각지의 지리적 특징과 도시 및 산천을 기록한 『세계경역지』이다. 현재 3부는 그 행방을 알 수가 없지만, 1부는 몽골 제국사를 연구하는 데 필수적인 자료이다. 2부는 사료적 가치는 조금 떨어지나 이제까지 볼 수 없었던 스케일의 장대한 세계민족사라는 점에서 커다란 의미를 지닌다.

「집사」
라시드 앗 딘이 편찬한 『집사』 2부 『세계민족사』에 들어 있는 「키타이와 마친의 황제들의 역사」(속칭 「중국사」). 사진에 보이는 것은 라시드 앗 딘 생전에 필사된 사본의 일부로서 현재 할릴리 컬렉션에 포함되어 있다.

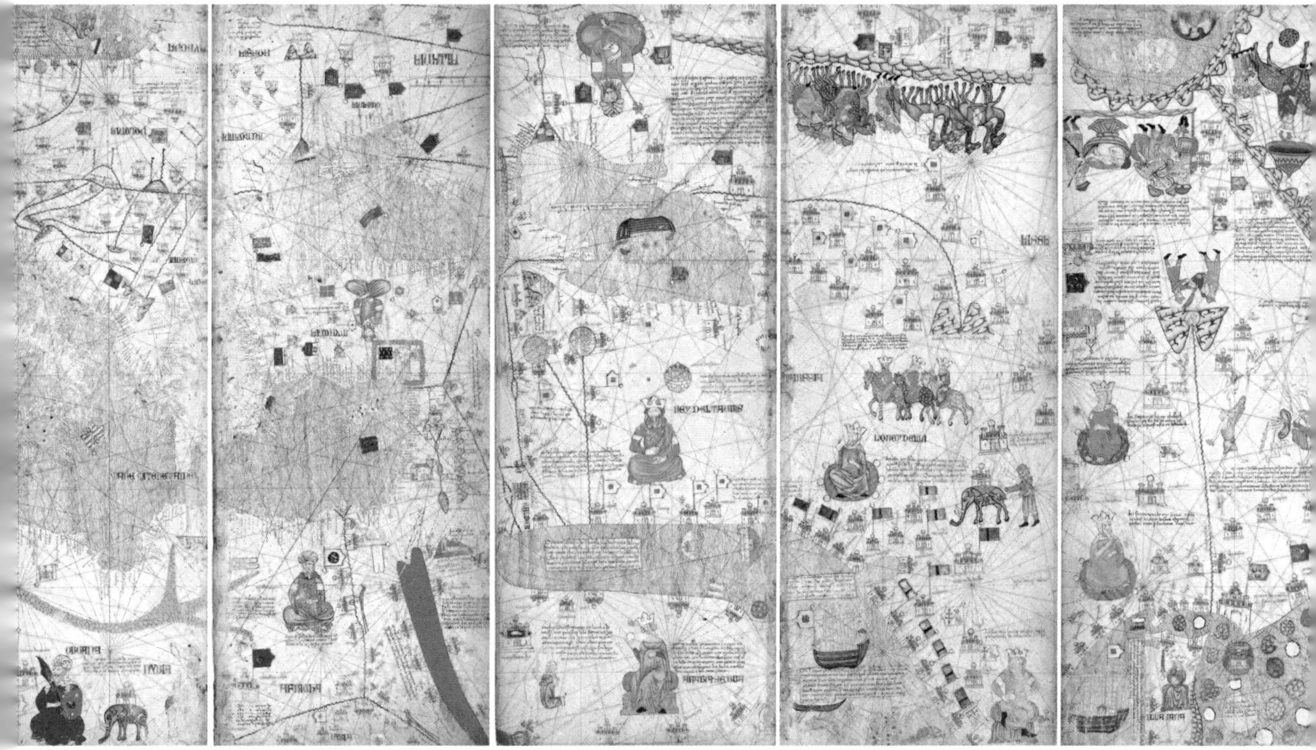

〈카탈루냐 지도〉
1375년 아브라함 크레스크 부자가 제작한 세계지도. 현재 프랑스 파리 국립박물관에 복사본이 보관되어 있다. 중세 유럽의 성서적 지리관에 입각한 OT형 지도를 극복하고 동방에 관한 상세한 지리 정보를 담고 있는 획기적인 지도이다.

세계제국의 붕괴

1316년
훌레구 울루스의 아부 사이드 즉위

1326년
차가다이 울루스의 케벡 칸 사망

1335년
훌레구 울루스 붕괴

1340년대
황허 대범람

1340년대 후반
차가다이 울루스 동서 분열

1357년
주치 울루스, 자니벡 사망 이후 대혼란

1368년
주원장, 명 건국

1370년대
주치 울루스, 티무르의 공격으로 급속히 쇠퇴

1388년
카안 울루스, 최종적으로 붕괴

몽골 제국의 세계 지배는 14세기 중반을 전후하여 전반적으로 붕괴하기 시작했다. 그러나 붕괴의 조짐은 20~30년 앞서 곳곳에서 나타났다. 먼저 중앙아시아를 지배하던 차가다이 울루스에서 1326년 케벡 칸이 사망한 뒤 극히 단명한 칸들이 뒤를 이었고, 이슬람으로 개종한 타르마시린 칸은 지배집단 내부의 격렬한 반대로 폐위되었다. 내적 갈등이 심화되면서 차가다이 울루스는 1340년대 후반 동서로 분열되고 말았다. 훌레구 울루스의 마지막 군주 아부 사이드는 20년간 치세했으며 정치적으로도 비교적 안정된 시기였다. 따라서 그의 죽음과 함께 왕국이 갑자기 붕괴한 것은 이해하기 어려운 현상이지만, 아마 계승분쟁의 격화가 중요한 요인이 된 듯하다. 훌레구 울루스의 붕괴 이후 서아시아는 소규모 지역단위 정권으로 분열되었다. 바그다드를 중심으로 한 잘라이르 왕조는 타브리즈까지 점령하여 영역을 넓혔다. 케르트 왕조는 헤라트를 근거로 삼아 동부 후라산 지방을, 사르베다르 왕조는 서부 후라산을 지배했다. 이란 남부의 키르만과 파르스에는 무자파르 왕조가 들어섰다. 1374년 우와이스 사후에는 카라 코윤루(黑羊部)라는 투르크멘 집단이 타브리즈를 점령하고 독자 왕조를 세웠으며, 악크 코윤루(白羊部)는 아나톨리아 동부의 고원지대를 장악했다. 주치 울루스 역시 1357년 자니벡 사후 '대혼란'에 빠졌고, 1370년대 티무르의 거듭된 원정으로 주요 교역 근거지가 파괴되었다. 정치·경제적 피폐로 주치 울루스는 몇 개의 지역정권으로 분열하고 말았다.

14세기 중후반 유라시아 형세 (몽골 제국 붕괴 이후)

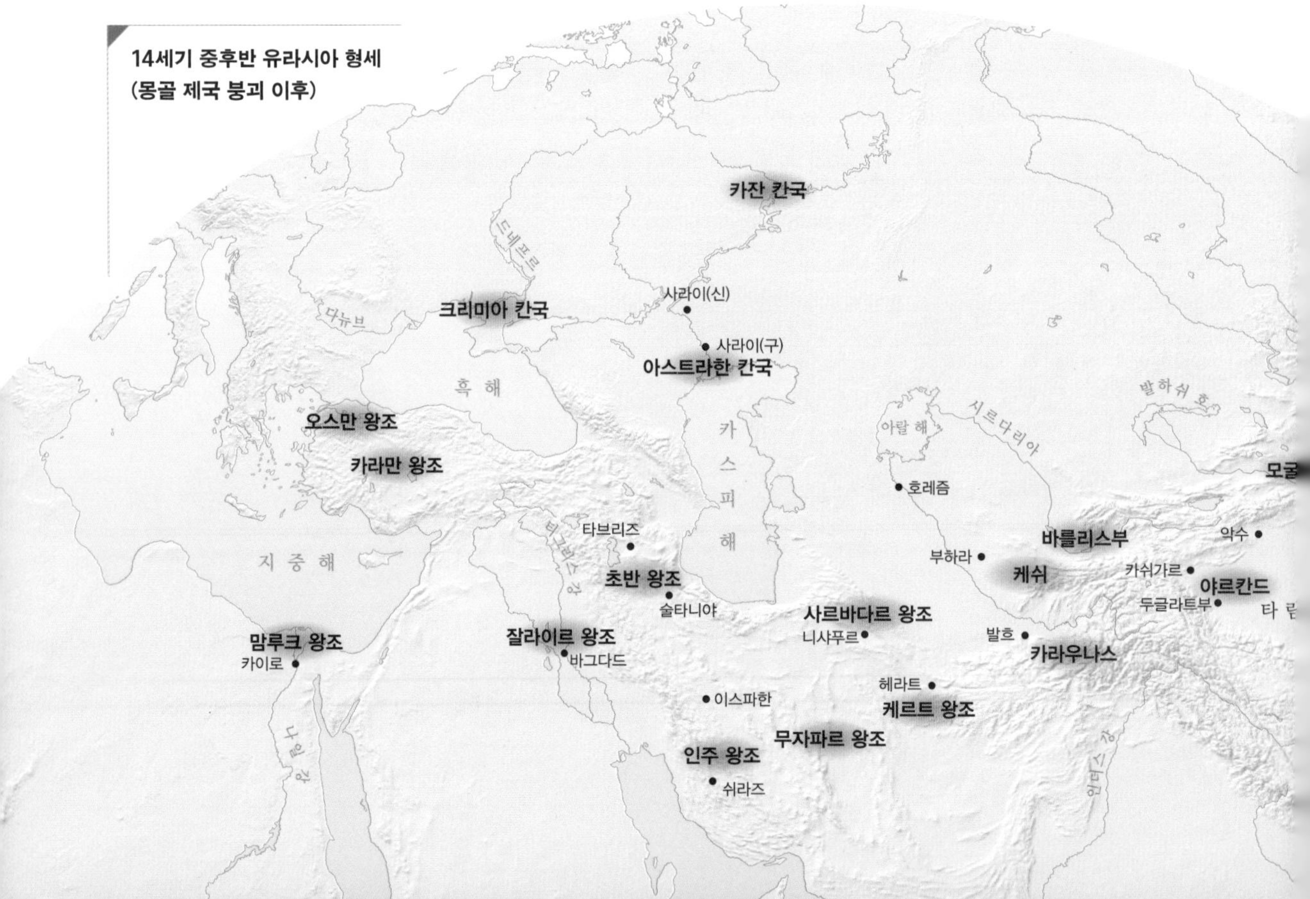

카안 울루스 역시 다른 울루스들과 운명을 같이했다. 1340년대에 발생한 황허의 대범람은 대운하가 통과하는 하남과 강소 지방에 치명적인 타격을 주었다. 또한 대대적인 제방 공사에 동원된 사람들은 가혹한 처우에 불만이 극에 달했다. 이 외에도 궁정에서의 정치적 암투, 화폐제도의 문란 등도 상황을 악화시켰다. 그 결과 각지에서 반란이 속출했다. 백련교도, 소금 밀매업자, 빈농들이 참여하는 반란이 황허에서 창장에 이르기까지 광범위하게 일어났다. 홍건군의 수령 주원장은 다른 반란세력을 제압한 뒤 1368년 명을 건국했다. 그는 북상하여 대도와 상도를 장악하고 몽골 세력을 장성 이북으로 몰아냈다. 토곤 테무르 카안은 응창으로 피신했다가 그곳에서 사망하고, 고려 여인 기황후가 낳은 아들 아유시리다라가 카안으로 즉위하여 근거지를 카라코룸으로 옮겼다. 일반적으로 1368년을 '원조' 멸망의 해라고 여기지만, 이는 타당한 견해가 아니다. 카안 울루스의 영역은 남북 중국뿐만 아니라 티베트와 몽골 초원도 포함하고 있었고, 1368년에는 제국 영역의 핵심부를 상실한 것은 사실이지만 카안은 엄연히 상존해 있었기 때문이다. 당시 고려에서는 이를 두고 '북원北元'이라고 불렀다. 제국의 최종적인 소멸은 아유시리다라의 후계자인 투구스 테무르가 살해된 1388년의 일이다.

이처럼 몽골 제국은 14세기 중반을 전후하여 전반적으로 붕괴되고 말았다. 이러한 현상에 대해 각각의 울루스 내부에서 벌어진 일들이 시간적으로 우연히 일치한 것이라고 보기는 어렵다. 최신 연구에서는 청해-영하 인근 지역에서 처음으로 흑사병의 병원체가 발생한 것이 확인되었는데, 이것이 14세기 전반 동방의 카안 울루스는 물론 서방의 삼대 울루스를 거쳐 유럽으로까지 확산된 것으로 보인다. 이로 인해 몽골 제국을 구성하던 여러 울루스가 치명적인 타격을 입고, 나아가 울루스들을 연결하던 내륙 교통로의 기능이 마비된 것이 제국의 전반적인 약화와 붕괴를 초래했을 가능성도 생각해볼 수 있다. 유라시아 전역을 휩쓸었던 흑사병의 영향은 물론, 지구적 차원에서 발생한 자연재해에 대해서도 관심을 갖고 연구할 필요가 있다.

경교 묘석
1885년 키르기즈 공화국 영내의 이식쿨 호 부근에서 네스토리우스 교도들의 공동묘지와 600여 개의 묘석들이 발견되었다. 시리아 문자로 된 명문에는 사망연대와 사망자 이름이 새겨져 있는데, 가장 이른 것은 858년이다. 1338년과 1339년에 '역병'으로 죽은 사람들의 묘석이 다량 발견되어 흑사병의 충격을 보여준다.

에르데니인 톱치
1662년 사강 세첸이 찬술한 몽골의 연대기 『에르데니인 톱치 Erdeni-yin Tobchi』. 『몽골원류蒙古源流』라는 제목으로도 널리 알려져 있다. 현재 울란바토르 국가도서관에 보관되어 있는 사본이 가장 신뢰할 만한 것으로 평가되고 있다. 아래 사진은 그 사본 가운데 토곤 테무르가 거용관을 통해서 북방으로 피신 가면서 읊었다는 '비가悲歌'가 실려 있는 부분이다.

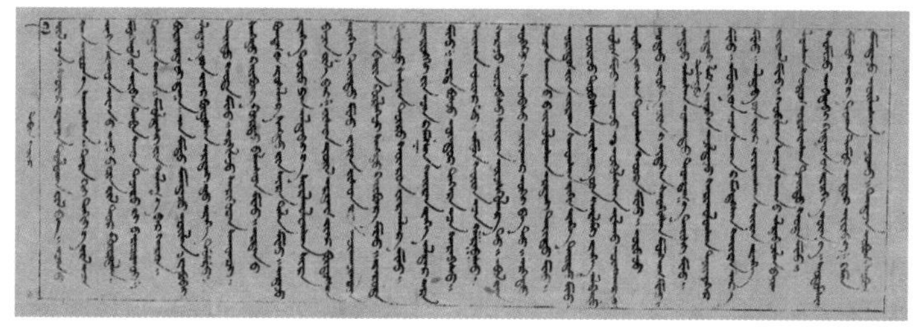

티무르 왕조의 회화

04

계승국가의 시대

1300

1368년
주원장, 명 건국

1370년
티무르 제국의 형성

1388년
몽골 제국 멸망

1392년
조선 건국

1400

1402년
조선, 〈혼일강리역대국도지도〉 편찬

1405년
티무르 사망
정화의 항해 시작(총 7차례)

1410년
명 영락제, 5차례 걸친 몽골 친정 개시

1417년
울룩 벡, 사마르칸드에 마드라사 건립

1449년
토목보의 변

1453년
콘스탄티노플 함락

1487년
다얀 칸 즉위

1500

1498년
바스코 다 가마, 인도 항로 발견

1504년
샤이바니, 트란스옥시아나 정복

1526년
바부르, 무굴 제국의 토대를 놓음

1547년
이반 4세, 러시아 제국 확립

1576년
소남 갸초, 3대 달라이 라마 됨

1592년
임진왜란

1600

포스트 몽골 시대, 즉 15세기부터 17세기까지의 중앙유라시아사를 다루고 있다. 흔히 몽골 제국의 멸망과 함께 유목민들은 더 이상 역사적으로 의미 있는 역할을 하지 못하게 되었을 것이라고 생각하기 쉽지만, 15세기 이후 사태의 전개 과정은 이러한 통념이 사실과 다르다는 점을 분명히 보여준다. 초원으로 후퇴한 몽골 유목민들의 세계는 한동안 명나라의 공세와 유목사회 내적인 분열로 인하여 소강상태에 접어들지만, 15세기 들어 오이라트 서몽골의 주도로 중국과 중앙아시아를 강력하게 압박하기 시작했고, 뒤이어 동몽골에 의해 대통합을 이루게 되었다. 중앙아시아에서도 차가다이 울루스를 모태로 티무르 제국이 등장하여 서아시아까지 석권하면서 맹위를 떨쳤다. 또한 이 시기에는 티베트 불교와 이슬람교가 각각 몽골 초원과 동투르키스탄을 무대로 적극적인 포교 활동을 펼쳤고, 그 결과 중앙유라시아의 동방과 서방의 주민들은 각각 불교와 이슬람교로 개종하게 되었다. 이슬람 세력은 위구리스탄(투르판과 하미)을 거쳐 감숙과 섬서까지 확장되었고, 티베트 불교는 청해 지방을 매개로 내외 몽골 초원과 연결되었다. 이로써 불교와 이슬람교라는 종교적 이념에 바탕을 둔 새로운 정치적 정통성이 표방된 것 역시 포스트 몽골 시대의 중요한 특징을 이룬다.

명 초 몽골과 중국

1368년
주원장, 명 건국

1379년
투구스 테무르 즉위

1388년
몽골 제국(카안 울루스) 최종 붕괴

1403년
정난의 변

1405년
티무르, 오트라르에서 사망

1408년
아룩타이, 푼야시리를 칸으로 옹립

1410~24년
영락제, 5차례 걸쳐 몽골 친정

몽골인들은 1368년 대도·상도의 함락으로 중국을 상실하고 초원으로 돌아온 뒤부터 1487년 다얀 칸이 즉위하여 재통일을 시작할 때까지, 1세기 이상 장기간에 걸쳐 내분을 겪었다. 이 시대에 나타난 두드러진 현상은 크게 두 가지로, 칭기스 일족의 권위 약화와 동·서몽골의 대립이라고 할 수 있다.

토곤 테무르의 아들 아유시리다라(빌릭투 칸)는 명군이 응창을 급습할 때 수십 기만을 이끌고 가까스로 몸을 피해 카라코룸으로 왔다. 그는 때마침 감숙 방면의 심아곡에서 명군에 패한 뒤 영하를 거쳐 북방으로 탈주한 쿠케 테무르(일명 왕보보)와 손을 잡고 명조의 군사적 위협에 대처하기 시작했다. 홍무제는 1372년 봄 장군 서달, 이문충, 풍승 등에게 명하여 15만 대군을 세 길로 나누어 출병시켰다. 그러나 명군은 톨라 강변에서 쿠케 테무르가 지휘하는 몽골군의 공격을 받아 수만 명이 죽음을 당하는 참패를 겪고 말았다. 1378년 아유시리다라가 사망한 뒤 그의 동생으로 추정되는 투구스 테무르가 칸위를 계승했다.

한편 홍무제는 톨라 회전에서 대패한 뒤 몽골에 대한 적극적인 정벌전을 중지하고 척진촌취尺進寸取의 소극적인 정책으로 선회하여 변경의 몽골인들을 회유하여 복속시키기 위해 노력했다. 그리고 1387년 풍승 등이 이끄는 20만 대군이 랴오허를 건너 금산·농안·이통하 방면을 근거지로 삼고 있던 무칼리의 후예 나하추를 압박했다. 명군의 갑작스러운 군사적 압박으로 인해 나하추는 몽골군 20만 명을 이끌고 명군에 투항하고 말았다. 이 소식을 들은 투구스 테무르는 훌룬 부이르로 가서 동부 지역의 상황을 반전시키려 했지만, 1388년 오히려 명군의 습격을 받아 패하고 말았다. 그리고 불과 수십 기의 병력과 함께 서쪽으로 도주하다가 톨라 강변에서 아릭 부케의 후예 예수데르에게 피살되었다.

투구스 테무르의 죽음으로 쿠빌라이에서부터 시작된 대원 카안 울루스의 맥은 사실상 끊어지고 말았다. 예수데르가 칸의 자리에 오르긴 했지만 실권은 투구스 테무르를 살해할 때 그를 도왔던 오이라트, 즉 서몽골 수령들의 수중에 있었다. 1392년 예수데르가 사망한 뒤 그들은 허수아비 칸을 앉히고 권력을 좌지우지했다. 몽골 본토에서 벌어지는 이러한 혼란상에 주목한 이가 바로 중앙아시아의 맹주로 부상한 티무르다. 1405년 그는 몽골 제국의 재흥을 명분으로 내걸고 칭기스 칸의 후예인 울제이 테무르를 데리고 원정을 시작했지만 도중에 사망하고 말았다. 그러나 울제이 테무르는 몽골 초원으로 와서, 당시 오이라트를 견제하려던 동몽골 수령 아룩타이의 후원을 받아 1408년 푼야시리라는 이름으로 칸위에 오른다.

한편 1403년 정난의 변을 일으켜 제위에 오른 영락제는 북변에 동몽골의 위협이 커지는

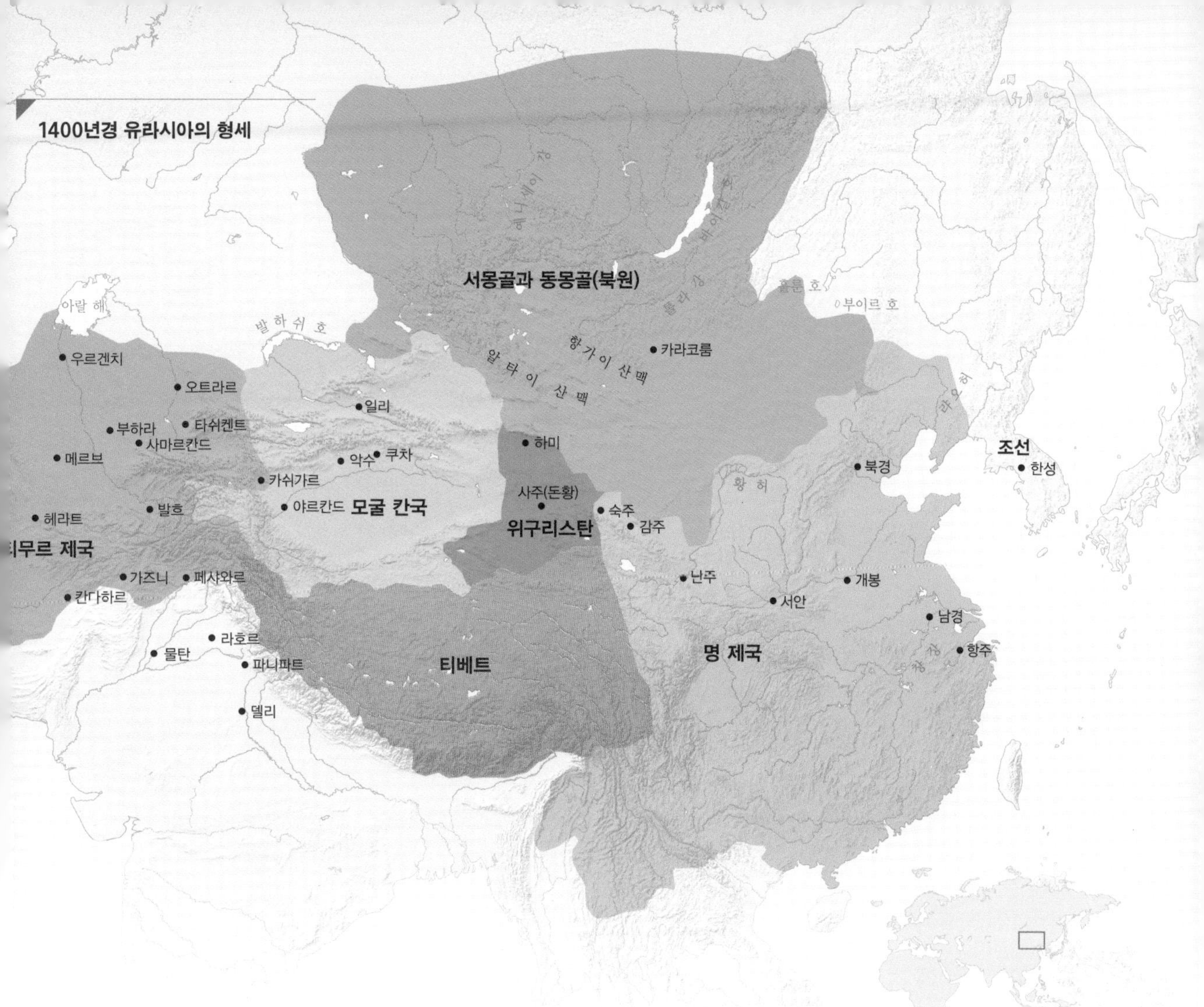

1400년경 유라시아의 형세

서몽골과 동몽골(북원)
예니세이 강
바이칼 호
훌룬 호
부이르 호
카라코룸
항가이 산맥
알타이 산맥
발하쉬 호
아랄 해
우르겐치
오트라르
일리
부하라
타쉬켄트
사마르칸드
메르브
악수
쿠차
하미
카쉬가르
야르칸드
모굴 칸국
사주(돈황)
위구리스탄
숙주
감주
헤라트
발흐
티무르 제국
가즈니
페샤와르
칸다하르
라호르
물탄
파니파트
델리
티베트
난주
서안
개봉
남경
항주
명 제국
황허
북경
조선
한성

것을 우려하여 오이라트와의 연합을 모색하였다. 당시 오이라트는 원대에 예니세이 강 유역에 살던 삼림 집단이 아니라, 그것을 모체로 하여 알타이 지역의 나이만, 항가이 부근의 케레이트, 바이칼 호 방면의 바르구트 등 여러 집단이 합하여 형성된 것이었다. 당시 이들은 마흐무드, 타이핑, 바투 볼라드라는 세 수령의 지배를 받고 있었는데, 영락제는 1409년 이들에게 각각 왕호를 내려주고 군사적 연맹을 맺은 뒤, 1410년에는 '50만 대군'을 이끌고 몽골 친정을 감행했다. 이후 영락제는 네 차례(1414년, 1421~22년, 1423년, 1424년) 더 친정에 나섰고, 그의 거듭된 원정으로 제국의 후예를 자처하는 동몽골은 크게 위축되었다. 그 대신 이들과 대립하던 서몽골 오이라트의 세력이 발호하게 되었다.

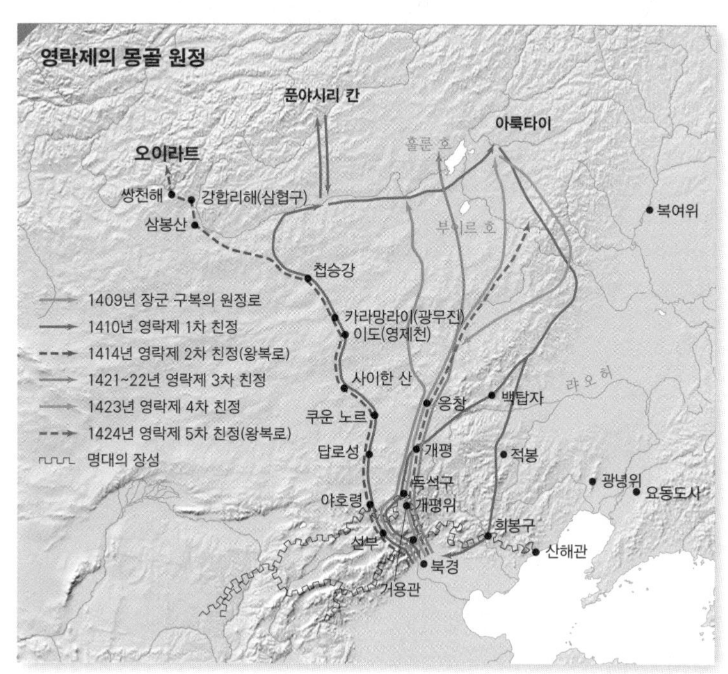

모굴 칸국의 성립과 전개

1347년
카잔 칸 피살
투글룩 테무르 즉위

1360년·1361~62년
투글룩 테무르, 트란스옥시아나 원정 단행

1365년
카마르 앗 딘, 일리야스 호자 칸 살해

1369년
티무르, 트란스옥시아나 통일

1389년
카마르 앗 딘의 반란 종식
후다이다드, 흐즈르 호자 옹립

1425년
후다이다드, 티무르 제국의 울룩 벡에게 망명

차가다이 울루스에서 1347년 카잔 칸이 살해되자, 당시 '모굴리스탄'이라 불리던 톈산 산맥 북방의 초원에 살면서 유목생활을 고수하던 집단들이 투글룩 테무르라는 인물을 칸으로 내세웠다. 그러나 서투르키스탄의 정주 도시 부근에 살면서 정주화 경향을 보이던 차가다이 울루스 서부의 유목집단들은 그를 받들지 않았고, 결국 차가다이 울루스는 동서로 양분되고 말았다. 동부에 세워진 왕조는 학계에서 '동차가다이 칸국'으로도 알려져 있는데, 그들 스스로가 몽골 제국의 전통을 계승한다고 자부하며 '모굴Moghul'이라 자칭했기 때문에 여기에서는 '모굴 칸국'이라 칭하기로 한다.

동부에서 가장 강력한 부족인 두글라트부에 의해 추대된 투글룩 테무르는 당시 모굴 유목민들 사이에서 빠른 속도로 확산되던 이슬람교를 받아들여 그 후원자를 자처하고, 나아가 이슬람을 기치로 내세워 휘하의 유목민들에 대한 지배력과 내적 결속을 강화하려 했다. 16세기 역사가 미르자 하이다르(1499~1551년)가 페르시아어로 쓴 『라시드사』에 따르면, 칸의 개종에는 이슬람 신비주의자, 즉 '수피sufi'들의 역할이 컸다. 특히 잘랄 앗 딘 카타키와 그의 아들 아르샤드 앗 딘에서 시작된 카타키 교단은 칸의 개종에 결정적인 역할을 했으며, 쿠차와 악수에 자리를 잡고 주민들에게도 커다란 영향력을 행사했다.

투글룩 테무르는 두 차례에 걸쳐 트란스옥시아나 원정을 감행하여 차가다이 울루스의 재통합을 시도했으나 티무르 중심의 서부 유목세

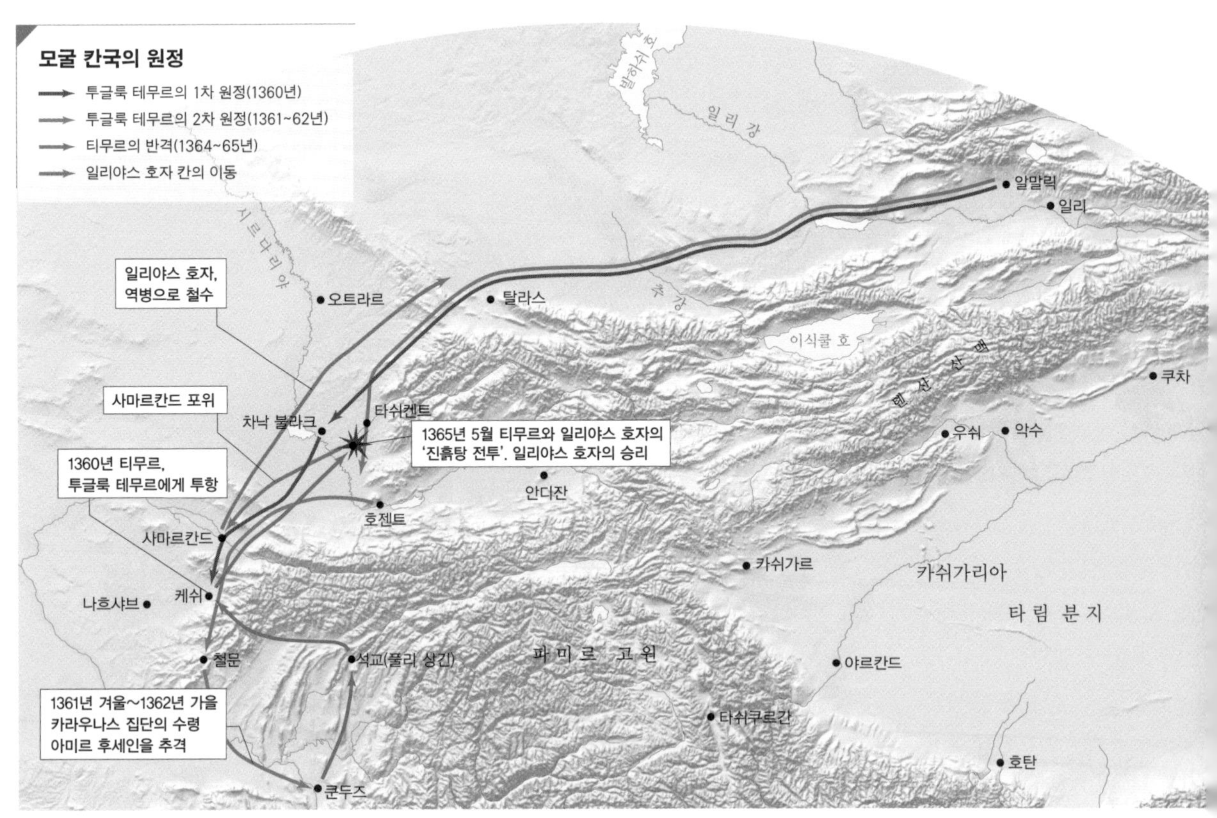

력이 강력히 반발했다. 결국 투글룩 테무르가 그곳에 남겨둔 일리아스 호자는 사마르칸드 포위 도중 역병을 만나 철수할 수밖에 없었다. 그 결과 오히려 티무르라는 새로운 인물의 등장을 초래했다.

투글룩 테무르가 사망한 뒤 모굴 칸국은 혼란에 빠졌다. 당시 두글라트부는 '망갈라이 수베'라고 불리던 톈산 이남의 타림 분지를 경영하며 강력한 세력을 떨쳤는데, 1365년 그 수령 가운데 하나인 카마르 앗 딘이 일리야스 호자 칸을 살해하고 칸을 참칭했다. 칭기스 칸의 후예가 아니면 칸을 칭할 수 없다는 불문율을 어긴 그의 행동은 거센 반발을 불러일으켰고, 이로 인해 30년 이상 유목부족들의 대립과 할거가 계속되었다. 1389년 두글라트부의 후다이다드가 흐즈르 호자를 칸으로 추대함으로써 마침내 혼란은 일단락되었다. 그러나 후다이다드는 울루스베기ulusbegi('울루스의 지도자')를 자칭하면서 차례로 6명의 칸을 추대할 정도로 킹메이커로서의 권력을 누렸고, 이로 인해 칸의 권위가 약해지고 부족 수령들이 권력을 좌지우지하는 상황이 이어졌다. 이렇듯 부족 내부, 부족들 사이, 나아가 초부족적인 차원에서 패권을 둘러싸고 벌어진 '부족정치(tribal politics)'가 칸국의 약체화를 초래하고 만다.

15세기에는 역사적으로 의미 있는 두 가지 현상이 주목된다. 하나는 이제까지 톈산 북방의 모굴리스탄 초원에 살던 유목적 군사귀족들이 점차 톈산 남쪽의 정주지대에 거주하는 경향을 보였다는 점이다. 예를 들어 유누스 칸은 타쉬켄트, 사마르칸드와 같은 도시에 내려가 보내는 시간이 많아졌는데, 일부 보수적인 유목부족들이 반란을 일으켜 그를 감금하는 사태가 발생하기도 했다. 그러나 모굴 지배층의 정주화 경향은 그 후에도 계속 강해졌다.

이슬람의 확산 또한 주목할 만한 현상이다. 투글룩 테무르의 개종 설화에서 알 수 있듯이 모굴 유목민의 이슬람화는 일찍부터 시작되었

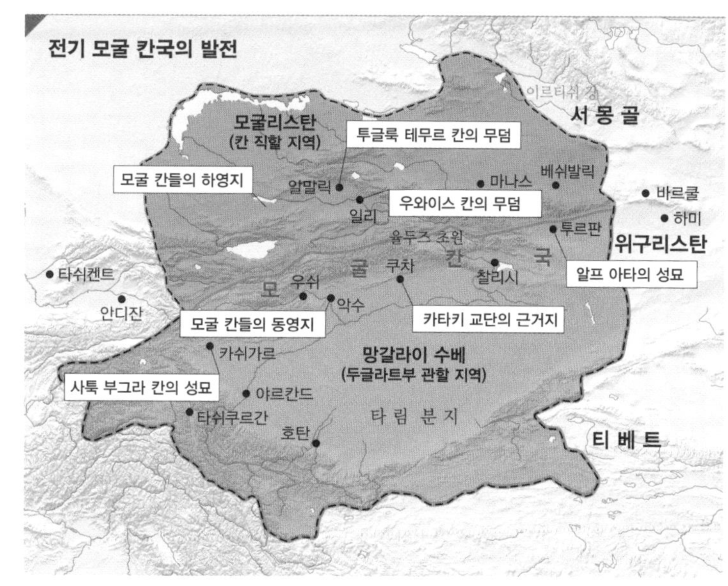

으나, 그 수용 정도는 피상적인 수준에 머물렀다. 그러나 이슬람은 점차 그들의 생활을 변화시키기 시작했고, 칸을 위시한 지배층 역시 수피 교단의 장로와 같은 종교 지도자들과의 관계를 강화했다. 이처럼 모굴 칸국의 지배층은 정주화와 이슬람화라는 두 가지 변화를 겪으면서 점차 유목적인 성격을 상실해갔다.

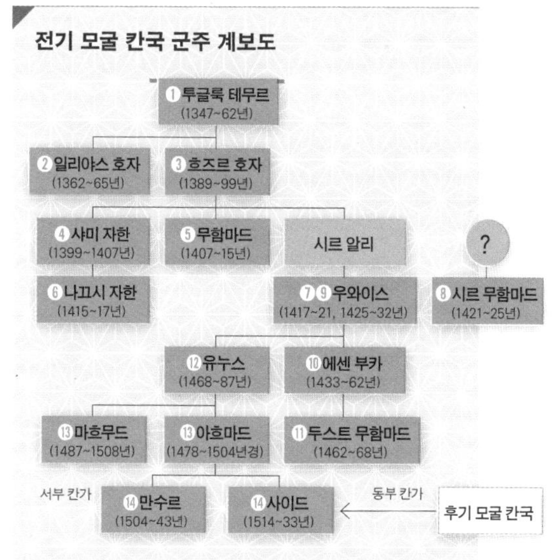

아르샤드 앗 딘 성묘 편액
타림 분지 북부 쿠차에 있는 아르샤드 앗 딘의 성묘(마자르) 입구에 걸려 있는 현판. 청 말 광서 7년(1881)에 쿠차의 지현知縣인 이번李藩이 쓴 것이다.

티무르의 등장과 정복 전쟁

1336년
티무르 출생

1360년
투글룩 테무르, 트란스옥시아나를 장악하기 시작

1369년
티무르, 트란스옥시아나 통일

1370~72년
티무르, 모굴 칸국 원정

1372~73년
호레즘 원정

1375~77년
킵착 초원 원정, 우루스 칸 패배시킴

1379년
호레즘의 우르겐치 함락

1384~86년
서부 이란 및 캅카스 원정

1395년
주치 울루스의 사라이 파괴

1398년
델리 약탈

1399년
'7년 원정' 시작

1402년
앙카라 전투에서 술탄 바야지드 생포

1405년
티무르, 오트라르에서 사망

티무르는 바를라스 부족의 수령 집안 출신으로, 1336년 사마르칸드 부근의 케쉬에서 출생했다. 그는 1360년부터 시작된 투글룩 테무르 칸의 침공과 그로 인해 빚어진 정치적 혼란을 이용하여 부족 내부의 주도권을 장악하고, 1369년 트란스옥시아나의 여러 유목집단들을 통합하는 데 성공했다. 당시는 몽골 제국의 정치적 전통이 강하게 남아 있었기 때문에, 칭기스 칸의 후예가 아니었던 티무르는 '칸'을 칭하지 못하고 '부마(güregen)'의 지위에 만족해야 했다. 그러나 그는 무슬림들의 지도자를 뜻하는 '아미르amir'로 불리며 사실상 군주로 군림했다. 그는 1405년 중국 명조 원정길에서 사망할 때까지 유라시아 각지를 누빈 희대의 정복자였다. 전투 중에 입은 부상으로 '절름발이 티무르(Timur-i Lang)'라는 별명을 얻었고, 이 말이 와전되어 유럽에서는 '타멀레인Tamerlane'이라 불리기도 했다.

1370년부터 1405년까지 계속된 티무르의 원정은 크게 몇 단계로 나뉜다. 먼저 초기 10년 가량은 가장 가까운 적대세력, 즉 동부의 모굴 칸국, 서부의 호레즘, 북부의 주치 울루스에 관심이 집중되었다. 당시 모굴 칸국에서 카마르 앗 딘이 칸을 참칭한 사건은, 칭기스 칸의 후예가 아니어서 칸을 칭하지 못하던 티무르로서는 용납할 수 없는 일이었다. 이에 티무르는 1370년 모굴 원정을 감행하여 성공리에 마무리했다.

이어 1372~73년에는 호레즘 지방을 공격했다. 이때 주치 울루스 좌익의 군주 우루스 칸에 반발하던 톡타미쉬라는 인물이 도망쳐 와 도움을 청하자, 티무르는 이를 빌미 삼아 1375~77년 킵착 초원 원정을 단행, 우루스 칸을 패퇴시켰다. 1379년 호레즘의 쿵그라트 왕

티무르 왕조의 회화
이란의 쉬라즈 지방을 통치했던 이스칸다르 술탄(티무르의 아들 우마르 셰이흐의 아들)에게 1411년에 헌정된 문집(리스본의 Gulbenkian Collection, Ms. L. A. 161)에 나오는 삽화(f. 166). 페르시아 장편 서사시 『샤나메』에서 이스칸다르가 다랍이라는 인물을 포로로 잡는 장면이 묘사되어 있다.

조와 다시 전쟁을 벌인 티무르는 수도 우르겐치를 함락하여 수중에 넣었다.

1380년 이후 티무르의 관심은 남쪽으로 향하기 시작했다. 먼저 아들 미란샤를 후라산 총독으로 임명하고, 1381년에는 아프간 지방의 헤라트를, 1383~84년에는 칸다하르를 점령했다. 이어 서부 이란으로 진출하여 마잔다란, 라이, 술타니아 등을 함락한 뒤 1386년경 귀환했다. 그 사이에 자신의 후원으로 주치 울루스의 군주가 된 톡타미쉬가 타브리즈를 점령하며 적대적인 태도를 분명히 드러내자, 티무르는 그를 응징하기 위해 이란과 킵착 등지에 대한 원정을 계속했고, 1395년 사라이를 파괴했다. 그리고 인도로 관심을 돌린 티무르는 1398년 말 델리를 약탈한 뒤 귀환했다.

1399년부터는 서아시아를 목표로 소위 '7년 원정'을 단행했다. 티무르는 아나톨리아 동부에 근거지를 둔 흑양부(카라 코윤루) 세력을 격파한 뒤, 시리아 지방을 차지하고 있던 맘루크를 몰아내고 알레포와 다마스쿠스를 점령했다. 1402년에는 오스만 제국과 전쟁을 벌여 앙카라 전투에서 술탄 바야지드를 생포했고, 1404년 사마르칸드로 귀환했다. 1404년 스페인 국왕의 사신 클라비호가 방문하여 티무르와 회견하였는데, 그의 여행기에는 티무르의 모습이 잘 묘사되어 있다. 티무르는 1404년 가을 중국 원정을 시작했지만 1405년 2월 시르다리야 하반의 도시 오트라르에서 사망하고 말았다.

티무르는 중앙아시아에서 서아시아 및 킵착 초원에 이르는 광대한 영역을 정복하고 대제국을 건설했다. 당시는 몽골 제국과 칭기스 일족의 정치적 카리스마가 확고하게 자리 잡은 시대였다. 그의 끊임없는 원정도 실은 권력의 합법성이 취약한 그가 차가다이 부족민들의 내부적 불만과 반발을 밖으로 돌리려 한 것이다. 그는 이슬람의 수호자로서 수행하는 '성전', 그리고 대몽골 울루스의 재건이라는 명분과 목표를 내세워 통합을 이루려고 했던 것이다.

티무르 복원상
구소련의 학자 게라시모프가 복원한 티무르의 얼굴. 1941년 스탈린의 지시에 따라 사마르칸드에 있는 티무르의 무덤을 열어 시신을 조사한 결과, '절름발이 티무르'라는 별명처럼 한쪽 다리가 짧은 것으로 확인되었다.

티무르의 후예들

1405년
티무르 사망

1407년
샤 루흐 즉위

1413년
샤 루흐, 명나라에 사신 파견

1421~34년
샤 루흐, 흑양부의 카라 유수프를 패배시킴

1425년
울룩 벡, 모굴 칸국 원정

1450년경
흑양부, 이란의 중요 지역 점거

1451년
아부 사이드 즉위

1500년
샤이바니, 사마르칸드와 부하라 점령

1503년
샤이바니, 아흐시 전투에서 승리

1504년
샤이바니, 호레즘 정복

1505~07년
샤이바니, 발흐와 헤라트 점령

1510년
샤이바니, 메르브 전투에서 패사

1511년
바부르, 사마르칸드 탈환 시도

1525년
바부르, 라호르 점령

1526년
바부르, 파니파트 전투 승리
서북 인도 정복하여 무굴 제국의 토대를 놓음

티무르의 죽음과 함께 시작된 계승분쟁으로 그가 생전에 만들어놓은 제국은 빠른 속도로 분열되었다. 티무르 생전에 후계자로 임명된 손자 피르 무함마드는 티무르가 사망할 때 제국의 수도 사마르칸드에서 멀리 떨어진 발흐에 있었다. 그래서 처음에는 티무르의 또 다른 손자인 할릴 술탄이 권력을 잡았으나 피살되고, 뒤이어 티무르의 넷째아들 샤 루흐가 지배권을 장악했다. 그러나 그의 영역은 서투르키스탄에 국한되었고, 중부 이란의 이스파한과 쉬라즈 등지는 티무르의 둘째아들 우마르 셰이흐의 자식들이 지배했다. 그런가 하면 제국의 가장 서북부에 해당되는 서부 이란과 아제르바이잔에는 투르코만 계통의 유목부족들, 즉 잘라이르 왕조와 백양부(악크 코윤루)·흑양부(카라 코윤루) 등이 독립해 있었다.

샤 루흐는 자신의 근거지 헤라트를 중심으로 제국의 재건을 꾀했고, 중부 이란의 티무르 일족들도 그의 종주권을 인정했다. 흑양부의 카라 유수프가 타브리즈와 바그다드를 점령하자, 샤 루흐는 1421~34년 세 차례 원정을 통해 그를 패배시켰다. 그러나 샤 루흐가 사망한 뒤 흑양부의 세력은 다시 커져 1450년대에는 이스파한, 쉬라즈, 키르만 등을 모두 점거했다. 이들은 1460년대 후반 백양부의 우준 하산의 공격으로 무너졌지만, 서부 이란은 여전히 티무르 왕조의 통제 밖에 있었다. 샤 루흐는 동쪽의 모굴 칸국에도 군사적 압력을 가해 1425년에는 아들 울룩 벡을 보내 원정을 감행했다. 다만 중국에 대해서는 아버지와 달리 평화적인 외교관계를 모색했다. 1413년 북경을 방문한 그의 사신이 귀환할 때 영락제는 진성과 이달을 헤라트로 파견했고, 이들은 1415년 귀환하여 『서역행정기西域行程記』와 『서역번국지西域蕃國志』라는 글을 남겼다. 1419~21년에는 샤 루흐와 그의 아들 바이숭쿠르가 보낸 사신단이 명에 다녀갔는데, 이때 사신이었던 기야쓰 앗 딘 나까쉬는 당시 영락제와 화재를 입은 자금성의 모습을 생생하게 전했다.

1447년 샤 루흐가 죽자 울룩 벡이 뒤를 이었으나 불과 2년 뒤 자기 아들에게 살해되고 그 아들 역시 피살되는 등 권력투쟁이 격화되었다. 1451년에 즉위한 아부 사이드는 1457년 후라산을 평정하고 헤라트에 입성하여 중앙아시아와 동부 이란을 석권했다. 그는 '황금씨족'이 아님에도 불구하고 불문율을 깨고 스스로 '칸'을 칭했다. 그러나 그는 백양부의 우준 하산을 정벌하러 갔다가 1469년 오히려 포로가 되어 죽임을 당하고 말았다.

아부 사이드 사후 그의 영역은 여러 아들에게 분할되었다. 이 가운데 안디잔과 페르가나를 차지한 우마르 셰이흐가 1494년 사망하자 12살밖에 안 된 그의 아들 바부르가 뒤를 이었다. 그러나 북방의 신흥세력 우즈벡의 샤이

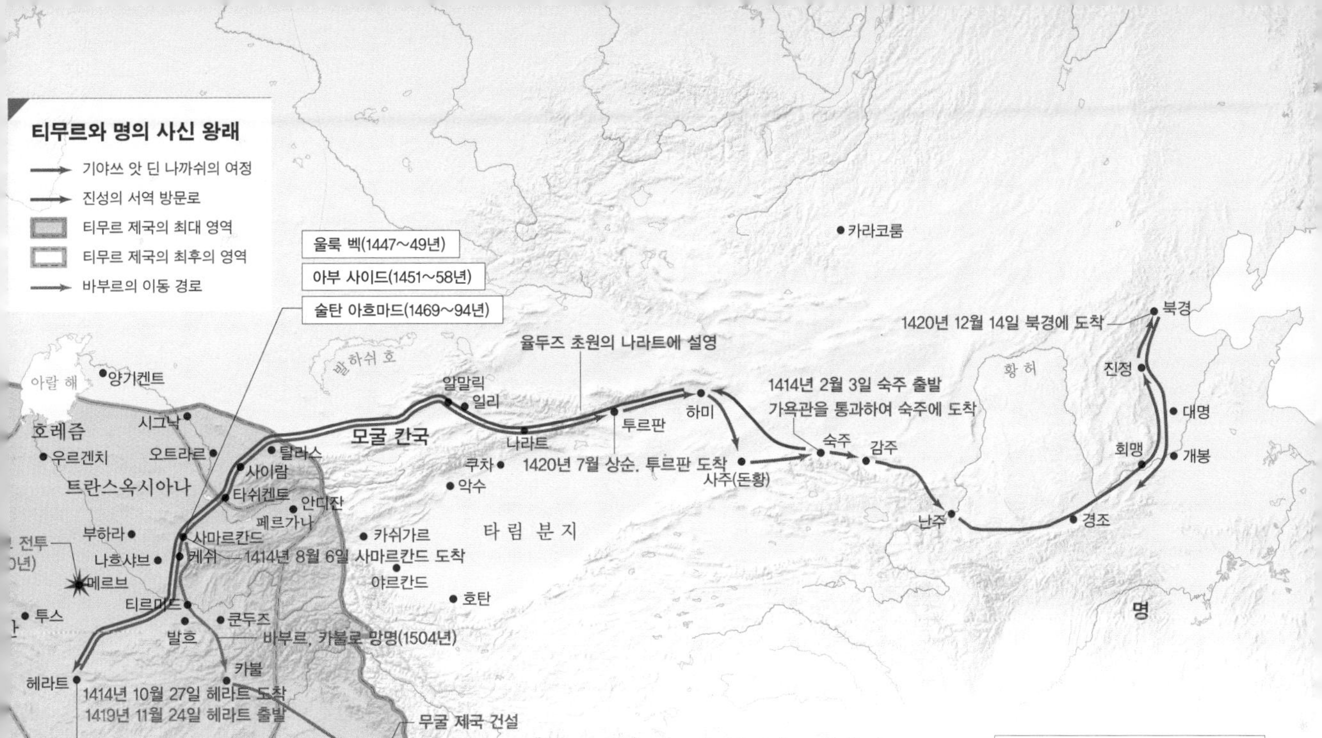

티무르와 명의 사신 왕래
기야쓰 앗 딘 나까쉬의 여정
진성의 서역 방문로
티무르 제국의 최대 영역
티무르 제국의 최후의 영역
바부르의 이동 경로
울룩 벡(1447~49년)
아부 사이드(1451~58년)
술탄 아흐마드(1469~94년)
카라코룸
1420년 12월 14일 북경에 도착
북경
율두즈 초원의 나라트에 설영
발하쉬 호
아랄 해
양기켄트
알말릭
일리
1414년 2월 3일 숙주 출발
가욕관을 통과하여 숙주에 도착
황 허
진정
대명
하미
투르판
모굴 칸국
나라트
숙주
감주
회맹
개봉
호레즘
시그낙
오트라르
탈라스
우르겐치
사이람
쿠차
1420년 7월 상순. 투르판 도착
사주(돈황)
트란스옥시아나
타쉬켄트
악수
안디잔
페르가나
카쉬가르
타 림 분 지
난주
경조
부하라
사마르칸드
나흐샤브
케쉬
1414년 8월 6일 사마르칸드 도착
메르브
야르칸드
티르미드
호탄
투스
쿤두즈
명
발흐
바부르, 카불로 망명(1504년)
카불
헤라트
1414년 10월 27일 헤라트 도착
1419년 11월 24일 헤라트 출발
무굴 제국 건설
라호르
파니파트
파니파트 전투
(1526년)
델리
샤 루흐(1407~47년)
아부 사이드(1459~69년)
후세인 바이카라(1469~1506년)

바니 칸이 1500년 사마르칸드와 부하라를 점령했다. 1503년 여름 바부르는 모굴 칸국의 마흐무드와 아흐마드 두 칸과 연합하여 샤이바니와 전투를 벌였지만, 참패를 당하고 두 칸은 포로가 되었다. 1504년 바부르는 남쪽으로 도주하여 아프간의 쿤두즈와 카불을 점령하고 자신의 새로운 근거지로 삼았다.

샤이바니는 1504년 호레즘까지 장악하여 서투르키스탄을 완전히 정복했고 이어 티무르 왕조의 마지막 보루였던 헤라트와 발흐까지 점령했다. 그러나 1510년 이란의 신흥 세력인 시아파 사파비 왕조의 군주 샤 이스마일과 벌인 메르브 전투에서 패사하고 말았다. 바부르는 샤 이스마일의 도움으로 사마르칸드 지배를 시도했으나 뜻을 이루지 못했다. 고향을 떠난 그는 1525년 라호르를 점령하고 이듬해 파니파트 전투에서 승리함으로써 서북 인도를 정복하고 무굴 제국의 토대를 놓았다.

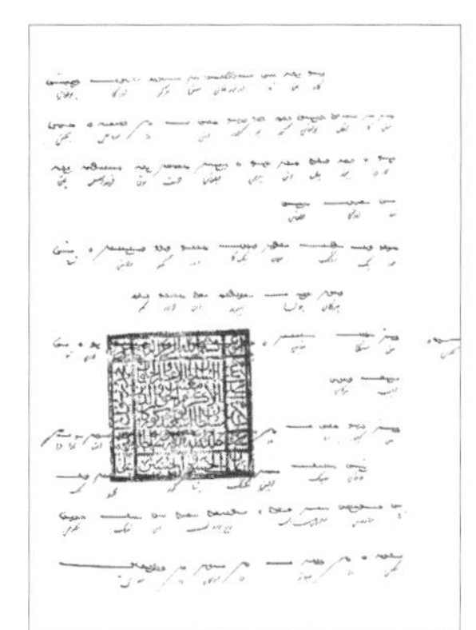

아부 사이드의 편지
티무르 제국의 술탄 아부 사이드가 백양부의 군주 우준 하산에게 보낸 서한의 마지막 면. 투르크어로 되어 있으나 위구르 문자와 아랍 문자로 병기되어 있고 방형의 아랍어 인장이 찍혀 있다. 71행은 '텡그리(天)'라는 말로 시작되기 때문에 대두擡頭 되어 있는 것이 주목할 만하다.

티무르 제국 군주 계보도

① 티무르 (1370~1405년)
…항기르 (…76년 사망)
우마르 셰이흐 (1391년 사망)
미란샤
③ 샤 루흐 (1407~47년)
…마드 술탄 (…03년 사망)
피르 무함마드
이스칸다르 (1424년 사망)
바이카르 (1423년 사망)
무함마드
② 할릴 술탄 (1405~07년)
④ 울룩 벡 (1447~49년)
이브라힘
바이숭쿠르
만수르
⑦ 아부 사이드 (1451~69년)
⑤ 압둘 라티프 (1449~50년)
⑥ 압둘라 (1450~51년)
헤라트 정권
사마르칸드 정권
후세인 바이카라 (1469~1506년)
⑧ 술탄 아흐마드 (1469~94년)
우마르 셰이흐
⑨ 술탄 마흐무드 (1494~95년)
바디 앗 자만 (1506~07년)
무자파르 (1506~07년)
⑪ 바부르 (1497~98년)
⑩ 바이숭쿠르 (1495~97년)
⑫ 술탄 알리 (1496, 1498~1500년)

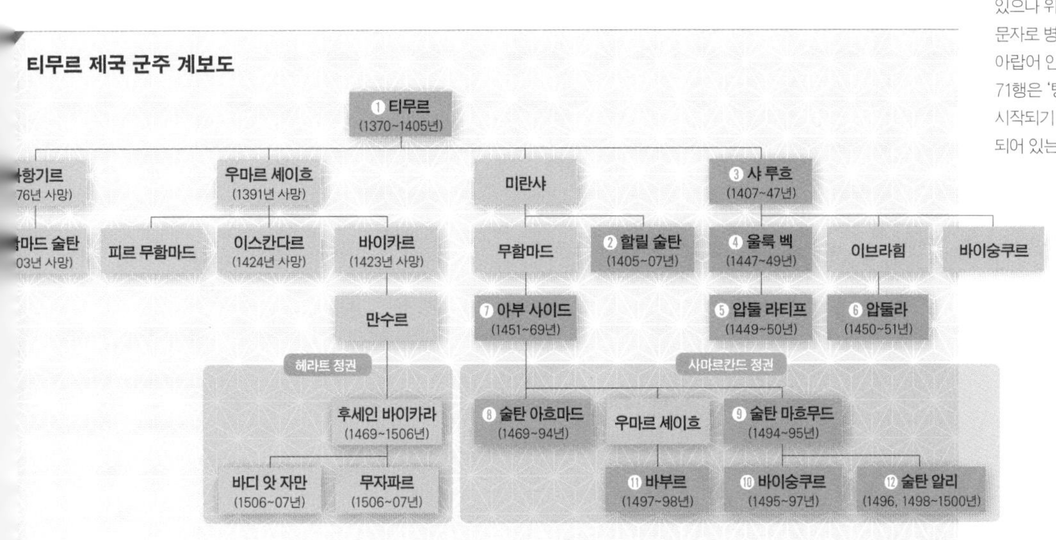

티무르 제국의 문화

1369년
티무르, 트란스옥시아나 통일

1403년
티무르, 구리 미르 조영에 착수

1404년
클라비호, 사마르칸드 방문
비비 하늠 모스크 완성
샤히 진다 성묘 건설

1414~92년
수피이자 작가 압둘 리흐만 자미

1417년
울룩 벡, 사마르칸드에 마드라사 건립

1424~29년
울룩 벡, 천문대 건설

1433~98년
역사가 미르혼드

1437~49년
울룩 벡, 천문표 제작

1441~1501년
차가다이 문학의 거장 알리 시르 나바이

1450~1535년
화가 비흐자드

1469~1506년
후세인 바이카라 치하에서 헤라트 문화가 크게 융성

1475~1534년
역사가 혼데미르(미르혼드의 손자)

샤히 진다
사마르칸드의 샤히 진다 성묘. '살아 있는 임금(Shah-i zinda)'이라는 뜻을 가진 이 성묘의 주인공은 예언자 무함마드의 조카로 알려진 쿠삼 이븐 압바스이다. 그가 중앙아시아에서 성전을 하다가 목이 잘려 이곳에 묻혔다는 전설이 있다.

티무르는 희대의 정복자였다. 그가 수행한 수많은 전쟁으로 파괴와 살육이 자행되었다. 그러나 그는 정복지로부터 각종 장인들을 이주시켜 제국의 수도 사마르칸드를 위대한 건축의 도시로 만들었다. 오늘날에도 위용을 뽐내고 있는 비비 하늠 모스크와 샤히 진다 성묘, 그리고 그의 유해가 묻혀 있는 구리 미르 등이 좋은 예이다. 유목민의 피를 받은 그는 도시 건축과 초원 생활을 결합시킨 정원(bagh)들을 교외에 만들었다. 바기 치나르('작은 나무의 정원'), 바기 딜구샤('매혹의 정원'), 바기 비히슈트('천국의 정원'), 바기 볼란드('장려한 정원') 등이 그것이다. 여러 개의 문이 달린 담장이 정원을 둘러싸고 있으며, 그 안에는 화려하고 장대한 천막과 전각들이 세워졌다.

1404년 사마르칸드를 방문한 클라비호의 증언에 따르면, 티무르의 수도에는 15만 명이 살았다고 한다. 투르크인·아랍인·무어인·그리스인·아르메니아인을 비롯하여 세계 각지에서 온 여러 종교를 믿는 사람들로 북적였으며, 러시아와 타타르 지방에서는 가죽과 린넨, 키타이(북중국) 지방에서는 비단과 사향, 인도에서는 육두구·정향·시나몬 등의 향료가 들어왔다. 티무르는 중국에서 온 사신들을 자기보다 낮은 자리에 앉히고, 중국 황제를 '돼지(Tonguz)'라고 비하했다고 한다. 명 황제의 성인 '주朱'의 발음이 저猪와 같았기 때문이다.

건축에 대한 티무르의 각별한 관심은 후손들에게 그대로 이어졌다. 샤 루흐의 수도 헤라트를 방문한 중국 사신들은 다음과 같은 기록을 남겼다. "군주는 성城의 동북쪽 모퉁이에 거주하는데 벽돌을 쌓아 집을 지었다. 집은 네모 모양이며 고대高台와 같이 당당하다. 서까래나 기와를 사용하지 않았는데 가운데에는 텅 빈 방이 수십 칸 있다. 담장이나 창 등은 그림과 금벽金碧으로 장식했고, 유리문의 턱에는 꽃 모양을 조각하고 골각骨角을 박아 넣었으며, 바닥에는 융단을 깔았다."

샤 루흐의 아들 울룩 벡은 사마르칸드를 분봉받아 40년 동안 그곳을 다스렸다. 호학의 군주였던 그는 사마르칸드, 부하라, 기즈다반 세 도시에 고등교육기관인 '마드라사'를 건립했는데, 특히 1417년에 세워져 지금까지 남아 있는 부하라의 마드라사는 중앙아시아 건축물들 가운데 대표적인 것으로 꼽힌다. 또한 직경이 40미터에 이르는 원통형 천문대를 건설했으며, 천문학자들의 도움을 받아 1437년 천문표를 만들고 이를 계속 수정하여 자신이 살해되던 해인 1449년에 최종 완성했다. 이 표는 당시 이슬람권은 물론 그 후 오랫동안 유럽도 능가하지 못할 정도로 정확한 관측 결과를 담고 있다. 그는 도서관을 세워 각 분야의 서적 1만 5000권을 수집했으며, 자신이 직접 『네 울루스의 역사』라는 책을 쓰기도 했다.

티무르 왕조의 문화는 역설적이게도 왕조의 운명이 기울어가던 15세기 후반 헤라트에서 절정에 이르렀다. 후세인 바이카라가 1469년부터 1506년까지 빈세기 가까이 그곳을 통치하는 동안 전쟁과 파괴의 혼란을 피해 많은 학자·문인·예술가가 모여들었다. 당대의 재상이자 차가다이 문학의 완성자인 알리 시르 나바이는 『파르하드와 시린』, 『레일리와 마즈눈』 등 많은 시집을 남겼다. 신비주의 시인으로 이름난 압둘 라흐만 자미는 낙쉬반디 교단의 장로인 호자 아흐라르의 전기를 집필했다. 바이카라의 조정에서는 하피지 아브루, 압둘 라자크 사마르칸디, 미르혼드, 혼데미르 등 수많은 역사가들이 활동했으며, 이들이 남긴 역사서들은 규모가 방대할 뿐만 아니라 사료적 가치도 매우 높다. 이 밖에 당대 최고 화가였던 비흐자드, 서예가 마쉬하디 등도 이 시기를 빛낸 예술가들이다.

울룩 벡 천문대 내부
아버지 샤 루흐를 대신하여 사마르칸드를 통치했던 울룩 벡은 1424~29년에 천문대를 건설하고, 그 관측 결과를 토대로 고도로 정확한 천문 기록을 남겼다. 이곳은 훗날 완전히 폐허가 되었다가, 20세기 초두에 러시아 학자 비야트킨에 의해 발굴되어, 일부 유적만이 세상에 알려졌다.

티무르 왕조의 문화

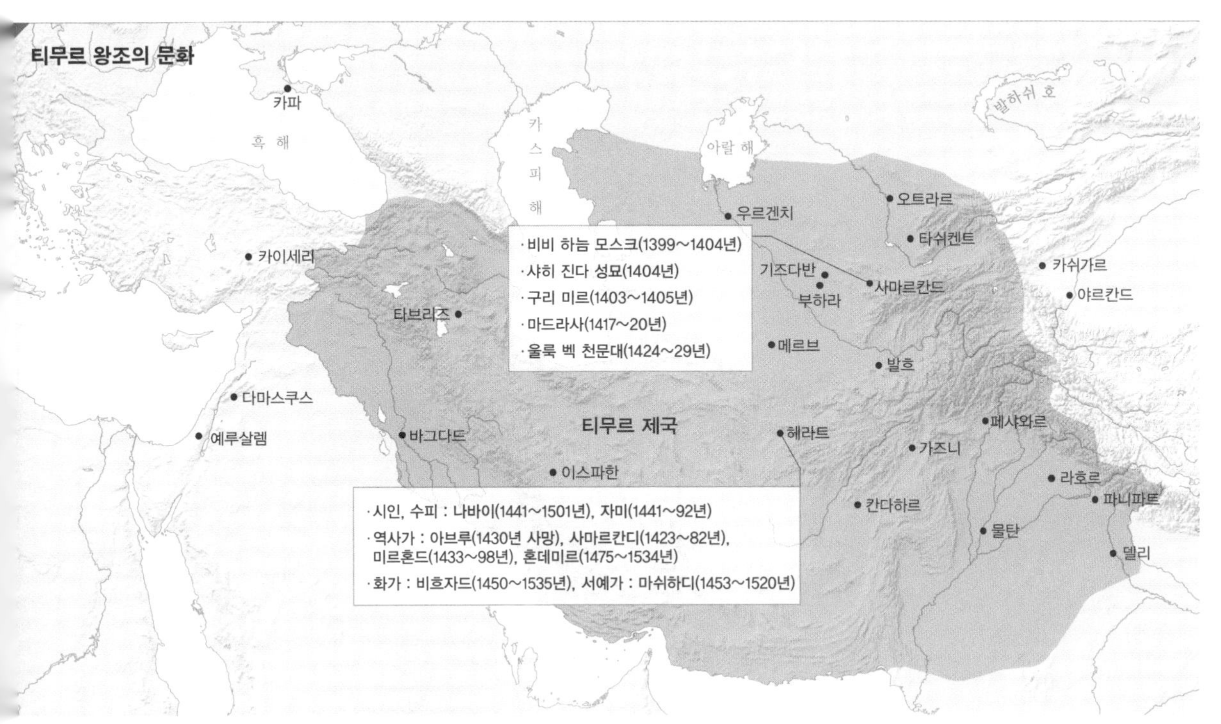

우즈벡·카자흐·키르기즈의 등장

1430~31년
아불 하이르, 호레즘 정복하고 시그낙, 사우란, 우즈켄트 등지를 장악

1440~50년경
키르기즈, 오이라트의 압력을 피해 남하

1456~57년
아불 하이르, 오이라트에 패배

1503년
샤이바니, 아흐시 전투에서 모굴 칸국의 두 칸을 생포

1504년
샤이바니, 호레즘 정복

1505~07년
샤이바니, 발흐와 헤라트 정복

1510년
샤이바니, 메르브 전투에서 사망

1511년
카자흐, 카심 칸 즉위

15세기 중반~16세기 전반에는 중앙유라시아에서 대규모 민족 집단들이 출현하거나 이동하는 현상이 눈에 띈다. 시르다리야 북방에서는 '우즈벡'이라는 유목민들 가운데 일부가 정치적으로 독립하여 오늘날 카자흐의 기원이 되었다. 그런가 하면 우즈벡 집단은 시르다리야 남쪽으로 이주하여 우즈벡 민족의 기원이 되었다. 예니세이 강 유역에 살던 키르기즈인들도 이 시기에 남하하여 톈산 북방에 자리를 잡고 현재 키르기즈인의 조상이 되었다. 이러한 일들은 모두 주치 울루스의 붕괴, 그리고 티무르 제국의 약화와 맞물려 일어난 현상이다.

민족 집단의 명칭으로서 우즈벡이라는 말의 기원에 대해서는 학계에서 논란이 많아 단언하기는 어렵지만, 주치 울루스의 칸이었던 우즈벡의 이름에서 비롯되었다는 학설이 타당해 보인다. 몽골인들은 자신이 속한 울루스를 칭할 때 수령의 이름을 따라 불렀다. 따라서 주치 울루스도 그 지배자가 바뀌면 '바투 울루스', '베르케 울루스' 등으로 달리 불렸고, 우즈벡 칸의 30년 가까운 오랜 치세로 인해 '우즈벡 울루스'라는 표현이 관용적으로 굳어진 것으로 보인다. 14세기 말~15세기 초 주치 울루스가 약화되어 분열하자 아불 하이르 칸이 울루스의 좌익에 속하는 유목민들을 통합했는데, 이들이 과거의 용례에 따라 여전히 '우즈벡 울루스'로 불린 것도 그 때문이다.

아불 하이르는 티무르 왕조가 약화된 틈을

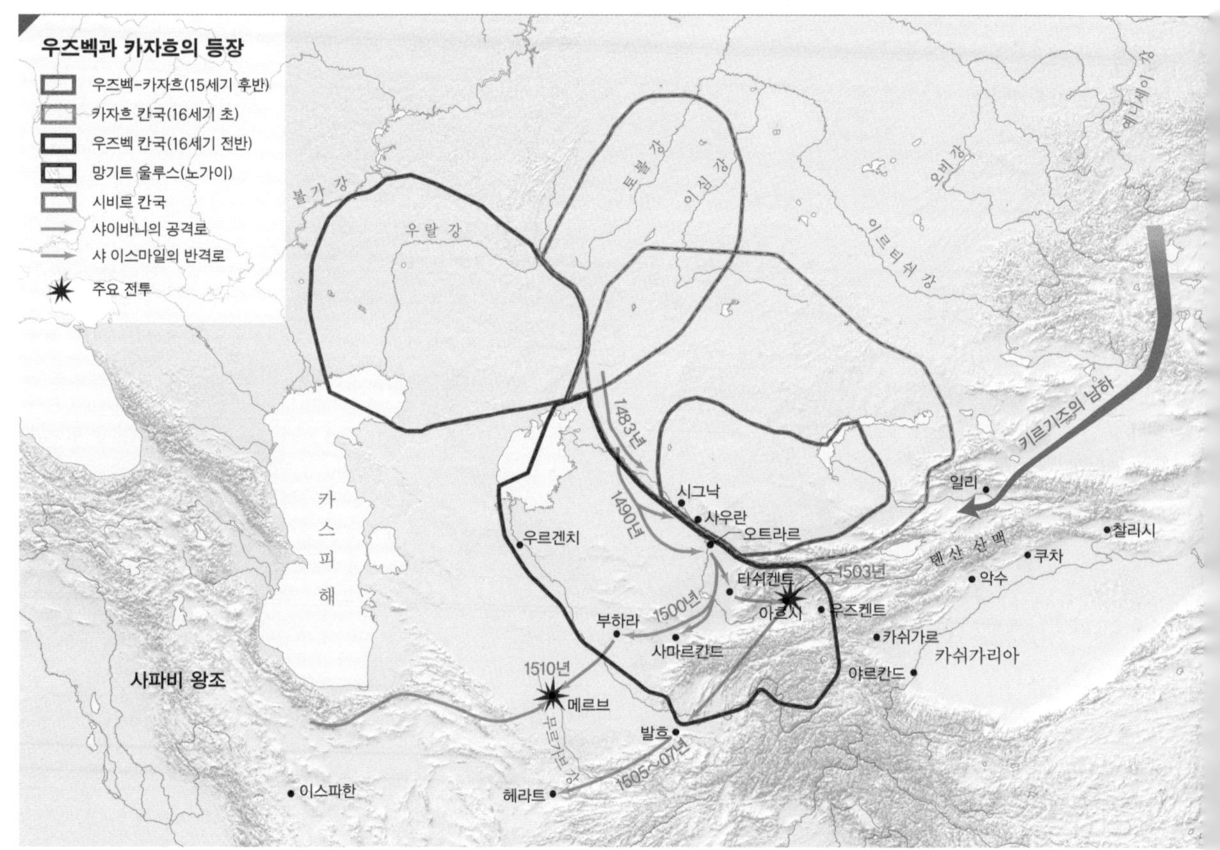

이용하여 1430~31년 호레즘을 정복하고 시르다리야 중류 지역으로 손을 뻗쳐 시그낙, 사우란, 우즈켄트 등지를 장악했다. 그러나 세력이 절정에 이르렀을 때인 1456~57년 오이라트의 침공에 맞서 싸우다가 패배하여 권위에 치명상을 입고 말았다. 그렇지 않아도 아불 하이르의 강력한 지배에 불만을 품고 있던 주치의 후손들 가운데 기레이와 자니 벡이 유목민들을 이끌고 그에게서 떨어져 나와 톈산 북방의 모굴리스탄 초원에 새로운 터전을 잡았다. 이들은 우즈벡 울루스에서 '떨어져 나온 사람'이라는 의미에서 '카자흐Qazaq'라 불렸다. 카자흐 세력은 자니 벡의 아들인 카심 칸의 치세(1511~18년)에 시르다리야 북방의 초원을 장악하고 그 이남 지역을 위협할 정도로 강력해졌다.

아불 하이르 사후 우즈벡은 한동안 혼란을 겪었지만 그의 손자 샤이바니가 재통합을 이루어냈다. 1500년 샤이바니가 부하라와 사마르칸드를 점령하고 서투르키스탄을 지배하게 되자 흩어졌던 우즈벡 유목민들이 휘하로 몰려들기 시작했다. 1503년에는 아흐시 전투에서 모굴 칸국의 두 칸을 모두 생포하는 대승을 거두고, 1505~07년에는 후라산의 주요 거점인 발흐와 헤라트까지 정복했다. 수니파 무슬림을 표방하던 샤이바니는 시아파의 맹주인 샤 이스마일을 치러 갔다가 1510년 겨울 메르브 전투에서 최후를 맞았다. 그의 죽음으로 우즈벡은 일시적인 혼란에 빠졌지만 서투르키스탄은 이미 우즈벡인들의 확고한 터전이 되어 있었다.

키르기즈는 고대 이래로 예니세이 강 상류 지역에 살면서 목축과 수렵을 하던 집단이었다. 이들은 15세기 전반 오이라트의 지배를 받았던 것으로 보이는데, 언제 왜 톈산 북방으로 이주했는지 분명치 않다. 러시아 역사학자 바르톨드는 오이라트가 모굴 칸국과 전쟁을 할 때 키르기즈도 동참하여 모굴리스탄으로 왔다가 1470년대에 전쟁이 끝난 뒤 그대로 남은 것으로 추정하고 있다. 한편 키르기즈인들의 유명한 서사시『마나스』에는 이들이 '칼막크의 에센 칸'의 공격과 학살에 직면하여, 고향을 떠나 톈산 지방으로 이주했다는 내용이 보인다. 이는 키르기즈의 남하가 1440~50년대 에센의 시대에 오이라트의 압력을 피해 이루어진 것임을 시사하고 있다.

『라시드사』 사본
미르자 하이다르가 1541~46년 페르시아어로 집필한 모굴 칸국의 역사서 『라시드사』 사본. 하이다르는 당시 막강한 세력을 지닌 두글라트부에 속했으나 후기 모굴 칸국의 압둘 라시드 칸에 의해 추방되어 무굴 제국으로 망명하였다. 이 책은 특히 16세기 전반 중앙아시아의 상황을 생생하게 전하고 있어 사료적 가치가 매우 높다. 영국 옥스퍼드 대학교 보들레이 도서관 소장(pers. 35, 103r).

샤이바니 칸
우즈벡 칸국의 건설자 샤이바니 칸의 모습. 그림 좌측 상단에는 '알 압드 비흐자드', 우측 상단에는 '샤이벡(샤이바니) 칸의 모습'이라는 구절이 보인다. 티무르 왕조 시대의 유명한 화가 비흐자드의 작품으로 현재 우즈베키스탄 예술아카데미에 소장되어 있다.

중앙아시아의 칸국들

1500년
우즈벡인, 서투르키스탄으로 대거 이주

1510년
샤이바니 죽음

1515년
일바르스, 히바 칸국 건립

1533년
우베이둘라, 칸에 즉위

1540년
우베이둘라 사후 내분 발생

1557년
압둘라의 통일
이후 부하라 칸국으로 불림

1583년
압둘라, 칸으로 즉위

1733년
압둘 카림 비이 독립
코칸드 칸국 성립

1740년
히바 칸국, 나디르 샤의 침공을 받음

1763년
코칸드 칸국의 이르다나 비이, 스스로 칸을 칭함

우즈벡인들은 1510년 샤이바니가 죽은 뒤 샤 이스마일이 보낸 군대와 그의 후원을 받은 티무르의 후예 바부르를 몰아내고 새로운 칸국을 건설했다. 처음에는 실권자로 머물렀던 우베이둘라가 1533년 칸으로 즉위하여 칸국의 터전을 닦았다. 1540년 그의 죽음으로 내분이 일어났지만 1557년 압둘라가 다시 통합하여 안정을 되찾았다. 그의 근거지 부하라가 칸국의 수도가 되었기 때문에 이 왕조는 '부하라 칸국'이라는 이름으로 불리기도 한다.

압둘라 칸이 통치하던 16세기 후반은 정치적 안정과 칸권 강화가 이루어진 시기였다. 남쪽으로는 바닥샨과 후라산을 정복하고 서쪽으로는 호레즘을 합병했다. 압둘라 칸은 중앙집권화를 추진하여 우즈벡 군사귀족들에 대한 우위를 확립하고 그들을 관리로 격하시켰다. 그의 세력에 위협을 느낀 히바 칸국이 사파비 왕조와 연맹을 맺자, 부하라 칸국은 오스만 제국·무굴 제국과 연합전선을 구축했다. 압둘라 칸은 화폐경제 재건, 관개시설 정비, 대규모 건축 등을 추진했다.

한편 1515년 사파비 세력이 물러간 직후 샤이바니 일족인 일바르스는 히바 칸국을 세웠다. 히바 칸국은 핫지 무함마드의 치세(1558~1602년)에 압둘라 칸의 침공을 받아 일시적으로 지배를 당하기도 하고, 러시아나 오이라트의 군사적 위협에 직면하기도 했다. 1740~47년에는 아프간의 나디르 샤의 침공을 받아 칸이 처형되고 그 지배를 받기도 했으나, 19세기 후반 최종적으로 러시아의 속국이 될 때까지 호레즘 지역을 통치하는 국가로서 명맥을 유지했다.

나디르 샤의 침공으로 페르가나 지역에 대한 부하라 칸국의 통제력이 느슨해진 틈을 이용하여, 그곳에 살던 밍 부족의 수령 압둘 카

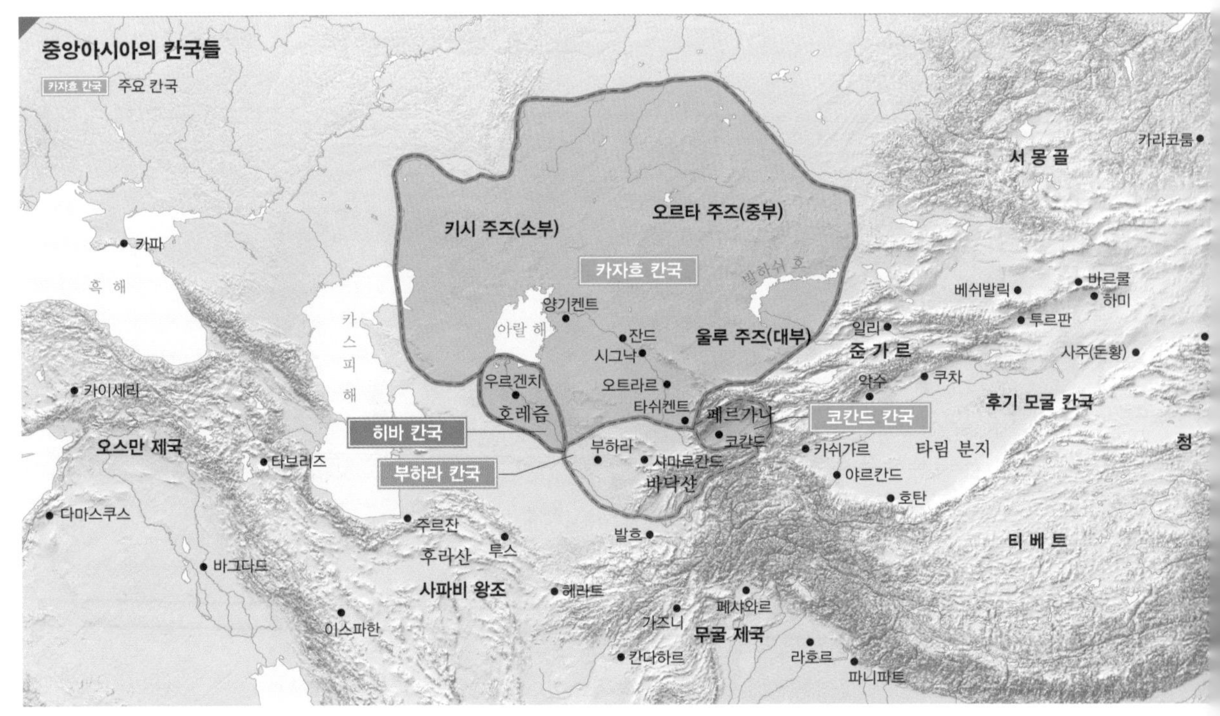

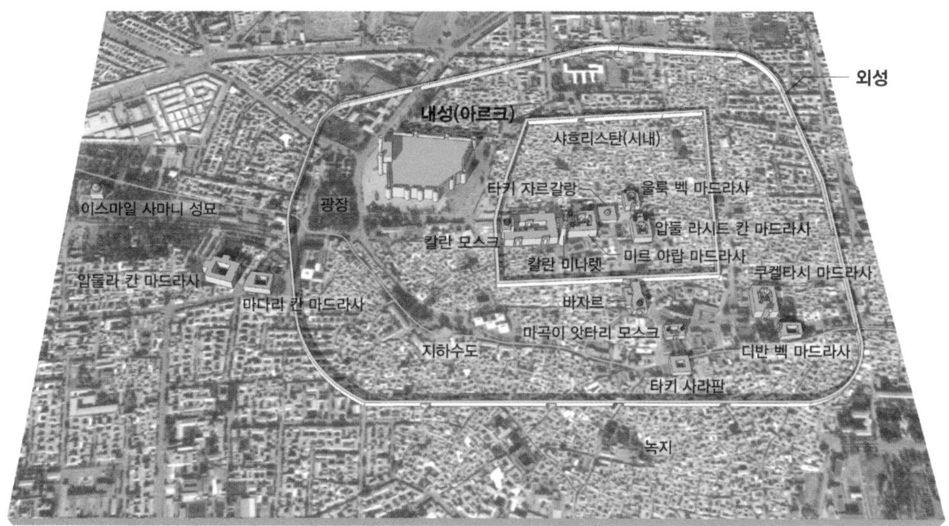

부하라 구시가지의 모습
내성과 외성이 배치되어 있고 시내에는 모스크나 마드라사와 같은 종교시설, 시장(바자르), 주민 주거구역(샤흐리스탄) 등으로 이루어진 전형적인 이슬람 도시의 구도를 보여준다.

림 비이가 1733년 코칸드에 성채를 짓고 정치적으로 독립했으니, 이것이 바로 코칸드 칸국이다. 1750년대에 준가르를 멸망시키고 신강을 통치하게 된 청조와 인접하면서 코칸드는 카자흐, 러시아, 부하라와 중개무역을 통해 많은 수입을 거두었고, 이는 칸국의 성장에 큰 밑거름이 되었다. 이러한 자신감을 바탕으로 이르다나 비이는 1763년 청조에 보낸 서한에서 스스로를 '칸'이라 칭했다. 이후 코칸드 칸국은 동투르키스탄에서 망명해온 종교 귀족인 호자khwaja(和卓)들을 앞세워 청조의 신강 지배의 약점을 교묘히 이용하면서 자신들의 경제적 이윤을 극대화하는 정책을 펼쳤다.

우즈벡의 남하와 부하라·히바·코칸드라는 세 칸국의 정립은 서투르키스탄의 투르크화가 완성됨을 의미했다. 티무르 시대까지만 해도 현지의 이란계 주민과 투르크계 주민을 '사르트'와 '투르크'라는 말로 구별했다. 그러나 이는 '사르트'와 '우즈벡'으로 대체되었으며, 더 이상 종족적 구분이 아니라 도시나 촌락에 거주하는 농경민과 부족 단위로 생활하는 유목민을 가리키는 표현으로 이해되었다. 투르크화되지 않은 채 남은 이란계 주민들은 '타직'이라 불렸다. 주민들이 사용한 '차가다이어'는 멀리 11~13세기 카라한 왕조와 14세기 호레즘의 문학어에서 시작하여, 티무르 왕조 시대에 발전하다가 15세기 후반 헤라트에서 활약한 알리 시르 나바이에 의해 최종적으로 완성되었다. 차가다이어는 현대 우즈벡어와 위구르어로 발전한다.

우즈벡 시대의 서투르키스탄은 중국, 러시아, 인도, 이란 등지로 연결되는 국제교역에서 중요한 역할을 했다. 일반적으로 16세기 대항해 시대에 접어들어 실크로드를 통한 내륙 교역이 쇠퇴했다고 생각하지만 이는 사실과 다르다. 16세기 중반 부하라를 방문한 영국 상인 젠킨슨도 "매년 인도, 페르시아, 발흐, 러시아를 비롯한 여러 나라에서 상인들이 대규모 상단을 이끌고 부하라로 온다"고 했다. 과거 소그드 상인의 맥을 잇는 '부하라인'들의 활동은 중앙유라시아 여러 지역에 광범위하게 뻗쳐 있었다.

히바 고성
시르다리야 하류에 위치한 도시 히바에 남아 있는 쿠냐 아르크Kunya Ark('옛 성채')의 모습. 17세기 후반에 건설되었으며 이찬 칼라Ichan Kala(내성)의 일부를 이루고 있다.

오이라트의 등장

1388년
투구스 테무르 피살
몽골 제국 최종 붕괴

1411년
오이라트의 마흐무드,
푼야시리 칸을 살해하고
달박 칸을 즉위시킴

1434년
토곤, 동서 몽골 전체 통합

1438년
토곤 사망
에센이 타이시 지위를 계승

1449년
토목보의 변

1450년
에센, 아무 보상 없이 영종을
돌려보냄

1453년
에센, 톡토 부카를 살해하고
'대원전성가한'을 자칭하나
살해당함

라시드 앗 딘의 『집사』에 따르면, 오이라트 집단은 셍기스 무렌('여덟 강')이라는 지역에 거주했다. 이곳은 예니세이 강 상류의 켐 강 부근으로 원대에는 겸주謙州라는 이름으로 알려진 곳이다. 오이라트는 일찍이 칭기스 칸에게 복속했고 혼인을 통해 부마들을 배출했다. 구육의 부인 오굴 카이미쉬는 오이라트의 수령 쿠투가 베키의 딸이었다. 몽골 제국 시대에 오이라트는 여러 울루스들과 인접하게 되어 칭기스 일족의 여러 가문과 두루 혼인관계를 맺었다. 쿠빌라이와 맞선 아릭 부케와 카이두를 지원했으며, 북원 시대에는 1388년 아릭 부케의 후예 예수데르를 도와 투구스 테무르를 살해하는 데 일조하기도 했다.

북원이 붕괴하고 동몽골에서 칭기스 일족이 몰락하자, 서몽골의 오이라트는 흥기의 기회를 잡았다. 영락제가 동몽골을 치기 위해 오이라트의 세 수령 마흐무드, 타이핑, 바투 볼라드에게 왕작을 준 것도 세력 강화에 도움이 되었다. 마흐무드의 뒤를 이은 토곤은 다른 두 수령의 부민들을 병합하여 내적 통일을 이룩한 뒤, 1434년 동몽골의 아룩타이를 공격하여 죽이고 동서 몽골 전체의 통합을 이루었다. 그는 칭기스 칸의 후손 가운데 톡토 부카라는 인물을 명목상의 칸으로 세우고 자신은 타이시taishi(太師)로서 전권을 장악했다.

토곤의 뒤를 이은 아들 에센에 이르러 오이라트의 세력은 절정에 이르렀다. 그는 먼저 남쪽의 동투르키스탄 방면에 있던 모굴 칸국을 압박하여 실크로드의 주요 거점인 하미를 장악했다. 『라시드사』에 따르면 모굴의 군주 우와이스 칸은 에센 타이시와 61차례나 전투를 벌였는데 한 번밖에 승리하지 못했다고 한다. 당시 중국 측 자료에도 우와이스 칸 이후로 모굴 칸국은 베쉬발릭(別失八里)이 아니라 일리발릭(亦力把里)이라는 새로운 이름으로 불렸는데, 이는 오이라트의 공격으로 칸국의 중심이 서쪽 일리 방면으로 후퇴했음을 보여준다.

에센은 동쪽으로도 세력을 뻗쳐 내몽골과 만주 방면에 있던 우량카이와 여진을 복속시키고 장성 이북을 모두 장악했다. 그 뒤 그는 명과 조공무역 및 호시互市를 통해 필요한 물자를 확보하고 경제적 이익을 얻고자 했다. 그러나 명은 조공과 호시에 세밀한 규정을 만들어 사신의 수와 시기 및 경로를 지정하여 엄격히 통제하려 했다. 오이라트는 하미나 다른 서역 도시들의 조공사절단에 자신들의 상인을 위장하여 포함시켰으나 이 역시 명 측의 제재를 받기 일쑤였고, 결국 군사적 방법에 호소할 수밖에 없었다.

에센은 1449년 군대를 이끌고 남하하여 대동, 적성, 요동, 감숙 등지를 공격했다. 명 황제 영종은 환관 왕진의 말만 믿고 직접 군대를 이끌고 나섰다가 토목보에서 급습을 받아 포로가 되고 말았다. 에센은 의외의 결과에 놀랐지만 영종을 돌려주는 대가로 교역상의 요구를 관철하려 했다. 그러나 명 조정이 영종의 동생을 황제로 추대하고 일체 협상을 거부하자, 에센은 하는 수 없이 1450년 아무런 보상도 받지

못한 채 영종을 돌려주고 말았다.

'토목보의 변'에 대한 에센의 처리 방식은 오이라트인들에게 큰 실망감을 안겨주었지만, 더 심각한 문제는 그가 스스로 '칸'을 칭했다는 것이었다. 1453년 그는 명목상 내세운 칸을 살해하고 '대원전성가한大元田盛可汗'이라는 칭호로 즉위했다. 전성田盛은 천성天聖을 음역한 것으로 추정되니, 이는 곧 에센이 과거 몽골 제국의 전통을 잇는 군주이자 하늘의 성스러운 축복을 받은 카안으로 자처했음을 의미한다. 이는 칭기스 혈통을 중시하는 몽골인들의 정통 관념에 정면으로 배치되었다. 결국 그는 그해에 살해되고 말았다. 이로써 토곤 이래 이어져온 오이라트의 패권은 무너져버렸고, 칭기스 일족의 주도하에 동몽골이 다시 흥기하기 시작했다.

우와이스 칸 성묘
신강 서북단 알말릭에 있는 모굴 칸국의 군주 우와이스 칸의 능묘.

다얀 칸의 통일

1453년
에센 피살

1463년
다얀 칸 출생

1479년
만두굴 칸 피살
바얀 뭉케, 칸으로 옹립

1487년
바얀 뭉케 피살
바투 뭉케, 다얀 칸으로 즉위
바투 뭉케, 만두카이 카툰과 혼인

1500~07년
명나라 서북변 약탈

1510년
다얀 칸, 달란 테리군 전투에서 이브라힘 타이시 격퇴

1524년
다얀 칸 사망

1487년 칸으로 즉위한 다얀 칸(바투 뭉케)은 약화된 동몽골을 통합하여 일으켜 세운 뒤 모두 6개의 만호(tümen)로 나누어 자식들에게 분봉했다. 그 뒤 몽골을 지배한 칭기스 일족은 모두 다얀 칸의 6만호를 지배했던 그의 후손들이었다. 그런 의미에서 그는 칭기스 일족의 역사에서 중시조라고 할 수 있다. 또한 '다얀'이라는 명칭은 대원大元을 음역한 것이므로 몽골 제국(대원)의 정통을 계승하겠다는 정치적 선언도 내포하고 있다.

1453년 에센이 피살된 뒤 몽골 고원에는 비록 명목적인 칸이 있기는 했지만 세력 있는 유목 수령들이 서로 대립하는 혼전 양상이 전개되었다. 이런 가운데 다수의 유목민이 중국과 가깝고 수초도 풍부한 내몽골 오르도스 지방으로 모여들었다. 15세기 후반 벡 아르슬란이 다른 수령들을 누른 뒤 만두굴을 칸으로 옹립하고 자신은 타이시가 되어 권력을 휘둘렀다. 그러나 만두굴 칸은 곧 실권을 장악하고 벡 아르슬란을 축출한 뒤 이스마일을 타이시로 임명했다. 1479년 만두굴도 피살되고 이스마일에 의해 새로운 칸이 옹립되었다. 중국 기록에 '소왕자小王子'라고만 기록된 이 인물의 실체에 대해 많은 논란이 있었지만, 이 사람이 바로 다얀 칸의 아버지 바얀 뭉케였다.

1487년 바얀 뭉케가 피살되자 바투 뭉케가 다얀 칸으로 즉위했다. 그는 몽골의 수계혼 풍습에 따라 조부 만두굴의 부인 만두카이 카툰과 혼인했다. 만두카이 카툰은 다얀 칸이 몽골을 통합하는 데에 큰 도움을 준다. 1662년 사강 세첸이 쓴 『몽골원류』에 따르면, 만두카이는 바투 뭉케와 혼인하기 전에 에시 카툰의 영전에 기원을 했고 그것이 응답을 받아 7남 1녀를 출산했다고 한다. 며느리·신부를 뜻하는 '에시'라는 표현은 과거 칭기스 칸이 막내아들 톨루이의 부인 소르칵타니 베키를 일컬은 말이었다. 만두굴 칸은 톨루이의 후손들인 북원의 카안들이 속했던 차하르부의 영주였고 에시 카툰을 제사지내는 것은 바로 차하르부의 소관이었다.

다얀 칸은 즉위 직후부터 중국 북변을 약탈하며 군사적 압력을 가하기 시작했다. 그는 오르도스부와 연합하여 영하 방면을 공격했고 1500~07년 명나라 서북변에 대한 전면적인 약탈전을 전개했다. 당시 우익의 만호들이 오르도스부의 수령 이브라힘 타이시의 전횡에 불만을 품고 다얀 칸에게 도움을 청하자 그는 자기 아들을 '지농jinong(親王)'으로 임명하여 파견했다. 그러나 곧 반란이 터져 아들이 살해당하자, 다얀 칸은 좌익 3만호를 이끌고 이브라힘을 공격하여 1510년 승리를 거두었다. 또한 투메드부의 수령 호오사이를 제압하여 좌

알탄 톱치
롭상 단진이 1651년경에 완성한 몽골의 역사서 『알탄 톱치Altan Tobchi(황금사)』. 17세기 중반에 이르는 칭기스 칸 일족의 역사를 서술하였으며, 앞부분에 지금은 사라진 위구르문 『원조비사』를 그대로 인용하고 있어 사료적 가치가 매우 높다.

우익에 속하는 몽골인들을 모두 통합하는 데 성공했다.

다얀 칸은 자신의 지배 아래 들어온 몽골인들을 모두 6만호로 재편하여, 좌익에 차하르·우량카이·할하의 3만호를, 우익에 투메드·오르도스·윙시에부의 3만호를 배치했다. 그는 이 6만호에 속하는 유목민들이 유목하는 지역적 범위를 정하고, 각 만호를 지배하는 칸에는 자기 아들들을 임명하여 세습하게 했다. 다얀 칸과 그의 후계자 보디 알락이 차하르부의 수령이자 좌익 3만호뿐만 아니라 좌우익 전체를 지배하는 칸이 되었다. 다얀 칸의 셋째아들 바르스 볼로드는 투메드부의 수령이자 우익 3만호의 지배자인 지농으로 임명하여 칸을 보좌하는 2인자로 삼았다. 이렇게 해서 확립된 6만호 체제는 이후 몽골 유목민의 정치적 구성의 골간이 되었다.

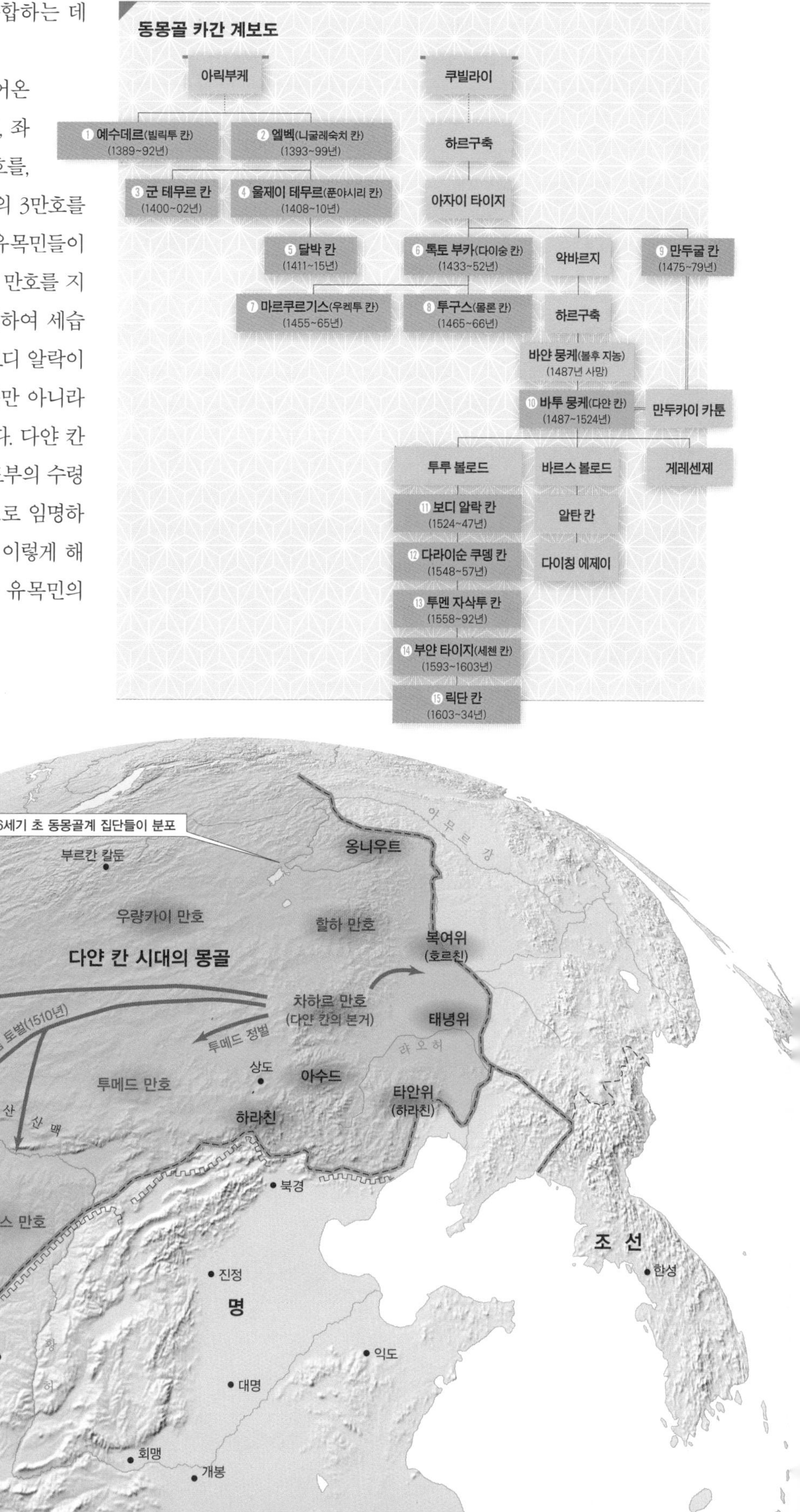

동몽골 카간 계보도

다얀 칸의 통치구조와 군사 활동

알탄 칸의 패업

1532년
알탄 칸, 투메드부의 지배자가 됨

1534년
명나라에 조공 사신단 파견을 제안했으나 거절당함

1542년
알탄 칸, 명 북변에 대한 대대적 약탈

1542~43년
오르도스부 흡수
차하르부 장악
요동에서 감숙·청해에 이르는 지역 장악

1550년
경술지변 발생

1561년
내몽골 풍주천에 한인 촌락 건설되기 시작

1570년
다이칭 에제이, 명으로 망명

1571년
명조와 몽골 화의(명몽 협약)

알탄 칸은 다얀 칸의 셋째아들 바르스 볼로드의 둘째아들로, 부친의 뒤를 이어 투메드부의 지배자가 되었다. 알탄 칸은 1534년 명 조정에 조공 사신단을 보내겠다고 제안했으나 거절당했다. 명 조정이 계속해서 강경 입장을 고수하자 1542년 그는 장성 지역에 대한 대대적인 약탈과 파괴를 감행했다. 그가 이끄는 몽골군은 북변의 10위衛 38주현을 겁략하여 남녀 20여만 명을 살육하고 가축 200여만 두를 빼앗았으며, 건물 8만 채를 불사르고 전답 수십만 경을 짓밟았다고 한다. 1550년에는 몽골군이 북경으로 내려와 도성을 포위하는 사건이 벌어졌으니, 이를 '경술지변庚戌之變'이라 부른다. 알탄 칸은 중국에 대한 군사작전을 주도하는 한편 내적인 지배권도 강화하여, 1542~43년경에는 우익의 오르도스부를 흡수하고 뒤이어 좌익의 차하르부까지 장악함으로써, 동으로는 요동에서 서로는 감숙과 청해에 이르는 지역을 모두 호령하게 되었다.

알탄 칸은 군사적 위협과 외교적 협상을 통해 변경시장(관시)과 조공무역을 명에 강력하게 요구하는 한편, 유목사회가 필요로 하는 물자를 자체적으로 공급하기 위해 농경민들을 초원 지역 안에 정착시켜 촌락을 만들기 시작했다. 이들은 주로 약탈로 끌려오거나 자발적으로 투항해온 한인이었다. 특히 명에 반란을 일으키고 도주한 백련교도가 다수 포함되어 있었다. 1561년경부터 내몽골 풍주천(현재 후흐호트 부근)에 한인 촌락이 세워지기 시작했으며, 1563년이 되면 40여 개의 대소 촌락이 형성되고 주민 수도 1만 6000명을 헤아리게 되었다. 1570년에는 그 수효가 5만여 명으로 늘어났고 1583년에는 10만 명에 이르렀다. 몽골인들은 초원의 정주 집락지를 가리켜 '바이싱

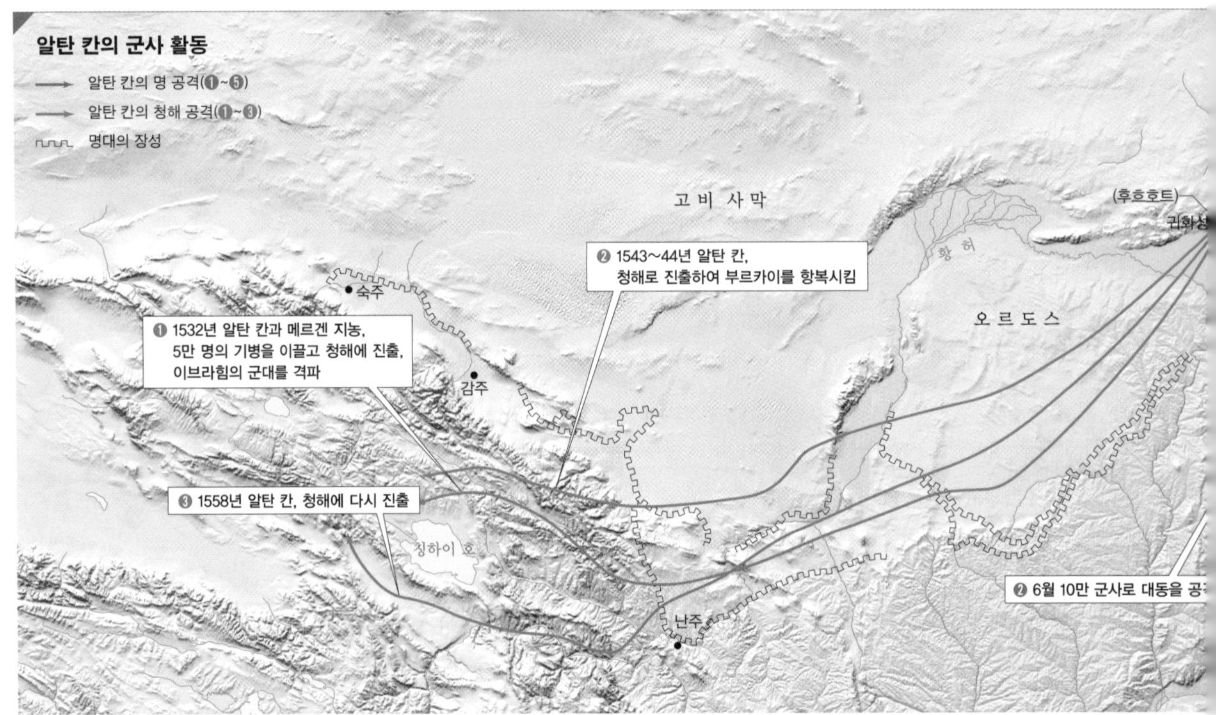

사마대 장성
북경 북부 인근의 가장 험준한 산지 5.4km 구간에 건축된 장성으로, 알탄 칸의 북경 공격이 있은 뒤 명조에서 엄청난 인력과 경비를 투입해서 세운 것이다. 당시 명의 몽골에 대한 두려움이 어느 정도였는지 잘 보여준다.

bayising(板升)'이라 불렀다.

그러나 명조가 반란자와 도망자들을 후원하는 정책을 받아들이지 않았기 때문에, 알탄 칸에게도 이들은 대명관계의 커다란 걸림돌이었다. 명조 역시 변경의 약탈을 그대로 방치하기도 어려운 실정이었다. 이처럼 양측이 새로운 변화를 모색할 수밖에 없던 상황에서 1570년 알탄 칸의 양자 다이칭 에제이(일명 파한나길)가 명으로 망명했다. 이는 1568년 알탄 칸이 '삼낭자三娘子(Noyanchu Jünggen)'를 무리하게 자기 부인으로 삼는 과정에서 벌어진 일이었다. 알탄 칸이 아들의 송환을 요구하자 명조는 바이싱에 있던 한인 수령들을 인도해줄 것을 송환 조건으로 제시했다.

마침내 1571년 명조와 몽골은 화의를 맺었다. 알탄 칸은 명의 요구에 따라 조전, 이자형 등을 넘겨주었고 명은 다이칭 에제이를 돌려보냈다. 이와 함께 알탄 칸은 '순의왕順義王'이라는 봉작을 부여받고 그 부장들 역시 천호·백호 등의 직함을 받았다. 동시에 조공은 연 1회로 한정하며 변경의 호시도 연 1회 선부·대동·산서에 개설하기로 했다. 그러나 다른 지역 몽골인들의 요구에 따라 곧 변경 각지에 대소 호시들이 차례로 개설되었다. 이로써 명조는 종래의 소극적인 '폐관절공閉關絶貢' 정책을 중단하고 자유방임주의로 선회하게 되었다.

1571년 명몽 협약을 명에 대한 몽골의 '칭신내속'의 결과로 보기는 어렵다. 한·몽 간의 우호를 상징하는 사건은 더더욱 아니다. 한편 협약의 결과 조공과 변시가 여러 유목 수령들에게 허용되어 유목 군주의 경제적 기반을 무너뜨리고 이후 강력한 유목국가의 출현을 저해한 중요한 요인이 되었다는 주장 역시 선뜻 받아들이기 어렵다. 오히려 중국이 요구하는 조공이라는 정치적 관계를 인정하되 경제적으로 자신들이 필요로 하는 물자를 확보하는 실리를 추구한 흉노 이래 유목민들의 전형적인 전략의 구현이라고 보아야 할 것이다.

후기 모굴 칸국

1504년경
아흐마드 칸 사망

1504년
만수르 칸 즉위

1508년
마흐무드 칸 사망

1514년
사이드 칸 즉위

1516년
만수르 칸, 사이드 칸과 회견
악수와 쿠차 사이의 지점을
경계로 정함

1517년
만수르 칸, 하미 점령

1533년
압둘 라시드 칸 즉위

1660년대 후반
욜바르스와 압둘라의 대립

1667년
욜바르스, 집권에 성공

1670년
흑산당, 욜바르스 무너뜨리고
이스마일을 칸으로 옹립

1680년경
갈단, 카쉬가리아 정복

톈산 산맥 일대에 대한 모굴 칸국의 지배권은 카자흐·키르기즈·우즈벡과 같은 새로운 민족 집단의 남하와 활동으로 커다란 제약을 받지 않을 수 없었다. 유누스 칸의 아들 가운데 아흐마드가 1504년경 악수에서 사망하고 동생인 마흐무드도 1508년 샤이바니의 손에 죽임을 당함으로써 모굴 칸국은 톈산 산맥 동부 초원지역에 대한 주도권을 완전히 상실했다. 아흐마드의 큰아들 만수르 칸은 부친 사후 투르판·카라샤르(찰리시)·쿠차를 새로운 근거지로 삼았다. 만수르의 동생 사이드 칸은 두글라트부의 수령 아바 바크르가 차지하고 있던 카쉬가르·야르칸드·호탄 등지를 정복했다. 이리하여 모굴 칸국은 톈산 남부의 투르판(동부 칸가)과 야르칸드(서부 칸가)를 근거로 재건되었으니, 과거 모굴리스탄을 중심으로 하던 '전기 모굴 칸국'과 구별하여 '후기 모굴 칸국'이라 부를 수 있다.

후기 모굴 칸국의 역사에 관한 자료는 매우 희귀한데, 초기에 해당하는 사이드 칸과 그의 아들 압둘 라시드 칸의 치세에 관해서는 미르자 하이다르의 『라시드사』에 비교적 자세히 서술되어 있다. 압둘 라시드 칸은 과거 오랫동안 칸국의 정치를 좌우했던 두글라트부의 수령들을 제거하여 내적 권력기반을 다지는 한편, 북방의 카자흐와 키르기즈로 원정을 감행했다. 압둘 라시드 칸은 카쉬가르에 있는 사툭 부그라 칸의 성묘와 그곳의 수피 장로인 무함마드 샤리프를 후원했다. 당시 막대한 영향력을 행사하던 낙쉬반디 교단을 배제하고 비교적 무명의 수피를 선택한 것 역시 정치적 독립성을 추구한 그의 의도가 반영된 것이다.

한편 동부 칸가의 만수르 칸은 1516년 사이드 칸과 회견을 갖고 악수와 쿠차 사이의 지점을 양가의 경계로 정했다. 이로써 그는 동방으로의 확장에 몰두하게 되었으며, 1517년 하

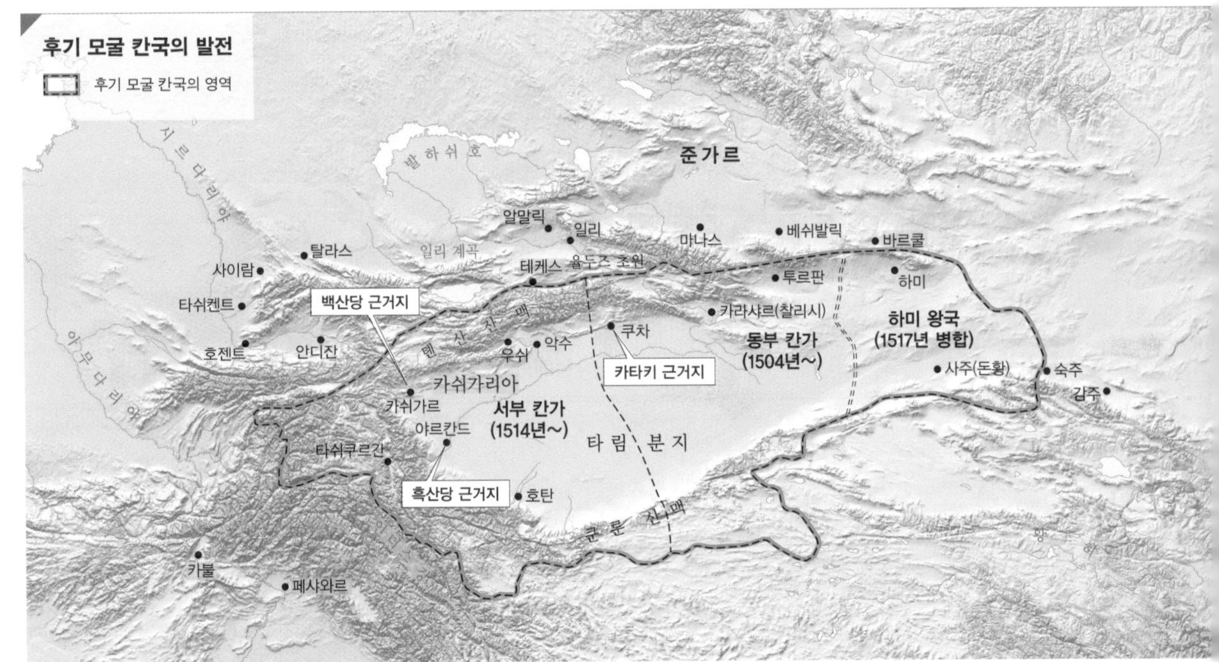

미 왕국을 점령함으로써 명 초 이래 그곳을 통치하던 차가다이 가문의 충순왕가를 없애버렸다. 이어 그는 명의 변경을 넘어 감숙 지방을 공격했다. 만수르 칸은 단순한 약탈전 차원을 넘어 이교도들에 대한 '성전'을 명분으로 내세웠는데, 타즈 앗 딘이라는 수피가 선봉에서 지휘하다가 '순교'했다는 기록이 그러한 사정을 말해준다.

모굴인들은 원래 유목민이었으나 톈산 이남의 오아시스 지대로 내려온 뒤 점차 정주민이 되어갔고, 시간이 지나면서 부족적 결속력도 희박해졌다. 17세기 후반 샤 마흐무드 추라스가 저술한 연대기를 분석해보면, 17세기 들어 활동했던 칸국의 주요 인물들의 이름에는 부족 명칭 대신 '벡beg'이라는 관칭호가 보편적으로 쓰였다는 사실을 알 수 있다. '벡'은 각종 직능을 수행하는 관인들을 총괄하는 명칭이었으며, 그들은 과거 부족에 소속된 유목적 군사 귀족이 정주화하면서 생겨난 계층이었다.

1660년대 후반에 이르러 칸위를 둘러싸고 욜바르스와 압둘라 두 왕자가 대립하는 사태가 발생했고, 당시 막강한 영향력을 지닌 낙쉬반디 교단의 두 파벌인 백산당과 흑산당이 이들을 각각 지원했다. 1667년 욜바르스가 집권에 성공했으나 1670년 야르칸드에 근거를 둔 흑산당이 반격을 감행하여 욜바르스를 무너뜨리고 압둘라의 동생 이스마일을 칸으로 내세웠다. 이렇게 되자 백산당의 영수 호자 아팍크는 국외로 나가 준가르의 군주 갈단에게 도움을 청했고, 갈단은 이 기회를 이용하여 타림 분지 일대와 실크로드 교역로를 장악하기 위해 호자 아팍크를 앞세우고 군대를 파견하여 1680년경 카쉬가리아를 정복했다. 이로써 1500년대 초기에 시작되어 거의 2세기에 걸쳐 존속했던 후기 모굴 칸국은 종말을 고하고 말았고, 타림 분지 일대는 준가르의 간접 지배를 받게 되었다.

아마니사 한 성묘
야르칸드에 있는 아마니사 한의 성묘. 그녀는 후기 모굴 칸국의 군주인 압둘 라시드 칸의 부인으로, 특히 위구르의 전통음악인 12무캄을 집성한 것으로 유명하다.

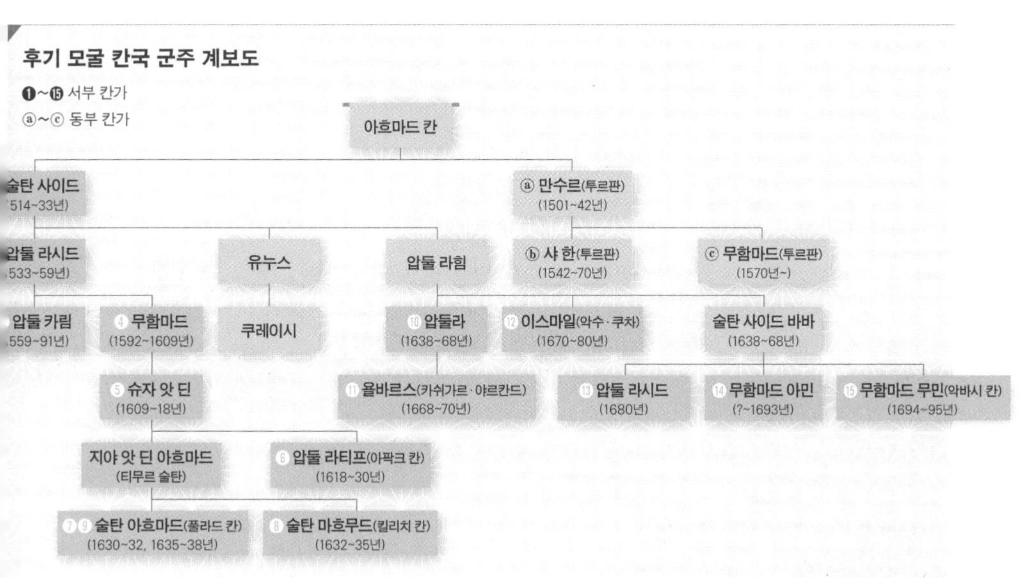

동투르키스탄의 낙쉬반디 교단

1093~1166년
아흐마드 야사비

1318~1389년
바하 앗 딘 안 낙쉬반드

1404~1490년
낙쉬반디 교단의 장로 호자 아흐라르

1461~1542년
호자 아흐마드 카사니 ('마흐두미 아잠')

1591년
호자 이스학, 카쉬가리아 방문

1599년
호자 이스학 사망

1653년
호자 유수프 피살 호자 아팍크 피신

1680년
호자 아팍크, 갈단의 도움을 받아 카쉬가리아 지배권 장악

1694년
호자 아팍크 사망

이슬람 신비주의자는 절대자와의 영적 합일을 추구하며 금욕과 수행을 실천하는 사람들을 가리키며, 아랍어로는 '타사우프tasawwuf'라고 부른다. 양털과 같은 모직으로 짠 허름한 옷, 즉 '수프suf'를 걸치고 다니는 사람이라는 뜻인데, 여기서 '수피sufi'라는 구미식 표현이 생겨났다. 몽골 제국이 지배하던 시대를 전후하여 다수의 수피 교단이 생겨났으며 중앙유라시아도 예외는 아니었다. 그리고 이들 교단은 유목민들의 개종에도 많은 기여를 했으니, 몽골 제국을 구성하던 네 개의 대형 울루스들 가운데 카안 울루스를 제외한 나머지 3개의 서방 울루스에 속한 유목민들이 모두 이슬람으로 개종하는 데에도 중요한 역할을 했다.

중앙유라시아에 등장한 수피 교단들 가운데 야사비 교단이 유명하다. 아흐마드 야사비가 개창한 이 교단은 특히 유목민들을 찾아다니며 개종시키는 데 크게 기여했다. 야사비 교단은 정통 교단과 달리 종교 의식에 샤머니즘적 요소를 받아들여 춤과 음악을 도입했을 뿐 아니라, 알라를 '디크르dhikr(念)'할 때 묵념이 아니라 톱을 써는 듯한 큰 소리를 내는 '디크리 아라'를 했던 것으로 유명하다. 이 밖에 각 지역에서 독자적인 기원을 갖는 소규모 토착 교단들의 활동도 주목할 만하다. 앞서 언급했듯이 쿠차와 악수를 중심으로 하는 카타키 교단, 카쉬가르의 사툭 부그라 칸의 성묘를 중심으로 한 우와이시 교단이 좋은 예이다. 또한 투르판에는 성자 알프 아타의 묘지를 중심으로 또 다른 토착 교단이 자리 잡고 군주들의 후원을 받았다. 이들의 활동 무대는 비록 지역적으로 한정되어 있었지만 그곳 주민들에게 강력한 영향력을 행사했다.

이에 비해 낙쉬반디 교단은 서아시아 각지는 물론 중앙유라시아와 중국 서북부, 동남아, 인도, 동유럽, 아프리카 등 이슬람권 각지에 걸쳐 분포되어 있는 '국제적' 교단이라고 할 수 있다. 이 교단은 부하라 출신의 바하 앗 딘 안 낙쉬반드에서 시작되었지만 타쉬켄트의 호자 아흐라르에 의해 강력하고 광범위한 조직으로 발전

호자 아팍크 성묘
17세기 후반 동투르키스탄에서 활동했던 낙쉬반디 교단의 지도자 호자 아팍크의 성묘. 처음에 그의 아버지 호자 유수프의 묘지로 조영되었다가 그의 후손과 일족들의 공동 묘역이 되었다.

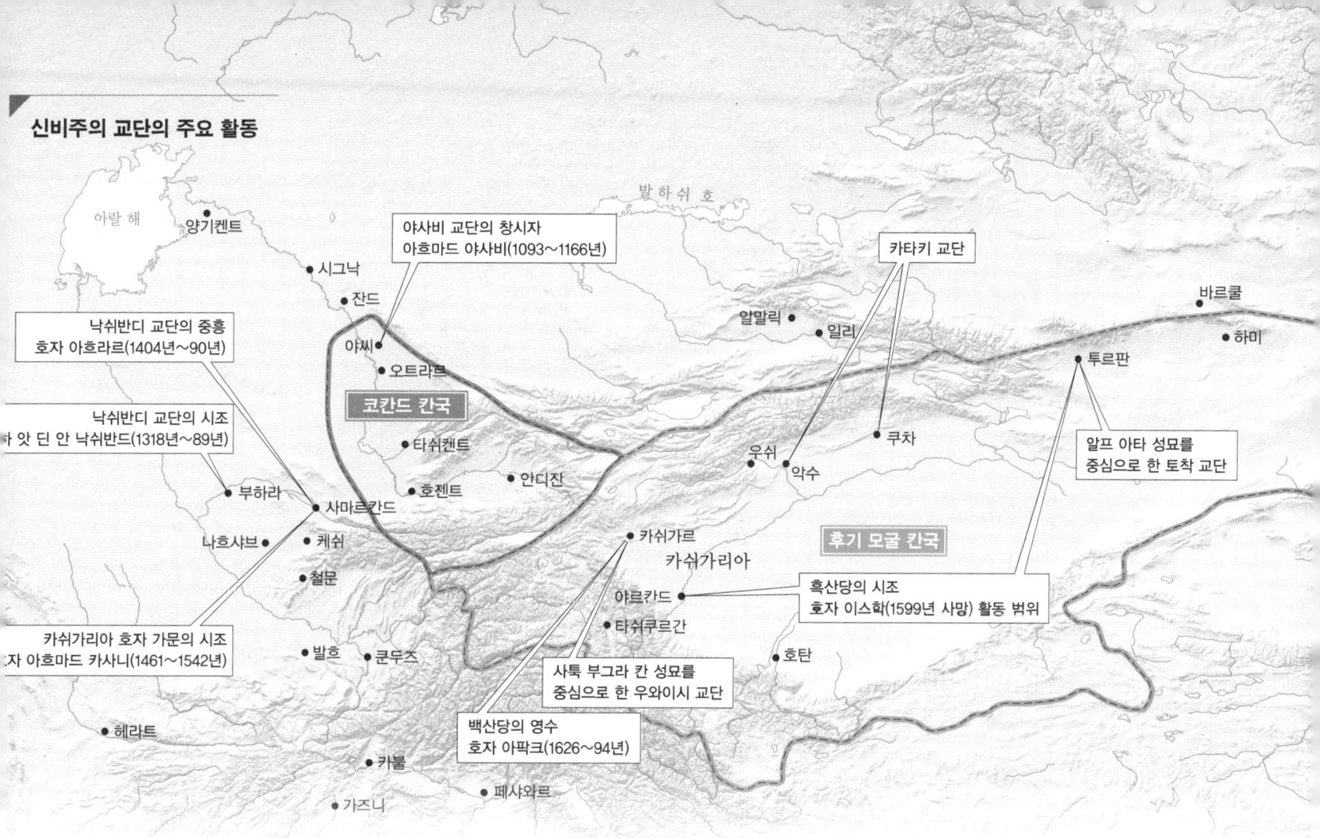

신비주의 교단의 주요 활동

아랄 해
양기켄트
시그낙
잔드
야시
오트라르
코칸드 칸국
타쉬켄트
호젠트
안디잔
부하라
사마르칸드
나흐샤브
케쉬
철문
발흐
쿤두즈
헤라트
카불
가즈니
페샤와르
발하쉬 호
알말릭
일리
바르쿨
하미
투르판
쿠차
우쉬
악수
카쉬가르
카쉬가리아
후기 모굴 칸국
야르칸드
타쉬쿠르간
호탄
야사비 교단의 창시자
아흐마드 야사비(1093~1166년)
낙쉬반디 교단의 중흥
호자 아흐라르(1404년~90년)
낙쉬반디 교단의 시조
바하 앗 딘 안 낙쉬반드(1318년~89년)
카쉬가리아 호자 가문의 시조
호자 아흐마드 카사니(1461~1542년)
카타키 교단
알프 아타 성묘를
중심으로 한 토착 교단
흑산당의 시조
호자 이스학(1599년 사망) 활동 범위
사툭 부그라 칸 성묘를
중심으로 한 우와이시 교단
백산당의 영수
호자 아팍크(1626~94년)

했다. 이 교단의 장로들은 '호자khwaja(和卓)'라는 존칭으로 불렸으며 그 복수형인 '호자간khwajagan'은 교단의 별칭이 되었다. 낙쉬반디 교단이 본격적으로 카쉬가리아에 발을 들여놓은 것은 호자 이스학 때부터였다. 그는 교단의 장로였던 아흐마드 카사니(일명 마흐두미 아잠)의 아들이었는데, 1591년 카쉬가리아를 방문했다. 카사니의 또 다른 아들인 무함마드 아민과 그의 아들 유수프가 그곳에 와서 활동을 시작하자, 두 가문은 서로 경쟁하며 대립하게 되었다. 호자 이스학을 추종하는 집단은 '이스하키야Ishaqiyya' 혹은 '흑산당'이라 불렸고, 유수프와 그의 아들 호자 아팍크를 추종하는 집단은 '아파키야Afaqiyya' 혹은 '백산당'이라고 불렸다.

이들의 영향력은 종교 분야에만 국한되지 않았다. 오아시스 지대의 일반 주민들뿐만 아니라 벡 계층에서도 광범위한 추종자들을 확보한 그들은 무장한 추종세력들을 배경으로 칸위 계승분쟁에도 간여하여 강력한 세속권력까지 거머쥐게 되었다. 마침내 1680년 호자 아팍크는 준가르 군대를 앞세워 카쉬가리아 지배권을 장악했고, 이로써 몽골 제국 이후 확고하게 유지되던 칭기스 일족의 정치적 카리스마는 사라지고 말았다. 그 대신 종교적 권위와 세속적 영향력을 기반으로 등장한 '호자' 집단이 정주적 토착 수령인 '벡' 집단과 함께 동투르키스탄의 새로운 지배세력으로 자리 잡았다.

야사비 성묘
야사비 교단의 창시자인 아흐마드 야사비의 성묘. 카자흐스탄 남부의 도시 투르케스탄에 위치해 있다.

티베트 불교의 확산

620년
송첸 감포 즉위

775년
디송 데첸 즉위

1042년
인도 고승 아티샤, 티베트에 옴

1576년
알탄 칸, 청해에서 소남 갸초를 회견하고 '달라이 라마' 칭호 부여

1586년
에르데니 조오 사원 건설

1628~29년
대장경 칸주르 간행

1639년
자나바자르, 1대 젭춘담바 후툭투로 추대됨

1640년
『몽골-오이라트 법전』 제정

티베트 불교는 흔히 '라마교Lamaism'라 불리기도 하지만 정확한 명칭은 아니다. 라마는 인도에서 정신적 스승을 일컫는 구루guru를 티베트어로 옮긴 말에 불과하며, 티베트 불교는 라마를 숭배하는 종교가 아니기 때문이다. 과거에 이슬람을 '모하메트교'라 부른 것과 마찬가지로 잘못된 표현이다. 티베트에 불교가 처음 도입되어 공인된 것은 고대 티베트 왕국을 건설한 송첸 감포의 치세(620~49년)였다. 그 후 디송 데첸 치세(775~79년)에 사미예 사원이 건축되고 인도에서 탄트라의 고승인 파드마삼바바가 초청되어 왔다. 9세기에 일시적 쇠퇴를 맞기도 했지만 10~11세기 들어 불교는 서부 티베트를 중심으로 다시 흥륭했으며, 1042년 인도의 고승 아티샤가 도래함에 따라 불교 교리가 확고히 정착되었다.

소남 갸초
1576년 청해 부근의 차브치얄에서 알탄 칸과 회견한 뒤 '달라이 라마'라는 칭호를 받은 소남 갸초.

몽골 제국 시대에는 특히 사캬파 교단이 칭기스 일족의 보호를 받으며 영향력을 확대했다. 특히 사캬 판디타의 조카 팍파(혹은 파스파)는 국사國師, 나아가 제사帝師로 추대되고, 쿠빌라이는 종교를 보호하는 전륜성왕(차크라바르틴)이 됨으로써, 두 사람은 정치(törö)와 종교(shashin)를 나누어 관장했다. 그러나 몽골 시대에 사캬파만 독주했던 것은 아니다. 티베트에 분봉지를 갖고 있던 칭기스 일족은 다른 교단들도 후원했는데, 특히 훌레구와 그의 후손들은 카안 못지않게 많은 지역을 소유하면서 디궁파라는 교단을 후원했다. 사캬파가 우월적 지위를 이용하여 압박을 가하자 디궁파는 반란을 일으켰고, 훌레구 울루스에서는 이들을 돕기 위해 군대까지 파견했다.

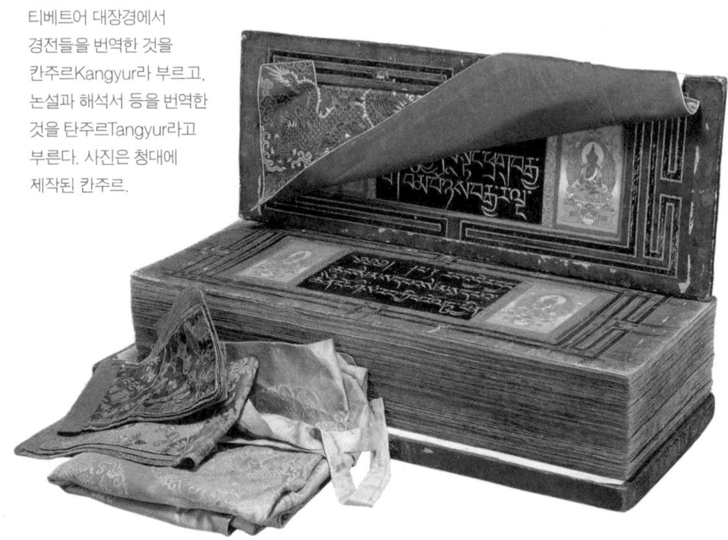

칸주르
티베트어 대장경에서 경전들을 번역한 것을 칸주르Kangyur라 부르고, 논설과 해석서 등을 번역한 것을 탄주르Tangyur라고 부른다. 사진은 청대에 제작된 칸주르.

몽골 제국이 붕괴된 뒤 티베트 불교도 침체를 겪으며 몽골인들 사이에서 영향력을 상실했으나, 16세기 후반 알탄 칸의 적극 후원에 힘입어 다시 흥륭했다. 다얀 칸의 적통인 차하르부 출신이 아닌 그는 자신의 권위를 강화하기 위해 1576년 티베트에서 겔룩파의 대표 소남 갸초를 초청하여 청해의 차브치얄이라는 곳에

서 역사적인 회견을 가졌다. 겔룩파는 총카파(1357~1419년)가 기강이 해이해진 사원과 승려의 규율을 강화하고 경전과 교의의 중요성을 강조하면서 개창한 개혁 교단이었다. 황색 가사와 모자를 착용했기 때문에 황모파 혹은 황교라는 이름으로도 알려졌다. 소남 갸초가 알탄 칸을 쿠빌라이의 전생轉生으로 인정하자 알탄 칸은 그에게 '달라이 라마'라는 칭호를 부여했다. 그는 교단의 스승들에게 이 칭호를 추존하고 자신은 3대 달라이 라마가 되었다. '달라이'는 몽골어로 '바다'를 뜻하기 때문에 이 칭호는 '사해와 같이 넓은 지혜를 지닌 스승'이라는 의미로 볼 수 있다. 이후 티베트 불교는 남북 몽골에 빠른 속도로 퍼지기 시작했다. 특히 할하부의 수령 아바타이 칸은 달라이 라마와 회견하고 불교의 전파에 노력하는 한편, 1586년에는 카라코롬의 폐허 위에 몽골 최대의 사원인 에르데니 조오 사원을 세웠다. 1587년 사망한 달라이 라마의 뒤를 이은 후계자가 할하부 왕공의 아들이었기 때문에 티베트-몽골의 정치 종교적 유대는 더욱 깊어졌다.

17세기 전반 릭단 칸은 몽골의 카안으로서 여러 곳에 사원을 건설했을 뿐 아니라, 1628~29년에는 35명의 티베트·몽골 승려들에게 몽골어 대장경인 칸주르 113권을 편찬하게 했다. 아울러 1639년 할하부의 수령 곰보도르지의 아들 자나바자르가 몽골 불교 교단의 수장 격인 '젭춘담바 후툭투'로 추대되었고, 1640년에는 동서 몽골의 수령들이 모여 제정한 『몽골-오이라트 법전』에서 왕공 가문마다 한 명씩을 라마승으로 보내기로 했다. 이렇게 해서 티베트 불교는 몽골의 종교로 확고히 자리 잡았고, 정치적으로나 종교적으로 몽골과 티베트는 불가분의 관계를 맺게 되었다.

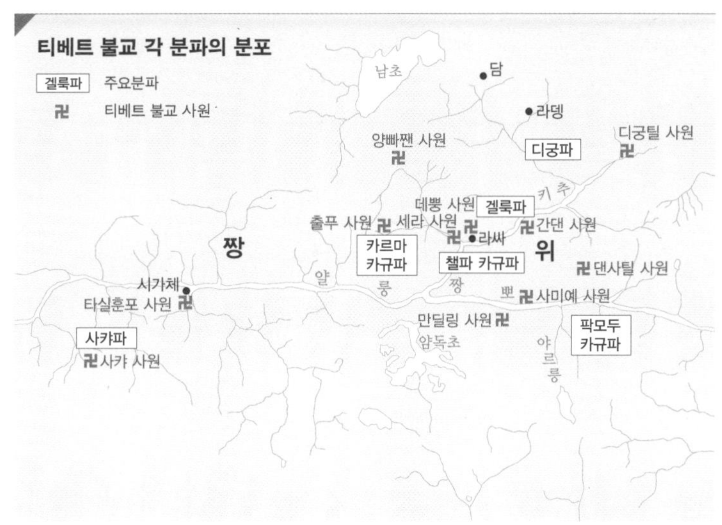

에르데니 조오 사원
1586년 할하부의 수령 아바타이 칸이 옛 몽골 제국의 수도 카라코룸이 있던 자리에 불교 사원을 건설하였다. '보석 사원'이라는 뜻으로 에르데니 조오Erdeni Dzuu라고 이름하였다.

레나트 지도

05 유목국가의 쇠퇴

1500

- 1582년 러시아, 시베리아 진출 시작

1600

- 1603년 일본, 에도 막부 성립
- 1604년 러시아, 톰스크 건설
- 1636년 병자호란
- 1644년 만주, 장성 이남 진입
- 1654년 1차 나선정벌
- 1671년 갈단, 준가르의 칸이 됨

1700

- 1688년 영국 명예혁명
- 1689년 네르친스크 조약
- 1690년 강희제, 준가르 친정
- 1728년 카흐타 조약
- 1735년 청, 건륭제 즉위
- 1757년 청, 준가르 복속
- 1776년 미국, 독립선언

1800

- 1779년 건륭제, 판첸 라마를 북경으로 초청
- 1789년 프랑스 혁명
- 1840년 아편전쟁
- 1865년 야쿱 벡, 카쉬가르로 넘어와 무슬림 정권 수립

1900

- 1917년 러시아 혁명

2000

17세기부터 19세기 후반에 이르는 시기를 다룬다. 즉 한쪽으로는 만주인들이 세운 청 제국이, 다른 한쪽으로는 러시아인들이 중앙유라시아로 팽창해 들어오면서, 이 지역을 무대로 활동하던 유목민과 오아시스 주민들이 이들 제국에 복속하고 편입됨으로써, 중앙유라시아가 주체가 되는 역사적 동력이 최종적으로 소멸되어가는 과정을 다룬다. 칭기스적 전통에서 배양된 정치적 정통성과 국가적 이념을 학습하면서 성장한 만주인들은 내몽골과 외몽골의 유목민들을 차례로 복속시키고, 마침내 18세기 중반에는 최후의 유목국가라고 할 수 있는 준가르를 붕괴시킨다. 나아가 이를 계기로 티베트와 신강마저 흡수함으로써 중앙유라시아의 동부 지역을 완전히 석권하였다. 러시아 역시 16세기 중반 이후 맹렬한 기세로 동진을 시작하여 시베리아 전역을 장악하고, 19세기 중후반까지는 중앙아시아에 있던 코칸드, 부하라, 히바 등 세 칸국들을 차례로 병합하는 데 성공하였다. 이로써 중앙유라시아는 청과 러시아라는 두 제국에 의해 완전히 분할되어버리고, 그 역사적 독자성과 동력을 상실하고 말았다.

만주의 흥기와 몽골

1593년
해서여진, 누르하치를 공격했으나 패배

1603년
할하 몽골인들, 누르하치에게 '수러 쿤둘런 한' 존호를 바침

1616년
누르하치, 겅기연 칸으로 즉위

1626년
홍타이지 즉위

1627년
정묘호란

1632년
홍타이지, 릭단 칸 공격

1634년
릭단 칸 사망

1635년
릭단 칸의 가족, 홍타이지에게 투항

1636~37년
병자호란

1644년
만주, 장성 이남 진입('입관')

1662년
사강 세첸, 『몽골원류』 저술

17세기 전반 청 제국의 출현은 중국과 동아시아뿐만 아니라 중앙유라시아 세계 전체에도 심대한 변화를 가져왔다. 청 제국을 건설한 만주인들은 처음에는 몽골인과 친밀한 관계를 맺었으나 자신들의 세력이 커짐에 따라 오히려 그들을 차례로 복속시켰다. 나아가 몽골과 정치·종교적으로 불가분의 관계에 있던 티베트를 장악하고, 마지막으로 서몽골 준가르를 붕괴시킴으로써 톈산 남북의 동투르키스탄까지 정복했다. 그런 의미에서 청 제국의 흥기는 중앙유라시아 여러 민족의 운명을 바꾸어놓은 일련의 역사적 사건의 시작이었다.

16세기 후반 여진은 건주여진, 해서여진, 야인여진 등으로 나뉘어 있었다. 청 제국의 기틀을 놓은 누르하치는 건주여진 5부 가운데 완안부에 속하는 인물이었다. 그가 나머지 4부를 통합하고 급속하게 세력을 키우자, 이에 위협을 느낀 해서여진 4부(여허·하다·울라·호이파)가 1593년 호르친, 내할하 5부와 연합하여 누르하치를 공격했으나 패배하고 말았다. 할하 몽골인들은 1603년 누르하치에게 '수러 쿤둘런 한Sure Kundulen Han'이라는 존호를 바쳤고, 1616년 여진인들을 통합한 누르하치는 '겅기연 칸Gengiyen Han'이라는 칭호로 즉위했다. 이렇게 해서 청 제국의 전신인 '아이신 구룬Aisin Gurun'이 세워졌으니 한자로 후금後金이라 불렸다.

1626년 누르하치의 뒤를 이어 즉위한 홍타이지는 몽골 전체의 맹주를 꿈꾸던 릭단 칸과 대결을 벌이게 된다. 릭단 칸은 몽골의 좌익과 우익에 속하는 만호들을 통제하기 위해 관리들을 임명했다. 또한 티베트의 사캬파 교단을 적극 후원하고 몽골어 대장경인 칸주르를 간행했다. 1632년 홍타이지는 릭단 칸에 대항하는 몽골 세력을 규합하여 그를 공격했다. 그러자 릭단 칸은 오르도스 방면으로 후퇴했다가 청해 방면으로 이동했지만 1634년 감숙 지방에서 천연두로 사망하고 말았다. 그의 아들과 부

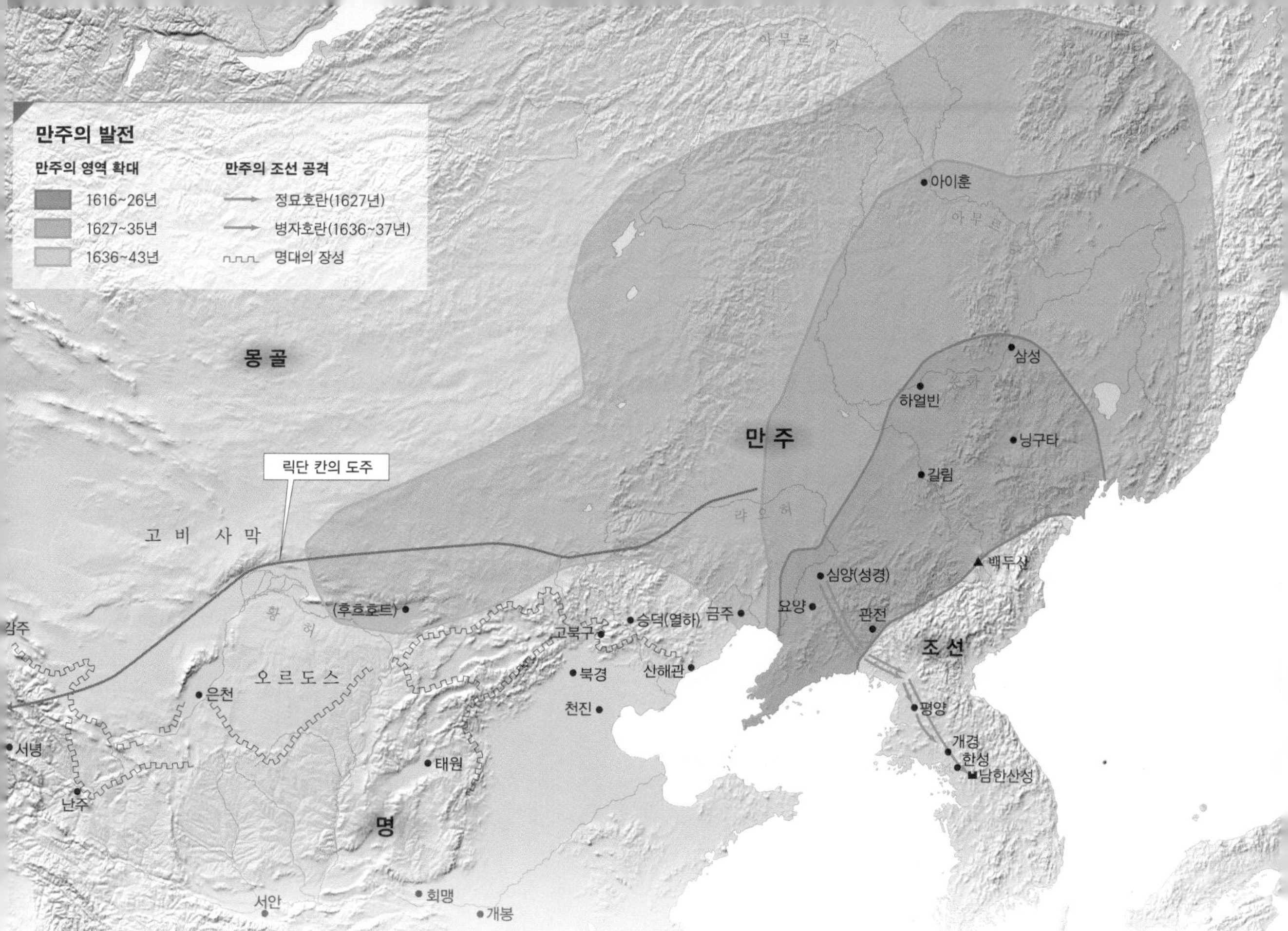

만주의 발전

만주의 영역 확대
1616~26년
1627~35년
1636~43년

만주의 조선 공격
정묘호란(1627년)
병자호란(1636~37년)
명대의 장성

몽골
만주
릭단 칸의 도주
고비 사막
아이훈
삼성
하얼빈
닝구타
길림
심양(성경)
백두산
요양
관전
조선
(후흐호트)
고북구
승덕(열하)
금주
산해관
북경
천진
오르도스
은천
서녕
난주
태원
명
서안
회맹
개봉
평양
개경
한성
남한산성

인들은 1635년 홍타이지에게 투항하면서 몽골 제국 시대에 사용되던 전국새傳國璽를 건네주었다. 홍타이지는 원대의 고승인 팍파가 만든 것으로 알려진 마하칼라Mahakala 신상도 건네받아서 심양에 사원을 세운 뒤 그곳에 안치했다. 이어서 홍타이지는 '주션'과 '아이신 구룬'이라는 말의 사용을 금하고 '만주'와 '다이칭 구룬Daicing Gurun'이라는 새로운 명칭을 선포했다. 자신의 제국이 금이 아니라 대원의 적통임을 과시하고자 했던 것이다. 사강 세첸의 『몽골원류』는 누르하치를 칭기스 칸의 정치적 계승자로 인정하고 홍타이지가 '정권(törö)'을 장악했다고 기록하고 있는데, 이는 당시 몽골인들도 그러한 주장을 수용했음을 보여준다. 청 제국은 문화적으로도 몽골의 영향을 많이 받았다. 누르하치는 일찍부터 '박시bagshi'라 불리는 서기들을 기용했는데 이들은 만주어는 물론이고 몽골어와 한문에도 능했다. 1599년에는 몽골 문자를 사용하여 만주어를 표기하기 시작했고, 1620~33년에는 몽골 문자에 약간의 수정을 가해 만주 문자를 만들었다.

만주와 몽골의 관계는 홍타이지의 시대에 중요한 골격이 갖추어졌다. 두 집단 모두 청 제국 군주의 지배를 받으며 동등한 지위를 누렸다. 몽골인들은 팔기제에 편성되고 왕공들은 혼인과 맹약을 통해 만주 황실과 긴밀한 관계를 맺었으니, 이는 만주인들이 중국을 정복하기 전에 형성되어 1911년 왕조가 무너질 때까지 기본적으로 유지되었다. 이러한 '대청大淸의 질서'는 만주인들이 중국을 정복한 뒤에 만든 '대명大明의 질서'와는 구별되는 것이다. 후일 제국의 판도 내에 편입된 외몽골·티베트·신강에 대해 청조가 적용한 원칙도 바로 '대청의 질서'였다. 조선 역시 비록 양차에 걸친 호란胡亂을 통해 정치적 주종관계를 맺게 되었지만, 1644년 '입관入關' 전에 관계가 이루어졌기 때문에 몽골과 동일한 세계의 일원으로 인식되었다.

만주기인의 초상

러시아의 동진

1582년
예르막, 시비르 강 건넘
러시아의 시베리아 진출 개시

1587년
토볼스크 건설

1643~45년
포야르코프의 탐사

1648년
하바로프의 탐사

1649년
러시아, 오호츠크 해에 도달

1652년
이르쿠츠크 건설

1653년
스테파노프의 탐사

1654년
1차 나선정벌

1658년
2차 나선정벌

1685년
1차 알바진 원정

1686년
2차 알바진 원정

1688년
준가르의 갈단, 동몽골 침공

'타타르의 멍에'를 벗어던진 러시아는 16세기 중반 볼가 강 유역의 몽골 잔존세력인 카잔 칸국과 아스트라한 칸국을 무너뜨리고 동방 진출의 교두보를 장악했다. 그리고 1582년 예르막이 코사크인 800명을 데리고 우랄 산맥 부근의 시비르 강을 건넘으로써 러시아의 시베리아 진출이 시작된다. 시베리아라는 말은 시비르 강과 그곳에 있던 시비르 칸국의 이름에서 딴 것이다. 러시아는 이때부터 1649년 오호츠크 해에 도달할 때까지 동진을 계속하여 현재 러시아 영토의 4분의 3에 해당되는 1300만 평방킬로미터의 시베리아를 차지했으니, 60~70년간 매년 한반도만 한 영토를 하나씩 추가한 셈이었다.

러시아의 동진 목적은 무엇보다도 담비, 수달, 밍크 등의 모피를 얻는 것이었다. 모피를 통한 수입은 1605년 국가 재정수입의 11퍼센트에 달할 정도였다. 그들은 시베리아의 수렵 원주민들에게서 '야삭yasak'이라는 모피세를 받았는데, 이는 몽골 제국 시대에 '법령'을 뜻했던 자사크jasaq라는 말에서 유래한 것이다. 러시아인들은 시베리아의 독특한 수로 체계를 이용

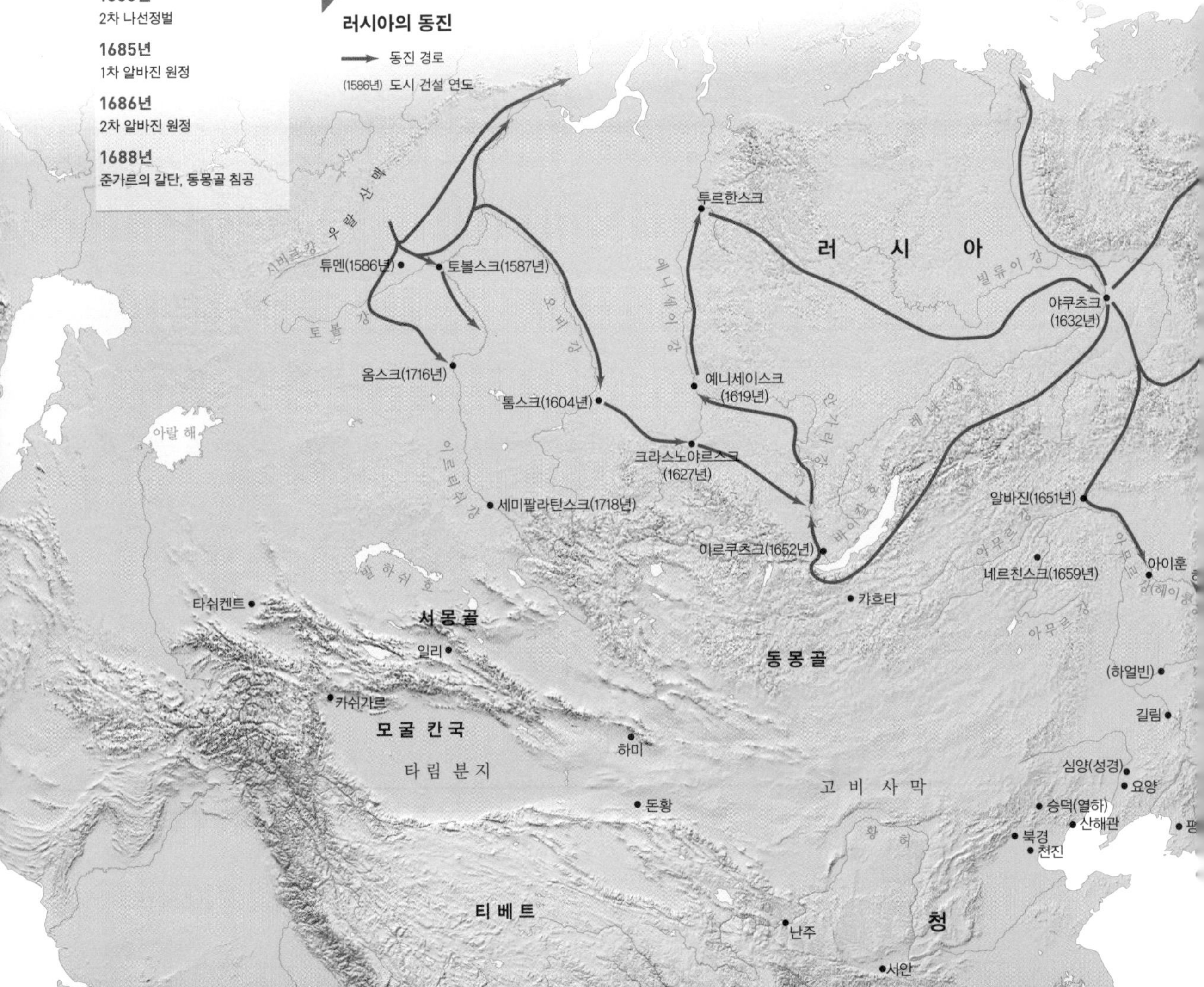

예르막의 시베리아 정복
코사크 수령 예르막이 1582년 시비르 강을 건너 몽골의 쿠춤 칸을 격파하는 장면이다. 러시아 화가 수리코프의 작품.

하여 신속하게 이동했다. 시베리아를 관통하는 오비 강, 이르티쉬 강, 예니세이 강과 같은 대형 하천들은 남쪽에서 북쪽으로 흐르지만, 그 사이로 수많은 작은 강들이 동서로 교차하고 있다. 따라서 여름에는 이들 수로를 적절히 활용하고 겨울에는 얼어붙은 강에서 썰매를 이용하여 매우 빠른 속도로 이동할 수 있었다. 강들이 교차되는 지점에 사람들이 모여 살면서 처음에는 목책으로 된 조그만 성채(ostrog)가 지어졌고, 러시아 본토에서 가난한 농민, 범법자, 모험가 등 다양한 사람들이 이주하여 정착했다. 그러자 러시아 정부는 군관(voevoda)을 파견하여 이러한 성채를 거점으로 시베리아 전역을 장악해나갔다.

이렇게 해서 1587년 토볼스크를 세우고, 1604년 톰스크, 1619년 예니세이스크, 1632년 레나 강 유역에 야쿠츠크를 건설했으며, 1649년 마침내 오호츠크 해에 도달했다. 러시아는 식량 확보와 자원 조사를 위해 1643~45년 포야르코프, 1648년 하바로프, 1653년 스테파노프가 이끄는 탐사대를 아무르 강 유역에 파견했다. 그러나 이들이 약탈·방화·살육을 일삼으며 모피세와 식량을 탈취하자 궁지에 몰린 현지 주민들은 청에 도움을 요청했다. 당시 건국 직후였던 청은 아무르 강 유역까지 많은 군대를 보내기는 어려웠으므로 조선에 원병을 요청했다. 효종은 1654년 변급이 지휘하는 150명, 1658년에는 신유가 이끄는 262명의 소총수를 파견했으니 이것이 '나선정벌'이다. '나선羅禪'은 '루쓰Rus'를 옮긴 말이다. 러시아는 한문으로 '나찰羅刹' 혹은 '아라사俄羅斯' 등으로 표기되었고, 만주어 문헌에는 '로차Loca'로 기록되었다. 1658년 6월 10일(음력) 조선과 만주 연합군은 숭가리 강(쑹화 강)가에서 벌어진 전투에서 스테파노프의 러시아군을 격파했다.

그러나 러시아인들의 아무르 강 유역 진출은 곧 재개되었다. 1680년대 초 알바진에 농경지가 개간되고 20여 개의 부락이 생겨나 성인 남자만 800여 명에 이르렀다. 이에 강희제는 1685년 기병 1000명을 비롯한 4000명의 병력을 파견하여 알바진을 공격했다. 러시아인들은 퇴각했지만 만주군이 돌아간 뒤 다시 알바진으로 와서 살기 시작했다. 강희제는 하는 수 없이 1686년 2차 원정을 지시했으나 전투는 교착 상태에 빠지고 말았다.

한편 당시 중앙유라시아의 국제 정세는 긴박하게 돌아가고 있었다. 1688년 준가르의 갈단이 동몽골(할하)에 대한 대대적인 침공을 개시하여 청 제국을 위협했다. 이에 강희제는 러시아와 국경 문제를 조속히 매듭지어야 했다.

러시아와 청의 외교 관계

1618년
러시아의 페틀린, 명을 방문

1654년
아블린과 바이코프, 청을 방문

1667년
간티무르, 러시아로 망명

1685년
1차 알바진 전투

1686년
2차 알바진 전투

1688년
준가르의 갈단, 할하 침공

1689년
러·청, 네르친스크 조약 체결

1728년
러·청, 캬흐타 조약 체결

17세기 러시아와 청 제국 사이에 진행된 외교적 접촉과 협상은 단지 양국의 외교문제에 그치는 것이 아니라 중앙유라시아의 여러 민족과 지역의 운명에도 심대한 영향을 끼쳤다는 점에서 주목할 만하다. 양국 관계에서 먼저 접촉을 시도한 쪽은 대부분 러시아였다. 1618년 페틀린이라는 통역관이 명 말기의 북경을 방문했지만, 그는 정식 사절이 아니라는 이유로 황제 알현을 거부당한 채 답신만 휴대하고 돌아갔다. 청조가 들어선 뒤 러시아는 1654년 바이코프를 사신으로 파견했다. 당시 러시아는 반란·역병·전쟁 등으로 어려워진 경제 상황을 타개하고 새로운 모피 시장을 찾기 위해 중국과 교역을 희망했다. 바이코프는 먼저 부하라 출신의 상인 아블린을 선발대로 북경에 보냈는데 청조는 그를 정식 사절로 오인했고, 아블린은 청조가 요구한 고두를 행하고 돌아갔다. 그러나 아블린과 엇갈려 북경에 들어온 바이코프는 고두의 예를 거부하다가 황제를 만나지도 못한 채 아무런 성과 없이 돌아가고 말았다. 그러자 러시아는 중국과의 교섭에서 정치와 경제를 분리시킬 필요성을 느끼고 차르의 사절이 아니라 개인 자격의 상인들을 보내기로 결정했다. 2차로 파견된 아블린은 1669년 북경에 도착하여 거의 1년간 체류하며 강희제를 알현하고 교역도 한 뒤 돌아갔다.

그 무렵 아무르 강 유역의 솔론족 수령 간티무르가 러시아로 망명하는 사건이 터졌다. 그는 원래 청에 협력했던 인물인데 1667년 러시아로 망명하여 기독교로 개종한 뒤 귀족 칭호까지 받았다. 원주민에 대한 종주권이 동요될 것을 우려한 청조는 그의 송환을 요구했으나, 러시아는 밀로바노프를 북경으로 보내 오히려 청 황제에게 차르의 신하가 될 것을 요구했다. 이 일이 있은 직후에 알바진 전투와 갈단의 할하 침공 사건이 일어났다.

1689년 여름 양측의 대표가 협상을 위해 네르친스크에 도착했다. 러시아와 청은 각각 상당수의 군대를 거느리고 사뭇 엄중한 분위기를 조성했다. 주요 의제는 국경의 획정, 도망자 처리, 교역 등에 관한 사항이었다. 협상 과정에서 제르비용과 페레이라 같은 제수이트 신부들이 통역을 담당했기 때문에, 조약문의 정본은 라틴어로 작성되었다. 라틴어 조약문에는 여러 곳에서 '양국'이라고 표현하여 대등한 두 국가 간의 조약임을 명시했으나, 한문본에는 그러한 표현을 삭제하거나 수정하여 중화 중심 세계관을 고수했다.

1728년 러시아와 청 양국은 네르친스크 조약을 보완하여 캬흐타 조약을 체결했다. 러시아는 알바진을 포함한 넓은 지역을 청에 양보한 것이 무력시위와 협박 때문이라고 불만을 토로했다. 그러나 러시아는 사절단을 북경으로 파견하여 교역을 할 수 있게 되었을 뿐만 아니

네르친스크
1654년에 성채가 지어졌으며 곧이어 도시가 형성되었다. 자바이칼리아 지방의 주요 근거지로서 1689년 이곳에서 러·청 간의 협상이 이루어지고 조약이 체결되었다.

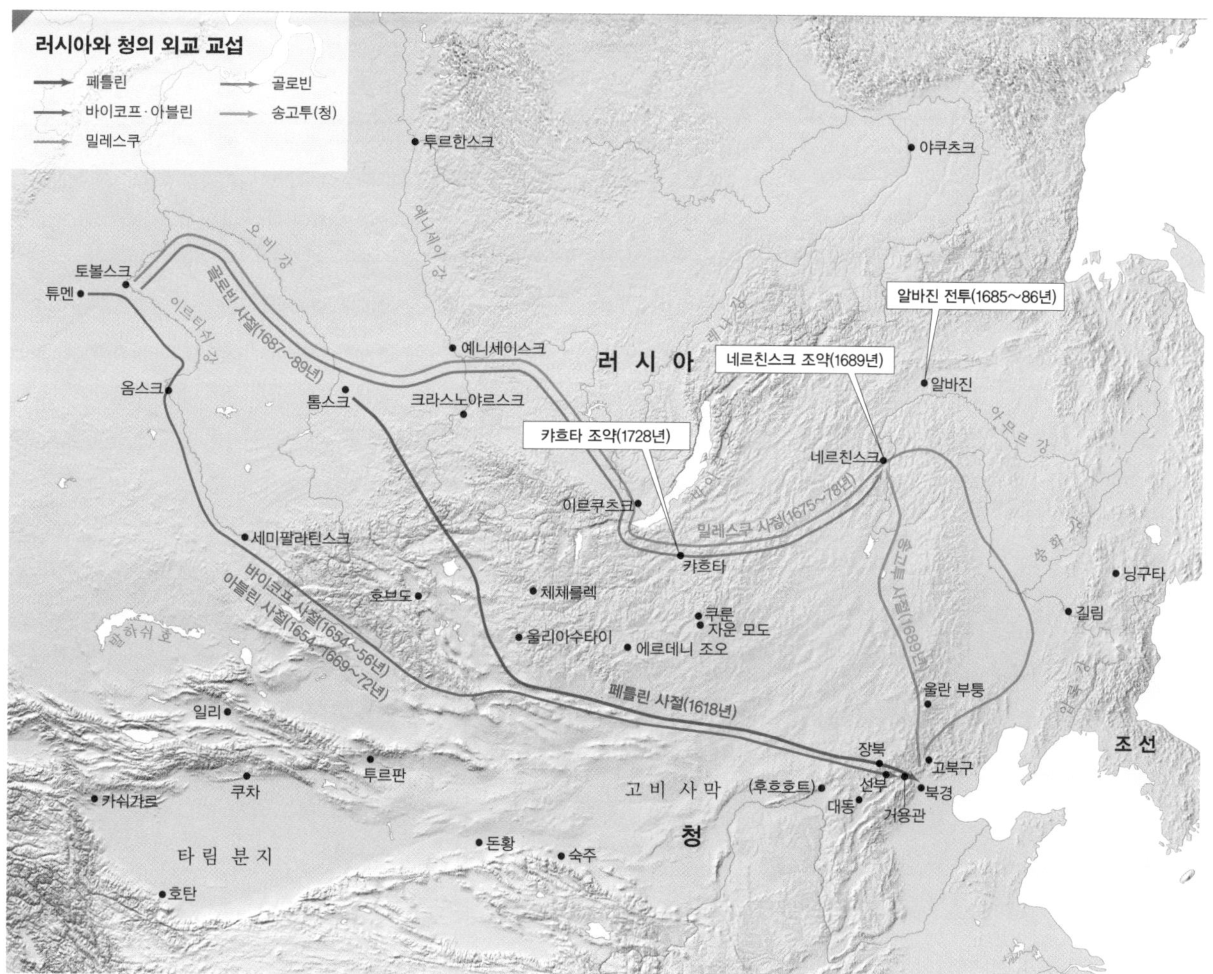

라, 네르친스크와 캬흐타 등 변경 도시에 시장을 개설하여 상인들이 상대편과 물자를 매매하는 것도 가능하게 해줄 수 있었다. 반면 청은 러시아에 교역상의 특권을 허가해준 대신 아무르 강 상류 지역에 대한 영유권을 확보하고, 준가르에 대한 러시아의 지원을 사전에 차단하는 성과를 거두었다. 실제로 갈단은 1690년 이르쿠츠크에 있던 골로빈에게 사신을 보내 할하 침공을 위해 러시아의 군사적 지원을 요청했으나 목적을 달성하지 못했다. 강희제는 네르친스크 조약으로 러시아를 중립화시킨 다음 갈단과의 전쟁에 전력을 기울임으로써 준가르의 위협을 제거하는 데 성공한 것이다. 그런 의미에서 1689년 네르친스크 조약은 장차 중앙유라시아의 세계를 중국과 러시아가 양분하는 역사적 과정의 시발점이었다.

네르친스크 조약 문서

"Sancti Sinarum Imperatoris mandato missi ad determinados limites Magnates(성스러운 중국 황제가 국경을 결정하기 위해 다음 대신들을 임명했다)"라는 구절로 시작되는 1689년 네르친스크 조약의 라틴어 정본. 사진은 청측이 러시아에 건네준 것으로 현재 유일하게 남아 있는 조약문의 정본 원문이다.

갈단과 강희제

1676년
갈단, 준가르의 수령이 됨

1677년
오치르투 칸을 제거하고 서몽골 전체 패권 장악

1688년
갈단, 할하 침공
에르데니 주 사원 불태움

1689년
네르친스크 조약

1690년
강희제, 1차 준가르 친정
울란 부퉁 전투

1691년
강희제, 돌론 노르에서 몽골 수령들과 회맹

1696년
강희제, 2차 준가르 친정
자운 모도 전투

1697년
갈단 사망

갈단은 서몽골 오이라트 가운데 준가르부의 수령인 바아투르 홍타이지의 넷째아들로 태어났다. 그는 1660년경 라싸로 보내져 승려 수업을 받고 있었는데, 1670년 친형인 셍게가 이복형제들에게 살해되는 사건이 발생했다. 그러자 갈단은 1676년 귀국하여 이복형제들을 살해하고 준가르의 수령이 되었다. 1677년에는 당시 서몽골에서 유일하게 '칸'을 칭하던 호쇼트부의 오치르투 칸을 제거함으로써 서몽골 전체의 패권을 장악했다. 이에 5대 달라이 라마는 그에게 '보쇽투 칸'이라는 칭호를 부여했다.

마침 그때 후기 모굴 칸국에서 벌어진 권력 투쟁에서 밀려난 백산당의 수령 호자 아팍크가 준가르로 와서 지원을 요청했다. 갈단은 그를 앞세워 카쉬가리아를 정복한 뒤 모굴의 마지막 칸 이스마일을 일리 계곡의 쿨자로 보내 구금했다. 그리고 백산당과 흑산당에 속하는 종교 귀족 호자들을 이용하여 모굴을 간접 지배하기 시작했다. 실크로드의 요충을 장악한 갈단은 관심을 동쪽의 몽골 고원 본지로 돌렸다. 당시 할하의 우익인 자삭투부와 좌익인 투시예투부 사이에 분쟁이 벌어져 동생이 살해되었는데, 갈단은 동생의 복수를 명분으로 1688년 초 할하를 대대적으로 침공했다. 이에 투시예투의 칸과 젭춘담바 후툭투 등 할하의 왕공들이 고비 사막 남쪽으로 내려와 강희제에게 구원을 청했다. 갈단은 청 측에 이들의 송환을 강력하게 요구했고 청과 준가르의 군사적 대결은 불가피해졌다.

강희제는 갈단과 대결하기 전에 1689년 네

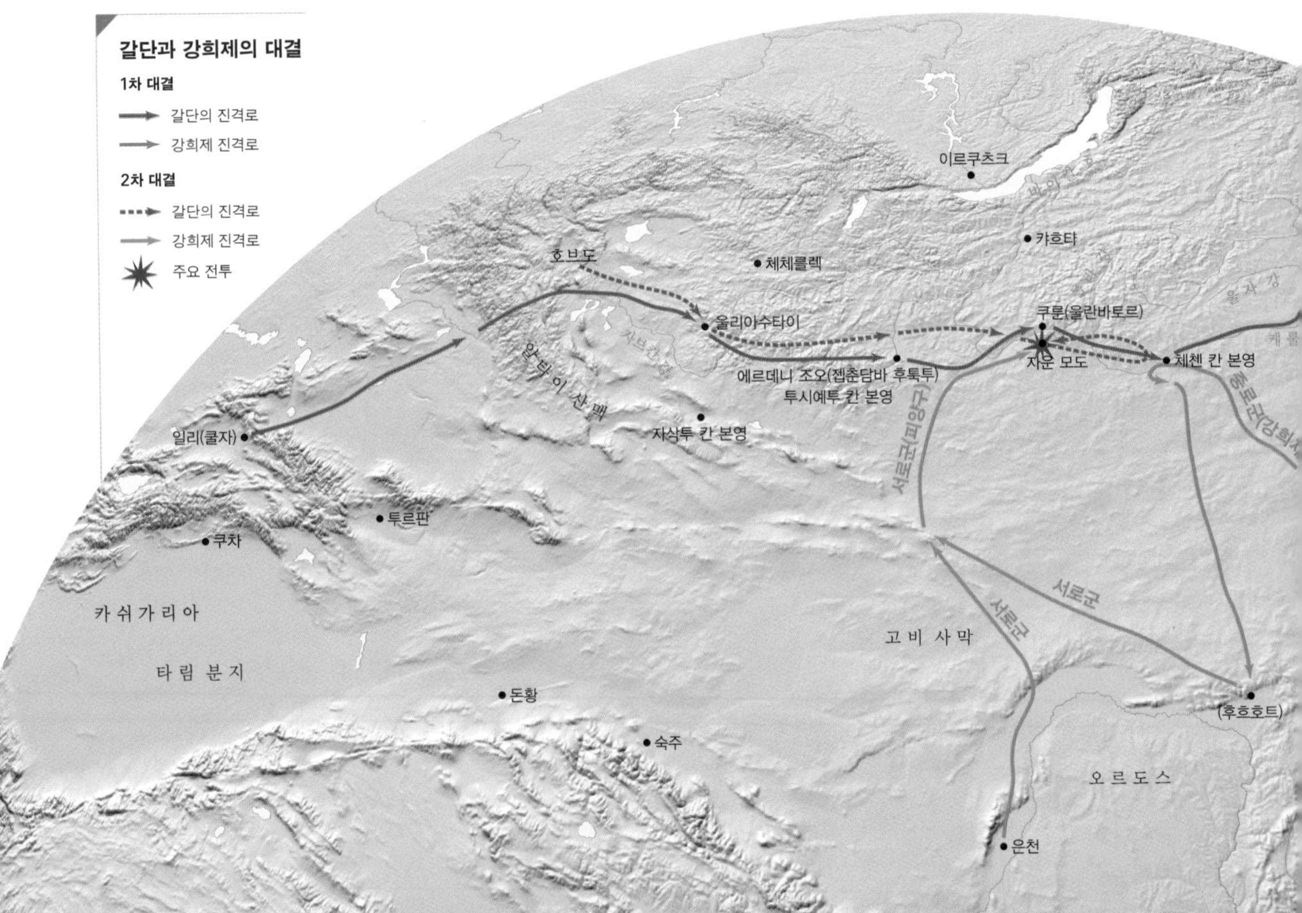

서몽골 군주 계보도

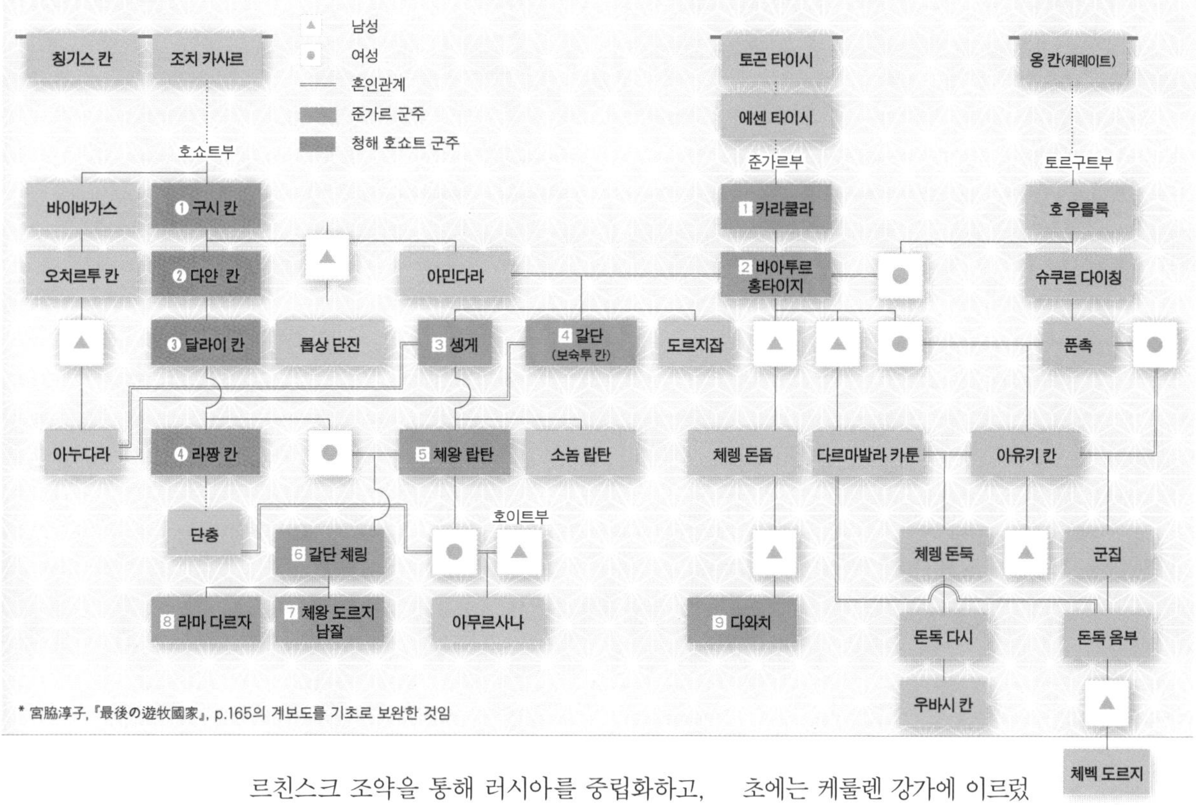

▲ 남성
● 여성
═ 혼인관계
준가르 군주
청해 호쇼트 군주

칭기스 칸
조치 카사르
호쇼트부
바이바가스
❶ 구시 칸
오치르투 칸
❷ 다얀 칸
❸ 달라이 칸
롭상 단진
아민다라
3 셍게
4 갈단 (보쇽투 칸)
도르지잡
아누다라
❹ 라짱 칸
5 체왕 랍탄
소놈 랍탄
단충
6 갈단 체링
호이트부
아무르사나
8 라마 다르자
7 체왕 도르지 남잘
토곤 타이시
에센 타이시
준가르부
1 카라쿨라
2 바아투르 홍타이지
옹 칸(케레이트)
토르구트부
호 우를룩
슈쿠르 다이칭
푼촉
체렝 돈둡
다르마발라 카툰
아유키 칸
체렝 돈둑
군집
9 다와치
돈독 다시
돈독 옴부
우바시 칸
체벡 도르지

* 宮脇淳子, 『最後の遊牧國家』, p.165의 계보도를 기초로 보완한 것임

르친스크 조약을 통해 러시아를 중립화하고, 1690년에는 일리 계곡에서 갈단에게 반기를 든 셍게의 아들 체왕 랍탄과 접촉하여 갈단을 고립시키려고 했다. 마침내 1690년 7월 갈단이 군대를 이끌고 내몽골로 내려오자 강희제는 친정으로 대응했다. 9월 3일 울란 부퉁에서 전투가 벌어졌는데, 청군은 대포까지 동원하여 갈단을 압박했다. 갈단이 퇴각한 뒤 강희제는 1691년 5~6월 내몽골의 돌론 노르에서 몽골 수령들과 회맹을 맺었다. 이로써 내몽골에 이어 외몽골도 청에 신속하게 되었다.

1695년 갈단이 호브도에서 군대를 이끌고 다시 동진한다는 소식에 강희제는 두 번째로 친정을 감행했다. 갈단이 케룰렌·톨라 강 유역에 진을 치고 있다는 정보를 접한 그는 군대를 삼분하여, 자신이 지휘하는 중로군 3만여 명, 사브수 휘하의 동로군 1만 명, 피양구 휘하의 서로군 3만 명으로 나누고, 서로군에게는 적의 퇴로를 차단하라는 특명을 내렸다. 강희제는 1696년 3월 출정하여 고비 사막을 건너 6월 초에는 케룰렌 강가에 이르렀다. 그러나 갈단의 군대는 이미 떠난 뒤였고 중로군은 식량 부족과 지친 말로 인해 추격을 포기하고 귀환할 수밖에 없었다. 그런데 퇴각하던 1만 명가량의 갈단 군대가 피양구의 서로군과 자운 모도에서 마주치게 되었고 이 전투에서 갈단은 치명적인 타격을 받고 말았다.

갈단은 남은 5000여 명을 이끌고 일단 옹긴 유역으로 피신했다. 그러나 위기 상황에서 장령들이 이탈하기 시작했으며 일부는 체왕 랍탄에게 투항했다. 갈단은 소수의 추종자들만을 데리고 도주했고 그를 추포하려는 강희제의 노력은 수포로 돌아갔다. 갈단은 타미르를 거쳐 알타이 지방으로 들어갔다가 1697년 4월 돌연 사망하고 말았다. 병사하거나 부하에게 독살되었을 가능성이 높지만, 강희제는 자신의 승리가 천명에 의한 것임을 강조하기 위해 그가 '자살'했다는 결론을 내렸다. 그러나 갈단이 죽은 이후에도 유목국가 준가르는 무너지지 않았고 체왕 랍탄의 통치 아래 발전을 계속했다.

티베트를 둘러싼 각축

1682년
5대 달라이 라마 사망
상게 갸초, 6대 달라이 라마 세움

1697년
갈단 사망

1705년
라짱 칸, 상게 갸초 살해

1708년
겔상 갸초, 7대 달라이 라마 됨

1715년
겔상 갸초, 청에 납치되어 쿰붐 사원에 연금

1717년
준가르군, 라짱 칸 살해하고 라싸를 방화·약탈

1720년
청, 라싸 진주

1723년
롭상 단진, 청해 지역의 다른 몽골 왕공들을 공격

1724년
옹정제, 롭상 단진 공격

1725년
롭상 단진, 청군에 붙잡혀 처형당함

1728년
청, 7대 달라이 라마를 리탕 사원에 연금

1747년
티베트인, 청의 대신 살해

1779년
건륭제, 판첸 라마를 북경으로 초청

1576년 알탄 칸과 달라이 라마의 청해 회견 이후 티베트 문제는 몽골의 정세와 분리하기 어려워졌다. 청과 준가르의 대결에서 갈단의 죽음으로 이어지는 일련의 사태 역시 티베트의 운명에 깊은 영향을 미쳤다. 5대 달라이 라마 롭상 갸초가 갈단의 적극적인 후원자였기 때문이다. 갈단은 그의 제자였을 뿐 아니라 칭기스 일족이 아님에도 불구하고 '칸'의 칭호를 부여받았다. 1682년 롭상 갸초가 사망하자 섭정인 상게 갸초는 이 사실을 외부에 은폐한 채 갈단을 계속 지원했다.

갈단이 죽은 뒤 상황을 알게 된 강희제는 티베트 문제에 적극 개입하기로 마음먹었다. 그는 호쇼트부의 라짱 칸을 라싸에 보내 1705년 섭정을 살해했다. 그리고 6대 달라이 라마 창양 갸초를 호송하여 청에 데려가던 도중에 창양 갸초가 사망하자, 라짱 칸은 25세나 된 승려를 찾아내어 5대의 전생轉生이라고 내세웠다. 항간에는 그가 라짱 칸의 아들이라는 소문까지 퍼졌다. 죽은 6대 창양 갸초가 아무리 술과 여자에 탐닉했다고 해도 티베트인들은 라짱 칸의 처사에 반발할 수밖에 없었고, 1708년 리탕 출신의 겔상 갸초를 7대 달라이 라마로 선포했다. 그러자 청은 1715년 그를 납치하여 서녕에 있는 쿰붐 사원에 연금했다.

준가르의 군주 체왕 랍탄은 이 기회를 이용하여 티베트에서의 영향력을 회복하려 했다. 그는 우선 체렝 돈돕이 지휘하는 6000명의 군대를 파견하여 호탄을 거쳐 서부 티베트의 험준한 산지를 경유, 라싸에 있는 라짱 칸을 급습케 했다. 다른 한편으로는 소규모 부대를 쿰붐 사원으로 보내 청군의 수중에서 7대 달라이 라마를 탈취하여 라싸로 들어가 체렝 돈돕의 군대와 합류하라고 지시했다. 그러나 계획이 틀어져 7대 달라이 라마를 손에 넣는 데 실패했고, 1717년 겨울 라싸에 입성한 준가르군은 라짱 칸을 죽인 뒤 살육과 약탈·방화만을 자행했다. 라싸의 주민들은 달라이 라마를 데려오지도 않고 도시를 파괴하기만 하는 준가르군을 공격하기 시작했고, 청군은 이 기회를 이용하여 7대 달라이 라마를 앞세우고 1720년 9월 라싸에 진주했다. 이로써 티베트는 준가르의 영

포탈라궁의 모습
5대 달라이 라마가 1645년에 건설을 시작하여 10여 년 만에 완성한 궁전으로, 달라이 라마의 성속 일체의 권위를 상징하는 건물이기도 하다.

향권에서 벗어나 청 제국의 울타리 안으로 들어오게 되었다.

한편 호쇼트부에 속하는 구시 칸의 손자 롭상 단진이 1723년 청해 지역의 다른 몽골 왕공들을 공격하자 이들이 도주하여 청에 구원을 요청했다. 그러자 옹정제는 청해 지역을 장악하기 위해 1724년 군대를 파견하여 쿰붐 사원 부근에서 롭상 단진을 공격했고 1725년에는 그를 붙잡아 처형했다. 이로써 청은 내외 몽골에 이어 청해 지역의 몽골까지 장악했다. 그러나 라싸를 중심으로 하는 티베트 본토에 대한 청의 영향력은 여전히 제한적이어서 준가르의 지원을 받는 티베트 귀족세력이 계속 반발했다. 이에 청은 1728년 군대를 파견하여 반대세력을 누르고 겔상 갸초를 캄 지방의 리탕 사원에 연금시켰다. 라싸에는 대신(amban)을 파견하여 티베트의 주요 사무를 처리하도록 했다.

1747년 청이 파견한 대신들이 티베트인에게 살해당하자 건륭제는 지배를 좀 더 확고히 하기 위한 조치들을 취했다. 달라이 라마를 선출할 때 마지막 후보자 2인의 이름을 금항아리에 넣고 황제가 직접 뽑는 '금병제첨金瓶掣簽' 제도를 실시했으며, 판첸 라마의 권위를 강화시켰다. 판첸 라마는 티베트 불교교단에서 달라이 라마 다음가는 고위 승려로, 16세기부터 존재가 확인된다. 아미타불의 전생으로 여겨지며 시가체에 있는 타실훈포 사원이 근거지인데, 청조는 달라이 라마를 견제하기 위해 판첸 라마를 정치적으로 이용하였다. 1779년 건륭제는 자신의 70회 생일에 맞추어 판첸 라마를 열하의 피서산장으로 초청하여 연회를 베풀었는데, 당시 그를 만난 박지원은 『열하일기』에 자세한 기록을 남긴 바 있다.

달라이 라마 계보도

① 겐둔 드룹파
② 겐둔 갸초
③ 소남 갸초 (실제 초대 달라이 라마)
④ 욘텐 갸초
⑤ 롭상 갸초
⑥ 창양 갸초
⑦ 겔상 갸초
⑧ 잠펠 갸초
⑨ 룽톡 갸초
⑩ 출팀 갸초
⑪ 켄둡 갸초
⑫ 틴레이 갸초
⑬ 툽텐 갸초
⑭ 텐진 갸초 (현임)

최후의 유목국가 준가르

1697년
갈단 사망
그의 조카 체왕 랍탄 즉위

1698~99년
체왕 랍탄, 이르티쉬 강 하반까지 진출

1716년
체왕 랍탄, 야미시 호수 부근의 러시아 성채를 공격
스웨덴 출신 레나트 생포

1722~24년
러시아, 운코프스키를 파견했으나 체왕 랍탄 회유 실패

1727년
체왕 랍탄 사망
아들 갈단 체링 즉위

갈단이 할하를 침공하며 청과 정면대결로 나아갈 때 준가르의 본거지 일리에서는 체왕 랍탄이 그에게 반기를 들었고, 이는 갈단의 몰락을 재촉하는 요인이 되었다. 청도 갈단과 대립하면서 체왕 랍탄에게 사신을 보내 연맹을 맺으려 했다. 체왕 랍탄은 이를 이용하여 청조로 보내는 사신단의 숫자를 200명에서 300명으로 늘려 교역의 확대를 꾀했다. 갈단이 패사한 뒤 지위를 확고히 한 체왕 랍탄은 청 제국과 비교적 평화적인 관계를 유지했으나, 티베트를 둘러싸고는 첨예한 대립을 보였고 군사적인 충돌까지 벌어졌다.

달라이 라마에게 '칸'의 칭호를 받은 갈단은 예외였지만, 체왕 랍탄과 그의 후계자들은 모두 '칸'이라는 칭호를 취하지 않았고 공식 명칭은 '홍타이지'였다. 이는 원래 '황태자'라는 한자를 옮긴 것이지만 당시 몽골 초원에서는 칸 다음의 2인자를 가리키던 명칭이었다. 러시아인들도 준가르 군주를 '콘타이샤kontaisha'라고 불렀다. 따라서 칭기스 칸의 일족이 아니므로 군주들이 대부분 '칸'을 칭하지 않았던 준가르를 '준가르 칸국'이라 일컫는 것은 적절치 않다.

체왕 랍탄의 시대에 중앙유라시아 유목민들의 활동 공간은 이미 심각한 제약을 받기 시작했다. 동쪽에서는 청 제국이 청해를 장악하고 투르판까지 들어와 있었고, 서북쪽에서는 러시아가 시베리아를 모두 석권하고 압박을 가했다. 체왕 랍탄은 활로를 모색하기 위해 1698~99년 서방으로 눈을 돌려 이르티쉬 강 하반까지 진출, 카자흐 세력을 압박했다. 또한 시베리아 토착민들로부터 '야삭'이라는 공납을 누가 걷느냐 하는 문제를 두고 러시아와 여러 차례 무력 충돌을 벌였다. 러시아가 야미시 호 부근에 성채를 건설하자 체왕 랍탄은 1716년 1만 명의 군대를 보내 성채를 파괴했다. 러시아는 1722~24년 포병장교 운코프스키를 준가르에 파견하여 차르의 정치적 종주권을 인정할 것을 요구했으나 거절당했다.

체왕 랍탄은 유목경제의 한계를 극복하기 위해 노력했다. 그는 카쉬가리아의 무슬림들을 일리 강 유역으로 이주시켜 농사를 짓게 했는데, 이들은 '경작자'라는 뜻으로 타란치taranchi라 불렸다. 또한 러시아를 비롯한 유럽 출신 포로들이 갖고 있는 각종 기술도 적극 활용했다. 러시아 군대에 있던 스웨덴 출신의 레나트를 1716년 야미시 전투에서 포로로 잡아와 화약과 대포를 제조하도록 했다. 체왕 랍탄이 교역을 확대하기 위해 볼가 강 유역의 토르구트부와 긴밀한 관계를 맺으려 하자, 강희제는 이를 견제하기 위해 툴리션을 토르

레나트 지도
폴타바 전투에서 러시아군의 포로가 되어 시베리아로 끌려온 스웨덴의 포병 장교 레나트는 1716년 다시 준가르군에게 사로잡혀 17년간 포로 생활을 했다. 아래 지도는 1733년 스웨덴으로 귀환할 때 준가르의 군주 갈단 체링에게 받은 것으로 현재 스웨덴 웁살라 대학 도서관에 소장되어 있다.

구트부의 아유키 칸에게 사신으로 파견하기도 했다.

1727년 체왕 랍탄이 사망하자 그의 아들 갈단 체링이 뒤를 이었다. 그의 치세(1727~45년)에는 청조와 평화적인 관계를 유지하면서 조공과 교역을 안정적으로 행했다. 조공은 4년에 1회 북경을 방문하도록 허용되었고, 숙주에도 4년에 한 차례씩 변시가 열렸다. 준가르는 주로 가축 생산물을 가져와서 직물, 차, 대황, 은 등을 가져갔다. 물론 이러한 교역을 주도한 것은 준가르 유목민이 아니라 '부하라 상인'이라 불린 중앙아시아 출신의 원거리 상인들이었다. 국제교역에서의 역할이라는 면에서 과거 소그드인들의 후예라고 할 수 있는 그들이 러시아, 카자흐스탄, 중앙아시아, 인도, 몽골 초원, 중국 등을 무대로 활동한 사실은 16세기 대항해시대 이후 육상 실크로드가 쇠퇴했다는 주장을 재고하게 한다. 준가르는 중국뿐 아니라 티베트와도 활발하게 교역했으며, 특히 서녕을 거쳐 라싸에 오차熬茶를 바치러 가는 것은 몽골과 티베트 사이에 이루어진 일종의 순례 교역이었다.

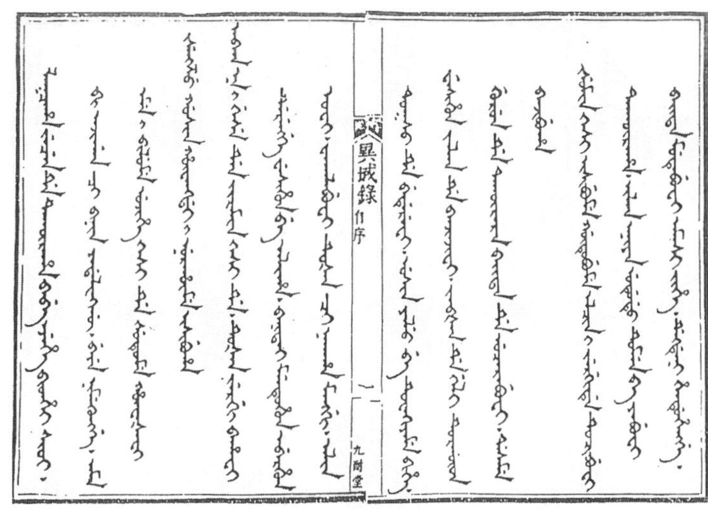

툴리센의 『이역록』
툴리센은 1712~15년 강희제의 사신으로 볼가 강 유역에 있던 토르구트부의 아유키 칸을 만나고 왔다. 귀환한 뒤 1723년에 출판한 여행 기록이 『이역록』이다.

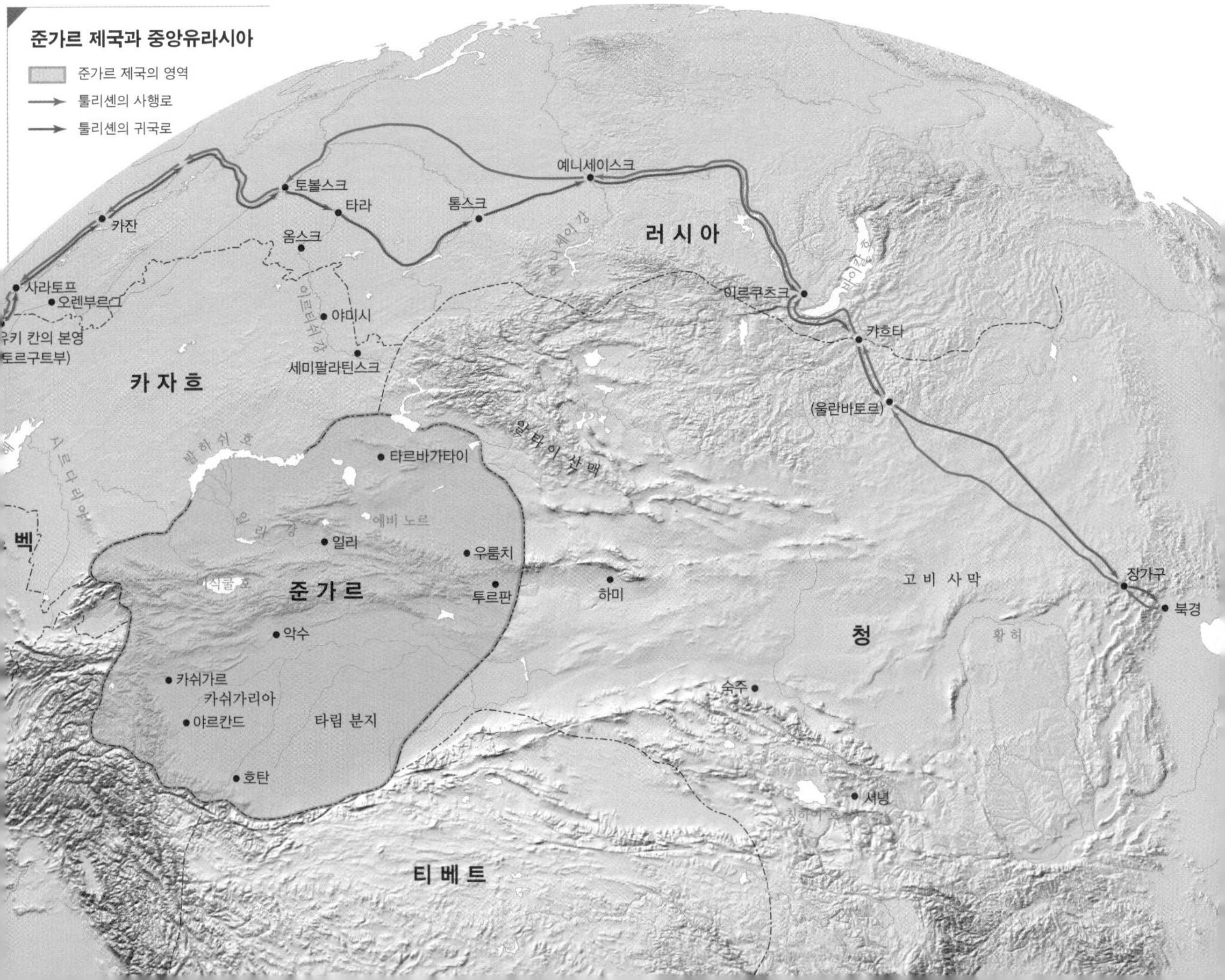

준가르 제국과 중앙유라시아

준가르 제국의 영역
툴리센의 사행로
툴리센의 귀국로

카자흐의 복속

1715~16년
부흐홀츠의 러시아군, 야미시에서 준가르의 공격을 받음
레나트, 포로가 됨

1717년
표트르 대제, 히바 원정 단행

1719년
리하레프, 준가르 방문

1722~24년
운코프스키 일행, 준가르 방문

1731년
카자흐의 키시 주즈와 오르타 주즈, 러시아에 복속을 청함

1734~37년
카자흐의 울루 주즈, 러시아에 복속을 청함

1770년대
푸가초프의 반란

1812년
러시아, 키시 주즈 분할
부케이 주즈 독립시킴

1820년대
오르타 주즈와 키시 주즈의 칸 폐지

1836~46년
카시모프의 반란
히바 칸국은 이를 적극 지원

1840년대
부케이 주즈의 칸 폐지

러시아의 투르키스탄 진출은 1850년대에 본격적으로 시작되어 1870년대에 사실상 완료되었는데, 그 신속함은 실로 놀랄 만하다. 그러나 이러한 성공의 이면에는 과거 3세기에 걸친 좌절과 실패의 경험이 있었다는 사실도 기억할 필요가 있다. 러시아와 중앙아시아 사이의 공식적인 접촉은 1550년대 말 영국 상인 젠킨스가 이반 4세의 친서를 갖고 히바와 부하라를 방문하면서 시작되었다. 그 후 16세기 말까지 공식적인 사신 교환은 물론 교역량도 현저히 늘었다. 17세기에 들어서도 양측의 정치·경제적 접촉은 계속되었는데, 중앙아시아의 칸국들은 무엇보다도 교역에 관심을 가진 반면, 러시아는 슬라브인 노예무역 현황과 인도로 가는 경로 탐사에 일차적 관심을 보였다.

18세기 초 러시아는 남진에 대해 좀 더 적극적인 태도를 취하는데, 그 이면에는 중앙아시아에서 막대한 양의 황금이 나온다는 소문도 한몫했다. 당시 스웨덴과의 전쟁에서 막대한 자금이 필요했던 표트르 대제는 황금을 찾기 위해 탐사대를 파견했다. 탐사가 성공하려면 준가르가 길을 열어주어야 했는데, 준가르는 그 대가로 청 제국에 대항할 군사적 지원을 원했다. 표트르는 부흐홀츠, 리하레프, 운코프스키 등을 잇따라 파견했으나 소기의 목적은 달성하지 못했다. 또한 1717년에는 히바 원정을 단행했다. 그러나 3500명으로 구성된 원정군은 사막을 경유하는 데 필요한 물자의 수송 문제와 현지민들의 격렬한 저항으로 거의 몰살을 당함으로써 처절한 실패를 맛보았다.

그러나 곧이어 러시아의 남진에 새로운 전기를 마련해준 사건이 발생했다. 1716~19년 카자흐의 일부가 러시아에 내속과 보호를 요청했는데, 1731년에는 키시 주즈Kishi Juz(小部)와 오르타 주즈Orta Juz(中部)가, 1734~37년에는 울루 주즈Ulugh Juz(大部)가 차르의 신하가 되겠다고 청해온 것이다. 동쪽에 인접한 준가르의 위협, 지배층의 내분, 1720년대에 일어난 '대기근' 등이 그 배경이었다. 과거 러시아 학자들은 이를 카자흐족의 '자발적 편입'이라면서 러시아가 카자흐스탄을 무력으로 지배하게 된 것이 아니라고 주장하기도 했다. 그러나 1770년대에 푸가초프의 반란이 일어났을 때 카자흐의 수령 바트르 스름이 동조한 사건은 카자흐의 복속이 얼마나 허울뿐인 것이었는지를 잘 보여주

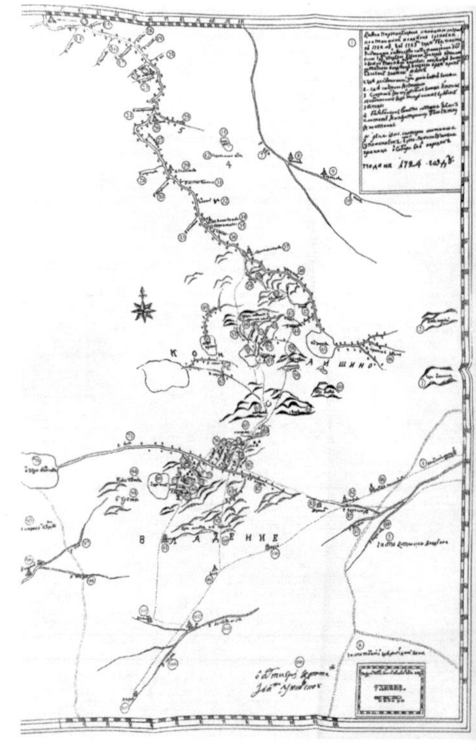

운코프스키 일행이 작성한 준가르 지도
러시아의 포병장교 이반 운코프스키는 1722~24년 준가르의 체왕 랍탄이 있는 곳을 방문하고 돌아와 보고서를 남겼다. 그의 일행은 준가르에 체류하는 동안 현지인들을 탐문하여 지도를 작성했는데, 자신들이 방문한 지역에 대한 상세한 정보를 수록하였다.

었다.

반란을 진압한 뒤 러시아 정부는 카자흐에 좀 더 직접적인 통제정책을 취했다. 카자흐의 칸들을 견제하기 위해 오렌부르그로 강제 이주시키고 연금을 지급했다. 키시 주즈에서 분란이 일어나자 이를 빌미로 1812년에는 키시 주즈를 분할하여 부케이 주즈Bükei Juz(內部)를 독립시켰다. 1820년대에 이르러 오르타 주즈와 키시 주즈의 칸을 폐지하고 1840년대에는 효용성이 다한 부케이 주즈의 칸도 없애버렸다. 이제까지 외무성에서 다루던 카자흐 문제를 재무성이나 관련 군구로 이관시켜 러시아의 다른 영역들과 동일하게 취급하기 시작했다.

그러나 19세기 전반에 맺어진 이러한 협약에 대해 다수의 카자흐인들은 명목적인 것에 불과하다고 생각했기 때문에 빈번히 '반란'을 일으켰다. 또한 러시아의 팽창에 반발하는 중앙아시아의 칸국들도 러시아 대상단을 약탈하고 카자흐인들을 후방에서 지원하기 시작했다. 대표적인 예가 1836~46년에 일어난 카시모프의 반란과 이에 대한 히바 칸국의 적극적인 지원이다. 러시아는 히바를 응징하기 위해 1839~40년 원정군을 보냈으나 이번에도 목적지에 도달하기도 전에 무참히 괴멸되었다. 그러나 카자흐에 대한 지배권을 확고히 한 러시아는 중앙아시아를 장악하기 위해 더욱 적극적인 남진 정책을 추진하기 시작했다.

표트르 대제
러시아의 황제 표트르 대제는 제국의 중심을 서쪽으로 옮겨 발틱 해 연안에 상트 페테르부르크를 건설하고 수도로 삼았다. 그러나 중앙아시아로의 진출 시도는 히바 원정의 실패가 보여주듯이 파국적인 결과를 맞이했다.

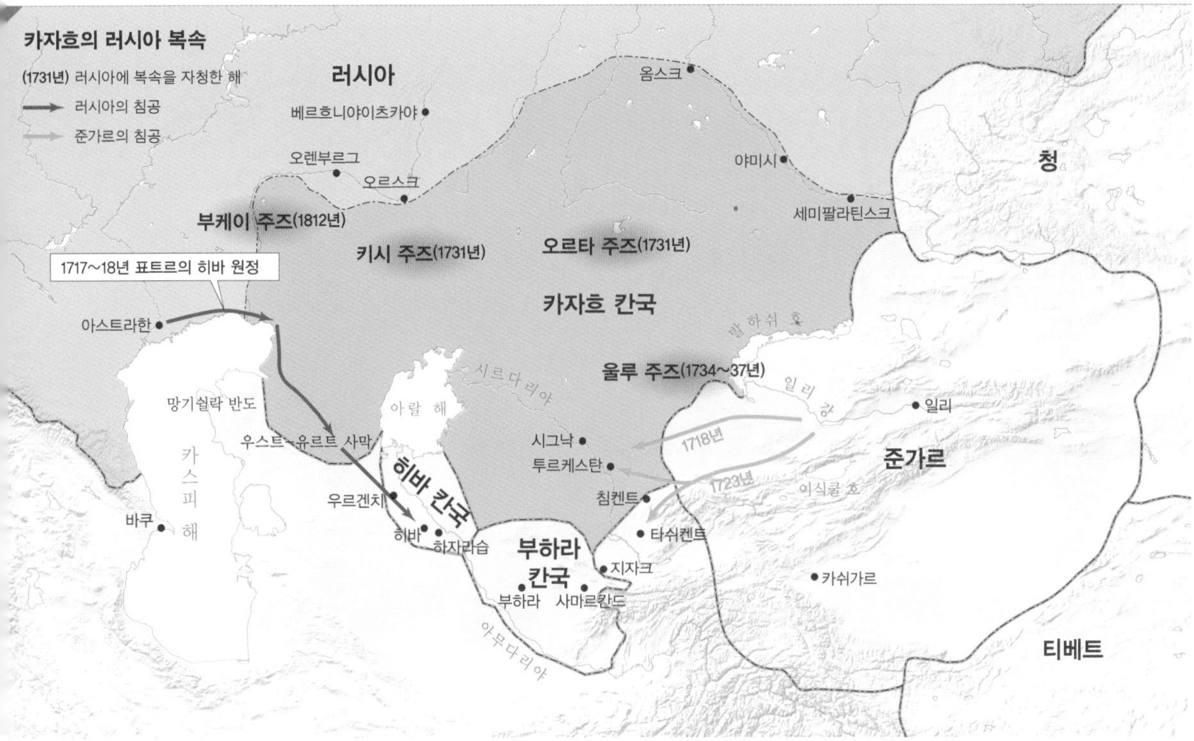

카자흐의 러시아 복속

(1731년) 러시아에 복속을 자청한 해
러시아의 침공
준가르의 침공

러시아
베르흐니야이츠카야
오렌부르그
오르스크
옴스크
야미시
세미팔라틴스크
청
부케이 주즈(1812년)
키시 주즈(1731년)
오르타 주즈(1731년)
1717~18년 표트르의 히바 원정
카자흐 칸국
아스트라한
발하쉬 호
울루 주즈(1734~37년)
일리 강
일리
시르다리야
아랄 해
망기쉴락 반도
우스트-유르트 사막
카스피 해
시그낙
투르케스탄
1718년
1723년
준가르
이식쿨 호
히바 칸국
우르겐치
침켄트
바쿠
히바
하자라습
부하라 칸국
타쉬켄트
지자크
카쉬가르
부하라
사마르칸드
아무다리야
티베트

준가르의 멸망

1746년
준가르, 체왕 도르지 남잘 즉위

1750년
라마 다르자 즉위

1753년
다와치 즉위

1754년
준가르 수령 아무르사나, 건륭제에게 복속하며 지원을 요청

1755년
청, 아무르사나를 앞세워 준가르 공격하여 다와치를 패배시킴

1756~58년
칭군자브의 반란

1757년
청의 장군 조혜의 원정
준가르 멸망

1771~72년
건륭제, 토르구트부('칼묵크')를 일리 계곡으로 이주시킴

〈평정일리수항도〉
1755년 아무르사나를 앞세운 청군이 준가르의 심장부 일리 지방을 정복한 뒤 다와치의 항복을 받아내는 장면. 이탈리아 출신의 제수이트 선교사 카스틸리오네가 그린 『평정준부회부득승도平定準部回部得勝圖』의 일부이다.

1754년 가을 준가르의 수령 아무르사나가 병사 2000명, 유목민 2만 명을 데리고 갑자기 중국 변경으로 내려와 건륭제에게 복속을 청했다. 이 사건으로 건륭제는 준가르의 내정에 개입할 구실을 얻었고, 결국 이것이 단초가 되어 1757년 유라시아 역사상 최후의 유목국가 준가르는 사라지고 말았다.

아무르사나는 원래 호쇼트부 라짱 칸의 손자인 단충의 아들이었다. 단충은 체왕 랍탄의 딸과 결혼했으나 곧 피살되었고, 그의 부인은 아무르사나를 임신한 상태로 호이트부의 수령과 재혼했다. 그리하여 아무르사나는 후일 호이트부의 수령이 되었다. 1746년 준가르의 군주였던 갈단 체링이 사망하자 그 자식들 사이에 벌어진 치열한 계승 분쟁은 곧 내전으로 발전했다. 아무르사나 역시 이에 개입하여 다와치라는 인물과 패권 경쟁을 벌였으나 상황이 불리해지자 결국 청으로 도주했다.

건륭제는 1755년 아무르사나를 앞세워 청군을 진격시켰고, 청군은 일리로 진입하여 다와치를 제거했다. 건륭제는 4명의 수령을 선발하여 모두 '칸'이라는 지위를 부여했다. 자기 혼자 칸이 될 것으로 생각했던 아무르사나는 이에 불만을 품고, 마침 그때 할하에서 반란을 일으킨 칭군자브에 동조하여 청에 반기를 들었다. 이에 건륭제는 1757년 장군 조혜에게 원정을 명하여 아무르사나를 격파하고 준가르를 복속시켜버렸다.

청군은 준가르 유목민에 대해 대규모 학살을 자행하기 시작했다. 위원魏源은 『성무기聖武記』에서 준가르인의 4할은 천연두로 사망하고 3할은 청군에 살해되었으며 2할은 카자흐로 도망하여, 1할만이 고향에 남았다고 적었다. 건륭제는 아예 '준가르準噶爾'라는 말의 사용을 금하고 얼러트額魯特(Ölöt) 혹은 오이라트厄魯特(Oyirat)라는 말로 대체하도록 했다. 그리고 인

구 공백이 생긴 톈산 북방에는 과거 볼가 강 지역으로 이주해간 토르구트 부민들을 불러들이기로 했다. 러시아에서 '칼묵크Kalmuk'라고 불린 이들은 1771~72년 17만 명이 엑소더스를 시작했지만 일리 계곡에 도착했을 때는 겨우 반 정도만이 생존했다고 한다. 건륭제는 이들이 자신의 덕을 흠모하여 돌아온 것이라고 선전하며 일리와 열하에 토르구트의 '귀순'을 기념하는 비석을 세웠다.

청조는 준가르의 붕괴와 함께 그에 복속해 있던 카쉬가리아도 당연히 제국의 일부가 되리라고 예상했지만, '호자'라 불리던 수피 장로들의 지휘하에 토착 무슬림들은 의외로 강력하게 저항했다. 호자들은 준가르 지배기에 대리 통치인으로서 주민들에게서 공납을 거두어 바쳤는데, 청이 신강을 정복할 무렵에는 흑산당에 속하는 호자들이 정권을 잡고 있었고 이들과 대립하던 백산당계 호자들은 일리에 구금되어 있었다. 청군이 일리를 점령한 뒤 구금에서 풀려난 백산당 지도자인 호자 형제, 즉 '대소大小 호자'라고 불린 호자 부르한 앗 딘과 호자 야흐야(일명 호자이 자한)는 청과 연합하여 숙적 흑산당을 타도하고 카쉬가리아 지배권을 장악하는 데 성공했다. 그러자 백산당 호자들은 이제 청조가 파견한 장군을 살해하고 독자적인 왕국 건설을 도모했다. 이에 건륭제는 1758~60년 원정군을 다시 보내 본격적인 정복전에 착수했다. 호자 형제는 바닥샨 산지로 도주했으나 그곳에서 유목하던 키르기즈인들에게 피살되어 그 수급이 청군에게 인도되었고, 호자 부르한 앗 딘의 어린 아들 사림삭은 코칸드로 피신했다. 이렇게 해서 최후의 유목국가 준가르는 역사의 무대에서 사라졌고, 청 제국은 톈산 북방과 남방을 모두 장악하여 중앙유라시아 정복을 완료했다.

다와치의 초상
준가르 제국 말기에 칸위를 두고 벌어진 내전의 결과 다와치가 권력을 장악했지만, 곧 아무르사나와 청 연합군의 공격에 무너져 투항하였다. 북경으로 이송된 그는 호쇼이 친왕에 책봉되었다. 사진은 만주 관복을 입고 있는 다와치의 모습.

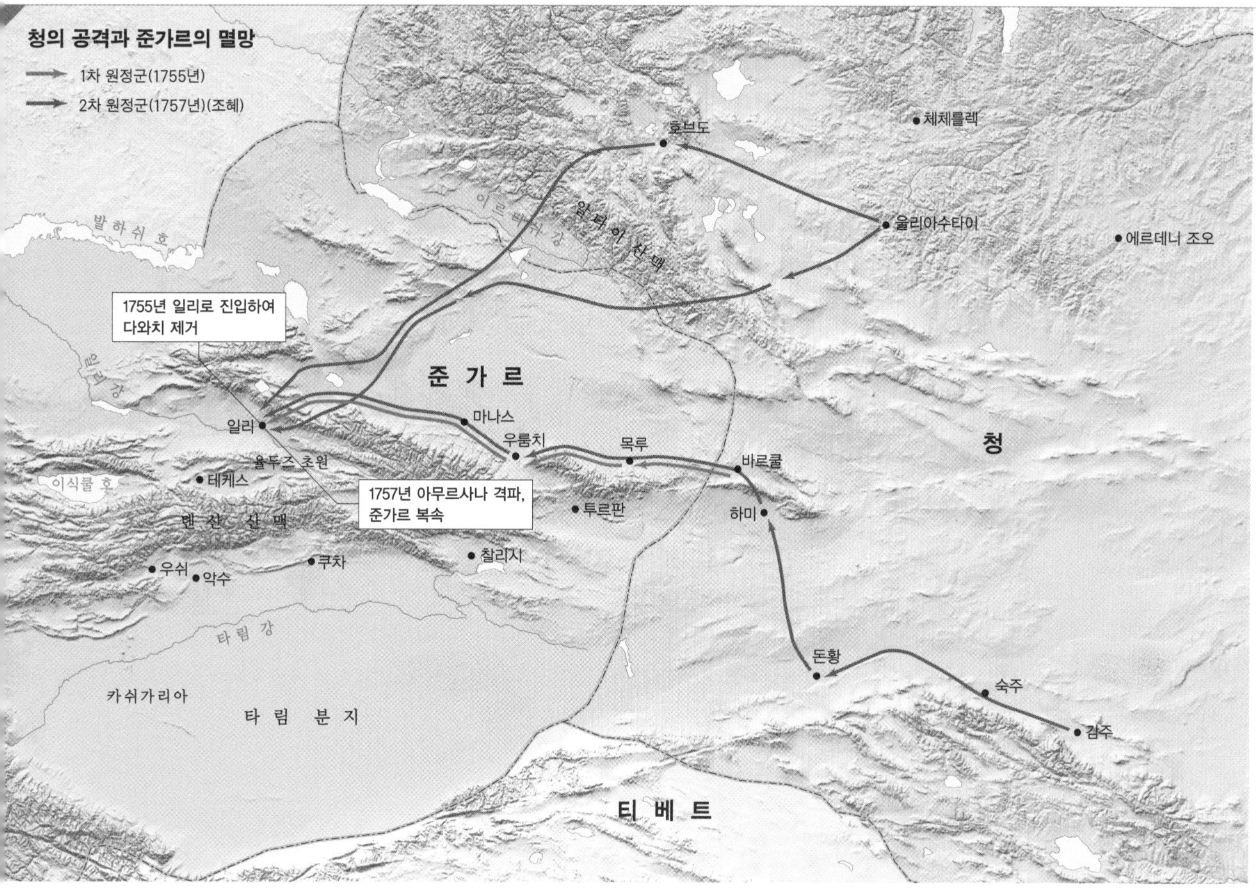

청의 공격과 준가르의 멸망

1차 원정군(1755년)
2차 원정군(1757년)(조혜)

1755년 일리로 진입하여 다와치 제거
1757년 아무르사나 격파, 준가르 복속

호브도
체체를렉
울리아수타이
에르데니 조오
발하쉬 호
이르티시 강
알타이 산맥
일리 강
준 가 르
일리
마나스
우룸치
목루
바르쿨
하미
청
율두즈 초원
테케스
이식쿨 호
톈 산 산 맥
투르판
찰리지
우쉬
악수
쿠차
타림 강
카쉬가리아
타 림 분 지
돈황
숙주
감주
티 베 트

몽골 유목사회의 변질

1576년
알탄 칸과 소남 갸초의 청해 회견

1586년
에르데니 주 사원 건축

1628~29년
대장경 칸주르 간행

1639년
자나바자르, 1대 젭춘담바 후툭투로 추대됨

1690~96년
강희제의 준가르 원정

1696년
강희제, 2차 준가르 원정

1736년
2대 젭춘담바 후툭투 즉위

1756~58년
칭군자브의 반란

1796년
2대 젭춘담바 후툭투 사망

18~19세기
몽골 사회의 정주화 경향 강화

18~19세기 몽골 사회에 나타난 가장 큰 변화는 유목적 특징이 약화되는 대신 정주적 경향이 점차 강해졌다는 것이다. 이러한 변화의 요인은 여러 가지가 있겠지만 무엇보다도 청조의 팔기제 시행에 의한 유목적 정치체제의 변화, 티베트 불교의 확산에 따른 정치·사회적 변화, 한인 상인들의 진출과 활동으로 인한 상업경제와 도시의 발달 등을 들 수 있다. 이 가운데 팔기제와 관련된 문제는 앞에서 다루었으니 여기서는 나머지 두 가지 요소를 살펴보기로 하자.

티베트 불교, 특히 겔룩파 황교黃敎는 16세기 중반 이래 몽골인들 사이에 빠른 속도로 확산되었다. 이러한 추세에 힘입어 할하의 불교 교단을 총괄하는 새로운 구심점이 만들어졌으니, 바로 몽골의 달라이 라마라고 할 수 있는 젭춘담바 후툭투였다. 젭춘담바는 1639년 투시예투의 칸이었던 곰보도르지의 아들 자나바자르가 1대 젭춘담바로 추대된 이래 몽골인들에게 성속 양면에서 막대한 영향력을 행사했다. 2대 젭춘담바 역시 투시예투 칸 가문에서 배출되었고, 이렇게 해서 몽골의 귀족 가문과 불교 교단 사이에 공고한 연대가 형성되었다. 이를 우려한 건륭제는 2대 젭춘담바가 사망한 뒤 새로운 전생轉生을 몽골 초원이 아니라 티베트 출신으로 선발하도록 했다. 뿐만 아니라 청조는 티베트에서 달라이 라마를 견제하기 위해 판첸 라마를 후원했던 것처럼, 몽골에서도 창캬 후툭투라는 활불을 내세워 내몽골 교단을 관할케 하되 그를 북경에 거주토록 했다.

몽골 초원으로 이주한 한인 경작자의 모습

몽골인들 사이에 불교가 광범위하게 확산되면서 사원의 형태도 종래 이동식 천막에서 정주식 대형 건물로 바뀌기 시작했다. 1586년 아바타이 칸이 세운 에르데니 조오 사원이 그 좋은 예이며, 17~18세기가 되면 내외 몽골 각지에 많은 사원들이 건설되었다. 승려의 숫자도 급격하게 증가했다. 20세기 초의 통계이기는 하지만 내몽골에 1000개 이상, 외몽골에 750여 개의 사원이 있었고, 승려의 수도 내몽골은 남자 인구의 30~65퍼센트, 외몽골은 45퍼센트에 달했던 사실이 확인되는데, 이러한 추세는 17세기부터 이미 시작되었다. 물론 승려로 등록된 사람들이 모두 사원에 거주하는 것은 아니고 전체 승려의 3분의 2 정도는 자기 천막에 머물며 생활했다. 이와 같은 불교의 확산이 18세기 이후 몽골 유목민의 군사력을 저하시킨 중요한 요인 가운데 하나였던 것은 사실이지만, 살생을 금하는 교리의 영향을 받아 '호전성'을 상실했기 때문은 아니었다. 그보다는 불교의 확산이 낳은 사회적 변화, 즉 사원과 승려 수의 급증이 초원 내부에 정주적 요소를 확대시켰기 때문이라고 보는 편이 타당하다.

특히 이러한 사원들을 근거지로 활동하기 시작한 한인 상인들과 그 자본은 몽골 유목사회의 전통적 구조를 와해시키는 촉매제가 되었다. 한인 상인들은 17세기 후반 강희제의 준가르 원정 때 처음 몽골 초원에 진출했는데, 18세기에 들어서면 특히 산서山西 상인들이 대자본을 이용하여 활발히 진출하기 시작했다. 이들의 상업 활동은 단순한 물건의 매매를 넘어서 고리대금업으로 발전했다. 특히 호슌(旗)의 귀족들에게 물자 구입에 필요한 현금을 대여해주었고, 그 결과 호슌과 상인들은 후원 관계를 맺게 되었다. 한인 상인자본의 침투는 유목민의 빈곤화를 초래했다. 어느 호슌의 부채는 그곳의 수령이 진 것이라고 해도 그 변제는 호슌 전체가 공동으로 책임을 졌기 때문이다. 이로 인해 몽골 사회가 진 부채 총액이 급증했고 몽골 유목민은 한인 상인들에 경제적으로 완전히 종속되어버렸다. 1756~58년 칭군자브의 반란도 극심한 부채가 한 원인이 되었다. 전통적인 유목사회의 경제 구조가 붕괴되고 사회적 불만이 증대되었으며, 19세기 후반이 되면 한인 상점에 대한 습격·방화 사건이 빈발해졌다.

한인 농민의 정착(1907년경)

몽골 동북부의 조그만 지역에 얼마나 많은 한인 농경·상업의 근거지들이 만들어졌는지를 잘 보여준다.

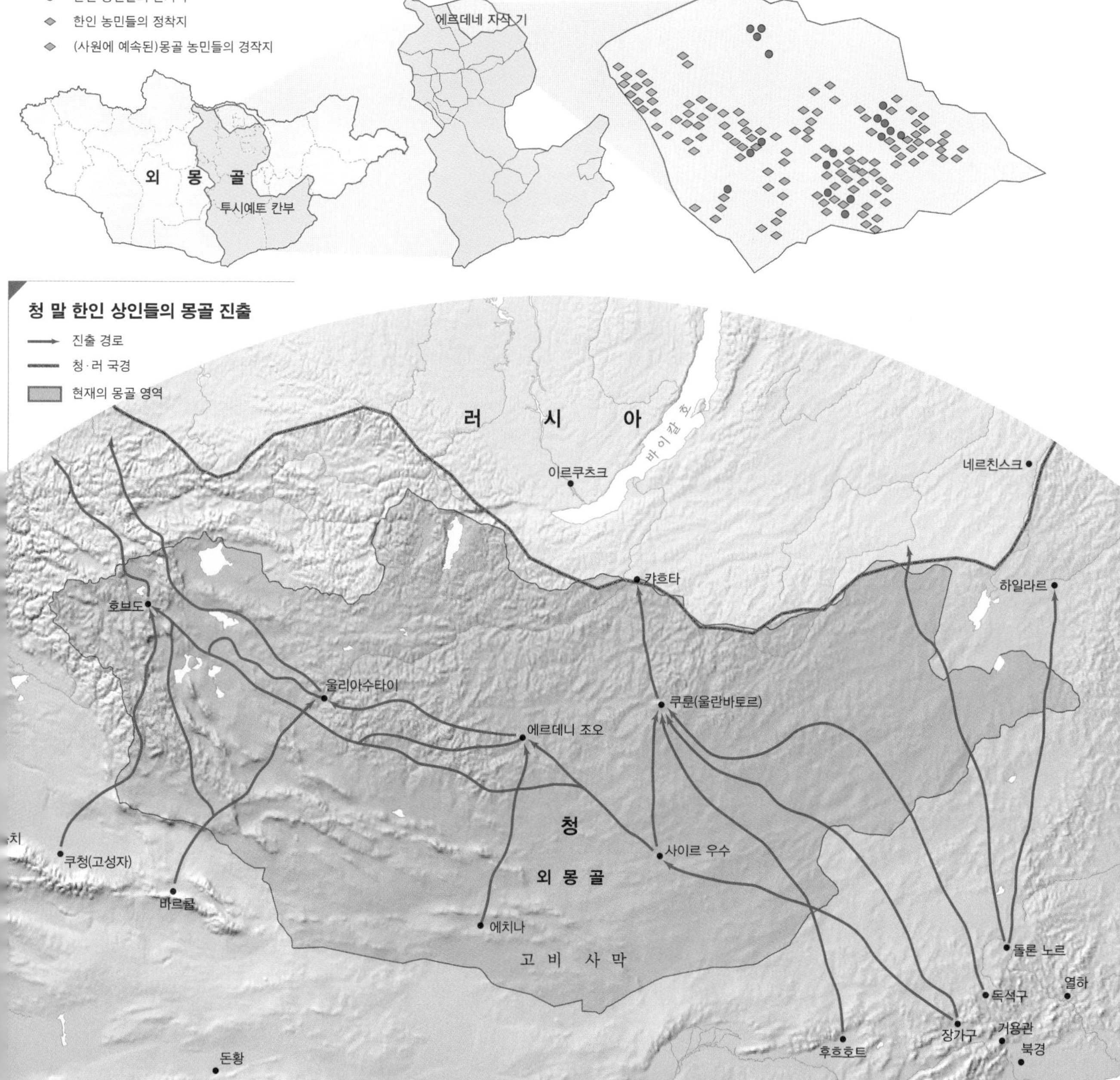

청 말 한인 상인들의 몽골 진출

청 제국의 신강 지배

1697년
체왕 랍탄 즉위

1698~99년
체왕 랍탄, 이르티쉬 하반까지 진출

1727년
체왕 랍탄 사망
아들 갈단 체링 즉위

1754년
준가르 수령 아무르사나, 건륭제에게 복속하며 지원을 요청

1755년
청, 준가르 공격하여 다와치를 패배시킴

1757년
청, 준가르 복속

1758~60년
호자 형제, 도주 및 피살
청, 신강 장악

청 제국은 준가르를 무너뜨리고 톈산 남북의 초원과 사막 지대를 정복한 뒤 그곳을 신강新疆이라 불렀는데 이는 '새로운 강역'을 뜻한다. 신강은 내지와는 달리 성省으로 편성되지 않았고, 몽골·티베트·만주 등지와 함께 일종의 특별 군사구역으로 설정되었다. 즉 청은 신강과 같이 제국의 중심에서 멀리 떨어진 지역에서 지배권을 유지하기 위해 군대를 주둔시키고 민관이 아니라 군관을 배치했으며, 이들 외지인과 현지 토착민 사이에 행정적·공간적 거리를 두는 분리 통치의 원칙을 적용했다.

이를 위해 청은 신강을 세 개의 군사구역으로 나누었다. 일리와 타르바가타이(塔城)를 중심으로 하는 준가리아, 즉 천산북로와 위구리스탄을 중심으로 이루어진 천산동로, 카쉬가리아의 도시들을 포함하는 천산남로가 그것이다. 과거 준가르의 본거지는 천산북로와 천산동로에 귀속되었고, 천산동로 가운데에서도 하미와 투르판 지역은 그 수령들이 일찍부터 청조에 협력했기 때문에 군왕郡王의 독자적인 구역으로 설정했다. 위구르 무슬림들이 거주하는 남로의 오아시스들은 남로팔성南路八城이라 불렸는데, 카라샤르, 악수, 쿠차, 우쉬 등의 동사성東四城과 카쉬가르, 양기히사르, 야르칸드, 호탄 등의 서사성西四城이 있었다. 현지인들은 카쉬가리아의 도시들을 총칭하여 '알티샤흐르 altishahr(六城)'라 불렀다.

신강 지배의 총책임자는 일리 장군伊犁將軍이었으며 동로의 중심에는 우룸치 도통烏魯木齊都統을 두었다. 남로의 중심인 카쉬가르에는

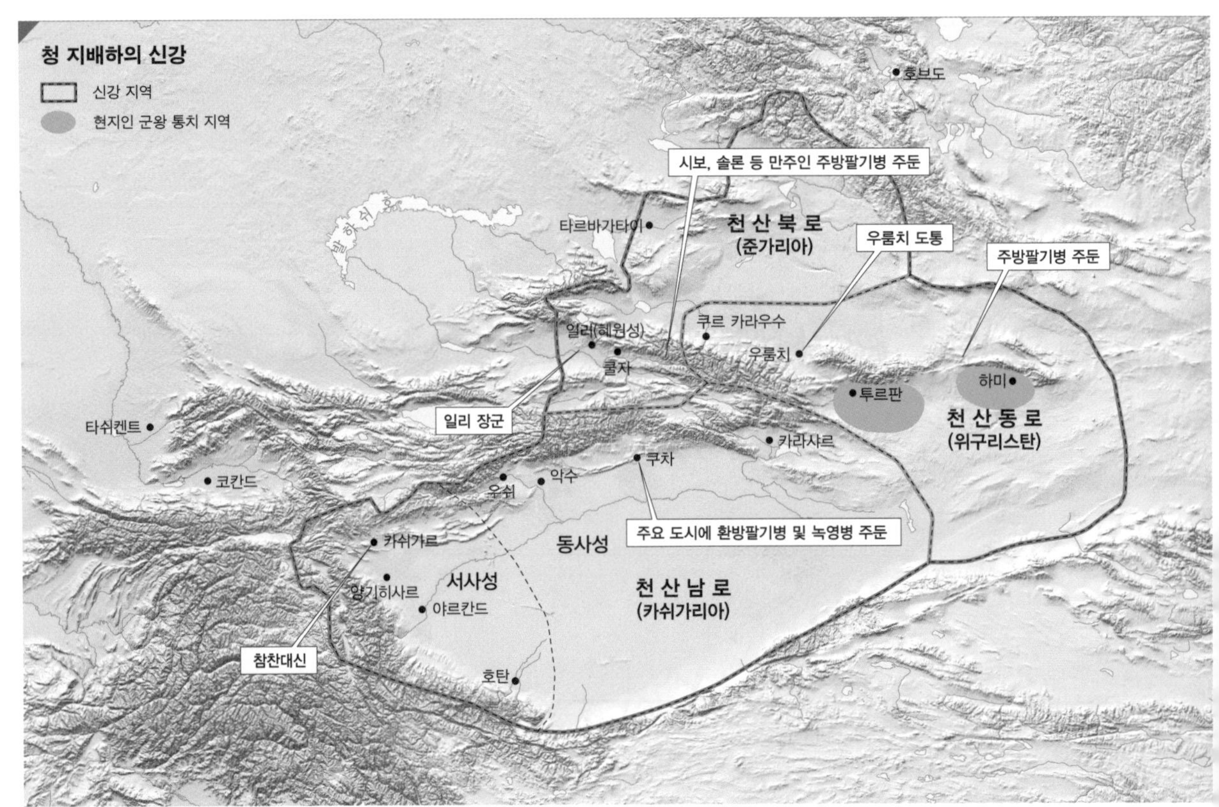

참찬대신參贊大臣을 두었으며, 다른 도시들에는 군관인 영대대신領隊大臣이 휘하에 팔기병을 거느리고 주둔했다. 대체로 천산북로와 천산동로에는 가족을 동반하고 장기 주둔하는 주방팔기병駐防八旗兵이, 천산남로에는 3년에 한 번씩 교체되어 순환 근무하는 환방팔기병換防八旗兵이 주둔했다. 병사의 숫자는 확실히 알기 어렵고 시기마다 조금씩 변동이 있다. 예를 들어 가경 연간(1796~1820년)에 주방팔기병의 총수는 2만 수천 명, 환방팔기병의 총수는 5000~6000명으로, 총 3만 명 내외에 이르렀던 것으로 추정된다. 이들은 무슬림들이 거주하는 회성回城 옆에 별도로 세워진 성채에 거주했으며 만성滿城 혹은 한성漢城이라 불렸다. 현지인들은 이를 각각 쿠흐나 샤흐르kuhna shahr(舊城)와 양기 샤흐르yängi shahr(新城)라 칭했다.

청조는 현지인들을 통치하기 위해 벡beg(伯克)이라는 토착 지배층을 활용했다. 벡은 과거에는 유목집단의 수령을 지칭하는 칭호였으나 17세기 들어 그들이 정착하면서 정주 지배층에 대한 명칭으로 바뀌었다. 청이 정복한 이후 과거 여러 직능을 수행하던 관리들의 명칭 뒤에 일률적으로 '벡'이라는 칭호를 덧붙여 벡 관제를 시행하게 된 것이다. 예를 들어 도시나 촌락의 민정을 총괄하던 하킴hakim은 하킴 벡, 수리를 담당하던 미랍mirab은 미랍 벡이라 불렸다. 청은 여기에 품계제品階制를 결합시켜 모든 벡 관인을 3품에서 7품까지로 분류하여 봉록을 정하고, 그에 상응하는 경작지와 예속 농민(yänchi)을 주었다. 또한 연반제年班制를 실시했는데, 이는 정기적으로 북경을 방문하여 황제를 알현함으로써 충성을 다지도록 하는 제도였다. 벡 관인의 총수는 대략 동투르키스탄에 270명, 준가리아에 20명 정도가 있었던 것으로 추정된다. 물론 이처럼 소수의 토착 관인들만으로 통치하기는 어려웠기 때문에 촌장村莊의 하급 보조인원들을 활용했다. 19세기의 한

스벤 헤딘의 그림
스웨덴 탐험가 스벤 헤딘이 1895년 신강을 탐사할 때 타쉬쿠르간에서 만난 한인 관리를 그린 스케치.

장적帳籍 문서를 보면 야르칸드 한 도시에만 벡 관인이 52명, 그 아래에 밍바시mingbashi(천인장) 84명, 유즈바시yuzbashi(백인장) 346명이 있었음을 알 수 있다. 즉 '벡' 계층의 아래에는 '바시'라는 보다 많은 수의 중간층이 있었던 것이다.

조혜의 초상화
1757년 준가르의 아무르사나를 격파하고 톈산 산맥 남북을 모두 정복한 만주인 장군 조혜.

청 제국의 몽골 지배

1636년
몽고아문 설치

1638년
몽고아문을 이번원으로 개칭

1655~1765년
호순, 8개에서 86개로 증가

1733년
울리아수타이 정변좌부장군을 두어 할하 전체를 통할케 함

1762년
우르가에 쿠룬 판사대신을 설치

청 제국의 몽골 지배는 중국 내지에 대한 지배 방식과는 근본적으로 성격이 달랐다. 그것은 통상적인 지배와 종속, 혹은 군주와 신민의 관계라기보다는 오히려 연맹과 협력에 기초한 동반자적 관계에 더 가까웠다. 몽골인들에게 청의 황제는 '카안'이었고 청 제국은 '우리들의 대청(Our Great Qing)'으로 인식되었다. 그러나 청의 입장에서 볼 때 몽골의 존재는 양면적이었다. 즉 몽골은 청이 한인을 지배할 때 수적 열세를 보충하고 기마군대를 조달해주는 강력한 동맹세력이지만, 강력한 리더에 의해 통합되면 가공할 유목국가로 변신하여 청의 존립 자체를 위협하는 존재가 되었다. 그래서 청은 몽골에 대해 회유와 통제라는 양면적 방책을 동시에 작동시켜야 했다.

회유는 혼인과 회맹을 통해 이루어졌다. 만주 황실은 몽골 왕공들과의 통혼을 통해 그들에게 제국의 지배집단의 일원이라는 의식을 심어주었다. 예를 들어 홍타이지는 몽골 호르친부의 여자와 혼인했고 거기서 낳은 아들이 순치제가 되었다. 청과 몽골의 수장은 내몽골 초원에서 정기적으로 만나 가축을 도살하고 천지에 서약을 했으며, 함께 음주를 하고 사냥을 하며 우의를 다졌다.

한편 통제는 팔기제와 이번원理藩院을 통해 이루어졌다. 팔기제는 원래 만주인을 위한 사회·군사조직으로 만들어졌지만 몽골인 지배에도 매우 효율적으로 적용되었다. 즉 몽골인들이 유목생활을 유지하게 하여 기마군대의 원천을 확보하는 동시에, 그들을 소규모 집단으로 분할하고 목지의 경계를 획정하여 정치적 통합세력이 발생하는 것을 방지할 수 있었다. 이번원은 원래 1636년에 설치한 몽고아문蒙古衙門을 1638년에 개칭한 것인데, 처음에는 몽골인들만을 관할하다가 나중에는 신강, 티베트, 러시아 등의 사무도 담당하게 되었다. 이번

우르가
1913년 당시 우르가(현재 울란바토르)의 모습. 왼쪽에 간단 사원이 있고 중앙에는 준 후레 사원이 있으며, 오른쪽에는 마이마이청賣買城이 보인다. 강 남쪽에는 보그드 게겐의 궁전이 자리하고 있다.

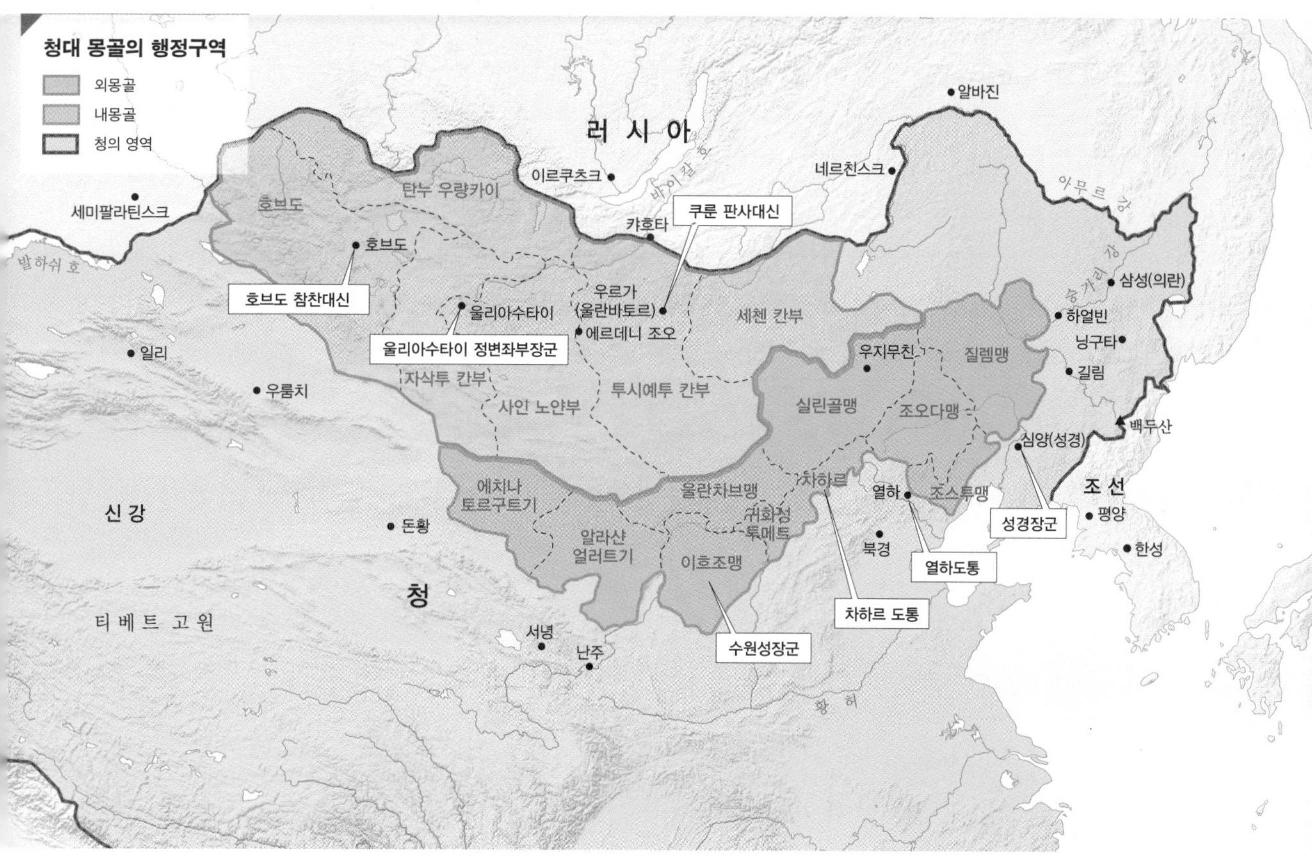

원에서는 봉작封爵, 조근朝覲, 소송 등의 업무를 총괄적으로 다루었다.

청은 몽골의 전통적 사회 단위인 울루스, 투멘, 오톡을 폐지하고 그 대신 팔기제에 기초한 호슌, 잘란, 숨으로 구분했다. 호슌은 만주의 구사, 숨은 만주의 니루에 해당했다. 청조는 몽골 유목사회를 세분화하여 그 통합력을 제거하려는 정책에 따라 호슌의 숫자를 계속 늘려나갔다. 그 결과 내외 몽골과 호브도·알타이 지역의 몽골인들은 모두 13맹 181기로 세분화되었다. 이들은 자신이 속한 기지旗地를 함부로 벗어날 수 없었기 때문에 유목민 특유의 기동성을 상실하고 말았다. 청조는 몽골 귀족들의 전통적인 관 칭호를 없애고 제국 관제 속에 편입시켜, 칸(汗), 친왕親王, 군왕郡王, 버일러(貝勒), 버이서(貝子), 진국공鎮國公, 보국공輔國公, 타이지(台吉) 등에 임명했다. 이들은 등급에 따라 펑루pönglü(俸祿)라는 물자와 함질가khamjilgha라는 예속민을 분배받았다. 그리고 그 대신 청 황제에게 상징적 의미의 공납을 바쳤는데, 고위 관리는 '구백의 공물九白之貢(흰 말 8마리와 흰 낙타 1마리를 뜻하는 yisün chaghan-u alban)'을, 하급 관리는 '통상적 공물(keb-ün alban)'을 바쳤다.

청조는 몽골 각지에 대신(amban)과 군인을 파견했다. 먼저 1733년 울리아수타이 정변좌부장군(烏里雅蘇台定邊左副將軍)을 두어 외몽골을 통할하게 했다. 그러나 1762년에는 우르가(현재 울란바토르)에 쿠룬 판사대신(庫倫辦事大臣)을 설치하여 1786년부터는 할하의 좌익인 투시예투 칸부와 세첸 칸부를 관할케 하고, 울리아수타이 정변좌부장군은 우익인 자삭투 칸부와 사인 노얀부만을 관할하게 되었다. 이 외에 호브도 참찬대신科布多參贊大臣이 울리아수타이 정변좌부 장군의 통제하에 서몽골 지역을 관할했다. 내몽골은 열하도통熱河都統, 차하르 도통察哈爾都統, 수원성장군綏遠城將軍, 성경장군盛京將軍 등이 관할했다.

신강 지배의 취약성과 '성전'

1820·25·26년
자항기르의 침공

1830년
코칸드의 칸, 유수프를 보내 청 공격

1847년
'일곱 호자'의 침공

1852·57년
왈리 한의 활동

1862년
섬서·감숙 회민 반란

1864년
신강 무슬림 대반란

신강이 청에 정복된 후 코칸드에서 망명 생활을 하던 호자 부르한 앗 딘의 손자 자항기르가 1826년 여름 신강으로 넘어와서 카쉬가르를 공격하고 야르칸드와 호탄을 점령한 뒤 동쪽으로 진격하여 악수를 포위하는 사건이 일어났다. 그 뒤 자항기르는 중국 내지에서 온 청군과 싸우다가 패하여 북경으로 압송되어 육시처참되는 운명을 맞았지만, 그의 침공은 청의 신강 지배체제가 안고 있던 취약성을 일거에 드러냈다.

청조는 준가르를 무너뜨리고 톈산 남북을 제국의 신영토로 편입한 뒤 이 방대한 지역을 통치하기 위해 상당한 규모의 군대를 주둔시켜야만 했고, 그로 인한 재정적 부담이 큰 문제로 대두되었다. 1760년대 청조에서 파악한 신강 위구르인의 숫자는 40만 명가량인데 청의 주둔군은 3만 명에 이르렀다. 신강에서 거두는 세금 수입으로 그곳을 지배하는 데에 필요한 경비를 충당하려 했으나, 경작지와 인구가 충분치 못한 신강에서 이는 실현하기 어려운 이상일 뿐이었다. 따라서 청조는 내지 각 성에 신강으로 보낼 지원금의 액수를 할당하여, 매년 총 150만 냥(혹은 300만 냥)을 송금했다. 준가르 지배 시기나 청 정복 초기에 신강의 부세 총액이 7만 냥이었다는 점을 생각하면 수지의 불균형이 얼마나 컸는지 알 수 있다. 더욱이 자항기르 침공 이후 청군이 증파되었기 때문에 경비는 더 늘어날 수밖에 없었다.

청은 재정 문제를 해결하기 위해 은전隱田이

청의 신강 지배와 성전

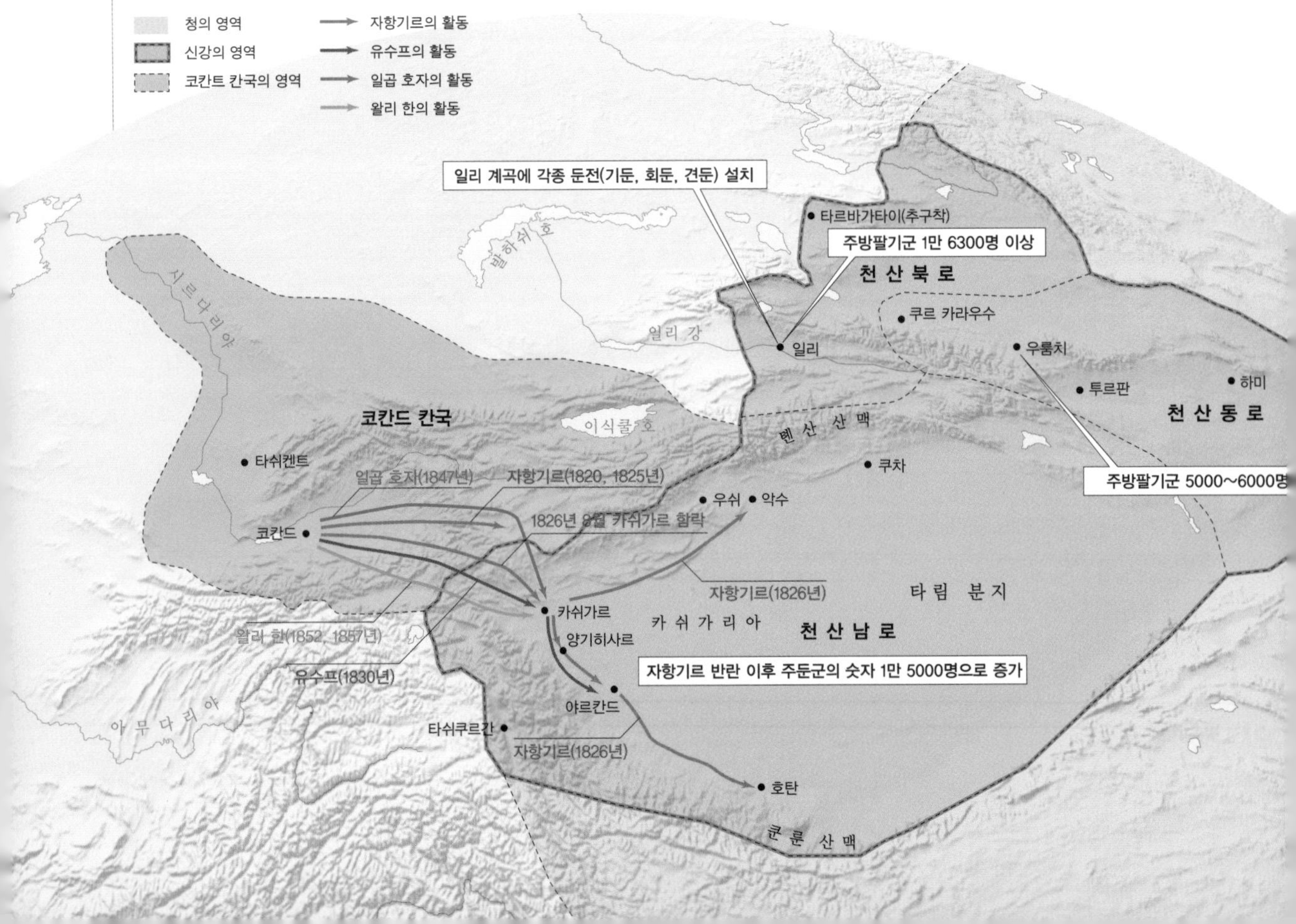

발리하노프의 스케치
카자흐 귀족으로 러시아군의 장교가 된 발리하노프는 1858~59년 상인으로 위장하고 카쉬가리아를 방문하여 현지 사정을 자세하게 관찰하고 기록하였다. 그림은 그가 카쉬가리아 현지인들의 모습을 스케치한 것.

나 사간지私墾地를 조사하여 새로운 개간지를 확보하거나, 각종 둔전을 실시하고 위구르 농민을 일리 계곡으로 사민시켜 경작케 하는 등 농업 개발을 추진했다. 나아가 수리시설 정비, 휴경제 실시 등 농업기술의 혁신도 꾀했다. 그럼에도 불구하고 원래 목표한 것처럼 신강의 수입만으로 필요한 자체 경비를 충당할 수 없었다. 따라서 세수 증액, 새로운 세목 도입, 광산 개발 등을 통해 부족분을 메우려 했고, 이는 위구르인들의 경제적 부담과 노동력 착취를 가중시키는 결과만을 초래했다. 게다가 관리들과 하급 보조인원들은 사복을 채우기 위해 세금을 추가 징수하거나 경제 외적인 착취를 일삼아 위구르인들의 불만을 가중시켰다. 또한 재정 결핍은 청군의 군사장비 보충을 어렵게 하여 군사력을 저하시키는 요인이 되었다.

사회경제적으로 팽배한 불만은 곧 성전을 기치로 내건 반란으로 이어졌다. 토착 무슬림들은 문제의 근원이 이교도의 지배에 있다고 생각했다. 청 황제는 몽골이나 티베트에서는 불교의 세속적 보호자로 자처할 수 있었지만 신강에서는 자신의 지배를 합리화할 아무런 종교적 근거도 없었다. 백산당계 호자들은 이러한 약점을 이용하여 반란의 주도권을 쉽게 장악했으며, 코칸드 칸국도 호자들의 성전을 후원했다. 신강과 인접한 코칸드 칸국은 중국과의 교역이 국가의 큰 수입원이었기 때문에 자신들에게 유리한 교역조건을 집요하게 요구했고 이를 위해 호자들을 이용했던 것이다. 1826년 자항기르의 침공 때 코칸드는 칸이 직접 군대를 이끌고 와서 카쉬가르 성채를 공격했고, 1830년에는 자항기르의 형 유수프를 보내 청군을 공격했다. 청은 결국 그들의 요구에 무릎을 꿇고 협약을 체결할 수밖에 없었다. 코칸드에 관세 특혜를 부여하고, 코칸드 관리들에게 카쉬가리아에 있는 코칸드인들에 대한 통제권까지 양보한다는 내용이었다.

청조는 19세기 중반에 접어들면서 서구 열강의 침탈, 백련교의 반란, 태평천국운동 등 내외적 문제로 인해 신강에 대한 장악력을 상실하고 말았다. 코칸드 역시 인접한 부하라와의 전쟁이 격화되고 유목민들의 발호로 군주들이 피살·폐위되면서 내정의 혼란이 초래되자 호자들에 대한 통제력을 상실했다. 그러자 백산당계 호자들은 자유롭게 신강으로 넘어와 성전을 외치기 시작했다.

야쿱 벡 정권

1847년
'일곱 호자'의 침공

1852년
디반 쿨리와 왈리 한의 침공

1855년
후세인 이샨 호자의 침공

1857년
왈리 한의 재침공
독일 탐험가 슐라긴트와이트 피살

1862년
섬서·감숙 회민의 반란

1864년
쿠차에서 무슬림 대반란 발발
톈산 산맥 남북이 모두 독립

1865년
야쿱 벡, 카쉬가르로 넘어와
무슬림 정권 수립

1871년
야쿱 벡, 우룸치 점령

1877년
야쿱 벡의 무슬림 정권 붕괴

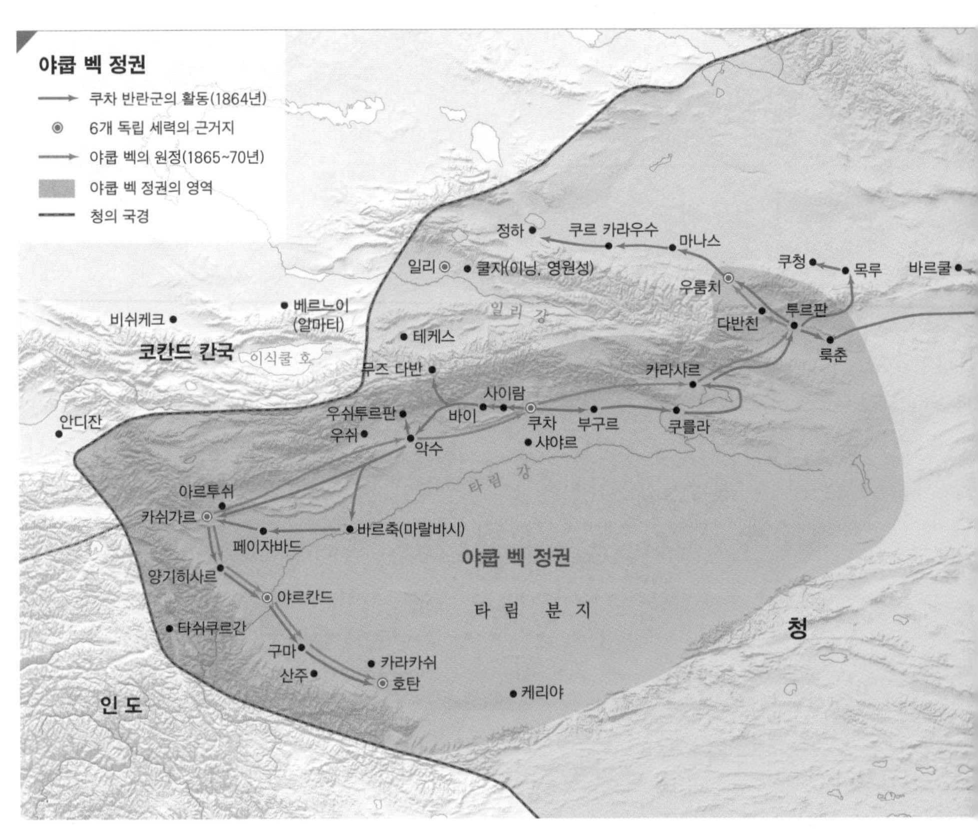

1864년 6월 4일 쿠차에서 시작되어 신강 전역으로 확대된 무슬림 대반란의 전조는 이미 1840~50년대부터 나타나기 시작했다. 코칸드에 머물던 호자들이 계속해서 국경을 넘어와 '성전'을 벌였으니, 1847년 '일곱 호자', 1852년 디반 쿨리와 왈리 한, 1855년 후세인 이샨 호자, 1857년 왈리 한이 잇따라 신강을 침공했다. 그러나 1864년 대반란의 도화선이 된 것은 1862년 섬서와 감숙에서 일어난 회민回民 반란이었다. 신강의 무슬림들이 이에 동조하여 반란을 일으킬 것을 우려한 청의 관리들이 무슬림들을 학살하려 한다는 소문이 퍼졌다. 이것이 계기가 되어 먼저 쿠차에서 반란이 터졌고 성공을 거두었다. 이 소식이 다른 지역으로 전파되면서, 반란은 신강 전역으로 빠르게 확산되었다.

무슬림 반란은 갑작스럽게 발생한 데다가 어떤 핵심세력이 사전에 준비한 것이 아니었다. 따라서 여러 곳에서 독립적인 세력들이 나타났다. 6개의 독립 세력을 정리하면 다음과 같다. ① 쿠차 : 반란이 성공한 뒤 라시딘 호자를 군주로 추대. ② 카쉬가르 : 키르기즈의 수령 시디크와 퉁간Tungan(漢回)들이 연합하여 반란을 일으킨 뒤 코칸드에서 백산당계 호자 부주르그를 초치. 이때 동행한 야쿱 벡이 실권을 장악. ③ 야르칸드 : 종교 지도자 압둘 라흐만을 수령으로 추대하여 회성回城을 장악하고 한성漢城에서 수비 중인 청군과 대치. ④ 호탄 : 반란 성공 후 종교 지도자 하비브 울라를 추대. ⑤ 우룸치 : 섬감 지역의 무슬림 지도자 타명妥

明(다우드 할리파)을 군주로 추대하고 '청진국淸眞國'을 선포. ⑥ 일리 : 무아잠을 '술탄'으로 추대한 타란치인들의 정권.

이들을 모두 통합하고 새로운 정권을 세운 인물 바로 야쿱 벡이다. 그는 코칸드에서 군인으로 경력을 시작하여 상당한 고위직에 이르렀으며, 러시아가 타쉬켄트를 공격할 당시 코칸트 칸국의 실권자 알림 쿨리의 명령에 따라 호자 부주르그를 수행하여 파미르를 넘어 1865년 1월 카쉬가르에 오게 된다. 이후 그는 야르칸드, 쿠차, 호탄 등지의 반군 세력을 병합하고, 이어 우룸치의 한인 무슬림들의 정권까지 차지함으로써 신강 대부분을 통일했다. 그러나 코칸드 출신으로 토착 기반이 전무했던 그는 현지 무슬림들보다는 코칸드를 중심으로 한 외지 출신들을 중용했다. 아울러 '이슬람의 보호자'로 자처하고 검약하고 소박한 생활을 실천하려 애썼으며, 민중들에게도 율법에서 요구되는 규정들을 철저하게 지킬 것을 요구했다.

야쿱 벡은 청조의 반격에 대비하여 군사력 증강에 힘썼다. 아프가니스탄, 터키, 영국령 인도 등지로 사람을 보내 근대식 화승총, 대포, 화약 등을 다량 구입했고, 터키에서는 군관을 데려와 근대식으로 군대를 훈련시켰다. 그러나 이를 위해서는 증세가 불가피했고 이는 주민들의 광범위한 불만을 야기했다. 한편으로는 런던으로 사신을 보내 영국의 주선하에 청조와 협상을 벌이며 신강의 정치적 독립을 보장해 준다면 청 황제의 종주권을 인정하겠다고 제안했다.

그러나 야쿱 벡의 노력에도 불구하고 좌종당이 이끄는 청군은 파죽지세로 진입하여 신강 전역을 재정복했고 결국 1877년 무슬림 정권은 붕괴하고 말았다. 그 원인을 두고 일반적으로 좌종당의 역량과 청군의 우위가 강조되어 왔지만, 그보다 토착민들의 광범위한 불만으로 인한 야쿱 벡 정권의 내적 취약성이 더 큰 문제였다. 뿐만 아니라 야쿱 벡이 군사적 대결이 아니라 외교적 교섭을 통해 청군의 진입을 막으려 했던 것도 결정적인 실책이었다. 청군에 발포하지 말라는 명령으로 군대의 사기는 순식간에 무너졌고, 청군은 힘든 전투도 치르지 않은 채 손쉽게 신강 재정복에 성공했다.

청군을 피해 신강으로 들어왔던 섬서·감숙 지방의 회민들은 야쿱 벡 정권이 무너지자 러시아 영내로 들어갔고, 그들의 후예는 지금도 둥간Dungan이라는 이름으로 불리며 카자흐스탄과 키르기즈스탄 지방에서 집단을 이루어 살고 있다.

야쿱 벡
1865~77년 타림 분지 일대에 무슬림 정권을 세우고 청 제국과 대치했던 야쿱 벡의 사진.

『하미드사』
1864년 신강의 무슬림 반란과 야쿱 벡 정권의 사정에 대해 가장 정확하고 상세하게 기록한 물라 무사 사이라미의 저서 『하미드사』의 사본. (스웨덴 룬드 대학 도서관 야링 컬렉션)

러시아의 중앙아시아 점령

1853년
러시아의 페트로프스키,
악크 마스지드 점령

1864년
아울리에 아타를 거쳐 침켄트
점령

1865년
타쉬켄트 함락
코칸드 칸국 붕괴

1867년
러시아, 투르키스탄을 성으로
승격

1868년
부하라, 러시아에 성전 선포
카우프만, 사마르칸드 점령
러시아와 부하라, 조약 체결

1869년
러시아, 크라스노보드스크 점령

1871년
야쿱 벡, 우룸치 점령

1873년
히바 칸국, 보호국으로 전락

1853년 7월 러시아의 페트로프스키가 시르다리야 중류의 조그만 성채인 악크 마스지드(현재 카자흐스탄의 키질 오르다)를 점령했다. 이는 러시아의 본격적인 중앙아시아 진출의 서막을 올리는 사건이었다. 남진의 명분은 코칸드 칸국과 히바 칸국이 카자흐인들을 지원하여 러시아에 적대적인 정책을 취했기 때문에 그 위협을 제거해야 한다는 것이었다.

당시 러시아의 경계는, 서쪽은 카자흐스탄에서 시작하여 악크 마스지드까지 연결된 '시르다리야 라인', 동쪽은 시베리아에서 시작하여 세미레치에의 베르느이에서 끝나는 '시베리아 라인'으로 이루어져 있었으므로, 이 두 전선을 연결시켜야 한다는 주장이 제기되었다. 이에 따라 1864년 베르느이 남방의 아울리에 아타(현재 타라즈)를 거쳐 침켄트를 점령함으로써 마침내 '신新코칸드 라인'을 구축했다. 그러나 러시아 군부나 야전 사령관들은 중앙아시아 방어체제의 완성을 위해서는 타쉬켄트까지 내려가야 한다고 주장했다. 체르냐에프가 이끄는 러시아군은 1865년 5월, 40일간의 공격 끝에 타쉬켄트를 함락했고, 이로써 코칸드 칸국은 붕괴하고 말았다.

타쉬켄트 공략전이 진행되는 동안 부하라 칸국은 군대를 동원하여 코칸드 남쪽의 우라투베와 호젠트를 점령했고, 이로 인해 양국 관계는 급속하게 악화되었다. 이에 러시아는 호젠트를 점령하며 부하라를 군사적으로 압박하기 시작했다. 1867년 투르키스탄 지역이 성省으로 승격되고 카우프만이 총독으로 부임했다. 그는 막강한 권력을 휘둘러 현지인들은 그를 '반半황제'라고 부르기까지 했다.

이듬해 부하라가 성전을 선포하고 러시아에 적대적인 입장을 드러내자 카우프만은 군대를 보내 사마르칸드를 점령해버렸다. 그러나 영국의 반발을 의식한 중앙정부의 우려로 인해 수도 부하라까지는 점령하지 않고, 1868년 7월 부하라 측과 조약을 체결했다. 부하라는 러시아 상인들에게 영토를 개방하고 자유로운 교역을 보장하기로 했으며, 비밀 조항을 두어 양국

러시아군과 중앙아시아 토착민 사이의 전투
러시아의 유명한 화가 베레샤긴이 1872년에 그린 그림. 러시아군이 중앙아시아의 무슬림들과 전투하는 장면을 묘사하고 있다.

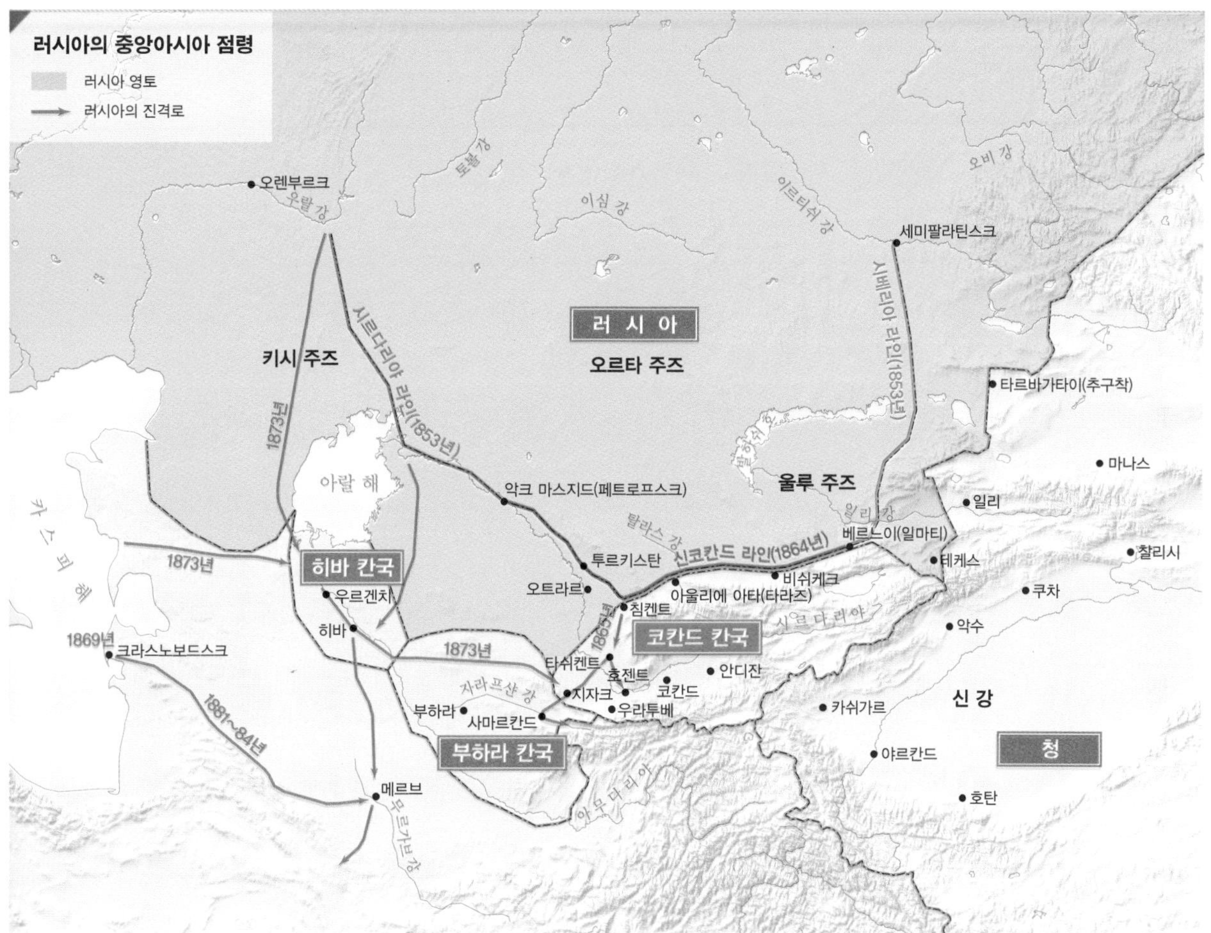

의 '우호적 관계'를 강조하고 부하라는 러시아 황제의 '보호'를 받기를 희망한다는 내용을 넣었다. 이로써 부하라 칸국은 비록 명목상으로는 독립국이었지만 사실상 러시아의 '속국'이 되어버렸다.

일단 부하라 문제를 해결한 러시아는 적대적인 정책을 고수하던 히바 칸국의 무함마드 라힘 칸을 응징하고 러시아의 영향권 아래에 두기로 결정했다. 그러나 과거 두 차례에 걸쳐 쓰라린 실패를 경험했던 러시아는 이제 사막이 아니라 수로를 이용하기로 계획을 세웠다. 1869년 러시아군은 볼가 강을 타고 카스피 해로 내려와 크라스노보드스크를 점령했다. 1871년 야쿱 벡의 우룸치 점령으로 갑작스럽게 일리 문제가 터지면서 작전은 지연되었지만, 1873년 러시아는 군사 작전을 재개하여 히바를 점령하고 조약을 체결했다. 여기서는 부하라보다 한 단계 더 나아가 히바 군주가 러시아 황제의 '순종하는 신하'임을 확인하고, 독립적인 외교권과 타국에 대한 전쟁선포권까지 박탈해버렸다.

러시아는 중앙아시아로 진출하면서 카자흐, 히바, 코칸드와 같은 적대세력의 약탈과 위협으로부터 러시아 상인들의 활동과 국경을 보호한다는 명분을 내세웠다. 그러나 실제로는 안전한 국경을 확보하기 위한 갈망, 불안정한 주변국으로부터 제기되는 도발, 영국과의 경쟁에서 밀려날지도 모른다는 우려, 동시에 외교적인 지렛대나 경제적 이익 혹은 군사적 영광에 대한 유혹 등 다양한 요인들이 작용했다. 이제 중앙아시아를 장악한 러시아와 인도를 차지한 영국은 그 지역의 군소 왕국들을 조종하면서 자국의 이익을 극대화하기 위한 '그레이트 게임 the Great Game'을 전개하기 시작한다.

에필로그

소비에트 혁명과 중앙아시아

중앙아시아의 일부 지식인들 사이에는 1917년 볼셰비키 혁명이 일어나기 전에 이미 사회주의 사상이 전파되어 있었다. 이는 중앙아시아로 유배된 사회주의자들과의 접촉, 혹은 서구식 교육을 받은 현지 지식인들의 노력의 결과였다. 특히 자디디즘Jadidism(일종의 '신문화운동')의 일환으로 발간된 간행물이나 새로 설립된 신식 학교를 통해 사회주의 사상이 전달되기도 했다. 볼가 타타르인들이 만든 '우랄인들(Uralchïlar)', 바쿠의 무슬림이 만든 '헌신(Hümmet)' 등 사회주의 단체도 생겨났다. 그러나 이들은 자신을 '사회주의자'라고 보기보다는 차르의 탄압에 항거하는 무슬림 민족주의자로 인식했다. 그들에게 사회주의는 해방을 위한 사상이나 이념이 아니라 해방에 필요한 조직을 움직이는 수단이었다. 스탈린이 '겉으로는 민족주의이지만 내용상으로는 사회주의'를 주장한 것에 반해, 이들은 겉으로만 사회주의자를 표방하고 속으로는 민족주의자였던 셈이다.

1917년 2월 혁명 이후 제정 러시아가 무너지고 임시정부가 수립되었지만 이때 제시된 정책들은 중앙아시아의 사회주의자들이 기대한 것과는 거리가 멀었다. 그해 5월 전全 러시아 무슬림 회의에서 범이슬람주의와 범투르크주의가 확인되면서 이념적 괴리가 분명히 드러나기 시작했다. 백군과

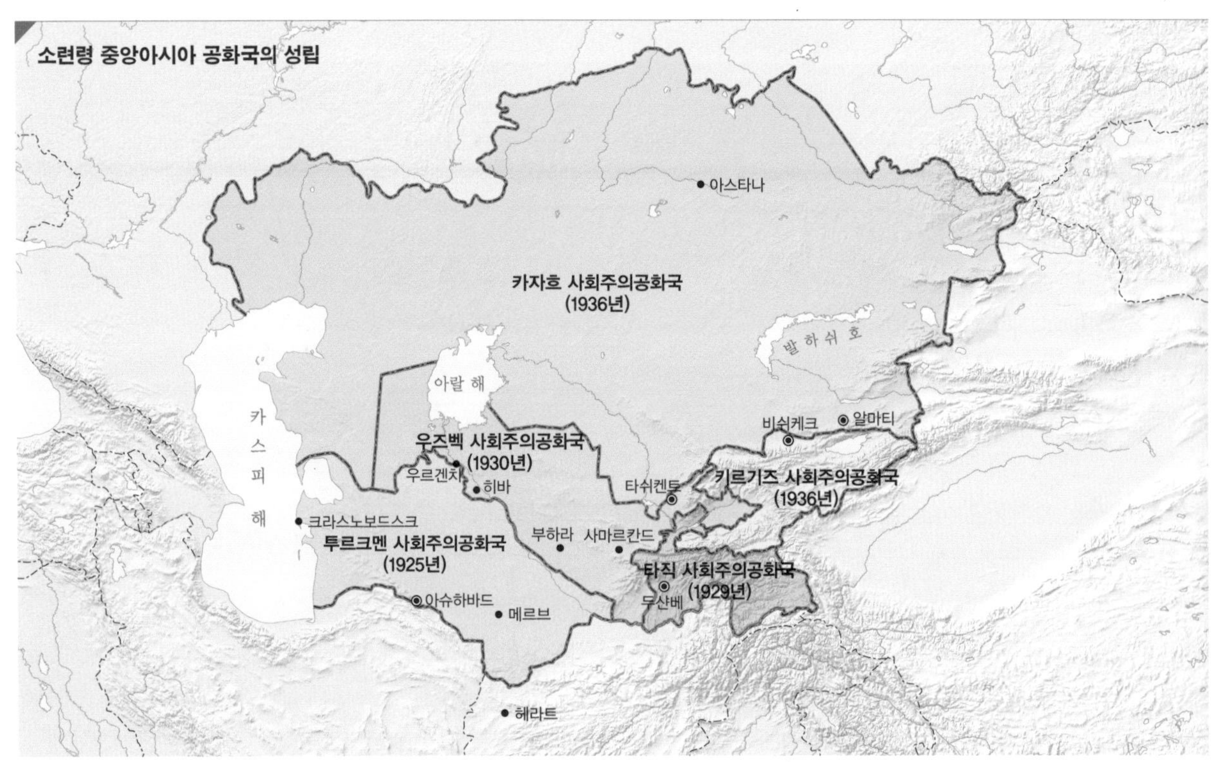

우즈베키스탄의 문화적 상징, 레기스탄 광장(사마르칸드 소재)

적군의 대립 속에서 무슬림들은 양자택일을 할 수밖에 없는 처지가 되었다. 적군에 가담하지 않은 일부는 바스마치 Basmachi 운동으로 결집되어 1936년까지 각지에서 게릴라식 전투를 벌였지만, 나머지 대부분은 적군과 손을 잡았다. 백군 지도층은 무슬림 민족주의자들을 일종의 분리주의자로 간주하여 연합할 생각도 하지 않았다. 반면 스탈린과 같은 적군파는 토착민들의 지지를 얻어내는 것이 내전에서 승리를 거두는 첩경이라고 판단했다. 그는 1917년 '민족문제 인민위원회(Narkomnat)'를 결성하고 '무슬림 위원회(Muskom)'라는 분과를 두어 많은 무슬림 지도자들을 포섭했다.

그러나 최종 승리를 거둔 적군이 민족문제에 대해 본연의 입장을 드러내기 시작하자 무슬림 민족주의자들과의 충돌은 불가피해졌다. 특히 술탄 갈리에프는 스탈린 치하에서 『민족생활』이라는 잡지를 통해 적극적으로 자신의 견해를 표명했다. 그를 비롯한 현지의 많은 지식인들의 주장은 한마디로 '무슬림 민족주의적 공산주의'라고 할 수 있다. 특히 주목할 만한 것은 '프롤레타리아 민족'이라는 개념이다. 즉 전 세계적으로 가장 첨예한 문제는 계급 간 갈등이 아니라 민족 간 차별이라고 보고, 민족 해방을 통해 '계급 없는 사회'가 아니라 '계급 없는 민족'을 이루어야 한다고 역설한 것이다. 따라서 혁명의 출발점은 바로 민족이었다. 또한 사회주의의 이상이 원시 이슬람 정신에 이미 구현되어 있으므로, 그 실현의 구체적인 장은 마땅히 무슬림 공동체가 되어야 한다고 주장했다. 이렇게 해서 술탄 갈리에프는 이슬람을 공통의 유산으로 중앙아시아 민족들이 연합하여 '투란 공화국'을 건설해야 한다는 결론에 도달했다.

이러한 입장 차이는 1923~24년 12차 러시아 공산당대회에서 폭발하고 말았다. 이 대회에서 술탄 갈리에프는 스탈린의 맹렬한 비난에 뒤이어 이탈과 반역의 죄목으로 비판받고

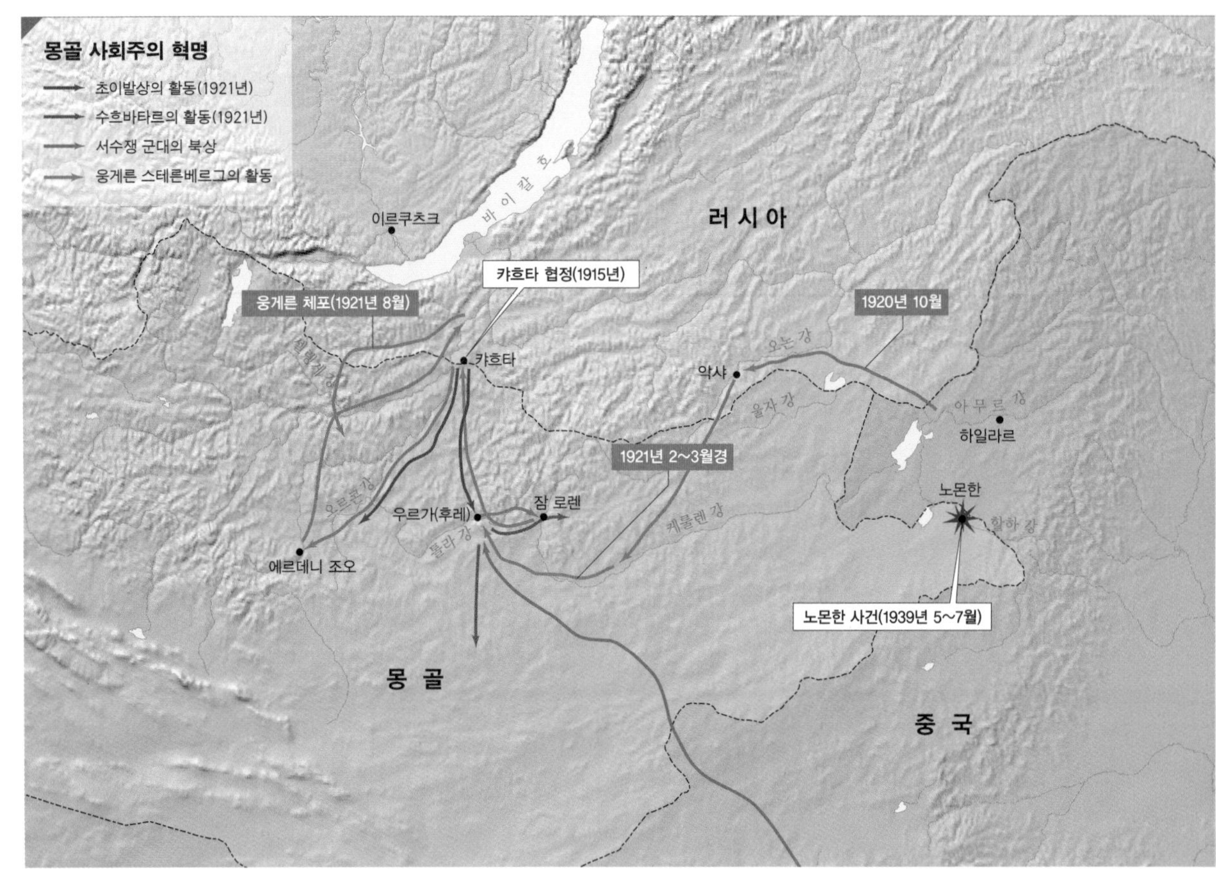

당적을 박탈당했으며, 다른 무슬림 공산주의자들에 대해서도 대대적인 숙청이 시작되었다. 스탈린 우상화가 진행되면서 비판과 숙청은 더욱 심해졌고 이러한 움직임은 1937~38년 절정에 이르렀다. 수많은 작가·예술가·학자들에 대한 탄압과 이슬람 박해가 동시에 진행되어, 1942년에 이르자 모스크의 숫자는 2만 6000개에서 1312개로 급감했다. 이렇게 해서 2차 세계대전 발발 이전에 중앙아시아의 무슬림 민족주의적 공산주의는 완전히 뿌리가 뽑히고 말았다.

몽골 사회주의 혁명의 전개

19세기 후반에 접어들면서 몽골에 대한 청조의 전통적인 태도에 변화가 나타났다. 이제까지 유목민을 보호하기 위해 몽골 초원을 중국 내지와 격리시키며 가능하면 한인들의 진출과 이주를 억제해왔는데 그러한 정책을 포기했을 뿐 아니라, 만주 지배층과 몽골 왕공들 사이에 존재하던 연대감도 희박해졌다. 1906년 단행된 광서제의 신정新政에서 몽골

수흐바타르 동상(울란바토르 소재)

의 관제를 중국 내지의 관제와 동일하게 개편하려고 하자, 젭춘담바 후툭투와 할하의 4대 왕공은 연명으로 페테르부르크에 대표단을 파견하여 청조가 관제개혁을 취소하도록 압력을 넣어달라는 청원을 올리기도 했다.

1911년 10월 신해혁명이 터지고 청조가 무너지자 몽골 왕공들은 우르가(후레)에 모여 임시정부를 수립하고 독립을 선언했다. 이듬해 원세개가 새로 성립한 중화민국으로 복귀할 것을 종용한 전문에 대해, 몽골 측은 중국과 몽골은 과거 만주인들에 의해 통합되어 있었지만 이제 청조가 사라졌으니 각자 제 갈 길을 가야 한다는 내용의 답신을 보냈다. 임시정부 수반으로는 몽골 통합의 유일한 상징이었던 '복드칸', 즉 8대 젭춘담바가 추대되었다. 우르가 임시정부는 민족주의에 기초하여 '범몽골주의'를 기치로 내걸고, 할하를 중심으로 우선 호브도를 편입시키는 데에 성공했다. 그러나 문제는 싱안링 지역과 내몽골의 몽골인들이었다. 이들 지역을 놓고 일본과 중국이 각각 기득권을 주장했으며, 나아가 일부 몽골 귀족들도 우르가에 편입되는 것을 탐탁지 않게 여겼다. 결국 중·러·일 삼국은 1915년 캬흐타 협정을 맺고 몽골에 대한 중국의 종주권을 인정했다. 이로써 민족주의를 표방한 1911년의 1차 혁명은 실패로 끝나고 말았고, 이제는 사회주의에 기초한 새로운 방향의 모색이 불가피해졌다.

당시 몽골에서는 러시아인들이 다수 활동하고 있었다. 그들이 세운 근대식 학교에서 교육받은 몽골 청년들은 후일 사회주의 혁명을 주도하게 되었으니, 수흐바타르와 초이발상이 대표적인 인물이다. 중국은 러시아가 혁명으로 인해 혼란에 빠진 것을 틈타 1920년 조약을 체결했는데, 이때 몽골의 자치권을 부인하고 중국에 직속한다는 사실을 인정받았다. 또한 1920년 웅게른 스테른베르그가 이끄는 백군파가 몽골로 대거 들어와 잔혹한 살상과 약탈을 자행하자, 이를 계기로 볼셰비키의 지원을 받는 젊은 혁명분자들이 활동하기 시작했다.

1919년 말 우르가에서 수흐바타르와 초이발상이 조직한 두 개의 조직은 코민테른과 접촉하고 그 후원을 받으며 본격적인 활동을 시작했다. 1920년 코민테른 대표가 우르가에 오자 두 조직이 통합되면서 몽골인민당이 결성되었으며, 수흐바타르는 젭춘담바의 친서를 휴대하고 이르쿠츠크로 가서 소련의 지원을 요청했다. 1921년부터는 파티잔식 전투가 시작되었다. 공격의 목표는 '미친 남작(Mad Baron)' 웅게른 스테른베르그 휘하의 백군파 러시아와, 안복安福 군벌에 속한 서수쟁 휘하의 중국군이었다. 1921년 3월 몽골인민당은 우르가에 임시정부를 수립하고 중국군과 본격적인 전투를 전개하여, 마침내 중국군을 축출하고 젭춘담바를 수반으로 하는 독립정부를 수립했다. 그리고 1924년 젭춘담바가 사망한 뒤 비로소 '몽골인민공화국'을 선포했다.

1930년대에 들어오자 일본은 만주사변을 일으키고 동몽골을 장악했다. 일본은 외몽골 진출을 시도하여 1939년에는 노몬한 사건을 일으켰지만 할하 강 전투에서 소련-몽골 연합군에게 패배하고 말았다. 일본 관동군은 내몽골에서 1937년 덕왕德王을 앞세워 몽골 연맹 자치정부라는 괴뢰정권을 세웠으나 1945년 패전과 함께 사라졌다. 1947년 울란푸烏蘭夫 주도하에 내몽골자치구 인민정부가 수립되고, 중화인민공화국 성립 후 내몽골자치구가 성립되어 신중국에 편입되었다. 이로써 동몽골과 내몽골은 외몽골과 분리되어 중국에 귀속되고 말았다.

중국 공산당의 신강 편입

좌종당의 원정으로 야쿱 벡의 무슬림 정권을 무너뜨린 뒤 청조는 신강을 기존의 방식대로 유지하기 어렵다는 사실을 분명히 깨달았다. 일찍이 공자진이 주장한 것처럼 신강을 성省으로 개편하고 한인들을 대거 이주시켜 개발해야 한다는 주장이 설득력을 얻기 시작했다. 마침내 1884년 신강성이 성립되고 순무와 포정사가 설치되었는데, 과거 만주인이나 몽골인이 독점하던 전통이 무너지고 처음으로 한인인 유금당이 초대 순무로 임명되었다. 성 건설과 함께 나타난

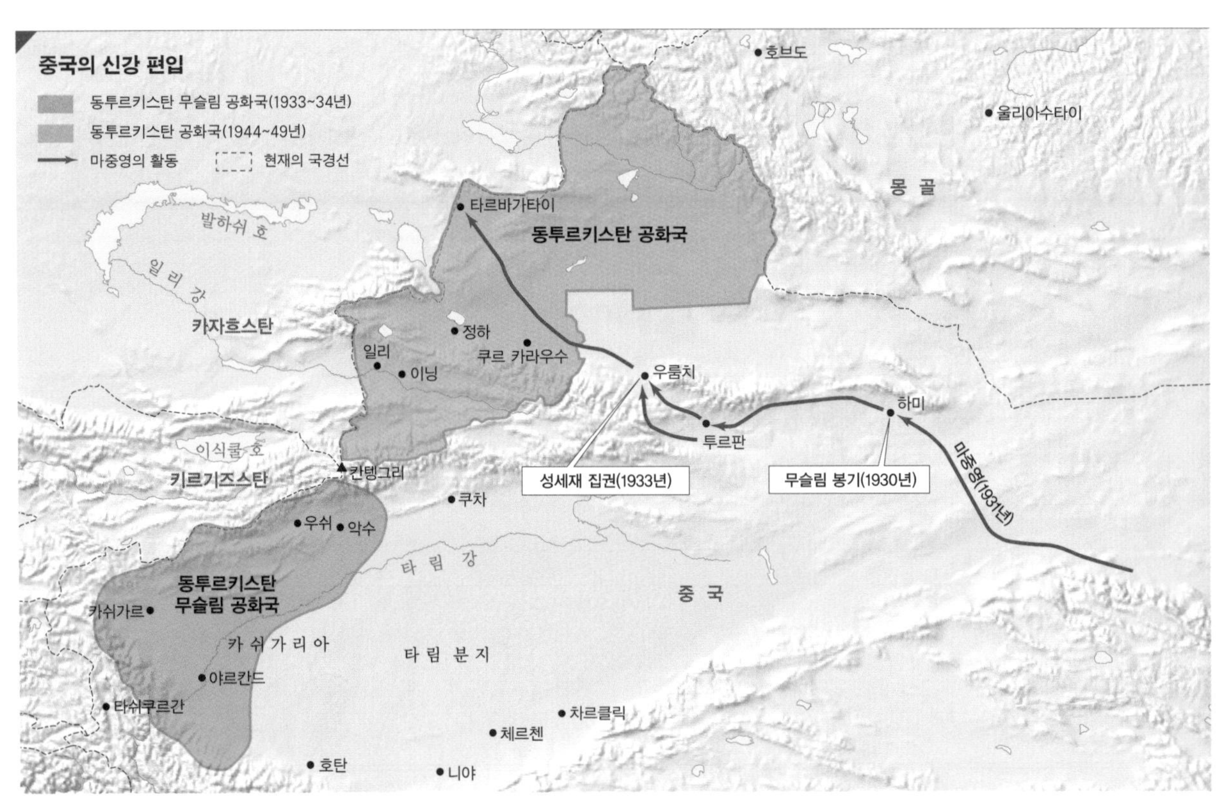

커다란 변화는 한인 이주자들의 급증이었다. 여기에는 특히 반청 운동을 하던 사람들이 다수 포함되어 있었고, 가로회와 같은 비밀결사도 그 조직을 확산시켰다. 1911년 10월 무창 봉기가 일어나자 우룸치에 있던 혁명당원들이 중심이 되어 12월 28일 봉기를 일으켰다. 이 봉기는 당시 신강 순무였던 원대화에 의해 진압되었지만, 1912년 1월 7일 일리에서 다시 봉기가 일어나 임시정부가 수립되었다. 청조의 마지막 황제가 퇴위하자 신강에서도 원대화의 뒤를 이은 양증신이 일리 임시정부와 협상을 벌여, 양측이 모두 민주공화제를 받아들이되 양증신을 도독으로 인정한다는 데에 합의했다.

이렇게 해서 신강에서도 중국 내지와 비슷한 군벌 통치의 시대가 시작되었다. 1912년부터 1944년까지 30여 년간 신강은 양증신(1912~28년), 금수인(1928~33년), 성세재(1933~44년)와 같은 군벌의 지배를 받으며, 중국 본토로부터 거의 고립된 상태에서 잔인한 군벌 독재와 치열한 권력 암투가 자행되었다. 그러는 동안 신강의 사회경제적 상황이 악화되고 열강들의 이해가 충돌하는 가운데, 신강 주민들은 민족적 각성을 통해 혁명 운동을 전개했다. 특히 19세기 말 이래 서투르키스탄에서 고조되던 자디디즘의 영향을 받아 범투르크주의나 범이슬람주의가 파급되었다. 양증신은 출판물 검열을 강화하고 신식 학교를 세운 사람들을 감금했으나, 1928년 7·7사변 때 살해되고 말았다.

뒤이어 들어선 금수인의 권력 기반은 취약했다. 1930년 하미에서 무슬림 봉기가 일어나자 섬감 지역의 회족 군벌인 마중영이 들어와 반군 세력을 지원했다. 마중영의 군대는 우룸치를 포위하고 금수인 정권 자체를 위협하기에 이르렀는데, 이러한 상황에서 1933년 4·12정변이 일어나 성세재가 집권하게 된다. 그러나 성세재가 이끄는 한인 군벌 세력

세대에 따라 상이한 복장을 한 신강의 위구르인들

은 하미와 투르판을 장악하고 있던 마중영, 그리고 카쉬가리아에 들어선 '동투르키스탄 무슬림 공화국'을 확실히 장악하지 못했다. 그렇게 되자 성세재는 친소 정책을 표방하고 스탈린의 군사적 지원을 받아 두 경쟁세력을 제거하는 데에 성공했다. 그러나 1939년 2차 세계대전 발발 이후 상황이 변하자 그는 국민당과 손잡고 1942년에는 신강 내 공산당원들에 대한 대규모 숙청을 단행했다.

장개석은 1944년 성세재를 중경으로 소환하고 오충신을 신강성 주석으로 임명했다. 그러나 그해 이닝伊寧 동남쪽 닐카에서 국민당 통치에 반대하는 삼구혁명三區革命이 일어나 톈산 북방 전역으로 확산되었다. 혁명세력은 11월 동투르키스탄 공화국을 발족시켰으나, 장개석과 협상을 통해 1946년 공화국을 해체하고 대신 신강성 대표자 회의를 발족시키기로 합의했다. 이렇게 해서 공화국과 중경 정부 양측의 대표들로 구성된 연립정부가 들어섰으나, 공산당 세력은 빠른 속도로 확산되기 시작했고 1949년 연립정부 주석 부르한 샤히디가 국민당과 결별하고 공산당 지지를 선언했다. 이로써 신

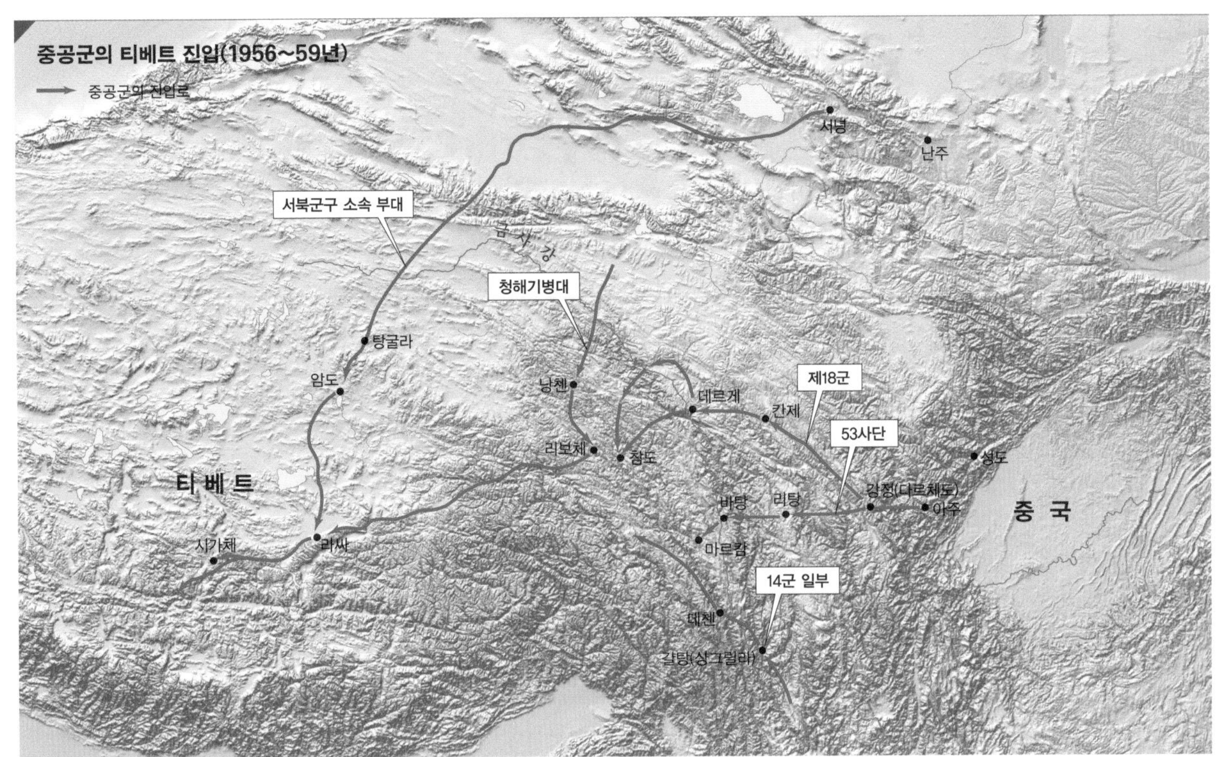

강은 최종적으로 중화인민공화국에 편입되었고 공산당 지지에 반대했던 인사들은 해외로 망명할 수밖에 없었다.

티베트의 운명

1911년 신해혁명이 일어나자 티베트도 몽골과 마찬가지로 중국에 대한 정치적 종속에서 벗어나 독립을 확보하려는 움직임을 분명히 나타내기 시작했다. 당시 인도에 망명 중이던 13대 달라이 라마는 라싸에 사람을 보내 은밀하게 군대를 조직했다. 이어 각지에서 전투가 벌어졌으나 무기를 제대로 갖추지 못한 티베트군은 고전을 면치 못했다. 마침내 네팔의 중재로 1913년 초 티베트에 주둔하던 청군이 철수하고, 당시 인도에 망명하고 있던 달라이 라마가 귀환하여 그해 3월에 '5개조 선언'을 발표했다. 여기서 그는 역사적으로 티베트와 중국의 관계가 승려(priest)와 시주(patron)의 입장에서 이루어진 종교와 정치의 공존적 관계였음을 상기시키고, 이제 청조가 무너지고 그런 관계가 사라진 만큼 티베트는 독립의 길을 갈 것임을 강조했다. 이는 원세개가 이끄는 북경 정부가 달라이 라마에게 서한을 보내 '조국'으로의 귀환을 요청한 것에 대한 명확한 거부였다. 달라이 라마는 사실 그에 앞서 1월에 '몽장蒙藏 협약'을 체결하여 티베트와 몽골 상호 간의 독립을 확인한 바 있었다.

달라이 라마는 티베트 동부에서 한인 세력을 축출할 목적으로 티베트군의 장비를 개량하는 한편, 영국을 움직여 중국으로부터 독립을 인정받으려 했다. 그러나 중국은 티베트에 대한 중국의 종주권을 인정할 것을 영국에 집요하게 요구했으며, 결국 영국의 주선하에 1913년 10월부터 티베트, 중국 북경 정부, 영국의 인도 정청 등 3자 대표들이 펀자브 북부 고산지에 위치한 심라Simla에 모여 회의를 열게 되었다. 여기서 영국 대표 맥마혼은 티베트를 금사강金沙江을 경계로 동서로 나누고, 동쪽인 내內티베트에 대해서만 중국의 제한 없는 종주권을 인정하도록 하자는 제안을 했다. 그러나 중국 측의 반대로 결국 협상은 결렬되고 말았다.

한편 티베트 동부에서는 중국과의 전투가 점차 격렬해졌고, 1917년 티베트군은 마침내 금사강 서쪽의 참도에 있던 중국군을 몰아내고 강을 건너 동쪽으로 진격했다. 그러나 영국은 이러한 티베트의 공세가 '맥마혼 라인'을 제시한 자신들의 입장과 배치된다고 판단하여, 군사행동을 중지하라고 티베트에 압력을 가했다. 달라이 라마는 급격하게 늘어난 군비를 확보하기 위해, 그동안 중국에 협력적인 태도를 보이던 판첸 라마가 있던 타실훈포 사원을 비롯하여 여러 대사원에 새로운 세금을 부과했다. 이에 대한 반발로 판첸 라마는 1923년 청해를 거쳐 중국으로 망명했고 1925년 북경에 도착했다. 그러나 중국은 국민당과 공산당의 대립이 격화되는 가운데 티베트에 대한 통제력을 더욱 상실해갔다.

서녕과 라싸를 잇는 청장青藏(칭짱) 철도

1933년 13대 달라이 라마가 사망하고, 청해에서 출생한 어린아이가 새로운 전생으로 인정되어, 1940년 텐진 갸초라는 이름으로 즉위했다. 1945년 2차 세계대전이 끝나면서 상황은 다시 급변하기 시작했다. 1949년 중국 본토를 장악한 공산당은 북경 방송을 통해 티베트가 중국의 일부임을 선언하고 이듬해 10월부터 진격을 개시했다. 티베트는 인도 정부를 통해서 철군을 요구했으나 받아들여지지 않았다. 인도 국경으로 피신했던 달라이 라마는 중국 측과 '17개조 협약'이 이루어져 귀환했다. 티베트를 중국의 일부로 인정하고 군사권과 외교권을 행사하되, 티베트의 자치권과 달라이 라마의 지배권을 인정한다는 내용이었다. 그러나 중공은 티베트에 대한 지배권을 강화하기 위한 조치들을 취하기 시작하며 주둔군의 규모를 급격히 늘렸다. 1956년 티베트를 자치구로 설정하기 위한 준비위원회가 설립되자 티베트 각지에서 반란이 일어났다. 중국이 이를 무력으로 진압하고 군대를 라싸에 진입시키자, 달라이 라마는 1959년 3월 인도로 피신하여 다람살라에 망명정부를 세우게 되었다.

오늘의 중앙유라시아

이렇게 해서 마침내 중앙유라시아는 20세기 전반 소비에트 연방과 중화인민공화국에 의해 동서로 분할되어 이 두 거대 국가의 일부가 되었다. 이로써 2000년 이상의 역사를 통해 계속된 유목민과 정주민의 대결은 후자의 완벽한 승리로 끝난 셈이었다. 중앙유라시아 초원에 살던 유목민들이 기동성이 뛰어난 기마전을 통해 주변의 농경민들을 군사적으로 압도하던 시대는 가버렸고, 이와 더불어 그들과 정치·경제·문화적으로 상호의존 관계에 있던 투르키스탄의 오아시스 주민들의 운명도 결정 나고 말았다. 지금까지 중앙유라시아라는 지역이 유목제국의 군사력을 바탕으로 세계사의 무대에서 중요한 역할을 해왔다고 본다면, 이제는 더 이상 그러한 역할을 할 수 없게 된 것이다. 더구나 중앙유라시아 세계는 소련과 중국이라는 폐쇄적인 사회주의 국가의 울타리 안에 갇혀 외부 세계와 단절될 수밖에 없었다. 이러한 상황은 20세기가 끝날 무렵까지 계속되었다. 그러나 20세기 말 갑작스럽게 벌어진 소련의 해체 그리고 중국

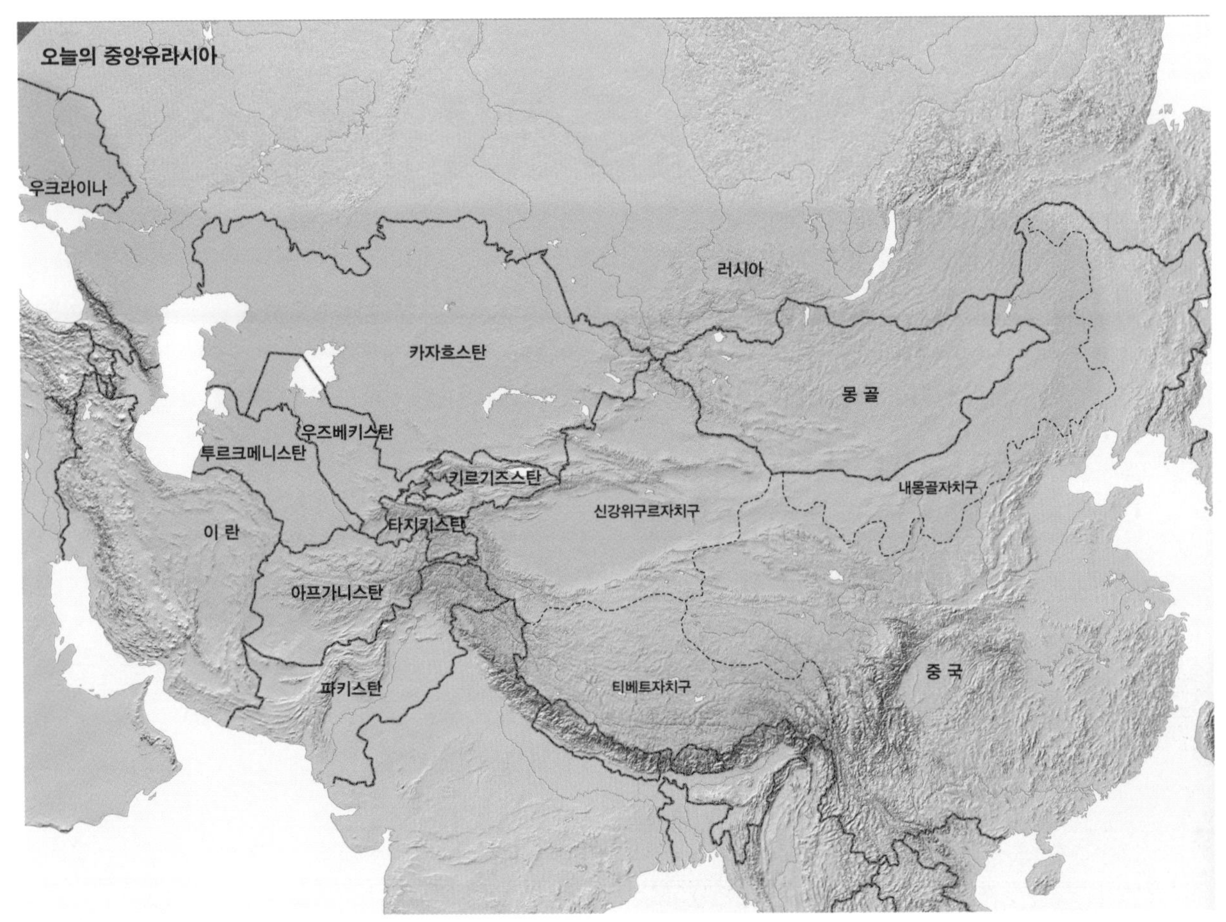

의 개방과 경제적 발전은 중앙유라시아 세계에 새로운 역사적 가능성을 열어주었다.

1991년 12월 소비에트연방은 공식적으로 해체되었고 이제까지 거기에 속해 있던 중앙유라시아 지역의 5개 공화국, 즉 카자흐스탄, 우즈베키스탄, 키르기즈스탄, 투르크메니스탄, 타지키스탄이 독립했다. 20세기 초 소련에 편입된 뒤 이 지역의 효율적인 통치를 위하여 모스크바 당국자들이 인위적으로 지리적 경계를 획분하고 거기에 다수를 점하는 집단의 명칭을 붙여 '~ 사회주의공화국'이라고 칭했던 것인데, 거의 1세기에 가까운 시간이 흐르면서 이들 집단이 사실상의 '민족'으로 변모하고 말았다. 현재 이들 5개 신생국은 소련이라는 체제에서 벗어나 독자적인 생존의 길을 모색하고 있으나, 정치와 경제 방면에서 많은 한계와 난관에 직면해 있다. 우선 국가의 독립을 자신들의 노력과 준비로 쟁취한 것이 아니라 소련의 붕괴라는 우연적인 행운을 통해 얻은 것이기 때문에 기존 체제의 문제점들이 해결되지 않은 채 지속되고 있다. 소련 체제하에서의 기득권 세력이 여전히 그대로 잔존하면서 정치·경제적 개혁에 걸림돌이 되고 있는 것이 사실이다.

소련의 해체는 그 위성국이었던 몽골인민공화국의 운명도 바꾸어놓았다. 몽골은 1992년 새로운 헌법을 제정하고, 정치·경제 개혁을 단행하여 다당제를 도입했으며, 자유시장 경제를 실시하기 시작했다. 국가의 명칭에서 '인민공화국'이라는 말을 빼버리고 단순히 '몽골국(Mongol Uls)'이라고 하여 사회주의 체제와의 결별을 천명했다.

청 제국의 영역에 들어가 있던 중앙유라시아의 지역들 가운데 외몽골을 제외한 나머지 다른 지역들은 중화인민공화국에 그대로 편입되었고 현재까지 그 영역의 일부로 남아 있다. 중국 공산당은 한족과 55개 소수민족 모두가 단일한 '중화민족'의 구성원이며, 소수민족이 거주하던 지역들, 즉 만주·내몽골·신강·티베트 등지도 모두 역사적으로 '중국'에서 분할될 수 없는 일부를 이루고 있다고 주장하고 있다. 이는 위구르인이나 티베트인 가운데 이러한 주장에 동의하지 못하는 사람들로부터 거센 정치적 저항을 불러일으키고 있다.

20세기 말부터 시작된 이러한 일련의 변화들은 중앙유라시아에 거주하는 민족들에게 새로운 도전을 제기하고 있다. 18세기 중반 최후의 유목국가의 소멸로 상징되는 중앙유라시아의 역사적 쇠락이 21세기를 맞아 새로운 도약의 계기를 찾아낼지 확신하기 어렵다. 그러나 유라시아 내륙 교통로의 중요성에 대한 국제적인 인식이 달라지고 있는 최근의 추세는, 장차 세계사의 무대에서 중앙유라시아의 역할이 이제까지와는 다른 새로운 단계를 맞이할 것이라는 예상을 하게 한다.

도판 출처

● **프롤로그**

[10쪽] 몽골 초원의 유목민 : 김호동

[14쪽] 사막을 지나는 카라반 : 『실크로드, 길 위의 역사와 사람들』(김영종, 사계절출판사, 2009), p.4

[15쪽] 게르를 조립하는 사람들 : 김호동

[17쪽] 유목민의 일상생활 : 『유라시아 유목제국사』(르네 그루쎄, 김호동 · 유원수 · 정재훈 역, 사계절출판사, 1998) 표지

[19쪽] 오아시스 시장의 향신료 상인: 김호동

01 고대 유목국가

[20쪽] 스키타이의 황금 빗 : 『스키타이 황금』(국립중앙박물관, 조선일보사, 1991), p.115

[23쪽] 구석기 시대의 비너스상 : 『알타이문명전』(국립중앙박물관, 서울: 거손, 1995), p.31 | 누란의 미녀 : *The Mummies of Ürümchi*(E. J. W. Barber, New York, 1999), Plate 9

[24쪽] 우르 전차 : *5000 years of the art of the mesopotamia*(Eva Strommenger, Max Hirmer, New York: Harry N. Abrams, 1964)

[25쪽] 스키타이의 은제 마구 : *Scythian Gold: Museum of Historic Treasures of Ukraine*(Tokyo: Nihon Hōsō Kyōkai, 1992), p.160, cat. No.186

[26쪽] 아르잔 고분 평면도 : 『스키타이 황금』, p.239

[27쪽] 스키타이의 황금 항아리 : *The Golden Deer of Eurasia: perspectives on the steppe nomads of the ancient world*(Metropolitan Museum of Art; edited by Joan Aruz, Ann Frakas, Elisabetta Valtz Fino, Metropolitan Museum of Art, 2006), p.208

[28쪽] 비스툰 비문 : 김호동

[29쪽] 소그드인 조공단 : 김호동

[31쪽] 쿠르간 스케치 : *The Golden Deer of Eurasia*, p.45, Figure 45 | 스키타이의 황금 빗: 『스키타이 황금』, p.115

[33쪽] 아키나케스 검 : 『스키타이 황금』, p.245 | 파지리크의 말 가면: 『스키타이 황금』, p.232 | 사슴 모양 방패 장식판: 『스키타이 황금』, p.63

[34쪽] 진의 장성 : 『文物中國史』3(中國國家博物館, 山西教育出版社, 2003), p.106

[35쪽] 흉노인의 모습 : *Treasures of the Xiongnu*(edited by G. Eregzen, S.N., Ulaanbaatar, 2011), p.259

[39쪽] 흉노의 금관 : 『草原文化: 游牧民族的廣闊舞台』(陳万雄 主編, 上海: 上海遠東出版社, 1998), p.99, 도판 96

[41쪽] 카펫에 새겨진 얼굴 : *Nomads of Eurasia*(edited by Eladimir N. Basilov, Natural History Museum of Los Angeles, 1989), p.40 | 흉노 무덤에서 나온 그리스 신상: *Treasures of the Xiongnu*, p.128, 도판 162 | 유니콘 은 장식 : *Treasures of the Xiongnu*, p.208, 도판 304

[42쪽] 옥문관 : 『돈황의 역사와 문화』(나가사와 카즈토시, 민병훈 역, 사계절출판사, 2010), p.98

[43쪽] 하늘에서 내려다본 오아시스 도시 호탄의 모습 : 『실크로드와 둔황: 혜초와 함께하는 서역기행』(국립중앙박물관 편, 국립중앙박물관, 2010), p.31

[45쪽] 청동분마상 : 중국 감숙성박물관 홈페이지 | 마답흉노 석상 : 민병훈

[46쪽] 장건의 서역사행도 : 『돈황의 역사와 문화』, p.86

[50쪽] 교하고성 : 김호동

[53쪽] 오아시스 도시, 아이 하늠 : 김호동

[55쪽] 시집가는 왕소군 : 『실크로드』3(三省堂 저, 三省堂, 1987), p.119

[56쪽] 한 조정이 흉노의 수령에게 준 인장 : 『文物中國史』4, p.100

[58쪽] 크즐아드르 출토 동복 : 장은정

[59쪽] 몽골 출토 동복 : 장은정

[61쪽] 진오환기의후 금인 : 『草原文化: 游牧民族的廣闊舞台』, p.115, 도판 122~123 | 칙륵천 수렵도 벽화 : 『草原文化 : 游牧民族的廣闊舞台』, pp.116~117, 도판 124

[63쪽] 알선동 : 『아틀라스 중국사』(박한제 외, 사계절출판사, 2015), p.65 | 알선동 석각 축문 : 『아틀라스 중국사』, p.65

[64쪽] 탁발인 무사 : 『草原文化: 游牧民族的廣闊舞台』, p.138, 도판 159

[66쪽] 바미얀 대불 : *Central Asian Painting*(M. Bussagli, New York : Skira, 1979), p.37; 『아프가니스탄, 잃어버린 문명』(이주형, 사회평론, 2004), p.278

[69쪽] 쿠차의 봉수대 : 김호동 | 호탄어로 쓴 문서 : *The Silk Road: Trade, Travel, War And Faith*(Susan Whitfield, Ursula Sims-Williams, Serindia Pubns, 2004), p.138, 도판 28

[70쪽] 소그드인 서한 : *The Silk Road: Trade, Travel, War And Faith*, p.248, 도판 191 | 소그드 상인들 : *The Silk Road : Trade, Travel, War And Faith*, p.125, 도판 12a~b

[72쪽] 쿠차의 불교사원 유적 : 김호동

[73쪽] 인도에서 돌아오는 현장법사

02 투르크 민족의 활동

[74쪽] 빌게 카간과 퀼 테긴의 비석 : 김호동

[76쪽] 돌궐 카간의 금관 : 김호동

[78쪽] 사산 왕과 비잔티움 황제 : 김호동

[79쪽] 석인상 : 김호동

[80쪽] 금미주 도독의 묘지명 : 김호동

[82쪽] 고창고성 : 김호동

[85쪽] 빌게 카간 사당 복원도

[86쪽] 부구트 비문 : 김호동

[87쪽] 빌게 카간과 퀼 테긴의 비석 : 김호동 | 옹긴 비석 유적지 : 김호동

[88쪽] 살보의 묘지명(史君墓 銘文) : 『從撒馬爾刊到長安』(北京圖書館出版社, 2004), p.62

[90쪽] 조캉 사원 : 김호동

[91쪽] 문성공주가 티베트에 가져온 불상 : 『황하에서 천산까지』(김호동, 사계절출판사, 2002), p.37

[93쪽] 샤히 진다 : 김호동

[96쪽] 판지켄트 : 출처 미상

[97쪽] 한반도에서 온 사신

[99쪽] 카라발가순 성터 : 김호동

[100쪽] 카라발가순 비석 잔편 : https://mediaevalmusings.files.wordpress.com/2012/03/karakorum3.jpg

[101쪽] 돌궐 · 소그드 수령 회맹도 : 『從撒馬爾刊到長安』, p.70

[102쪽] 타리아트 비석과 비문 : 김호동

[103쪽] 바이발릭 성터 : http://bitig.org/show_big.php?fn=pictures/1283.jpg | 시네 우수 비석과 비문 : 출처 미상

[104쪽] 키르기즈 비석 : Website "Türik Bitig"

[106쪽] 호탄 군주 공양도 : http://en.people.cn/features/dunhuang/pages/murals15.htm | 위구르 왕 공양도 : https://en.wikipedia.org/wiki/Uyghur_Khaganate#/media/File:Dunhuang_Uighur_king.jpg

[108쪽] 북정 서대사 : 김호동

[109쪽] 위구르 왕자와 왕녀 : *Central Asian Painting*(Bussagli), pp.106~107

[111쪽] 『투르크어 사전』의 세계지도 : *Kitabu Divani Lügati't-Türk*(Ankara: Kültür ve Turizm Bakanli, 2008) | 유수프 하스 하집의 능묘 : 김호동

03 정복왕조와 몽골 제국

[112쪽] 바그다드 함락 : *Cengiz Han ve Mirasilari*, pp.348~349

[114쪽] 관음보살 석조상 : 김호동

[116쪽] 거란 상경 : 『內蒙古東南部航空攝影考古報告』(中國歷史博物館遙感與航空攝影考古中心, 內蒙古自治區文物考古研究所 編著, 科學出版社, 2002), p.87

[117쪽] 거란 벽화 : 『宣化遼墓壁畵』(河北省文物研究所, 2001), pp.24~25, 圖1

[119쪽] 쌍어문 대동경 : 『文物中國史』7, p.112 | 대금득승타송비: 『中華文明傳眞』8, p.39

[120쪽] 거란 소자 동경 : 『韓半島から眺めた契丹 · 女真』(愛新覺羅 烏拉熙春, 京都大学学術出版会, 2011), pp.113~120

[121쪽] 여진의 모극 인장 : 『中華文明傳眞』8, p.57

[122쪽] 카라 키타이인의 모습 : 『三才圖會』(王圻)

[123쪽] 친 톨고이 : 김호동

[125쪽] 술탄 마흐무드 : 14세기 초 라시드 앗 딘의 〈집사〉 삽화 (에딘버러 대학 소장본) | 쿠틉 앗 딘 미나렛: 김호동 | 룸 셀주크 왕조의 카라반사라이 : 김호동

[127쪽] 에르구네 강가의 마을 : 김호동

[128쪽] 『몽골비사』(홍무간본) : 『大汗的世紀: 蒙元時代的多元文化與藝術』(故宮博物院, 2001), p.47

[129쪽] 몽골의 갑옷과 무기 : *Dschingis Khan und seine Erben: Das Weltreich der Mongolen*(Hirmer Verlag, Hirmer Verlag, 2005), p.100

[130쪽] 칭기스 석 및 탁본 : *Dschingis Khan und seine Erben*, p.27

[133쪽] 바그다드 함락 : *Cengiz Han ve Mirasilari*, pp.348~349

[135쪽] 톨루이와 그의 후손들 : 김호동

[136쪽] 아릭 부케의 은화 : *The Coins of Mongol Empire and Clan Tamgha of Khans XII-XIV* (B. Nyamaa, Ulaanbatar, 2005)

[137쪽] 사냥하는 쿠빌라이 : 『大汗的世紀』, p.27

[139쪽] 알말릭 성터 : 김호동

[141쪽] 울제이투의 편지(일부) : *Cengiz Han ve Mirasilari*, pp.382

[143쪽] 아유르바르와다의 성지 : *Documents de l'époque mongole des XIIIe et XIVe siècles*(Bonaparte, R. N., Paris: Grave et imprimé pour l'auteur, 1895)

[144쪽] 상도 항공사진 : 『內蒙古東南部航空攝影考古報告』, p.155

[147쪽] 『지정조격』 : 김호동 | 『원전장』 : 『大汗的世紀』, p.46

[148쪽] 〈원경세대전여지도〉 : http://astronote.org/bbs/board.php?bo_table=ancient&wr_id=23470&page=5

[150쪽] 주치 울루스 은제 그릇 : *Cengiz Han ve Mirasilari*, p.320

[151쪽] 리그니츠 전투 : *Dschingis Khan und seine Erben*, p.212

[152쪽] 훌레구 울루스 유적 : *Dschingis Khan und seine Erben*, p.244

[153쪽] 채색 타일 : 출처 미상

[155쪽] 순천 송광사 티베트문 법지 : 『고려 · 조선의 대외교류』(국립중앙박물관 편, 통천문화사, 2002), p.36

[156쪽] 위구르문 패자: 출처 미상 | 파스파문 패자 : 『成吉思汗』, p.238

[157쪽] 상락참 동인 : 『成吉思汗』, p.241

[158쪽] 구육의 친서 : http://www.karakalpak.com/histgolden.html

[160쪽] 〈혼일강리역대국도지도〉 : 서울대학교 규장각한국학연구원 소장 사본

[161쪽] 『집사』 : *A Conpendium of Chronicles: Rashid al-Din's Illustrated History of the World*(S. Blair, London, 1995), folio 254a | 〈카탈루냐 지도〉 : http://prettyawfulthings.com/2013/09/13/the-catalan-atlas-of-1375

[163쪽] 경교 묘석 : 출처 미상 | 에르데니인 톱치: 출처 미상

04 계승국가의 시대

[164쪽] 티무르 왕조의 회화 : http://www.matrix.msu.edu/hst/fisher/HST150/unit2/mod/inc_a.html

[169쪽] 아르샤드 앗 딘 성묘 편액 : 『황하에서 천산까지』, p.177

[170쪽] 티무르 왕조의 회화 : http://www.matrix.msu.edu/hst/fisher/HST150/unit2/mod/inc_a.html

[171쪽] 티무르 복원상 : http://www.matrix.msu.edu/hst/fisher/HST150/unit2/mod/inc_a.html

[173쪽] 아부 사이드의 편지 : 출처 미상

[174쪽] 샤히 진다 : 김호동

[175쪽] 울룩 벡 천문대 내부 : https://en.wikipedia.org/wiki/Ulugh_Beg

[177쪽] 『라시드사』 사본 : 김호동 소장 사본 마이크로필름 복사 | 샤이바니 칸 : 출처 미상

[179쪽] 부하라 구시가지의 모습 : 출처 미상 | 히바 고성 : 김호동

[181쪽] 우와이스 칸 성묘 : 김호동

[182쪽] 알탄 톱치 : 『成吉思汗』

[185쪽] 사마대 장성 : 김호동

[187쪽] 아마니사 한 성묘 : 김호동

[188쪽] 호자 아팍크 성묘 : 김호동

[189쪽] 야사비 성묘 : http://www.architectureweek.com/2004/0107/culture_1-1.html

[190쪽] 칸주르 : 출처 미상 | 소남 갸초 : http://treasuryoflives.org/biographies/view/Third-Dalai-Lama-Sonam-Gyatso/12828

[191쪽] 에르데니 조오 사원 : 김호동

05 유목국가의 쇠퇴

[192쪽] 레나트 지도 : 김호동

[195쪽] 만주기인의 초상 : 출처 미상

[197쪽] 예르막의 시베리아 정복 : https://en.wikipedia.org/wiki/Yermak_Timofeyevich#/media/File:Surikov_Pokoreniye_Sibiri_Yermakom.jpg

[198쪽] 네르친스크 : *China Marches West : The Qing Conquest of Central Eurasia*(Peter C. Perduet, Belknap Press, 2010), p.162

[199쪽] 네르친스크 조약 문서 : Russko-Kitaiskie, p.647

[202쪽] 포탈라궁의 모습 : 주수완

[204쪽] 레나트 지도 : 김호동

[205쪽] 툴리셴의 『이역록』 : 今西春秋 撰, 『校注異域錄』 (天理市, 1964)

[206쪽] 운코프스키 일행이 작성한 준가르 지도 : *Russia, Mongolia, China*(J. F. Baddley, London : Macmillan and Co., 1919), clxxiv 맞은 쪽

[207쪽] 표트르 대제 : 출처 미상

[208쪽] 〈평정일리수항도〉 : https://commons.wikimedia.org/wiki/File:Receiving_the_surrender_of_the_Yili.jpg

[209쪽] 다와치의 초상 : *Die Mongolen: Beiträge zu ihrer Geschichte und Kultur*(W. Heissig, Darmstadt: Wissenschaftliche Buchgesellschaft, 1986), p.84

[210쪽] 몽골 초원으로 이주한 한인 경작자: 출처 미상

[213쪽] 스벤 헤딘의 그림 : *Sven Hedin as artist*(Stockholm: Statens Etnografiska Museum, 1964) | 조혜의 초상화 : https://zh.wikipedia.org/wiki/兆惠#/media/File:Jaohui.jpg

[214쪽] 우르가 : *Die Mongolen : Beiträge zu ihrer Geschichte und Kultur*

[217쪽] 발리하노프의 스케치 : *Sobranie sochinenii* (Ch. Ch. Valikhanov, Alma-Ata, 1984), vol. 3, p. 169

[219쪽] 야쿱 벡 : *Zapiski Vostochnogo Otdeleniya Imperato* no. 11, 1899 | 『하미드사』 : 김호동

[220쪽] 러시아군과 중앙아시아 토착민 사이의 전투 : http://www.artexpertswebsite.com/pages/artists/vereshagin.php

● 에필로그

[223쪽] 우즈베키스탄의 문화적 상징, 레기스탄 광장 : 김호동

[225쪽] 수흐바타르 동상 : 김호동

[227쪽] 세대에 따라 상이한 복장을 한 신강의 위구르인들 : 김호동

[229쪽] 서녕과 라싸를 잇는 청장靑藏(칭짱) 철도 : 주수완

참고문헌

● 개설서

고마츠 히사오(小松久男) 외 (2005). 『중앙유라시아의 역사』. 이평래 역. 서울: 소나무.

그루쎄 (1998). 『유라시아 유목제국사』. 김호동, 유원수, 정재훈 역. 서울: 사계절출판사.

나가자와 가즈도시(長澤和俊) (1996). 『실크로드의 역사와 문화』. 이재성 역. 서울: 민족사.

마노 에이지(間野英二) 등 (2009). 『교양인을 위한 중앙아시아사』. 현승수 역. 서울: 책과함께.

스기야마 마사아키(杉山正明) (1999). 『유목민이 본 세계사: 민족과 국경을 넘어』. 이진복 역. 서울: 학민사.

스타인 (2004). 『티벳의 문화』. 안성두 역. 서울: 무우수.

정수일 (2001). 『씰크로드학』. 서울: 창비.

정수일 (2002). 『문명교류사연구』. 서울: 사계절출판사.

정수일 (2013). 『실크로드사전』. 서울: 창비.

間野英二 等 (1992). 『內陸アジア』. 東京: 朝日新聞社.

江上波夫 編 (1987). 『中央アジア史』. 東京: 山川出版社.

護雅夫, 岡田英弘 編. (1990). 『中央ユ－ラシアの世界』. 東京: 山川出版社.

護雅夫, 神田信夫 編. (1981). 『北アジア史』. 東京: 山川出版社.

Adle, Chahryar, Irfan Habib, Karl M. Baipakov eds. (2003). *History of Civilizations of Central Asia. Vol. 5, Development in Contrast: From the Sixteenth to the Mid-Nineteenth Century.* Paris: UNESCO.

Barfield, Thomas J. (1989). *Perilous Fronteir: Nomadic Empires and China.* Cambridge: Basil Blackwell. (『위태로운 변경』. 윤영인 역. 서울: 동북아역사재단, 2009.)

Beckwith, C. I. (2009). *Empires of the Silk Road: A History of Central Eurasia from the Bronze Age to the Present.* Princeton: Princeton University Press.

Bosworth, C. E., M. S. Asimov eds. (2000). *History of Civilizations of Central Asia. Vol. 4-1, The Age of Achievement: A.D. 750 to the End of the Fifteenth Century : The Achievements.* Paris: UNESCO.

Bosworth, C. E., M. S. Asimov (2000) eds. *History of Civilizations of Central Asia. Vol. 4-2, The Age of Achievement: A.D. 750 to the End of the Fifteenth Century : The Achievements.* Paris: UNESCO.

Bregel, Yuri ed. (2000). *Historical Maps of Central Asia, 9th-19th Centuries A.D.* Bloomington, Ind.: Indiana University Research Institute for Inner Asian Studies.

Christian, David (1998). *A History of Russia, Central Asia, and Mongolia. Vol. 1 (Inner Asia from Prehistory to the Mongol Empire),* Malden, MA: Blackwell Publishers.

Dani, A.H., V. M. Masson eds. (1992). *History of Civilizations of Central Asia. Vol. 1, The Dawn of Civilization, Earliest Time to 700 B.C.* Paris: UNESCO.

Golden, P. B. (2011). *Central Asia in World History.* New York: Oxford University Press.

Grousset, René (1970). *The Empire of the Steppes: A History of Central Asia.* Translated by Naomi Walford. New Brunswick: Rutgers University Press.

Hambly, Gavin, et. al., (1969). *Central Asia.* London: Morrison and Gibb.

Harmatta, János ed. (1999). *History of civilizations of Central Asia. Vol. 2, The Development of sedentary and nomadic Civilizations, 700 B.C. to A.D. 250.* Paris: UNESCO.

Jagchid, Sechin, Paul Hyer (1979). *Mongolia's Culture and Society.* Boulder, Colorado: Westview Press.

Litvinsky, B. A. ed. (1999). *History of Civilizations of Central Asia. Vol. 3, The Crossroads of*

Civilizations, A.D. 250 to 750. Paris: UNESCO.

Palat, Madhavan K., Anara Tabyshalieva eds. (2005). *History of Civilizations of Central Asia. Vol. 6, Towards the Contemporary Period : From the Mid-Nineteenth to the End of the Twentieth Century*. Paris: UNESCO.

Richardson, H. E. (1962). *A Short History of Tibet*. New York: E. P. Dutton.

Shakabpa, W. D. (1984). *Tibet: a Political History*. New York: Potala Publications.

Sinor, Denis ed. (2008). *The Cambridge History of Early Inner Asia*. Cambridge: Cambridge University Press.

Snellgrove, David L., Hugh Richardson (1968). *A Cultural History of Tibet*. London: Weidenfeld & Nicolson.

Soucek, Svatopluk (2000). *A History of Inner Asia*. Cambridge University Press.

Stein, Rolf A. (1972). *Tibetan Civilization*. Translated by J. E. Stapleton Driver. Stanford: Stanford University Press.

Tucci, Giusepe (1967). *Tibet: Land of Snows*. Translated by J. E. Stapleton Driver. London: Paul Elek.

● **프롤로그**

하자노프 (1990). 『유목사회의 구조』. 김호동 역. 서울: 지식산업사.

松田壽男 (1986). 『遊牧民の歷史』. 東京: 六興出版.

松田壽男 (1986). 『砂漠の文化』. 東京: 六興出版.

王明珂 (2009). 『游牧者的抉擇 : 面對漢帝國的北亞游牧部』. 臺北: 中央硏究院 聯經出版事業股份有限公司.

後藤富男 (1968). 『內陸アジア遊牧民社會の硏究』. 東京: 吉川弘文館.

Bemmann, Jan, Michael Schmauder eds. (2015). *Complexity of Interaction along the Eurasian Steppe Zone in the First Millennium CE*. Bonn: Rheinische Friedrich-Wilhelms-Universität Bonn.

Hansen, Valerie (2012). *Silk Road: A New History*. Oxford: Oxford University Press.

Huntington, E. (1907). *The Pulse of Asia*. Boston: Houghton Mifflin Company.

Khazanov, Anatoly M. (1984). *Nomads and the Outside World*. Cambridge: Cambridge University Press.

Khazanov, Anatoly M., André Wink eds. (2001). *Nomads in the Sedentary World*. Richmond, Surrey: Curzon.

Krader, Lawrence (1963). *Social Organization of the Mongol-Turkic Pastoral Nomads*. The Hague: Mouton.

Lattimore, Owen (1951). *Inner Asian Frontiers of China*. New York: American Geographical Society.

Lattimore, Owen (1962). *Studies in Frontier History: Collected Papers 1928-1958*. London: Oxford University Press.

Liu Xinru (2010). *The Silk Road in World History*. Oxford: Oxford University Press.

Sneath, David (2007). *The Headless State : Aristocratic Orders, Kinship Society, & Mmisrepresentations of Nomadic Inner Asia*. New York: Columbia University Press.

Togan, Isenbike A. (1998). *Flexibility and Limitation in Steppe Formations*. Leiden: Brill.

디 코스모 (2005). 『오랑캐의 탄생』. 이재정 역. 서울: 황금가지.

『몽골 호드긴톨고이 흉노무덤』 (2003). 서울: 대한민국국립중앙박물관.

미사키 요시아키(三崎良章) (2007). 『五胡十六國: 中國史上의 民族大移動』. 김영환. 서울: 경인문화사.

박한제 (1988). 『中國中世胡漢體制硏究』. 서울: 一潮閣.

뻬레보드치꼬바 (1999). 『스키타이 동물양식: 스키타이 시대 유라시아의 예술』. 정석배 역. 서울: 학연문화사.

『史記 外國傳 譯註 (譯註 中國 正史 外國傳 1)』 (2009). 서울: 동북아역사재단.

사와다 아사오(澤田勳) (2007). 『흉노』. 김숙경 역. 서울: 아이필드.

『三國志 晉書 外國傳 譯註 (譯註 中國 正史 外國傳 4)』. (2009). 서울: 동북아역사재단.

『스키타이 황금 : 소련 국립 에르미타주 박물관 소장』. (1991). 서울: 조선일보사.

오다니 나카오(小谷仲男) (2008). 『대월지』. 민혜홍 역. 서울: 아이필드.

정수일 (2001). 『고대문명교류사』. 서울: 사계절출판사.

최진열 (2011). 『북위황제 순행과 호한사회』. 서울: 서울대학교출판문화원.

『漢書 外國傳 譯註 上,下(譯註 中國 正史 外國傳 2)』. (2009). 서울: 동북아역사재단.

헤로도토스 (1987). 『역사』. 박광순 역. 서울: 범우사.

『後漢書 外國傳 譯註 上,下 (譯註 中國 正史 外國傳 3)』. (2009). 서울: 동북아역사재단.

江上波夫 (1948). 『ユウラシア古代北方文化: 匈奴文化論考』. 東京: 山川出版社.

內田吟風 (1975). 『北アジア史硏究: 鮮卑柔然突厥篇』. 東京: 同朋社.

內田吟風 (1975). 『北アジア史硏究: 匈奴篇』. 東京: 同朋社.

藤川繁彦 (1999). 『中央ユ－ラシアの考古學』. 東京: 同成社.

林幹 (1986). 『匈奴通史』. 北京: 人民出版社.

林俊雄 (2007). 『スキタイと匈奴: 遊牧の文明』. 東京: 講談社.

山田信夫 (1989). 『北アジア遊牧民族史硏究』. 東京: 東京大學出版會.

王炳華 (2009). 『絲綢之路考古硏究』. 烏魯木齊: 新疆人民出版社.

田村實造 (1985). 『中國史上の民族移動期: 五胡・北魏時代の政治と社會』. 東京: 創文社.

Anthony, D. W. (2007). *The Horse, the Wheel and Language*. Princeton: Princeton University Press.

Aruz, Joan, et, al, ed. (2000). *The Golden Deer of Eurasia*. New York: Metropolitan Museum of Art.

Benjamin, Craig (2007). *The Yuezhi : Origin, Migration and the Conquest of Northern Bactria*. Turnhout: Brepols.

Briant, Pierre (2015). *Darius in the Shadow of Alexander*. Cambridge, Massachusetts: Harvard University Press.

Brosseder, Ursula & Bryan K. Miller ed. (2011). *Xiongnu Archaeology : Multidisciplinary Perspectives of the First Steppe Empire in Inner Asia, Bonn.*

Di Cosmo, Nicola (2002). *Ancient China and Its Enemies: The Rise of Nomadic Power in East Asian History*. Cambridge, UK: Cambridge University Press.

Frye, R. N. (1983). *The History of Ancient Iran*. Müenchen: Beck.

Herzfeld, Ernst (1968). *The Persian Empire. Studies in Geography and Ethnography of the Ancient Near East*. Wiesbaden: F. Steiner.

Kuzmina, E. E. (2008). *The Prehistory of the Silk Road.* Translated by Victor H. Mair. Philadelphia: University of Pennsylvania.

Leslie, D. D., K. H. J. Gardiner (1996). *The Roman Empire in Chinese Sources.* Roma: Universita di Roma 〈La Sapienza〉.

Mallory, J. P., Victor H. Mair (2000). *The Tarim Mummies: Ancient China and the Mystery of the Earliest Peoples from the West.* London: Thames & Hudson.

Rice, David Talbot (1958). *The Scythians. 2nd ed.* London: Thames and Hudson.

Rostovtzeff, Michael Ivanovitch (1922). *Iranians & Greeks in South Russia.* Oxford: The Clarendon Press.

Sinor, Denis ed. (2008). *The Cambridge History of Early Inner Asia.* Cambridge: Cambridge University Press.

Torday, Laszlo (1997). *Mounted Archers: The Beginnings of Central Asian History.* Edinburgh: The Durham Academic Press.

Yü Ying-shih (1967). *Trade and Expansion in Han China.* Berkeley: University of California Press.

02 투르크 민족의 활동

박한제 (2015). 『대당제국과 그 유산』. 서울: 세창출판사.

정재훈 (2005). 『위구르 유목제국사』. 서울: 문학과지성사.

탈라트 테킨 (2008). 『돌궐비문연구』. 이용성 역. 서울: 제이앤씨.

內藤みどり (1988). 『西突厥史の研究』. 東京: 早稲田大學出版部.

李樹輝 (2010). 『烏古斯和回鶻研究』. 北京: 民族出版社.

林幹 (2007). 『突厥與回紇史』. 呼和浩特: 內蒙古人民出版社.

林旅芝 (1967). 『鮮卑史』. 香港: 中華文化事業公司.

馬長壽 (1962). 『烏桓與鮮卑』. 上海: 上海人民出版社.

米文平 (1997). 『鮮卑石室尋訪記』. 濟南: 山東畫報出版社.

森部豊 (2010). 『ソグド人の東方活動と東ユーラシア世界の歷史的展開』. 吹田: 關西大學出版部.

森安孝夫 (2007). 『シルクロードと唐帝國』. 興亡の世界史 5. 東京: 講談社.

森安孝夫 (2015). 『東西ウイグルと中央ユーラシア』. 名古屋: 名古屋大學出版會.

森安孝夫, オチル(Ochir) 編 (1999). 『モンゴル國現存遺蹟 · 碑文調査研究報告』. 大阪: 中央ユーラシア學研究會.

森安孝夫. (2011). 『ソグドからウイグルへ －シルクロード東部の民族と文化の交流』. 東京: 汲古書院.

石見清裕 (1998). 『唐の北方問題と國際秩序』. 東京: 汲古書院.

薛宗正 (1992). 『突厥史』. 北京: 中國社會科學出版社.

嗚玉貴 (2009). 『突厥第二汗國漢文史料編年輯考(上 · 中 · 下)』. 北京: 中華書局.

岑仲勉 (1958). 『突厥集史(上 · 下)』. 北京: 中華書局.

周偉洲 (1983). 『敕勒與柔然』. 上海: 上海人民出版社.

中國科學院歷史研究所史料編纂組. (1962). 『柔然資料輯錄』. 北京: 中華書局.

護雅夫 (1967).『古代トルコ民族史研究 I』. 東京: 山川出版社.

護雅夫 (1992).『古代トルコ民族史研究 II』. 東京: 山川出版社.

荒川正晴 (2010).『ユーラシアの交通、交易と唐帝國』. 名古屋: 名古屋大學出版會.

Chen, Sanping (2012). *Multicultural China in the Early Middle Ages*. Philadelphia: University of Pennsylvania Press.

Drompp, Michael R. (2005). *Tang China and the Collpase of the Uighur Empire*. Leiden: Brill.

Frye, R. N. (1975). *The Golden Age of Persia: The Arabs in the East*. London: Weidenfeld and Nicolson.

Frye, R. N. (1996). *The Heritage of Central Asia from Antiquity to the Turkish Expansion*. Princeton: Markus Wiener Publishers.

Gillman, Ian, Hans-Joachim Klimkeit (1999). *Christians in Asia before 1500*. Ann Arbor: University of Michigan Press.

Golden, P. B. (1992). *An Introduction to the History of the Turkic Peoples*. Wiesbaden: Otto Harrassowitz.

Golden, P. B. (2003). *Nomads and Their Neighbours in the Russian Steppe: Turks, Khazars and Qipchaqs*. Ashgate: Aldershot, Hampshire: Ashgate.

Golden, P. B. (2010). *Turks and Khazars: Origins, Institutions, and Interactions in Pre-Mongol Eurasia*. Farnham, Surrey: Ashgate Publishing Company.

Grenet, Frantz (2003). *Regional Interaction in Central Asia and Northwest India in the Kidarite and Hephthalite Period*. Oxford: Oxford University Press

Ibn Fadlan (2005). *Ibn Fadlan's Journey to Russia: A Tenth-Century Traveler from Baghdad to the Volga River*. Translated by R. N. Frye. Princeton: Markus Wiener Publisher.

Kashghari, Mahmud al- (1982). *Compendium of the Turkic Dialects (Dīwān Lughāt at-Turk)*. Translated by Robert Dankoff. Duxbury, MA.: Harvard University.

Li Tang, Dietmar W. Winkler eds. (2013). *From the Oxus River to the Chinese Shores: Studies on East Syriac Christianity in China and Central Asia*. Wien: Lit Verlag.

Mackerras, Colin (1972). *The Uighur Empire according to the T'ang Dynastic Histories: A Study in Sino-Uighur Relations 744-840*. Columbia, South Carolina: University of South Carolina Press.

Narshakhi (1954). *The History of Bukhara: Translated from a Persian Abridgment of the Arabic Original by Narshakhi*. Translated by R. N. Frye. Cambridge, Mass.: The Medieval Academy of America.

Pulleyblank, Edwin G. (1955). *The Background of the Rebellion of An Lu-shan*. London: Oxford University Press.

Saeki, Yoshirō (1916). *The Nestorian Monument in China*. London: S.P.C.K.

Skaff, Johathan Karam (2012). *Sui-Tang China and Its Turko-Mongol Neighbors: Culture, Power, and Connections, 580-800*. Oxford: Oxford University Press.

Stepanov, Tsvetelin (2010). *Bulgars and the Steppe Empire in the Early Middle Ages : the Problem of the Others*. Boston: Brill.

Vassiere, Etienne de (2005). *Sogdian Traders: A History*. Translated by James Ward. Leiden: Brill.

Yūsuf Khāss Hājib (1983). *Wisdom of Royal Glory (Kutadagu Bilig): A Turko-Islamic Mirror for Princes*. Translated by Robert Dankoff. Chicago: The University of Chicago Press.

03 정복왕조와 몽골 제국

김당택 (1998). 『元干涉下의 高麗政治史』. 서울: 一潮閣.
김위현 역 (2012). 『國譯 遼史(上 · 中 · 下)』. 서울: 단국대학교출판부.
김호동 (2002). 『동방기독교와 동서문명』. 서울: 까치.
김호동 (2007). 『몽골帝國과 高麗』. 서울: 서울대학교 출판부.
김호동 (2010). 『몽골제국과 세계사의 탄생』. 서울: 돌베개.
라시드 앗 딘 (1992). 『라시드 앗 딘의 집사 1: 부족지』. 김호동 역. 서울: 사계절출판사.
라시드 앗 딘 (2003). 『라시드 앗 딘의 집사 2: 칭기스 칸기』. 김호동 역. 서울: 사계절출판사.
라시드 앗 딘 (2005). 『라시드 앗 딘의 집사 3: 칸의 후예들』. 김호동 역. 서울: 사계절출판사.
라츠네프스키 (1992). 『칭기스칸: 그 생애와 업적』. 김호동 역. 서울: 지식산업사.
로사비 (2008). 『쿠빌라이 칸: 그의 삶과 시대』. 강창훈 역. 서울: 천지인.
『몽골비사』 (2004). 유원수 역. 서울: 사계절출판사.
메이 (2007). 『몽골병법』. 신우철 역. 서울: 대성닷컴.
모어건 (2012). 『몽골족의 역사』. 권용철 역. 서울: 모노그래프.
미야 노리코 (2010). 『조선이 그린 세계지도 : 몽골 제국의 유산과 동아시아』. 김유영 역. 서울: 소와당.
사위민 (2009). 『위대한 통일』. 배숙희 역. 서울: 한국학술정보.
스기야마 마사아키 (1999). 『몽골세계제국사』. 임대희, 김장구, 양영우 역. 서울: 신서원.
여원관계사연구팀. (2008). 『譯註 元高麗紀事』. 서울: 선인.
아부 루고드 (2006). 『유럽 패권 이전 : 13세기 세계체제』. 박홍식, 이은정 역. 서울: 까치글방.
오도릭 (2012). 『오도릭의 동방기행』. 정수일 역. 서울: 문학동네.
오타기 마쓰오(愛宕松男) (2013). 『대원제국』. 윤은숙, 임대희 역. 서울: 혜안.
윤영인 外 (2010). 『외국학계의 정복왕조 연구 시각과 최근 동향』. 서울: 동북아연구재단.
윤용혁 (1991). 『高麗對蒙抗爭史硏究』. 서울: 一志社.
윤은숙 (2010). 『몽골제국의 만주 지배사』. 서울: 소나무.
이강한 (2013). 『고려와 원제국의 교역의 역사』. 서울: 창비.
이개석 (2013). 『高麗-大元 관계 연구』. 서울: 지식산업사.
이븐 바투타 (2001). 『이븐 바투타 여행기』. 정수일 역. 3권. 서울: 창비.
이용범 (1988). 『中世滿洲·蒙古史의 硏究』. 서울: 동화출판공사.
이용범 (1989). 『韓滿交流史硏究』. 서울: 동화출판공사.
이재성 (1996). 『古代 東蒙古史硏究』. 서울: 법인문화사.
장지우허 (2009). 『몽골인 그들은 어디서 왔나?』. 북방사연구팀. 서울: 소나무.
주채혁 (2009). 『몽·려전쟁기의 살리타이와 홍복원』. 서울: 혜안.
플라노 카르피니, 윌리엄 루브룩 (2015). 『몽골제국기행』. 김호동 역. 서울: 까치.
岡田英弘 (2010). 『モンゴル帝國から大清帝國へ』. 東京: 藤原書店.

宮紀子 (2006).『モンゴル時代の出版文化』. 名古屋: 名古屋大學出版會.

党寶海 (2006).『蒙元驛站交通研究』. 北京: 崑崙出版社.

島田正郎 (1978).『遼代社會史研究』. 東京: 巖南堂書店.

島田正郎 (1978).『遼朝官制の研究』. 東京: 創文社.

島田正郎 (1979).『遼朝史の研究』. 東京: 創文社.

李治安 (2003).『元代政治制度研究』. 北京: 人民出版社.

白石典之 (2002).『モンゴル帝國史の考古學的研究』. 東京: 同成社.

史衛民 (1996).『元代社會生活史』. 北京: 中國社會科學出版社.

史衛民 (1998).『元代軍事史』. 北京: 軍事科學出版社.

杉山正明 (1996).『モンゴル帝國の興亡』. 2巻. 東京: 講談社.

杉山正明 (2004).『モンゴル帝國と大元ウルス』. 京都: 京都大學學術出版會.

杉山正明 (2005).『疾驅する草原の征服者: 遼・西夏・金・元』. 中國の歴史 8巻. 東京: 講談社.

杉山正明 (2008).『モンゴル帝國と長いその後』. 中國の歴史 9巻. 東京: 講談社.

杉山正明, 北川誠一 (1997).『大モンゴルの時代』. 東京: 中央公論社.

森平雅彦 (2013).『モンゴル覇權下の高麗』. 名古屋: 名古屋大學出判會.

蕭啓慶 (1999).『元朝史新論』. 臺北: 允晨文化.

蕭啓慶 (2007).『內北國而外中國: 蒙元史研究』. 2巻. 北京: 中華書局.

安部建夫 (1972).『元代史の研究』. 東京: 創文社.

姚大力 (2011).『蒙元制度與政治文化』. 北京: 北京大學出版社.

魏良韜 (1987).『西遼史研究』. 銀川: 寧夏人民出版社.

劉迎勝 (2006).『察合台汗國史研究』. 上海: 上海古籍出版社.

陳高華 (1991).『元史研究論稿』. 北京: 中華書局.

陳高華 等 點校 (2011).『元典章』. 4巻. 北京: 中華書局.

陳高華, 史衛民 (2010).『元代大都上都研究』. 北京: 人民大學出版社.

陳高華, 張帆, 劉曉 (2009).『元代文化史』. 廣東: 廣東教育出版社.

村上正二 (1993).『モンゴル帝國史研究』. 東京: 風間書房.

村上正二 譯註 (1970-76).『モンゴル秘史—チンギス・カン物語』. 3巻. 東京: 平凡社.

韓儒林 主編 (1986).『元朝史 (上・下)』. 北京: 人民出版社.

Abu-Lughod, Janet L. (1989). *Before European Hegemony : The World System A.D. 1250-135.* New York: Oxford University Press.

Allsen, Thomas T. (1987). *Mongol Imperialism: The Policies of the Grand Qan Möngke in China, Russia, and the Islamic Lands, 1251-1259.* Berkeley: University of California Press.

Allsen, Thomas T. (1997). *Commodity and Exchange in the Mongol Empire.* Cambridge: Cambridge University Press.

Allsen, Thomas T. (2001). *Culture and Conquest in Mongol Eurasia.* Cambridge: Cambridge University Press.

Amitai, Reuven, David Morgan eds. (1999). *The Mongol Empire and Its Legacy.* Leiden: Brill.

Amitai, Reuven, Michal Biran eds. (2005). *Mongols, Turks, and Others: Eurasian Nomads and the Sedentary World.* Leiden: Brill.

Amitai, Reuven, Michal Biran eds. (2015). *Nomads as Agents of Cultural Change: The Mongols and Their Eurasian Predecessors.* Honolulu: University of Hawai'i Press.

Amitai, Reuven. (1995). *Mongols and Mamluks: the Mamluk-Īlkhānid War, 1260-1281.* Cambridge: Cambridge University Press.

Barthold, V. V. (1977). *Turkestan down to the Mongol Invasion.* Philadelphia: Porcupine.

Baṭṭūṭa, Ibn (1958). *The Travels of Ibn Baṭṭūṭa A.D. 1325-1354.* Translated by H. A. R. Gibb et al. 4 vols., Cambridge: The Hakluyt Society.

Biran, Michal (1997). *Qaidu and the Rise of the Independent Mongol State in Central Asia.* Surrey: Curzon.

Biran, Michal (2005). *The Empire of Qara Khitay in Eurasian History: Between China and Islamic World.* Cambridge: Cambridge University Press.

Biran, Michal (2007). *Chinggis Khan.* Oxford: Oneworld.

Boyle, J. A. (1977). *The Mongol World Empire, 1206-1370.* London: Variorum Reprints.

Boyle, J. A. ed. (1968). *The Cambridge History of Iran: The Saljuq and the Mongol Periods. Vol. 5.* Cambridge: Cambridge University Press.

Ciočiltan, Virgil (2012). *The Mongols and the Black Sea Trade in the Thirteenth and Fourteenth Centuries.* Edited by Samuel Willcocks. Leiden: Brill.

Cleaves, F. W. (1982). *The Secret History of the Mongols.* Cambridge, Mass.: Harvard University Press.

Dardess, John W. (1973). *Conquerors and Confucians: Aspects of Political Change in Late Yuan China.* New York: Columbia University Press.

Di Cosmo, Nicola, Allen J. Frank, Peter B. Golden eds. (2009). *The Cambridge History of Inner Asia: The Chinggisid Age.* Cambridge, UK: Cambridge University Press.

Dunn, Ross E. (2012). *The Adventures of Ibn Battuta: A Muslim Traveler of the Fourteenth century.* Berkeley: University of California Press.

Endicott-West, E. (1989). *Mongolian Rule in China: Local Administration in the Yuan Dynasty.* Cambridge, Mass.: Harvard University Press.

Farquhar, David. M. (1990). *The Government of China under Mongol Rule, A Reference Guide.* Stuttgart: Franz Steiner Verlag.

Halperin, Charles J. (1987). *Russia and the Golden Horde: the Mongol Impact on Medieval Russian history.* Bloomington: Indiana University Press.

Jackson, Peter (2005). *The Mongols and the West, 1221-1410.* Harlow: Pearson.

Jackson, Peter (2009). *Studies on the Mongol Empire and Early Muslim India.* Farnham, England: Ashgate/Variorum Pub.

Juvayni, Ata Malik (1958). *The History of the World-Conqueror.* Translated by John Andrew Boyle. 2 vols., Cambridge, Mass.: Harvard University Press.

Komaroff, Linda ed. (2006). *Beyond the Legacy of Genghis Khan.* Leiden: Brill.

Komaroff, Linda, Stefano Carboni eds. (2002). *The Legacy of Genghis Khan: Courtly Art and Culture in Western Asia, 1256-1353.* New York: Metropolitan Museum of Art.

Langlois, John D. ed. (1981). *China under the Mongol Rule.* Princeton, N.J.: Princeton University Press.

May, Timothy (2007). *The Mongol Art of War: Chinggis Khan and the Mongol Military System.* Yardley, Penn: Westholme.

Morgan, David O. (1986). *The Mongols.* London: Basil Blackwell.

Ostrowski, Donald (2002). *Muscovy and the Mongols: Cross-Cultural Influences on the Steppe Frontier, 1304-1589.* Cambridge: Cambridge University Press.

Park Hyunhee (2012). *Mapping the Chinese and Islamic Worlds: Cross-Cultural Exchange in Pre-Modern Asia.* Cambridge: Cambridge University Press.

Pfeiffer, Judith ed. (2014). *Politics, Patronage and the Transmission of Knowledge in 13th-15th Century Tabriz.* Leiden: Brill.

Rachewiltz, Igor de (1971). *Papal Envoys to the Great Khans.* London: Faber and Faber Ltd.

Rachewiltz, Igor de tr. (2004). *The Secret History of the Mongols: A Mongolian Epic Chronicle of the Thirteenth Century.* 2 vols. Leiden: Brill.

Ratchnevsky, Paul (1992). *Genghis Khan : His Life and Legacy.* Translated by Thomas N. Haining. Oxford: Blackwell.

Robinson, David M. (2009). *Empire's Twilight: Northeast Asia under the Mongols.* Cambridge, MA.: Harvard University Press.

Rossabi, Morris (2005). *Khubilai Khan: His Life and Times.* London: The Folio Society.

Rossabi, Morris ed. (1983). *China among Equals : The Middle Kingdom and Its Neighbors, 10th-14th Centuries.* Berkely: University of California Press.

Rossabi, Morris ed. (2013). *Eurasian Influences on Yuan China.* Singapore: Institute of Southeast Asian Studies.

Smith, Paul J., Richard von Glahn eds. (2003). *The Song-Yuan-Ming Transition in Chinese history.* Cambridge, Mass.: Harvard University Press.

Vemadsky, G. (1953). *The Mongols and Russia.* New Haven: Yale University Press.

04 계승국가의 시대

『역주 몽골황금사』(2014). 김장구 역. 서울: 동북아역사재단.

宮脇淳子 (2002).『モンゴルの歷史: 遊牧民の誕生からモンゴル國まで』. 東京: 刀水書房.

馬大正, 成崇德 編 (2006).『衛拉特蒙古史綱』, 烏魯木齊: 新疆人民出版社.

『明代西域史料: 明實錄抄』(1974). 京都: 京都大學文學部內陸アジア研究所.

蒙古社會科學院歷史研究所 編 (2008).『阿勒坦汗: 紀念阿勒坦汗誕辰五百周年』, 呼和浩特: 內蒙古人民出版社.

『蒙古源流』(2004). 岡田英弘 譯. 東京: 刀水書房.

薄音湖, 王雄 點校 (2006).『明代蒙古漢籍史料匯編』, 3卷. 呼和浩特: 內蒙古大學出版社.

愛宕松男 (1998).『モンゴルと大明帝國』. 東京: 講談社.

魏良弢 (1994).『葉爾羌汗國史綱』. 哈爾賓: 黑龍江教育.

田村實造 (1963).『明代滿蒙史研究: 明代滿蒙史料研究篇』, 京都: 京都大學文學部.

准噶爾史略編寫組 (2007).『准噶爾史略』. 北京: 人民出版社.

准噶爾史略編寫組 (1982).『明實錄瓦剌資料摘編』, 烏魯木齊: 新疆人民出版社.

陳高華 (1984).『明代哈密吐魯番資料滙編』, 烏魯木齊: 新疆人民出版社.

萩原淳平 (1980).『明代蒙古史研究』. 京都: 同朋社.

和田淸 (1959).『東亞史硏究: 蒙古篇』. 東京: 東洋文庫.

Bawden, C. R. tr. (1955). *The Mongol Chronicle Altan Tobči: Text, Translation and Critical Notes.* Wiesbaden: Otto Harrassowitz.

Chan, Hok-lam (1999). *China and the Mongols : History and Legend under the Yuan and Ming.* Aldershot, Hampshire: Ashgate.

Crossley, Pamela Kyle , Helen F. Siu, Donald S. Sutton eds. (2006). *Empire at the Margins: Culture, Ethnicity, and Frontier in Early Modern China.* Berkeley: University of California Press

Farmer, Edward L. ed. (1995). *Zhu Yuanzhang and Early Ming Legislation : The Reordering of Chinese Society Following the Era of Mongol Rule.* New York: E.J. Brill.

Hambis, Louis ed. (1969). *Documents sur l'Histoire des Mongols à l'Epoque des Ming.* Paris: Presses universitaires de France.

Pelliot, Paul (1948). *Le Hōǰa et le Sayyid Husain de l'Histoire des Ming.* Leiden: E. J. Brill.

Pelliot, Paul (1960). *Notes Critiques d'Histoire kalmouke.* Paris: Librairie d'Amérique et d'Orient.

Pokotilov, Dmitrii (1976). *History of the Eastern Mongols during the Ming Dynasty from 1368 to 1634.* Translated by R. Lowenthal. Philadelphia: Porcupine Press.

Robinson, David M. (2013). *Martial Spectacles of the Ming Court.* Cambridge, Mass.: Harvard University Press.

Rossabi, Morris (1975). *China and Inner Asia : From 1368 to the Present day.* London: Thames and Hudson.

Serruys, Henry (1959). *The Mongols in China during the Hungwu Period (1368-1398).* Bruxelles: Juillet.

Serruys, Henry (1967). *Sino-Mongol Relations during the Ming.* Bruxelles: Institut belge des hautes études chinoises.

Serruys, Henry (1987). *The Mongols and Ming China: Customs and History.* Translated by Françoise Aubin. London: Variorum Reprint.

Waldron, Arthur (1990). *The Great Wall of China: From History to Myth.* Cambridge: Cambridge University Press.

05 유목국가의 쇠퇴

구범진 (2012).『청나라, 키메라의 제국』. 서울: 민음사.

엘리엇 (2009).『만주족의 청제국』. 김선민 역. 서울: 푸른역사.

이시바시 다카오(石橋崇雄) (2009).『대청제국, 1616-1799』. 홍성구 역. 서울: 휴머니스트.

퍼듀 (2012).『중국의 서진: 청(淸)의 중앙유라시아 정복사』. 공원국 역. 서울: 길.

Tulishen(トゥリシェン) (1985).『異域錄 : 淸朝使節のロシア旅行報告』. 今西春秋 譯注, 羽田明 編譯. 東京:

平凡社.

岡洋樹 (2007).『清代モンゴル盟旗制度の研究』. 東京: 東方書店.

岡田英弘 (1979).『康熙帝の手紙』. 東京: 中央公論社.

宮脇淳子 (1995).『最後の遊牧帝國: ジューンガル部の興亡』. 東京: 講談社.『최후의 몽골유목제국』. 조병학 역. 서울: 백산출판사, 2000.

潘志平 (1991).『中亞浩罕國與清代新疆』. 北京: 中國社會科學出版社.

承志(Kicengga) (2009).『ダイチン-グルンとその時代』. 名古屋: 名古屋大學出版社.

佐口透 (1963).『十八-十九世紀東トルキスタン社會史研究』. 東京: 吉川弘文館.

萩原守 (2006).『清代モンゴルの裁判と裁判文書』. 東京: 創文社.

Allworth, Edward ed. (1994). *Central Asia, 130 Years of Russian Dominance: A Historical Overview.* Durham: Duke University Press.

Baddeley, John F. (1919). *Russia, Mongolia, China.* 2 vols., London: Macmillan and Co.

Bawden, C. R. (1968). *The Modern History of Mongolia.* London: Weidenfeld and Nicolson.

Becker, Seymour (2004). *Russia's Protectorates in Central Asia: Bukhara and Khiva, 1865–1924.* New York: Routledge Curzon.

Elliott, Mark C. (2001). *The Manchu Way: The Eight Banners and Ethnic Identity in Late Imperial China. Stanford:* Stanford University Press.

Elverskog, Johan (2006). *Our Great Qing: The Mongols, Buddhism and the State in Late Imperial China.* Honolulu: University of Hawai'i Press.

Kim Hodong (2004). *Holy War in China: The Muslim Rebellion and State in Chinese Central Asia, 1864-1877.* Stanford: Stanford University Press.

Lee, Robert H. G. (1970). *The Manchurian Frontier in Ch'ing History.* Cambridge, Mass.: Harvard University Press.

Mancall, Mark (1971). *Russia and China: Their Diplomatic Relations to 1728.* Cambridge, Mass.: Harvard University Press.

Miasnikov, V. S. (1985). *The Ch'ing Empire and the Russian State in the 17th Century.* Moscow: Progress Publishers.

Millward, James A. et al. (2004). *New Qing Imperial History: The Making of Inner Asian Empire at Qing Chengde.* London & New York: Routledge Curzon.

Newby, L. J. (2005). *The Empire and the Khanate: A Political History of Qing Relations with Khoqand c. 1760-1860.* Leiden: Brill.

Perdue, Peter C. (2005). *China Marches West: the Qing Conquest of Central Eurasia.* Harvard University Press.

Pipes, Richard (1997). *The Formation of the Soviet Union: Communism and Nationalism, 1917-1923* (revised edition). Cambridge, Mass.: Harvard University Press.

Shinmen Yasushi, Sawada Minoru, Edmund Waite (2013). *Muslim Saints and Mausoluems in Central Asia and Xinjiang.* Paris: Librairie d'Amérique et d'Orient.

Struve, Lynn A. (ed) (2004). *The Qing Formation in World-Historical Time.* Cambridge, Mass: Harvard University Asia Center.

Wheeler, Geoffrey (1964). *The Modern History of Soveit Central Asia.* Westport, Connecticut: Greenwood Press.

● 에필로그

김한규 (2003). 『티베트와 중국의 역사적 관계』. 서울: 혜안.
김호동 (1999). 『근대 중앙아시아의 혁명과 좌절』. 서울: 사계절출판사.
밀워드 (2013) 『신장의 역사: 유라시아의 교차로』. 김찬영, 이광태 역. 서울: 사계절출판사.
山口瑞鳳 (1987). 『チベット(上、下)』. 東京: 東京大學出版會.
王柯 (1995). 『東トルキスタン共和國研究: 中國のイスラムとア民族問題』. 東京: 東京大學出版會.
羽田明 (1982). 『中央アジア史研究』. 東京: 臨川書店.
佐口透 (1982). 『ロシアとアジア草原』. 東京: 歷史春秋.
佐口透 (1986). 『新疆民族史研究』. 東京: 吉川弘文館.
佐口透 (1995). 『新疆ムスルム研究』. 東京: 吉川弘文館.
Bennigsen, Alexandre A., S. Enders Wimbush (1979). *Muslim National Communism in the Soviet Union.* Chicago: Chicago University Press.
Forbes, Andrew D. W. (1986). *Warlords and Muslims in Chinese Central Asia: a Political History of Republican Sinkiang 1911-1949.* Cambridge University Press.
Lattimore, Owen (1950). *Pivot of Asia: Sinkiang and Inner Asian Frontiers of China and Russia.* Boston: Little, Brown and Company.
Lattimore, Owen (1958). *Sinkiang: Pawn or Pivot?* East Lansing, Michigan: Michigan University Press.
Millward, James A. (2007). *Eurasian Crossroads: A History of Xinjiang.* New York: Columbia University Press.
Shakya, Tsering (1999). *The Dragon in the Land of Snows: A History of Modern Tibet since 1947.* New York: Columbia University Press.

찾아보기

(*는 지도)

ㄱ

ㄷ

ㄹ

ㅁ

ㅂ

ㅅ

ㅇ

ㅊ

ㅋ

ㅌ

ㅍ

ㅎ

아틀라스 중앙유라시아사

2016년 1월 15일 1판 1쇄
2023년 10월 20일 1판 10쇄

지은이 | 김호동

편집 | 강창훈
인문팀 | 이진·이창연·홍보람
표지디자인 | 권지연
본문디자인 | Map.ing_이소영
지도 원도 및 일러스트레이션 | Map.ing
제작 | 박흥기
마케팅 | 이병규·이민정·최다은·강효원
홍보 | 조민희

출력 | (주)블루엔
인쇄 | 코리아피앤피
제책 | 책다움

펴낸이 | 강맑실
펴낸곳 | (주)사계절출판사
등록 | 제406-2003-034호
주소 | 10881 경기도 파주시 회동길 252
전화 | 031)955-8588, 8558
전송 | 마케팅부 031)955-8595 편집부 031)955-8596
홈페이지 | www.sakyejul.net 전자우편 | skj@sakyejul.com
블로그 | blog.naver.com/skjmail
페이스북 | www.facebook.com/sakyejul
트위터 | twitter.com/sakyejul

값은 뒤표지에 적혀 있습니다.
잘못 만든 책은 구입하신 서점에서 바꾸어 드립니다.

사계절출판사는 성장의 의미를 생각합니다.
사계절출판사는 독자 여러분의 의견에 늘 귀기울이고 있습니다.

ISBN 978-89-5828-932-6 03910